U0112649

本书为福建省社会科学规划项目（FJ2015B069）成果

朱子与朱门后学丛论

方彦寿◎著

海峡出版发行集团
THE STRAITS PUBLISHING & DISTRIBUTING GROUP | 福建教育出版社

图书在版编目（CIP）数据

朱子与朱门后学丛论/方彦寿著. —福州：福建
教育出版社，2022.7
ISBN 978-7-5334-9263-2

Ⅰ．①朱… Ⅱ．①方… Ⅲ．①朱熹（1130－1200）—
哲学思想－文集 Ⅳ．①B244.75-53

中国版本图书馆 CIP 数据核字（2021）第 271190 号

Zhuzi Yu Zhumen Houxue Conglun

朱子与朱门后学丛论

方彦寿 著

出版发行	福建教育出版社	
	（福州市梦山路 27 号 邮编：350025 网址：www.fep.com.cn	
	编辑部电话：0591-83716190	
	发行部电话：0591-83721876 87115073 010-62024258）	
出 版 人	江金辉	
印 刷	福州万达印刷有限公司	
	（福州市闽侯县荆溪镇徐家村 166-1 号厂房第三层 邮编：350101）	
开 本	710 毫米×1000 毫米 1/16	
印 张	30.25	
字 数	447 千字	
插 页	1	
版 次	2022 年 7 月第 1 版 2022 年 7 月第 1 次印刷	
书 号	ISBN 978-7-5334-9263-2	
定 价	80.00 元	

如发现本书印装质量问题，请向本社出版科（电话：0591-83726019）调换。

序　言

与朱子学结缘，大约始于二十世纪的八十年代中后期。其时，让我最有感触的有两个论题，一是"刻书"，二是"书院"。

之所以是刻书，是因为建阳在历史上是著名的刻书中心。麻沙、崇化两地书坊离我当年的住所不过三、四十里地，为寻访遗址、搜集史料，我曾经无数次到过这两地开展田野考察。之后，围绕这一课题，我出版了题为《朱熹学派与闽台书院刻书的传承和发展》的论集，时在2015年初，距今将近八年。

之所以是书院，是因为朱熹的考亭书院就在建阳城郊，离我当年的住所不过短短五里地。每有闲暇，骑上车，不用几分钟就能来到朱子当年的讲学遗址。其时，除了明嘉靖时期的石碑坊，以及一大片考亭村民的菜地之外，还有就是亘古不变的山川明月，前有翠屏峰、沧洲，后有玉枕山。在那儿，我常常不由自主地，或在书院遗址的断壁残垣中寻访先贤及其门人弟子的足迹，或与老夫子进行一场穿越时空的心灵对话……

当然，更多的是围绕着"书院"这一课题。我于九十年代中期，开始构思和撰写《朱熹书院与门人考》这本专著。其时，针对前贤对朱门弟子的考录多以通录通考为主，如何才能避免蹈人旧辙？这引起了我深深的思考。最终，我采用了以书院为标准的分类方法。通过朱子的"书院考"和"门人考"两个部分，试图将朱子门人的研究与书院研究结合起来。此书于2000年出版后，有学者评价说："这是种综合创新的方法，既突出了朱子一生创建书院兴办教育的卓著成就，更侧重于对朱子及门弟子的从学时间和地点进行精确的考辨。"（徐仪明：《朱熹学术教育史料研究的新收获》，《朱子研究》2001年第2期）然而，随着时光的流逝，我在研究的过程中，发现了此书仍有不少欠缺。如有一些书院和门人漏收，史料的收集不够全面、丰厚，以及因此而引起的某些错讹，等等。

从那时起，我已开始有意识地对这一课题展开更进一步的研究，试图以此纠正以往的不足。岁月倏忽，不知不觉二十几年过去了。在此期间，围绕着"刻书"与"书院"这两个课题，我又写了不少相关的文字。其中，以刻书为专题的论集，即《朱熹学派与闽台书院刻书的传承和发展》；以朱子学为专题的，则是这本即将付梓的以《朱子与朱门后学丛论》为题的文集。

丛者，本义为聚集，引申为将文章结集出版。当然，不是杂乱无章地把文章凑合在一起，而是以不同的主题，分门别类编排刊印。以本书而言，所选发的文章主要就是围绕着"朱熹""书院""门人"等若干关键词而展开。根据内容，大致可分为朱子论、后学论、书院论和前贤论四个专题。

所谓"朱子论"，内容涉及朱子的理学思想、经济思想、教育思想、道统观、道德观、孝道观、社会治理与社会教化等方面。

如涉及理学思想的有《朱熹"明天理，灭人欲"当代价值新解》《朱子理学的形成与历史地位》《"鸢飞鱼跃"的理学意蕴探考》等；涉及经济思想的有《朱熹的赋税思想与"黄宗羲定律"》《朱熹的商业思想与经商实践》《传播海外的朱子社仓法》；涉及教育思想和社会教化的有《朱子的教育目的论、阶段论和方法论》《师帅之职与治教之功——朱熹社会教化和社会治理思想与实践》《朱熹道德观对当代社会公德建设的意义和启示》等。

其中，《朱熹"明天理，灭人欲"当代价值新解》一文，针对朱子理学的核心价值理念"天理论"而展开。文中认为，长期以来，学界对朱熹的"明天理，灭人欲"有诸多误解，而对隐藏在这一学说背后的重要意义，诸如"明公理，灭私欲""明正理，灭邪欲""明善理，灭恶欲"等内涵缺乏深入的挖掘，进而对其在实践中的广泛运用与深入落实视而不见。实际上，在"天理"的旗帜下，朱熹高扬的是正心诚意，促进人格完善，革除弊政，反贪倡廉，提倡爱国主义，坚持民本思想等，体现了朱子学说所具备的穿越时空的当代价值。

　　所谓"后学论"，主要论述宋明时期的朱门后学，如黄榦、陈淳、陈宓、真德秀、熊禾、陈普和黄道周等著名理学家的生平事迹，以及他们在继承和弘扬朱子学方面的贡献。其中，着墨最多的是黄榦。在"后学论"中有《朱门颜曾——黄榦》《勉斋先生黄榦门人考》《勉斋先生黄榦世系源流考述》；在"书院论"中，有《黄榦与南宋福州书院教育》《黄榦讲学地点考》。内容涉及黄榦的生平、宦绩、家世、师从、著述、书院讲学、门人弟子，及其对朱子学发展所作出的学术贡献等。之所以把黄榦的相关文章分置于"后学论"和"书院论"两处，而不是集中在一起，其实是根据内容的侧重点不同而作出的处理。这在书中，有不少类似的情况。如《关注民生与书院建设的朱门弟子陈宓》，陈宓是朱门后学，而此文的内容又与书院建设密切相关，故将之放在"书院论"，而不放在"后学论"，亦是根据内容的重点不同而作出的选择。

　　所谓"书院论"，主要探讨朱熹及其后学所创建的书院在推动朱子学、推动闽台书院文化建设及其发展中的作用。诸如《闽学与福州书院考述》《黄榦与南宋福州书院教育》《闽台书院文化与闽学重心的转移和跨越——以考亭、鳌峰和海东三所书院为例》等。

　　其中《朱熹的道统论与建本类书中的先贤形象》，从书院祭祀的角度探讨了朱熹道统论与书院活动的关系。文中提出，朱熹通过书院的祭祀活动，其目的在于，把圣人相传的谱系和儒家正统文化精粹的传承关系演示给及门弟子，并进而在他们心中扎下根来。同时，也使他的这个理论，在书院讲学中得到了广泛传播，并且在其逝世以后，逐渐为当权者所认可，从思想界走向政界。其一批门人、后学，如黄榦、陈淳、陈宓、真德秀等对此也作出了重要贡献。黄榦在《朱文公行状》中，全面论述了朱熹的学术思想和人品道德，并给予朱熹以"绍道统，立人极，为万世宗师"的高度评价，从而论定了朱熹的儒家道统地位。

　　此外，为探讨作为中国近邻，朱子学从成熟到被引入高丽，为何是在漫长的百年之后？朱熹的书院制度和朱子学文献又是如何通过安珦等在高丽的传播，使佛学在高丽泛滥的状况得到根本扭转，也为此后朝鲜朱子学的全面发展奠定了坚实的基础？其中，朱子的学说、书院学与建本古籍文献在此又产生哪些作用？在《安珦与朱子学文献在高丽的传播与刊行》一文中，对此都有所涉猎。其中有云："构精舍，建书院，广招门人弟子，建构和传播理学思想，是朱熹与佛学相抗衡的成功经验。从元大都取得朱子学'真经'回到高丽的安珦，通过阅读和手抄朱熹的著作，对朱子学'发明圣人之道，攘斥禅佛之学'的作用有切身的体会和充分的认识，对其在各地辟精舍、建书院，以书院和官学为阵地'斥佛老，一天人'，也有深切体会，因此，他向学者发出倡议：'欲学仲尼之道，莫如先学晦庵'。"

本书虽以朱子、朱门后学和书院发展为主线，"刻书"作为宋明时期的背景史料，或曰隐藏在书中的一条辅线，在书中，也不时地有所体现。如在《朱熹的道统论与建本类书中的先贤形象》一文中，提到书院是朱熹传播道统论的主要途径，而宋元建阳刻印古籍图书则是另一重要传播媒介。其中建本类书《事林广记》的先贤图，从晚宋一直流行到元明，为朱熹道统论做了旷日持久跨越三朝的宣传，为此学说向民间普及提供了广阔的空间。这一时期，相关的历史文献很少，而一部来自民间"非主流媒体"的日用类书，为我们弥补了这一方面的若干缺憾。

所谓"前贤论"，主要探讨有关朱子的前辈学者，如杨时、游酢、李侗等人相关文献的考证。若干年前，我曾写了《朱熹画像考与伪帖揭秘》一书。此所谓"前贤论"，主要集中在对这几位朱熹之前的前辈学者相关的画像考证上，不妨视为是对"画像考"一书的某种拓展吧！

以上所述，大体就是本书的写作过程与主要内容，希望能对读者的阅读有所帮助。不足之处，祈请方家指正。

承蒙福建教育出版社的大力支持，责任编辑骆一峰先生、刘露梅女士的细心编辑，使本书能顺利问世，谨致以衷心感谢！

方彦寿

2022年5月书于福州理工学院朱子文化研究中心

目　录

朱子论

后学论

书院论

前贤论

朱子论

朱熹"明天理，灭人欲"当代价值新解

长期以来，"明天理，灭人欲"六个字让理学大师朱熹饱受非议，这句话也被认为是"误解千年的儒家名句"。既然是误解，那再加以正确的解读，把被颠倒的历史再重新颠倒过来，把"误解"变成"正解"不就成了吗？其实，从二十个世纪九十年代以来，不少学者在这方面已经做了大量的工作，撰写相关的论文或专著至少不下数十种。然而，将误解变为正解的效果并不明显。在现实生活中，仍有不少人对朱熹的"灭人欲"感到不可理解，认为是"以儒家的纲常伦理来约束社会，遏制人的自然欲望"；并斥之为不讲人性、扼杀人性的学说，等等。

因此，我撰写此文，希望有助于扭转这一现象。

一、朱熹代表性论著中的"天理"与"人欲"

乐爱国教授认为，"存天理，灭人欲""这一概念在《礼记·乐记》中已经出现。其中说道：'人化物也者，灭天理而穷人欲者也。于是有悖逆诈伪之心，有淫佚作乱之事。'这里所谓'灭天理而穷人欲者'就是指泯灭天理而为所欲为者。二程说：'人心私欲，故危殆。道心天理，故精微。灭私欲则天理明矣。'这里所谓'灭私欲则天理明'，就是要'存天理、灭人欲'"[1]。虽然《礼记·乐记》有"存天理灭人欲"的意思，但实际上并未形成"存天理，灭

---

① 乐爱国：《朱熹的"存天理、灭人欲"》，《光明日报》2008 年 9 月 8 日。

人欲"这一固定组合。因此，可以认为，"存天理，灭人欲"，是程颐、朱熹归纳和提炼《礼记·乐记》的含义而最终形成的一个固定组合。

作为一个提倡存理灭欲、存理节欲的思想家，"明天理，灭人欲"是朱熹理学思想的核心，也是中国古代从孔孟以来历代思想家所最为关注的话题。对此，朱熹总结说：

> 孔子所谓"克己复礼"，《中庸》所谓"致中和""尊德性""道问学"，《大学》所谓"明明德"，《书》曰"人心惟危，道心惟微，惟精惟一，允执厥中"，圣贤千言万语，只是教人明天理，灭人欲。[①]

这段话，是朱熹对孔孟以来的传统儒学进行了一个总结。他认为，孔子所说的"克己复礼"、子思《中庸》所说的"致中和、尊德性、道问学"、曾子《大学》所说的"明明德"，以及《古文尚书》中所说的"人心惟危，道心惟微，惟精惟一，允执厥中"，历史上所有的先圣先贤教导，千言万语汇成一句话，那就是要人们明白什么是"明天理，灭人欲"，并且要坚持"明天理，灭人欲"。可以说，朱熹毕生倡导的"明天理，灭人欲"，不是来自他自己的凭空杜撰，而是有历史根据的，是来源于孔孟以来历代儒学圣贤遗存的典籍的。

既然"存天理，灭人欲"在朱熹思想体系中占有如此重要的地位，按说，这六个字在朱熹的著作中应该反复出现吧！然而，在认真考察了朱熹的几部代表性著作《四书章句集注》《四书或问》《近思录》《朱文公文集》（下简称"《文集》"）和《朱子语类》（下简称"《语类》"）之后才发现，这六个字居然一次都没有完整地在这几部著作中出现过！而在字面上最为接近的，就是上文所引用《语类》所说的"圣贤千言万语，只是教人明天理，灭人欲"。以下，即针对朱熹这几部代表性著作，将其中有关"天理人欲"的原始文献

---

① 〔宋〕黎靖德编：《朱子语类》卷十二，王星贤点校，中华书局1986年版，第207页。

做一番简要的梳理。

（一）关于天理

1. 明天理，《语类》中出现 3 次，《文集》4 次；

2. 存天理，《语类》中出现 9 次，《文集》5 次；

3. 复天理，《语类》中出现 4 次，《文集》6 次；

4. 循天理，《文集》中出现 4 次，《四书章句集注》1 次，《四书或问》2 次。

（二）关于人欲

1. 灭人欲，《语类》中仅出现 1 次，《文集》无；

2. 去人欲，《语类》中出现 6 次，《文集》5 次；

3. 遏人欲，《文集》中出现 3 次，《语类》4 次；

4. 克人欲，《语类》中出现 2 次，《文集》等均无。

之所以要把朱熹这些基本涵义大致相同的概念在此做一番罗列，其用意在于说明，正如吴长庚所说，朱熹并不认为，"明天理，灭人欲"是自己的理论发明，而是先代圣人从不同角度，用不同语言形式而表达出来的相同内容。[①] 于是，为了深入探讨来源于先代圣人的这一理论，朱熹从各种不同的角度进行了阐释。首先是如何明天理，朱熹从存天理、复天理、循天理三个不同的角度加以阐述；其次是如何灭人欲，朱熹用了去人欲、遏人欲、克人欲这三种相近而又略有差别的方式予以论证。

所谓存天理，即时刻保存天理于人心之中。朱熹认为："君子之心常存敬畏，虽不见闻，亦不敢忽，所以存天理之本然，而不使离于须臾之顷也。"[②] 所谓复天理，指的是明辨天理、人欲之别，并恢复被人欲遮蔽的天理。朱熹强调，复天理必须落实在日用常行之中。他说："克去己私以复天理，初不外

---

① 吴长庚：《朱熹"存天理灭人欲"理论的重新认识》，陈来、朱杰人主编：《人文与价值：朱子学国际学术研讨会暨朱子诞辰 880 周年纪念会论文集》，华东师范大学出版社 2011 年版，第 244 页。

② 〔宋〕朱熹：《中庸章句》，《四书章句集注》，中华书局 1983 年版，第 17 页。

乎日用之间。其精义也，辨是非、别可否，亦不离乎一念之际。"① "凡吾日用之间，所以去人欲，复天理者，皆吾分内当然之事。"② 所谓循天理，指的是遵循天理，循理而行，遵循而不违背。用于修身，"君子循天理，故日进乎高明；小人殉人欲，故日究乎污下。"③ 用于治家，朱熹提出"循理为保家之本"④。他在《家训》中说"勿以善小而不为，勿以恶小而为之……见不义之财勿取，遇合理之事则从"⑤，此处所说的"合理"即合乎天理之意，正是"循理"而行的具体表现。也就是说，去除一切不适当的、不符合天理的欲望，以达到"循理"的基本要求，也是家道长盛不衰得以保全延续的根本。用于治道，"天下之势终不免于偏有所重，而治乱安危之效，又未能尽如圣志之所欲，盖既未能循天理、公圣心以正朝廷之大体，则固已失其本矣。"⑥ "尧舜之圣，只是一个循天理而已。"⑦

所谓去人欲，"去人欲，存天理，且据所见去之存之，功夫既深，则所谓似天理而实人欲者次第可见。"⑧ "至若论其本然之妙，则惟有天理，而无人欲，是以圣人之教必欲其尽去人欲而复全天理也。"⑨ 所谓遏人欲，指的是借助外力，诸如社会舆论、社会制度等，遏制而使其不能泛滥。朱熹在回答学

① 〔宋〕朱熹：《晦庵先生朱文公文集》卷三十八《答江元适》，朱杰人、严佐之、刘永翔主编《朱子全书》，上海古籍出版社、安徽教育出版社 2002 年版，第 21 册，第 1703 页。

② 〔宋〕朱熹：《晦庵先生朱文公文集》卷七十四《玉山讲义》，《朱子全书》第 24 册，第 3591 页。

③ 〔宋〕朱熹：《论语集注》卷七《宪问》，《四书章句集注》，第 155 页。

④ 朱熹手书"四个之本"板联现存尤溪县博物馆。内容为"读书起家之本，循理保家之本，和顺齐家之本，勤俭治家之本"。

⑤ 〔宋〕朱熹：《朱子遗集》卷四，《朱子全书》第 26 册，第 742 页。

⑥ 〔宋〕朱熹：《晦庵先生朱文公文集》卷十三《延和奏札二》，《朱子全书》第 20 册，第 641 页。

⑦ 〔宋〕朱熹：《晦庵先生朱文公文集》卷六十一《答欧阳希逊》，《朱子全书》第 23 册，第 2953 页。

⑧ 〔宋〕朱熹：《晦庵先生朱文公文集》卷四十五《答吴德夫（猎）》，《朱子全书》第 22 册，第 2070 页。

⑨ 〔宋〕朱熹：《晦庵先生朱文公文集》卷三十六《答陈同甫》，《朱子全书》第 21 册，第 1586 页。

生有关《中庸》的提问时说："上一节说存天理之本然，下一节说遏人欲于将萌。"① 关于《春秋》一书，他认为，"《春秋》本是严底文字，圣人此书之作，遏人欲于横流，遂以二百四十二年行事寓其褒贬。"② 所谓克人欲，是指克制人欲并战胜之。他说："克去己私，以复天理""人皆有是知，而不能极尽其知者，人欲害之也。故学者必须先克人欲以致其知，则无不明矣"。③ 应该说，与"灭""遏"等略有不同，"克"的对象主要是个体自身，先儒因此有"克己复礼"之谓。礼者，理也，即天理的外在表现。朱熹《克己》诗称"颜渊造圣无他事，惟在能加克己功"④。克己的功夫时刻体现在日用常行之中。故朱熹说："要紧只在'克'字上，克者，胜也。日用之间，只要胜得他，天理才胜，私欲便消；私欲才长，天理便被遮了。要紧最是胜得去，始得。"⑤

"明天理，灭人欲"作为朱子理学的核心价值观，也是贯穿在朱熹最重要的代表性著作《四书章句集注》中的一条主线。

朱熹揭示《大学》的主题，最终落实在"尽夫天理之极，而无一毫人欲之私也"。他说："《大学》之书，古之大学所以教人之法也。"而教学的主要内容则是"教之以穷理、正心、修己、治人之道"。⑥ 此道具体表现为"明明德，亲民，止于至善"，朱熹将其视为"三大纲领"。"言明明德、新民，皆当至于至善之地而不迁。盖必其有以尽夫天理之极，而无一毫人欲之私也。此三者，大学之纲领也。"⑦

他认为，《中庸》一书的主题是"欲人戒谨恐惧，以存天理之实而已，非是教人揣摩想像，以求见此理之影也"⑧。在《中庸章句》中，朱熹一再强调

---

① 〔宋〕黎靖德编：《朱子语类》卷六十二，第 1503 页。
② 〔宋〕黎靖德编：《朱子语类》卷八十三，第 2174 页。
③ 〔宋〕黎靖德编：《朱子语类》卷十五，第 291 页。
④ 〔宋〕朱熹：《训蒙绝句·克己》，《朱子全书》第 26 册，第 22 页。
⑤ 〔宋〕黎靖德编：《朱子语类》卷四十一，第 1063 页。
⑥ 〔宋〕朱熹：《大学章句序》，《四书章句集注》，第 1 页。
⑦ 〔宋〕朱熹：《大学章句》，《四书章句集注》，第 3 页。
⑧ 〔宋〕朱熹：《晦庵先生朱文公文集》卷五十三《答胡季随》，《朱子全书》第 22 册，第 2509 页。

"道者，日用事物当行之理，……不可须臾离也……是以君子之心常存敬畏，虽不见闻，亦不敢忽，所以存天理之本然，……遏人欲于将萌，而不使其滋长于隐微之中，以至离道之远也。"①

在《论语集注》中，朱熹以"天理""人欲"作为区分"君子""小人"的标准，提出"君子循天理，故日进乎高明；小人殉人欲，故日究乎污下"②。

《孟子集注》中，朱熹指出"尧舜所以为万世法，亦是率性而已。所谓率性，循天理是也"③。又说："天理人欲，同行异情。循理而公于天下者，圣贤之所以尽其性也；纵欲而私于一己者，众人之所以灭其天也。二者之间，不能以发，而其是非得失之归，相去远矣。"④

总之，朱熹以毕生精力编著《四书章句集注》，就是以"义理"为核心，贯穿其中的，就是"明天理，灭人欲"的核心价值观。历史上，这四部各自为阵，曾经以个别的、不成体系的面目出现的儒学经典，就是在朱熹"明天理"的旗帜下，结集成了一个整体，从而开创了中国经学史上崭新的四书经学体系。

二、朱熹对"明天理，灭人欲"的基本阐述

长期以来，批评者往往将朱熹的"存天理，灭人欲"斥为是不讲人性、扼杀人性的学说，而反批评者通常多以朱熹的"饮食者，天理也；要求美味，人欲也"⑤来加以驳正，以此说明朱熹所说的"人欲"，并不是指人的生存之欲和正常、正当的欲望以及各种合理的需求，而是特指纵欲和贪念，以及为满足这些贪欲和贪念而产生的种种违反道德的恶行。这样的解读或反驳，不能说不对，只是并未触及朱熹理欲观的核心部位，因而显得力道不足。

也许，朱熹在阐述"天理人欲"之时，已经预见到时人或后人可能会对

---

① 〔宋〕朱熹：《中庸章句》，《四书章句集注》，第 17 页。
② 〔宋〕朱熹：《论语集注》卷七《宪问》，《四书章句集注》，第 155 页。
③ 〔宋〕朱熹：《孟子集注·序说》，《四书章句集注》，第 200 页。
④ 〔宋〕朱熹：《孟子集注》卷二《梁惠王章句下》，《四书章句集注》，第 219 页。
⑤ 〔宋〕黎靖德编：《朱子语类》卷十三，第 224 页。

这一问题产生误解，为了消除这些误解，他曾有意识地在各种场合对"什么是天理，什么是人欲"作过更深入地阐释。将此归纳起来，朱熹曾从公私、正邪、善恶这三个方面对理欲之辨进行了论证。由此可以得出以下三个方面的认识。

（一）天理为公，人欲为私

朱熹认为："凡一事便有两端：是底即天理之公，非底乃人欲之私。"①"将天下正大底道理去处置事，便公；以自家私意去处之，便私。"② 又说："天理人欲，同行异情。循理而公于天下者，圣贤之所以尽其性也；纵欲而私于一己者，众人之所以灭其天也。"③ 他有一首诗说"本体元来只是公，毋将私意混其中"④，强调本体就是天理，天理本来就是公正无私的，不应把私欲混到里头去。所以，朱熹的"存天理，灭人欲"，本来就有"存公理，灭私欲"的含义在里面。

在处理人与人的关系问题上，朱熹强调一个"仁"字；在处理人与社会关系的问题上，朱熹则主张一个"公"字。这是朱熹仁学思想一种合乎逻辑的发展。他认为，"仁义根于人心之固有，天理之公也。利心生于物我之相形，人欲之私也"⑤。他把"公"看成是"仁"的基本要素，是达到"仁"的方法，认为"公，所以能仁"⑥、"公是仁之方法"，宣称"公而无私便是仁"，"仁是爱底道理，公是仁底道理。故公则仁，仁则爱"。⑦

通过以上辨析，可以得出"明公理，灭私欲"是朱熹理欲观最重要的内涵之一。

---

① 〔宋〕黎靖德编：《朱子语类》卷十三，第 225 页。
② 〔宋〕黎靖德编：《朱子语类》卷十三，第 228 页。
③ 〔宋〕朱熹：《孟子集注》卷二《梁惠王章句下》，《四书章句集注》，第 219 页。
④ 〔宋〕朱熹：《训蒙绝句·克己》，《朱子全书》第 26 册，第 22 页。
⑤ 〔宋〕朱熹：《孟子集注》卷一《梁惠王章句上》，《四书章句集注》，第 202 页。
⑥ 〔宋〕黎靖德编：《朱子语类》卷四十一，第 1067 页。
⑦ 〔宋〕黎靖德编：《朱子语类》卷六，第 116 页。

（二）天理为正，人欲为邪

在辨析明公理灭私欲的基础上，朱熹还提出了"明正理，灭邪欲"的理念。他认为"人只有一个公私，天下只有一个邪正"①。除了肯定公理为正，私欲为邪之外，朱熹还以"义"的道德原则来衡量和区分正邪。他说："义者，宜也，乃天理之当行，无人欲之邪曲，故曰正路。"② 这段话，是对孟子"仁，人之安宅也；义，人之正路也"的解读。朱熹认为，所谓人之安宅"在人则为本心全体之德，有天理自然之安，无人欲陷溺之危。人当常在其中，而不可须臾离者也，故曰安宅"③。所谓"安宅"，用现代的语言来说，大概可以说是人的"安身立命"的精神家园，而"义"，则是如何践行天理的正路。有见于此，朱熹认为："仁义根于人心之固有，利心生于物我之相形。……人只有一个公私，天下只有一个邪正。……将天下正大底道理去处置事，便公；以自家私意去处之，便私。"④ 在朱子看来，义是公义，是正义之道，也就是符合天理的"正道"；利是私利，毫无疑问，是违背正理的"邪欲"。

衡量是正还是邪，除了公与私、仁与义之标准之外，是否合宜、是否得当，也是评判正与邪的标准之一。朱熹曾以父母慈爱子女为例说："父母爱其子，正也。爱之无穷，而必欲其如何，则邪矣。此天理、人欲之间，正当审决。"⑤ 朱熹认为，父母爱其子女，这是符合天理的正常行为，是正理，若流于溺爱，则是人欲，所以在《家训》中，朱熹提出"子孙不可不教"。也就是说，父母在对子女施予"慈"爱的同时，要加强对孩子的教育，教其做人的道理，知礼仪，尽孝道。

通过以上辨析，可以得出"明正理，灭邪欲"也是朱熹理欲观重要的内涵之一。

---

① 〔宋〕黎靖德编：《朱子语类》卷十三，第 228 页。
② 〔宋〕朱熹：《孟子集注》卷七《离娄章句上》，《四书章句集注》，第 281 页。
③ 〔宋〕朱熹：《孟子集注》卷三《公孙丑章句上》，《四书章句集注》，第 239 页。
④ 〔宋〕黎靖德编：《朱子语类》卷十三，第 228 页。
⑤ 〔宋〕朱熹：《晦庵先生朱文公文集》卷五十五《答熊梦兆》，《朱子全书》第 23 册，第 2624 页。

（三）天理为善，人欲为恶

从善恶的角度来看，朱熹认为天理是善的，人欲则是恶的。他说："盖善者天理之本然，恶者人欲之邪妄。"① 又说："'善恶'二字，便是天理、人欲之实体。今谓性非人欲可矣，由是而并谓性非天理，可乎？"② 在现代哲学中，实体指的是能够独立存在的、作为一切属性的基础和万物本原的状态，故又称"本体"。也就是说，从本源上来说，天理是善的，而人欲则是恶的。人欲是潜藏在人心中为恶的一面，是一切违反"仁义礼智信"的不善行为的根源，它包括一切不正当的、违背道德的、以私害公的，危害国家、危害公众利益的一切欲望和行为。所以，朱熹认为，"明天理，灭人欲"的功夫实际上就是扬善去恶的功夫。他说："学者工夫只求一个是。天下之理，不过是与非两端而已。从其是则为善，徇其非则为恶。事亲须是孝，不然，则非事亲之道；事君须是忠，不然，则非事君之道。凡事皆用审个是非，择其是而行之。圣人教人，谆谆不已，只是发明此理。"③

通过以上辨析，可以得出"明善理，灭恶欲"也是朱熹理欲观重要的内涵之一。

三、朱熹"明天理，灭人欲"理论在实践中的运用与落实

再高明的理论如果不能落实到实践中，那只能是毫无意义的空谈。朱熹既是一位思想家，同时也是一位能将其理学思想贯彻到政治实践、教学实践和生活实践中的政治家、教育家和实践家。择要言之，他对"明天理、灭人欲"理论在实践中的落实，主要体现在以下几方面。

（一）以天理正君心、正人心

为了维护南宋王朝的长治久安，朱熹针对封建统治阶级的各种弊端，把

---

① 〔宋〕朱鉴：《晦庵先生朱文公易说》卷八，《元明刻本朱子著作集成》本，华东师范大学出版社 2014 年版，第 12 页。

② 〔宋〕朱熹：《晦庵先生朱文公文集》卷五十三《答胡季随》，《朱子全书》第 22 册，第 2527 页。

③ 〔宋〕黎靖德编：《朱子语类》卷十三，第 229 页。

"明天理，灭人欲"的理论落实到政治实践中，从而形成了他的政治思想，主要表现为"正君心、黜邪佞、革弊政、主抗金"等。这些政治主张，实际上是朱熹以"天理"为核心的理学思想体系，以"存天理，灭人欲"为核心的理学价值观在政治领域的反映。

所谓正君心，就是匡正君王的心术，帮助他去除心中的人欲而回归天理。朱熹希望，通过帝王的表率作用，引领朝廷百官正己正人，匡正人心引领民风。他引用董仲舒的话说："董子所谓正心以正朝廷，正朝廷以正百官，正百官以正万民，正万民以正四方，盖谓此也。"①《宋史·朱熹传》中有一则关于"正君心"的故事。淳熙十五年（1188），朱熹奉召入都，当时担任右丞相的周必大好意提醒他说，当今皇上不喜欢什么"正心诚意"的说教，你见了皇上可千万别说这些！朱熹回答："我平生所学，只有这四个字，怎么可以隐默不说，这不是欺君吗？"其实，"正心诚意"的学说不仅是朱熹平生所学，也是其平生所践行的政治理论。而这一学说的基础，恰恰就是建构在"明天理，灭人欲"理论之上。

（二）以天理反贪倡廉

抑制、打击贪官污吏，是朱熹的政治主张之一，他称之为"黜邪佞"。这些贪官污吏，是典型的必须革除的造成南宋社会"人欲"泛滥的主要代表。朱熹认为，"不为物欲所昏，则浑然天理矣。"② "知足以穷理，廉足以养心。"③ 他解释《论语》"子曰'小人怀惠'"说："怀惠，谓贪利。君子小人趣向不同，公私之间而已。""廉，有分辨，不苟取也。"④ 在《论语精义》中，他引用范祖禹的话说："夫耻不若人，则有疾恶之心，是害且贪也。人能无贪欲之心，则何用为不善矣。"⑤

① 〔宋〕朱熹：《晦庵先生朱文公文集》卷十一《庚子应诏封事》，《朱子全书》第 20 册，第 581 页。

② 〔宋〕黎靖德编：《朱子语类》卷十三，第 224 页。

③ 〔宋〕朱熹：《论语集注》卷七《宪问》，《四书章句集注》，第 151 页。

④ 〔宋〕朱熹：《孟子集注》卷六《滕文公章句下》，《四书章句集注》，第 273 页。

⑤ 〔宋〕朱熹：《论语精义》卷五上，《朱子全书》第 7 册，第 341 页。

长期以来，朱熹倡导"存天理，灭人欲"，在皇帝面前鼓吹"正君心，黜邪佞"；在各地任地方官时，又坚持反贪倡廉。最典型的事例，是朱熹在浙东提举任上，不徇私情，六次上章弹劾贪官唐仲友，而不顾唐仲友与当朝宰执王淮有姻戚关系，更不因为王淮对自己有所谓"荐举"之恩而网开一面，体现了一代大儒"仰不愧于天，俯不怍于人"① 的浩然正气。

（三）以天理高扬爱国旗帜

渴望恢复中原，坚持维护国家统一，反对议和，力主抗金，希望国强民富，这些政治主张，贯穿了朱熹一生。他曾先后五上《封事》，三次向皇帝面奏，提出任贤使能、立纲纪、正风俗和"强国势，复中原，灭仇虏"的一系列主张和措施。

朱熹从天理的角度论证抗金用兵的正义性，指出"国家之与北虏，乃陵庙之深仇""不可与共戴天"。② 他认为，"今日所当为者，非战无以复仇，非守无以制胜，是皆天理之自然。"他怒斥倡和者为违背天理的"逆理"者，当然也就是"人欲之私也"。因此，他要求孝宗权衡利弊，"亟罢讲和之议"，"以示天下，使知复仇雪耻之本意未尝少衰。"③

朱熹晚年受到"党禁"的迫害，在政治压力和贫病折磨之中，还念念不忘恢复中原。在病榻上，他对学生说："某要见复中原，今老矣，不及见矣！"④ 弟子黄榦在为朱熹写的《朱文公行状》中说："先生平居惓惓，无一念不在于国。闻时政之阙失，则戚然有不豫之色。语及国势之未振，则感慨以至泣下。"⑤ 说明朱熹晚年仍在为国家和民族的前途而忧心如焚，表现了一个

---

① 〔宋〕黎靖德编：《朱子语类》卷五十二，第 1249 页。

② 〔宋〕朱熹：《晦庵先生朱文公文集》卷十三《垂拱奏札二》，《朱子全书》第 20 册，第 634 页。

③ 〔宋〕朱熹：《晦庵先生朱文公文集》卷十三《垂拱奏札二》，《朱子全书》第 20 册，第 634 页。

④ 〔宋〕黎靖德编：《朱子语类》卷一百三十三，第 3196 页。

⑤ 〔宋〕黄榦：《勉斋先生黄文肃公文集》卷三十四《朝奉大夫华文阁待制赠宝谟阁直学士通议大夫谥文朱先生行状》，《北京图书馆古籍珍本丛刊》本，书目文献出版社 1988 年版，第 700 页。

爱国者厚重的情怀。

朱熹还以其理本论的思想来作为提倡爱国主义的哲学依据。他在考亭讲学时对门人阐释曰:"论学便要明理,论治便要识体。这'体'字,只事理合当做处。如国家遭汴都之祸,国于东南,所谓大体者,正在于复中原,雪仇耻。……"① 意即,读书讲学的根本是要讲明天理,治理国家则要辨识什么是符合天理的根本。靖康之难后,国家移都东南,此时最符合天理的根本是什么? 当然是恢复中原,一雪仇耻!

(四) 以天理倡导以民为本

作为思想家的朱熹,他的民本思想见于《孟子集注》中:"国以民为本,社稷亦为民而立。"② "明天理"是朱子理学的重要思想,其中,民本思想也是朱熹所认定需要"大明于天下"的最重要的"天理"之一。他认为,"平易近民,为政之本",③ "为守令,第一是民事为重",④ 儒家"民为邦本"的学说不明于时,"天下事决无可为之理。"⑤

从理学的发展来说,朱熹"明天理,灭人欲"理欲观的提出,一方面是对孟子"养心莫善于寡欲"、程颐"灭私欲则天理明"的继承和发展;另一方面,从历史背景来说,也与两宋时期朝廷任由官僚阶层土地兼并而丝毫不加以约束和节制有重要关系。对一些地方官员和豪宗大族以各种名义巧立名目侵占民田、冒占公田,引发土地兼并、赋税不均,严重侵害了下层民众的利益等愈演愈烈的现象,朱熹尤为不满,并将此视为是人欲泛滥的表现,既是他所提倡的要加以灭绝的"人欲",也是其着力主张要加以革除的"弊政"。这是朱熹对未行经界(丈量土地)的福建出现的"贫者无业(田产)而有税"

① 〔宋〕黄榦:《勉斋先生黄文肃公文集》卷三十四《朝奉大夫华文阁待制赠宝谟阁直学士通议大夫谥文朱先生行状》,第704页。

② 〔宋〕朱熹:《孟子集注》卷十四《尽心章句下》,《四书章句集注》,第367页。

③ 〔宋〕黎靖德编:《朱子语类》卷一百八,第2689页。

④ 〔宋〕黎靖德编:《朱子语类》卷一百一十二,第2733页。

⑤ 〔宋〕朱熹:《晦庵先生朱文公文集》卷四十三《答林择之》,《朱子全书》第22册,第1963页。

"富者有业而无税"① 的社会不公现象能予以深刻的揭露和批判的根本原因。

（五）以明天理为治学的根本

朱熹认为，读书的目的不仅仅在于获得知识，更在于通过文化价值、道德理念的认知，来陶冶自己的情操，促进人格的完善，从而体认天理。他说："人之一心，天理存，则人欲亡；人欲胜，则天理灭，未有天理人欲夹杂者。学者须要于此体认省察之。"② 又说："学者须是革尽人欲，复尽天理，方始是学。"③ 朱熹在此提出了为学的目标，就是"明天理，灭人欲"。"为学之道，莫先于穷理，穷理之要，必在于读书，读书之要，莫贵于循序而致精，而致精之本，则又在于居敬而持志，此不易之理"，④ 这是朱熹所阐述的为学与穷理的关系。

拨开历史的重重迷雾，我们发现，在"天理"的旗帜下，朱熹高扬的是正心诚意，促进人格的完善，革除弊政，反贪倡廉，提倡爱国主义，坚持民本思想等，这些，恰恰仍都是我们今天应该着力加以弘扬的珍贵的优秀历史文化遗产。

（本文系 2015 年 11 月"第七届海峡两岸国学论坛"参会论文，载《东南学术》2016 年第 3 期）

---

① 〔宋〕朱熹：《晦庵先生朱文公文集》卷二十一《经界申诸司状》，《朱子全书》第 21 册，第 956 页。

② 〔宋〕黎靖德编：《朱子语类》卷十三，第 224 页。

③ 〔宋〕黎靖德编：《朱子语类》卷十三，第 225 页。

④ 〔宋〕朱熹：《晦庵先生朱文公文集》卷十四《行宫便殿奏札二》，《朱子全书》第 20 册，第 668 页。

朱熹的赋税思想与"黄宗羲定律"

"黄宗羲定律"是由学者秦晖根据明末清初著名思想家黄宗羲对中国历史上频繁出现的"并税式改革"规律的认识综合归纳而成的。[①] 其基本要点是,历史上每一次赋税改革,都把附加税、杂税、贡纳等并入主税,使民众形成越来越大的税收负担。我国历史上为什么会频繁发生"并税式改革"?"积累莫返之害"为什么会反复地发生作用?对这个问题,不仅当代学者在不断地探讨,其实早在黄宗羲之前,就已引起过一些关心民瘼的儒家学者的关注,朱熹就是其中的一位。

朱熹所处的南宋时期,皇室、官僚、地主凭借政治特权和经济上的优势,逃避赋税,而宋代冗官、冗员、冗兵的现实又需要庞大的财政收入作为封建王朝的支撑,这就使南宋小朝廷陷入了严重的财政危机之中。为了缓解这一危机,各级官府转而加强了对农民的剥削,由此加剧了农民与封建国家之间的矛盾,从而使财政危机又演化为政治危机。

为维护封建王朝的长治久安,朱熹针对封建统治阶级在赋税方面的各种弊端,提出了一系列补偏救弊的主张和措施。具体而言,有以下两点。

一、主张"薄赋""省赋",反对重敛,尤其坚决反对各种"杂派"

有学者把"黄宗羲定律"列出公式表示,认为"两税法＝租庸调＋杂派,

---

① 秦晖:《"并税式改革"与黄宗羲定律》,《中国经济时报》2000 年 11 月 3 日。

王安石免役法＝两税法＋杂派＝租庸调＋杂派＋杂派"。而朱熹所要反对的，就是"两税法"即正税之外的各种"杂派"，朱熹将此斥为是"于二税之外，别作名色，巧取于民"①。当时，各地巧立各种名目的"杂派"（朱熹将此称为"白撰"）可谓多如牛毛，他对此极为反感，认为"古者刻剥之法，本朝皆备"②。朱熹揭露当时这种恶劣现象说："福建赋税犹易辨，浙中全是白撰，横敛无数，民甚不聊生，丁钱至有三千五百者。"③ 又说："官科盐于民，岁岁增添。此外有名目科敛不一，官艰于催科，民苦于重敛，更无措手足处。"④

更为可怕的是，横征暴敛、盘剥百姓甚至成了官员升迁的理由，以至"不复问其政教设施之得失，而一以剥民奉上者为贤"。其直接后果是，造成上行下效，"中外承风，竞为苛急，监司明谕州郡，郡守明谕属邑，不必留心民事，惟务催督财赋。"⑤ 朱熹指出，这种完全与儒家"民本"思想背道而驰的苛政，是造成民力之所以"重困"的根本。

由于统治者毫无节制地横征暴敛，致使天下百姓"憔悴穷困""元气日耗，根本日伤"，造成整个社会动荡不安。朱熹为此在淳熙七年（1180）《庚子应诏封事》中，向宋孝宗发出了警告："若不大为经理，深加隐恤"，一旦洪水旱荒等意外发生，则"剥肤椎髓之祸，必且愈深愈酷而不可救"。其时，朱熹向宋孝宗提出了"恤民""省赋"的主张。他说："臣尝谓天下国家之大务莫于恤民，而恤民之实在省赋，省赋之实在治军。"⑥ 朱熹把恤民、省赋提到"国家之大务"的高度，这与其"国以民为本"的政治哲学思想是一致的。他在《孟子集注》中指出，"盖国以民为本，社稷亦为民而立，而君之尊，又

---

① 〔宋〕朱熹：《晦庵先生朱文公文集》卷十一《庚子应诏封事》，《朱子全书》第 20 册，第 582 页。

② 〔宋〕黎靖德编：《朱子语类》卷一百一十，第 2708 页。

③ 〔宋〕黎靖德编：《朱子语类》卷一百一十一，第 2714 页。

④ 〔宋〕黎靖德编：《朱子语类》卷一百一十一，第 2715 页

⑤ 〔宋〕朱熹：《晦庵先生朱文公文集》卷十一《戊申封事》，《朱子全书》第 20 册，第 605 页。

⑥ 〔宋〕朱熹：《晦庵先生朱文公文集》卷十一《庚子应诏封事》，《朱子全书》第 20 册，第 581 页。

系于二者之存亡，故其轻重如此。"又说："丘民，田野之民，至微贱也。然得其心，则天下归之。天子，至尊贵也，而得其心者，不过为诸侯耳，是民为重也。"① 天子之心与民众之心相比，孰轻孰重？朱熹肯定的是后者，此为朱熹民本思想的最高表述。

朱熹在淳熙七年提出"恤民之实在省赋，省赋之实在治军"，是因为其时军政腐败，军费浮冗，成为百姓最沉重的负担之一。他在《庚子应诏封事》中揭露此弊说：

> 臣所谓省赋理军者，请复为陛下言之：夫有田则有租，为日久矣。而今日民间特以税重为苦者，正缘二税之入，朝廷尽取以供军，而州县无复赢余也。……而朝廷发下离军归正等人又无纪极，支费日增，无所取办，则不免创于二税之外别作名色，巧取于民。且如纳米收耗，则自七斗八斗以至于一倍再倍而未止也；豫借官物，则自一年二年以至三年四年而未止也，此外又有月桩移用诸杂名额，抛卖乳香、科买军器、寄招军兵、打造铁甲之属，自版曹总所以至漕司，上下相承，递相促迫，今日追究人吏，明日取勘知通，官吏无所从出，不过一切取之于民耳。②

针对此弊，朱熹提出了"讨理军实而去其浮冗"的思路。具体措施为"选将吏、核兵籍可以节军费，开广屯田可以实军储，练习民兵可以益边备。"朱熹认为，"诚能行此三者，而又时出禁钱以续经用，民力庶几其可宽也。"③

南宋是中国封建社会后期苛捐杂税最多的一个时期。曾五次担任地方官的朱熹，其主要政事之一，就是要在这些苛捐杂税的包围之中杀出一条血路来，以实践其"薄赋""省赋"，反对重敛的赋税主张，以及他所笃守信奉的

---

① 〔宋〕朱熹：《孟子集注》卷十四《尽心章句下》，《四书章句集注》，第367页。
② 〔宋〕朱熹：《晦庵先生朱文公文集》卷十一《庚子应诏封事》，《朱子全书》第20册，第582—583页。
③ 〔宋〕朱熹：《晦庵先生朱文公文集》卷十一《庚子应诏封事》，《朱子全书》第20册，第583页。

儒家民本思想。尤其是他在历官南康知军、浙东提举，两地适逢特大自然灾害之时就更是如此。安抚受灾民众，抵制各种杂派就成了朱熹从政的不二法门。其主要表现有：

1. 罢经总制钱

经总制钱，是经制钱和总制钱的合称，均为南宋向地方征调的若干项财赋和杂税的总称。经制钱始于北宋宣和三年（1121），总制钱则始于绍兴五年（1135）。对经总制钱的起因，朱熹认为，"盖前代之所无，而祖宗盛时亦未之有，特起于宣和末年，仓卒用兵，权宜措画。当时建议之臣方且自以为功，而其兄闻之，乃为哭于先庙，以为作俑之祸且及子孙。"① 早在绍兴二十六年（1156），朱熹在同安就曾致书当时权户部侍郎钟世明，认为经总制钱是属于那种"民所不当输，官所不当得，制之无艺而取之无名"的苛赋，是"巧为科目以取之于民"，② 希望能"罢去"此钱。

数十年后，此钱不仅未能罢去，相反，随着时间的推移和朝政的腐败，反而呈现出逐年递增之势，使"此钱之额倍于常岁"。淳熙十五年（1188），朱熹奏事延和殿，在南宋的士大夫中，他第一个提出罢行经总制钱的要求。他愤愤不平地向孝宗叙述了百姓深受有司聚敛之苦，感慨"斯民之叹息愁怨何时而少息"。为此，他建议宋孝宗"特诏有司，先将灾伤年分检放倚阁苗税数内所收经总制额，尽依分数豁除；然后别诏大臣，深图所以节用裕民之术，讨论经总制钱合与不合立额，比较之利病而罢行之，以幸天下"③。

2. 悉除无名之赋

南宋时期赋税苛重，名目繁多。经总制钱之外，还有月桩钱、版帐钱、耗米、折帛钱、和买、和籴、科配等，苛捐杂税，层出不穷。针对这种现象，

① 〔宋〕朱熹：《晦庵先生朱文公文集》卷十四《延和奏札三》，《朱子全书》第 20 册，第 659—660 页。

② 〔宋〕朱熹：《晦庵先生朱文公文集》卷二十四《与钟户部论亏欠经总制钱书》，《朱子全书》第 21 册，第 1072 页。

③ 〔宋〕朱熹：《晦庵先生朱文公文集》卷十四《延和奏札三》，《朱子全书》第 20 册，第 660—661 页。

朱熹指责说："今日有一件事最不好：州县多取于民，监司知之当禁止，却要分一分！此是何义理！"① 在《壬午应诏封事》中，他揭露"今日之监司奸赃狼籍，肆虐以病民"，指的就是监司与州县勾结，从民众中巧取豪夺。朱熹为此提出了"须一切从民正赋，凡所增名色，一齐除名，民方始得脱净"②。又说："量入为出，罢去冗费，而悉除无名之赋，方能救百姓于汤火中，若不认百姓是自家百姓，便不恤。"③

朱熹以上的这些主张，都只能是一个怀着经世济民愿望的大儒的美好期待和幻想而已，在腐败的南宋社会，根本就不可能实现。故在他担任江浙等地地方官时，不得不一再上奏状，对诸多的"无名之赋"一一恳请朝廷予以蠲减或解除。计有：

淳熙六年（1179）六月，上札乞减星子县（治所在今江西省庐山市）三五百匹和买，受朝议反对。次年二月又上《乞蠲减星子县税钱第二状》，④ 向朝廷反映了星子县民因兵乱流移，近方复业，由于"官吏节次增起税额，及和买折帛数目浩瀚"，人户难以交纳，"复转徙流亡"的现实，乞蠲减星子县绸绢一千五十余匹，钱二千九百余贯。⑤ 状上，不报。以至朱熹在淳熙八年（1181）十一月奏事延和殿时又旧事重提，奏状恳请减免。

淳熙七年（1180）四月，连上三札《论木炭钱利害》，分析南康军下辖都昌等三县人户夏税钱内一项科折木炭的弊病，恳请依旧例以本色木炭交纳，不折钱绢。他指出，"木炭本以税绢纽计，纳本色，比之纳绢，所费已增一倍之数；折纳价钱，比之纳绢，所费又增三倍之数。反复纽折，至于数倍，上

---

① 〔宋〕黎靖德编：《朱子语类》卷一百一十一，第 2716 页。
② 〔宋〕黎靖德编：《朱子语类》卷一百一十一，第 2713 页。
③ 〔宋〕黎靖德编：《朱子语类》卷一百一十一，第 2714 页。
④ 〔宋〕朱熹：《晦庵先生朱文公文集》卷十六，《朱子全书》第 20 册，第 736 页。
⑤ 〔宋〕朱熹：《晦庵先生朱文公文集》卷十六《缴纳南康任满合奏禀事件状》，《朱子全书》第 20 册，第 750 页。

违法意，下损民力。本军三县皆受其弊。"①

淳熙八年（1181）十一月，朱熹奏事延和殿，第五札奏请蠲免浙东路和买。他指出，"浙东路和买绢万数浩瀚，而绍兴府独当其半"，造成"人户苦于输纳"，"官司不为除豁，其弊非一"，故希望"从来年夏料为始，革去旧弊，庶几饥馑余民得安生业"。②次年八月，又上《奏均减绍兴府和买状》。和买约始于北宋太宗时，本为朝廷向民众预买绸绢。创立之初，考虑到春季民困，故预贷库钱，夏秋时随税纳绸绢给官府。后来演变为以盐等实物纽折，官司故意压低绸绢价，或抬高其他物价，最后连实物纽折也取消，变成了"白纳"。浙东是和买之害的重灾区，下辖七州除温州无和买外，其余六州共管和买二十八万余匹，其中仅绍兴一府独当十四万余匹，其为害之烈"民所不堪！"朱熹在奏状中抨击此弊云："窃尝深究其受病之原，则无他焉，直以原额之太重而已！"③以故，朱熹上状"首陈减额之说"，希望能为"绍兴阖境百万生灵""少解倒垂之急"。

绍熙元年（1190）五月，上状一奏乞减免漳州属县无名之赋七千六十四贯。此数计由折茶钱、罢科龙眼荔枝干钱、抱认建宁府丰国监铸不足铅本钱三色组成。朱熹认为，这些都是"无复根原来历之可考，亦无户眼簉名之可催"④的无名之赋。三色征收总额共计为二万三千多贯，其中除一万五千九百七十六贯为本州桩办外，余额七千六十四贯无着落，故恳请蠲减。二奏乞蠲免无额经总制钱四千七百五十贯。漳州经制钱与总制钱两项共计八万多贯。每年都收额不足，常亏一两万贯。此外，还有"无额之额"五千多贯。隆兴

① 〔宋〕朱熹：《晦庵先生朱文公文集》卷二十《论木炭钱利害札子三》，《朱子全书》第 21 册，第 919 页。

② 〔宋〕朱熹：《晦庵先生朱文公文集》卷十三《延和奏札五》，《朱子全书》第 20 册，第 650 页。

③ 〔宋〕朱熹：《晦庵先生朱文公文集》卷十八《奏均减绍兴府和买状》，《朱子全书》第 20 册，第 817 页。

④ 〔宋〕朱熹：《晦庵先生朱文公文集》卷十九《乞蠲减漳州上供经总制额等钱状》，《朱子全书》第 20 册，第 871 页。

二年（1164），通判赵不敌为邀"磨勘之赏"，不择手段增额四千七百五十四贯。朱熹所要求蠲免的，就是赵氏所虚增的这一部分。

淳熙十五年（1188），朱熹奏事延和殿，曾要求宋孝宗罢行经总制钱"以幸天下"，几经挫折后，已深知此事在腐败的朝政下绝难施行，故在知漳州时，不得已而"妥协"，只希望对经总制钱等无名之赋能予以部分蠲免。然而，就是这部分蠲免，一直到朱熹离任后，也未能实现。

在盐、酒专卖方面，朱熹不赞成宋朝现行的专卖政策。他认为，"如今茶、盐之禁，乃是人生日常之用，却反禁之。这个都是不能絜矩。"① 茶、盐、酒类物资，是百姓生活的日用品，国家实行榷卖，这对百姓来说，是不公平的。基于这样的认识，当隆兴元年（1163）福州知州汪应辰征求朱熹对闽中盐法的意见时，朱熹基于其"盐法之利于吾民"的原则，认为应做到"输钱之数比旧稍轻，买盐之价比旧顿减，即公私两便，法可久行"。他在给漕使陈季若的信中，认为海仓和下四州诸县买纳是两大害民的弊端，应"罢而改图其新"②。

淳熙十年（1183），福建安抚使赵汝愚亦向朱熹征求闽中盐法诸事，朱熹建议其取消福建帅司的榷卖，认为"福建民间增此一项无名之赋"，不可"自我而始"。③

淳熙九年（1182），朱熹在浙东提举任上，上状直陈盐课酒课之弊，主张对浙东沿海明、越、温、台四州的盐法进行改革。朱熹指出，这四州为产盐之地，故私盐便宜而官盐价贵。利之所在，使"贩私盐者百十成群"，有的用大船载运，巡尉不查，州郡不检，反而串通一气，捞取私利。"或乞觅财物，或私收税钱"，以至民间公开食用私盐成风，而官盐无人问津。州县官因担心售盐不多而受罚，于是创立盐铺，编造各种理由，强迫百姓前来购买，使专卖之法成为"瘠民以肥吏，困农民以资游手"的弊政。这些情况，州县和提

---

① 〔宋〕黎靖德编：《朱子语类》卷十六，第362页。

② 〔宋〕朱熹：《晦庵先生朱文公文集》卷二十四《答陈漕论盐法书》，《朱子全书》第21册，第1079页。

③ 〔宋〕朱熹：《晦庵先生朱文公文集》卷二十七《与赵帅书三》，《朱子全书》第21册，第1186页。

举司主管并非不知，"然皆以国计所资，不敢辄有陈说，日深月久，民愈无聊。若不变通，恐成大患。"① 为此，朱熹提出他的"变通"之法，将浙东产盐四州，根据"地里远近、盐价高低"，参照福建下四州现行的"产盐法"，订立浙东"沿海四州盐法"，其余州军仍依旧法施行，以此"革弊救民"。

二、努力杜绝产生新的"杂派"的可能

学者认为，中国古代至少发生过四次比较大的"并税式改革"，即唐代中期的"两税法"、北宋"免役法"、明万历间的"一条鞭法"和清代的"摊丁入亩"。这只是从封建王朝全局性的改革而言，实际上，一些局部性的"并税式改革"从来就没有中断过。例如，在宋代，一些地方官对官榷盐酒之法的改革。

在酒法方面，朱熹不赞成官榷。他对北宋政和、宣和年间建宁知府翁彦国罢官榷的做法极为赞赏。建宁府原来也实行酒务专卖，翁到任后，"始以官务烦费，收息不多，而民以私酿破业陷刑者不胜其众，于是申请罢去官务"，而计算全年的酒课收入，除去米麦成本之外，总计净利多少，均摊在夏秋二税小麦、糯米折钱数内，命百姓交纳。建宁"民间遂得除去酒禁，甚以为便"。但朱熹感觉"净利"二字使用不够明确，容易给后任者重收此税留下隐患。所以他给现任建宁知府写信说："今窃详'净利'二字不见本是酒课之意，窃虑将来官司不知本末，或有再榷之议。欲望台慈询究本末，申明省都，将'净利'二字改作'酒息'，庶几翁公所以惠于乡邦者，垂于永久。"② 此为朱熹从维护百姓的利益出发，尽力堵塞新的杂税可能产生的漏洞。非真心为百姓者，不易为也。

当今学者在讨论"黄宗羲定律"在历史上反复发生作用的原因时，有人提

---

① 〔宋〕朱熹：《晦庵先生朱文公文集》卷十八《奏盐酒课及差役利害状》，《朱子全书》第 20 册，第 822 页。

② 〔宋〕朱熹：《晦庵先生朱文公文集》卷二十九《与陈建宁札子》，《朱子全书》第 21 册，第 1279 页。

出并税之后，随着时间的推移，"人们忘了今天的正税已包括了以前的杂派"是其中的重要原因。从朱熹建议改"净利"为"酒息"之举，可以看出朱熹所担心的，也正是征税者的忘性太大，极有可能若干年后又起"再榷之议"，而遭殃的就只能是穷苦百姓，故希望当权者在税名上给予明确，以绝后患。

淳熙九年（1182），朱熹在浙东提举任上。他对浙东当时实行的官监、买扑、拍户抱额、万户抱额四种酒法进行了比较。认为官监弊病最多，万户最为便利，买扑和拍户则利害参半。在详细分析了各自利弊之后，朱熹建议朝廷在现行万户抱额的基础上，"讲究详尽"，完善其不足之处，而后在各地推行。此"万户抱额"之法，实际上就是北宋末翁彦国在建宁府推行的百姓均摊"净利"之法。朱熹认为，此法之推行，需以一州或一县为单位，统计田亩浮财物力，然后均摊，官户、民户一视同仁，城居、村居没有差异，一律均摊，"立为定籍，乃为尽善。""若舍官户而敷民户，舍城居而困村居，不立官簿而私置草簿，使吏得以阴肆出没走弄于其间"，[①] 则又会带来无穷弊端。

朱熹的赋税思想和他在从政实践中激烈反对各种苛捐杂税的坚定态度，以及他为杜绝产生新的杂派所作的种种努力，实际上已经成为催生其后出现"黄宗羲定律"的思想萌芽。只是由于朱熹的生活年代，中国历史的前两次大的"并税式改革"已经过去了数百年，而后来的两次改革尚未发生，使其尚不具备产生这一著名定律的历史条件。但作为历史上一个进步的思想家所留下的一份珍贵的思想资料和精神遗产，为后来的思想家所汲取，在明万历间又一次重大的改革——一条鞭法的强烈刺激下，"黄宗羲定律"终于脱颖而出，这是历史的必然，也是历史上进步的思想家们共同努力的思想结晶。

[本文系 2007 年 5 月 13—15 日黄山"朱子民本思想与当代研讨会"参会论文，载《福州大学学报（哲学社会科学版）》2007 年第 3 期，收入龙念主编：《朱子学研究（2008 年卷）》，安徽大学出版社 2008 年版]

---

① 〔宋〕朱熹：《晦庵先生朱文公文集》卷十八《奏盐酒课及差役利害状》，《朱子全书》第 20 册，第 823 页。

朱子理学的形成与历史地位

"阙里诸孙圣代英，作官去拜四先生"①，这是元代福建古田理学家张以宁的诗。孔子后裔孔伯逊到延平路（今福建南平）做官，张以宁写了这首诗为他饯行。意思是说，孔子后辈子孙中，英才辈出，孔伯逊作为其中一员，有幸成为"四先生"故里的父母官。张以宁希望，孔氏到任的第一件事，就是要去当地的先贤祠参拜这四位先生。"四先生"是谁？为何参拜他们，成了当地父母官的首要之务？

四先生即理学史上著名的"延平四贤"——杨时（1054－1135）、罗从彦（1072－1135）、李侗（1093－1163）和朱熹（1130－1200）。由于杨、罗、李三位都是南剑州（元代称延平路、明代称延平府）人，其中，杨时是将乐县人，罗从彦是沙县（治所在今福建省三明市沙县区）人，李侗是剑浦县（治所在今福建省南平市延平区）人，故又被称为"南剑三先生"；而朱熹，祖籍虽为徽州婺源，出生地却是南剑州的尤溪县，故与延平也有密切的关系。在学术传承上，四先生是一脉相承的师生关系。"南剑三先生"先后致力于二程洛学的阐发和传播，为其后继者朱熹开创"闽学"、集理学思想之大成，奠定了基础，架设了由洛（二程洛学）至闽（朱熹闽学）的桥梁。

从大的方面来说，中华传统儒学经历了孔孟原始儒学和两宋程朱新儒学（理学）两个大的发展阶段。春秋末年，孔子所创立的儒家学说奠定了中华民

---

① 〔明〕张以宁：《翠屏集》卷二《送孔伯逊延平录事》，《钦定四库全书》本，叶34B。

族生存和发展的理论基石，既是中华传统文化发展的主流，也是朱子理学的源头。故当代著名思想史专家蔡尚思先生（1905－2008）有诗说："东周出孔丘，南宋有朱熹。中国古文化，泰山与武夷。"泰山和武夷山，因为孔子和朱子，分别成为代表中国传统文化高峰的两座历史文化名山；名人名山，相互辉映，孔子和朱子，则分别成为远古和近古中国传统文化的两个标志性人物。

孔子所创立的原始儒学延至宋代，发展到了一个新的阶段，产生了理学，又称新儒学。所谓"新"，是指在理论形态上与传统儒学相比，有其重要的创新之处。以朱子理学为代表的新儒学，是在孔孟原始儒学为主体的基础上，吸收了佛教、道教和历代众多思想家尤其是同时代的思想家的某些思想资料而发展起来的。

北宋是理学形成和初步发展的阶段。理学先驱"宋初三先生"孙复、石介、胡瑗，奠基者周敦颐、张载、程颢、程颐，除周敦颐是江西人外，其余都是北方人。当时，福建虽有"海滨四先生"陈襄、陈烈、周希孟、郑穆等倡道闽中，但从全国来看，影响有限。从理论水平和所影响的范围来说，北宋时期的闽中儒学远远落后于北方。到了北宋后期，全国各地一些有志之士纷纷到河南洛阳的程颢、程颐门下求学，其中虽然以中原和北方人士居多，但理论水平最高，且最具代表性的，是南方的两位儒者，即福建将乐的杨时和建阳的游酢（1053－1123）。

熙宁五年（1072），年方二十的游酢以乡荐赴京应试，巧遇河南洛阳的程颢（1032－1185，字伯淳，号明道）。程颢对其资质大加赞赏，认为"其资可以进道"。游酢从此成为程门入室弟子。元丰四年（1081），游酢又与杨时拜程颢为师。两人学成南归之日，师生依依惜别，程颢目送他们远去，满怀期待地说："吾道南矣！"意思是说，有了游、杨二君，我的道（理学思想）就可以传到南方去了。武夷山一带后来被誉为"道南理窟"，其渊源应追溯到游酢、杨时二人载道南归，兴学育人，促使理学思想在南方各省传播，中国文化的重心逐渐由北向南转移。元祐八年（1093），程颢已逝世八年，为了进一步钻研理学思想，游酢又与杨时同赴洛阳从学于程颐（1033－1107，字正叔，号伊川）。游、杨二人于这年冬天冒着大雪来到程家，适逢程颐闭目瞑坐，他俩不忍惊动先生，恭敬地侍立一旁静候，程颐发觉之时，门外已雪深一尺。从"吾道南矣"到"程门立雪"，代表了理学重心和中国文化教育的重心都将从北向南转移的一种趋势和历史必然。

在中国文化史上，道教产生于本土，佛教则约在西汉末传入中国，由于历代统治者的大力提倡，极其盛行，对我国的政治、经济以及社会思想文化等各方面都产生了重大影响。道教在与佛教的论争中也增强了它的思辨能力和理论水平，成为强大的中华本土宗教派别。儒、佛、道由之前的三家鼎立之势转为佛、道占据上风，一旦佛、道成为主流意识形态，使传统的"以儒立国"变为"以宗教立国"，中国就有成为宗教国家的可能。为挽救江河日下的儒学的学术和政治地位，唐代韩愈、李翱等兴起了儒学复兴运动，提出恢复秦汉以来中断了的儒家道统，以对抗佛、老之道。韩愈以孔孟道统的继承者自居，激烈排佛，但他对传统儒学继承有余而创新不足，在理论水平和思辨能力上难以与讲心性、重修持，极具思辨色彩的佛学抗争，只能向高层提出建议"人其人，火其书，庐其居"①，即采取逼僧人还俗、焚毁佛书、把僧人赶出寺庙这种强权而低能的行政手段。

从治政者的角度来说，产生于北宋时期的理学思潮，在其发展初期，虽对社会思想界有重要影响，但并未受到当时最高统治集团的特别重视。在崇儒的同时，北宋王朝也尊崇佛教和道教，且提倡三教合流，这就促成了佛、道二教的泛滥。下延至南宋时期，佛教更是成功地渗透到了中国社会的各个方面，代表着中华传统文化的儒家思想，面临着更加严峻的挑战。北宋后期，民族矛盾极为激烈，随着北方大片国土被金人所占，北宋灭亡，复兴和发展儒学的任务，被尖锐的民族矛盾所遮蔽，最终并未由周、张、二程等完成。

"天将降大任于斯人也"，历史的重任落在了朱熹肩上！

张载（1020－1078）所提出的"为往圣继绝学"的崇高理想，最终虽未

---

① 〔唐〕韩愈：《原道》，《韩昌黎文集校注》，马其昶校注，马茂元整理，上海古籍出版社1986年版，第19页。

由周、张、二程等人实现，但周敦颐（1017－1073）创立的"濂学"，二程创立的"洛学"，张载创立的"关学"，却奠定了理学（新儒学）的理论基础，也为南宋朱熹创立"闽学"提供了丰厚而坚实的思想理论资源。由此可知，从濂、洛、关之学到朱熹的"闽学"，其发展与传承源流，有一个从"北"到"南"的转移过程。从时代来说，表现为从"北宋"到"南宋"的延续；以空间而论，则是从"北方"中原向"南方"福建的转移。以人物而言，周、张、二程之后，则有游、杨、罗、李等先贤的学术传承，最终有朱熹的集大成。

为了从理论上全面回应讲心性、重修持的佛学的挑战，同时也为了弥补先儒多重视社会政治伦理，而比较忽视心性之学的不足，朱熹率领门下弟子，以福建为中心，以武夷山为大本营，以南方各地创建和修复的书院，如武夷精舍、考亭书院、白鹿洞书院、岳麓书院等为阵地，高扬理学的旗帜，全面开展了重新诠释和再造儒学经典的运动，从而使儒学经典，从原始儒学重《五经》，演化为宋明理学重《四书》的转变；同时为了弥补各地书院的不足，他们创造性地将书院的"旗帜"插到各地的佛教寺院中，从而形成了与理论上"援佛入儒"、兼采佛老之精粹相适应的儒学传播实践，即将佛教的圣殿和讲堂演变成为传播儒学的杏坛。

在朱熹等人的倡导下，在理论形态上的"斥佛老，一天人"与物质形态上的与佛教争夺教学阵地相结合，就成了其后儒家学者的共同行动。这便是为什么在南宋的理学重心最终完全转移至福建并得以确立的同时，书院文化教育的重心也随之转移到福建的重要原因。

朱熹的历史贡献，可以用"返本开新"四个字来加以概括。所谓"返本"，是指朱熹全面系统地对孔孟以来的中国传统文化，如中国传统经学、心性哲学、伦理思想、政治文化等方面都作了一个全面的总结。所谓"开新"，是指朱熹在继承程颢、程颐开创的理学思想体系的基础上，根据时代的要求和理论的发展，与同时代各个不同学派的思想家相互交流、相互论争、相互促进，又汲取先秦儒学诸子百家和佛、道思想之长，加以综合创新，集宋代理学之大成，在理学本体论、心性论、格物致知论、伦理思想、政治思想、教育思想等方面把宋代理学发展到一个新的水平，极大地丰富了中国哲学的内涵，为中国哲学的发展，作出了杰出的理论贡献。

由于朱子理学在维护社会稳定，巩固和加强封建君主集权制，维护封建社会的长治久安方面，有其不可替代的重要作用，从而得到晚宋以后历代统治者的特别青睐。

宋宁宗嘉定二年（1209），朱熹逝世九年后，将朱熹学说诬为"伪学"，将朱熹学派诬为"逆党"的"庆元党禁"冤案开始逐渐平反。这年十二月赐朱熹谥曰"文"，后人称朱文公。嘉定五年（1212）十二月，朱子门人，时任国子司业的建阳人刘爚的请求得到恩准，诏谕朱熹的《四书章句集注》立于学宫，作为法定的教科书。宋理宗时期，朱熹的学说进一步得到褒扬。宝庆三年（1227）正月，赠太师，追封信国公。宋理宗称赞朱熹的《四书章句集注》"发挥圣贤蕴奥，有补治道"。绍定三年（1230）九月，改封为徽国公。淳祐元年（1241）正月，下诏从祀孔庙。朱熹取得与周、张、二程并列的五大道统圣人的地位。诏书称："朕惟孔子之道，自孟轲后不得其传，至我朝周敦颐、张载、程颢、程颐，真见实践，深探圣域，千载绝学，始有指归。中兴以来，又得朱熹精思明辨，表里混融，传《大学》《论》《孟》《中庸》之书，本末洞彻，孔子之道，益以大明于世。朕每观五臣论著，启沃良多，今视学有日，其令学官列诸从祀，以示崇奖之意。"[1] 同时，又御书朱熹《白鹿洞书院揭示》，颁示天下学宫。

由于统治者和朱子后学对朱子学的表彰和宣扬，朱熹历史地位确立，朱子理学上升为封建社会后期的官方哲学和主流意识形态，成为官方治国的指导思想，对中国社会政治、文化、教育、民俗等诸多方面都产生了巨大影响，对中华民族精神家园的建构，对民族传统思维方式的完善也有潜移默化的作用。正是在这个层面上，我们说，不能将闽学——朱子学视为是一种地域性的学说，仅从闽北文化、福建文化这一层面来认识，而应该从这是一种带有

---

① 〔元〕脱脱等：《宋史·理宗纪》，中华书局 1985 年版，第 821 页。

普遍意义的，在中国封建社会后期占主导地位的国家政治哲学这个角度来评价和认识。也正是在这个层面上，钱穆认为，"在中国历史上，前古有孔子，近古有朱子。此两人，皆在中国学术思想史及中国文化史上发出莫大声光，留下莫大影响。旷观全史，恐无第三人堪与伦比。"①

（本文载《政协天地》2013 年第 7 期）

---

① 钱穆：《朱子学提纲》，生活·读书·新知三联书店 2002 年版，第 1 页。

师帅之职与治教之功

——朱熹社会教化和社会治理思想与实践

何谓师帅？师帅者，地方长官及其所履行之责之谓也。"假之师帅之职，责以职教之功"①，此为朱熹《潭州到任谢表》中所言。师者，指的是地方官推行社会教化的功能，即"职教之功"中的"教"；帅者，指的是地方官履行社会治理的职责，即"职教之功"中的"职"。作为政治家和教育家的朱熹，是如何将治政思想和教育思想紧密地结合起来，并落实在社会教化和治理等实践之中的？这种结合，朱熹本人有一个极为准确、生动且简要的揭示，此即"师帅"，也是本文所要探讨的主要内容。

师帅一词，最早见于《周礼·夏官司马》。据其中所载："凡制军，万有二千五百人为军。王六军，大国三军，次国二军，小国一军，军将皆命卿。二千有五百人为师，师帅皆中大夫。五百人为旅，旅帅皆下大夫也。"② 由此可知，此"师"乃上古时期的军队建制，"帅"乃一师的统帅。朱熹对此作了引申，或者说，朱熹只是借用了《周礼》的这一词汇，而其所表达的含义，与《周礼》的本义已大不相同。

---

① 〔宋〕朱熹：《晦庵先生朱文公文集》卷八十五《潭州到任谢表》，《朱子全书》第24册，第4012页。

② 〔汉〕郑玄注，〔唐〕贾公彦疏：《周礼注疏》卷二十八，《景印文渊阁四库全书》第90册，第517页。

一、如何为师：朱熹的社会教化思想与实践

朱熹在各地担任地方官，就有了将其政治主张付诸实践的机会，尽管这种机会由于受到朝中腐败势力的掣肘和阻挠而大打折扣，但朱熹仍凭借着他的坚定信念和治国平天下的雄心，将其政治主张一一付诸实践。其首要表现就是兴教化。

朱熹每到一处，必兴办教育，从而促进了当地教育事业的发展。在社会教化方面，则从敦励风俗，约民以礼，政教并举入手，以端正民风民俗。

在学校教育方面，绍兴二十三年（1153）七月，朱熹初至同安，面对的是学舍破败，学子无书可读以及资金匮乏，赡学钱被州学截留的状况。故朱熹主同安县学的第一件事，就是上书泉州府学教授和同安知县，与其据理力争，并具公状申禀，强调"此色官钱终不可失。盖此乃同安一县久远利害，非吾人所得用以徇一旦之私"①。

朱熹主同安县学之始，就先后陆续发布了《同安县谕学者》《谕诸生》《谕诸职事》等文告。引导诸生"致思于科举之外，而知古人之所以为学"的道理，其目的不在于"干禄蹈利"，而在于"语圣贤之余旨，究学问之本原"；不在于举子之业，而在于"入于圣贤之域"；要求诸生以理义悦其心，专心致思，不受词章之学所局限，要在日用"饮食起居之间"体会儒学的正心诚意之学，"而由之以入于圣贤之域"。② 为此，朱熹制定各种学规，在学中设讲座，师生间可相互问答，展开讨论，并撰《讲座铭》立于学堂之上。以孔孟儒学思想为主线，并亲为诸生讲解《论语》二十篇，撰《论语课会说》。

同安是北宋名相苏颂（1020－1110）的故乡，但对其事迹，乡人却罕有知者，即使是其本族的子弟也说不清楚；相反，却对北宋时本地区出现的蔡

---

① 〔宋〕朱熹：《晦庵先生朱文公文集》卷二十四《答陈宰书》，《朱子全书》第 21 册，第 1076 页。

② 〔宋〕朱熹：《晦庵先生朱文公文集》卷七十四《谕诸职事》，《朱子全书》第 24 册，第 3568 页。

确、吕惠卿等人津津乐道。为表彰名贤，端正士风，朱熹上状得准在"县学空闲地架造"苏丞相祠。① 又撰《苏丞相祠记》，赞扬苏颂"博洽古今，通知典故，伟然君子长者"，学问渊博，能守大节，不与世俗同流合污，宣称"此士君子之所难而学者所宜师也"②。又在县学内建祠，祀奉被奸相秦桧迫害致死的主战派人士、南宋初曾两度为相的赵鼎，③ 以此向诸生传播爱国抗金的思想，并表明自己主战反和的立场。

朱熹在同安兴学数年，使同安的士风逐渐实现了从此前重词章到重义理的根本转变。同安学子许升、王力行、许子春、陈齐仲、戴迈、林峦等成为朱熹生平最早的一批入门弟子。他们与在此前后陆续从学于朱熹的漳泉一带的闽南弟子一道，成为朱子理学在闽南得以广泛传播的中坚力量。

在南康，在朱熹到任即颁布的榜文中，就有推行社会教化的"敦风俗"。他指出，南康自古"民俗号称淳厚"，"在昔既有，今岂无之？患在师帅不良，不加敦劝，是致颓靡，日陷偷薄。"以故，他希望"管下士民乡邻父老岁时集会，并加教戒。使后生子弟咸知修其孝弟忠信之行，入以事其父兄，出以事其长上，敦厚亲族，和睦乡邻，有无相通，患难相恤，庶几风俗之美不愧古人"④。在此榜文中，朱熹追问，自古"民俗号称淳厚"的南康何以颓靡不振？他认为，"师帅不良，不加敦劝"是其根本原因。所以，针对此弊，他对症下药，提出了"敦风俗"的良方。

绍熙五年（1194），朱熹任湖南安抚使。他在《潭州到任谢表》中就提出

---

① 〔宋〕朱熹：《晦庵先生朱文公文集》卷二十《代同安县学职事乞立苏丞相祠堂状》，《朱子全书》第 21 册，第 896 页。

② 〔宋〕朱熹：《晦庵先生朱文公文集》卷七十七《苏丞相祠记》，《朱子全书》第 24 册，第 3694 页。

③ 〔清〕黄任等：乾隆《泉州府志》卷十五，影印清乾隆刊本，上海书店出版社 2000 年版，第 368 页。

④ 〔宋〕朱熹：《晦庵先生朱文公文集》卷九十九《知南康榜文》，《朱子全书》第 25 册，第 4580 页。

"学兼岳麓，修明远自于前贤""假之师帅之职，责以职教之功"，① 表明振兴湖湘的教育事业，是朱熹此行的主要目标。

如何敦厉风俗？北宋学者吕大钧、吕大忠、吕大防、吕大临等几兄弟于熙宁九年（1076）制订的《吕氏乡约》，是中国历史上第一部乡规民约。其宗旨是使邻里乡人能"德业相劝，过失相规，礼俗相交，患难相恤"。朱熹对此进行了一些修改，易其名为《增损吕氏乡约》，在各地任地方官时，向民间推行。通过此乡约"见善必行，闻过必改。能治其身，能治其家，能事父兄，能教子弟"② 的教化功能，将伦理道德、文化价值、行为规范等，在传统村落与家国之间做了有效的链接。

挖掘各地的优秀传统文化资源，也是朱熹推行教化的重要方法。比如在南康，朱熹主要着眼于挖掘南康的历史文化资源，表彰当地以忠孝节义闻名于后世的历史人物，以扭转当地百姓迷信佛教，子弟抛弃父母遁入空门的颓败民风。在《知南康牒文》中，他委命南康军学杨教授、毛司户全力负责，须逐一落实的事项有九项：寻访"康复帝室，勤劳忠顺"的晋太尉陶侃的遗迹；为"已登宰辅，优有武功"的晋太傅谢安立祠；为"隐遯高风""忠义大节"的晋陶渊明立祠；修复以孝行闻名于世的陈朝司马暠、司马延义，唐朝熊仁赡墓地和旌表门闾；寻访白鹿洞书院遗址；旌表"嫠妇守节"的建昌义门洪氏；为曾在北宋熙宁中知南康的理学开山祖师周敦颐立祠；修复"避世清明，高蹈物表"的西涧刘涣、刘恕父子的故居和坟墓；寻访北宋谏议大夫陈瓘的遗迹。③

以上所列事项，朱熹在任期内几乎全部落实办妥。除了修复白鹿洞书院、创濂溪祠，以及祀奉陶渊明、刘涣、刘恕、李公择、陈瓘的五贤祠之外，他

① 〔宋〕朱熹：《晦庵先生朱文公文集》卷八十五《潭州到任谢表》，《朱子全书》第24 册，第4012 页。

② 〔宋〕朱熹：《晦庵先生朱文公文集》卷七十四《增损吕氏乡约》，《朱子全书》第24 册，第3594 页。

③ 〔宋〕朱熹：《晦庵先生朱文公文集》卷九十九《知南康榜文·又牒》，《朱子全书》第25 册，第4581—4583 页。

还在修复的刘涣墓前建"壮节亭",并为之作《记》。① 为唐孝子熊仁赡之墓作祭,撰《告熊孝子墓文》。② 又为重修后陶侃庙上状申请赐额等。

将儒家典籍通俗化,用以敦厉风俗,把孔子"孝悌也者,其为仁之本"的思想广泛播向民间,是朱熹在南康军的治绩之一。他对南康军穷家子弟多出家,弃父母于不顾,有悖人伦的风俗极为反感,特撰《示俗》一文,广为公示。此文专门俗解《孝经·庶人章》,原文仅五句:"用天之道,因地之利,谨身节用,以养父母,此庶人之孝也。"朱熹将"因地之利"解释为"依时及节耕种田土";将"谨身"解释为"不作非违,不犯刑宪",即不作非法违法、触犯法律的事。总评为:"庶人,谓百姓也。能行此上四句之事,方是孝顺。虽是父母不存,亦须如此,方能保守父母产业,不至破坏,乃为孝顺。若父母生存不能奉养,父母亡殁不能保守,便是不孝。不孝之人,天所不容,地所不载,幽为鬼神所责,明为官法所诛,不可不深戒也。"最后几句尤为精彩:

> 以上《孝经·庶人章》正文五句,系先圣至圣文宣王所说。奉劝民间逐日持诵,依此经解说,早晚思惟,常切遵守,不须更念佛号经,无益于身,枉费力也。③

朱熹在此以孝道来反佛,可谓击中要害;而以《孝经》来取代佛经,要求百姓广泛诵读,这就使儒家经典不再仅仅局限于书院、官学的课堂之内,而是广泛迅速地以一种通俗化、大众化的形式向民间传播,这在儒学传播史上,可谓一个创举!

---

① 〔宋〕朱熹:《晦庵先生朱文公文集》卷八十《壮节亭记》,《朱子全书》第24册,第3794页。

② 〔宋〕朱熹:《晦庵先生朱文公文集》卷八十六《告熊孝子墓文》,《朱子全书》第24册,第4039页。

③ 〔宋〕朱熹:《晦庵先生朱文公文集》卷九十九《示俗》,《朱子全书》第25册,第4585页。

淳熙六年（1179）八月，朱熹还公示了《晓谕兄弟争财产事》榜文，根据《礼经》和法律条文，严申"别籍异财之禁"，指的是父母在世，兄弟不得分家。其时，建昌、都昌两县各有一例母亲在堂，而兄弟私分财产案。朱熹以此为例，向南康属下各县晓谕，严禁此类"弃违礼法，伤害风教"[1] 之事发生，劝谕百姓人人都要像陈两司马、熊孝子、义门洪氏那样"务修孝弟忠信之行"。

在浙东提举任上，朱熹的主要任务是救荒。他将劝诫富户出钱出力救荒，与敦厉民风结合起来。在《劝立社仓榜》中，他鼓励富户"心存恻恻，惠及乡间，出力输财"，认为此举有助以"养成闾里睦姻任恤之风"。[2]

永嘉县学内有一座秦桧祠，淳熙九年（1182）八月，朱熹得知此事，特移文毁之。文中怒斥秦桧：

> 归自虏廷，久专国柄。内忍事仇之耻，外张震主之威。以恣睢戕善良，销沮人心忠义刚直之气；以喜怒为进退，崇奖天下谄谀偷惰之风。究其设心，何止误国！……天不诛桧，谁其弱秦？

何况，"学校实风化之源"，如此误国的权奸厕立于此，"何以为训？"[3] 行文酣畅淋漓，一气呵成，既表明了朱熹力主抗金的一贯立场，也表明朱熹认为在学校教育中，应为学生树立爱国爱民的正确典范，而不是如秦桧那样祸国殃民的奸邪。

在漳州知州任上，面对"政缘教化未明，风俗薄恶"的现实，为敦厉民

---

① 〔宋〕朱熹：《晦庵先生朱文公文集》卷九十九《晓谕兄弟争财产事》，《朱子全书》第 25 册，第 4586 页。

② 〔宋〕朱熹：《晦庵先生朱文公文集》卷九十九《劝立社仓榜》，《朱子全书》第 25 册，第 4604 页。

③ 〔宋〕朱熹：《晦庵先生朱文公文集》卷九十九《除秦桧祠移文》，《朱子全书》第 25 册，第 4611 页。

风，朱熹"到郡，即颁礼教"①，采取了约民以礼、政教并举、劝谕百姓、打击邪恶等一系列措施。针对"民未知礼，至有居父母丧而不服衰绖者"，发布《晓谕居丧持服遵礼律事》。② "采古丧葬嫁娶之仪，揭以示之，命父老解说，以教子弟。"③ 针对漳州地区"魔教"④盛行，"男女聚僧庐为传经会，女不嫁者私为庵舍""不昏之男无不盗人之妻，不嫁之女无不肆为淫行"⑤ 的恶习，朱熹发布了《劝女道还俗榜》，严禁立私庵，勒令女道还俗回家。

北宋陈襄的《劝谕文》是一篇著名的以振兴社会道德教育、美厚社会民风、复兴礼义之俗的政论短文。全篇正文仅 98 字，提出"为吾民者，父义、母慈、兄友、弟恭、子孝，夫妇有恩，男女有别，子弟有学，乡闾有礼，贫穷患难，亲戚相救，婚姻死丧，邻保相助，无堕农桑，无作盗贼，无学赌博，无好争讼，无以恶凌善，无以富吞贫，行者让路，耕者让畔，班白者不负戴于道路，则为礼义之俗矣"。朱熹对此文极为赞赏，略加改动数字，加上原文注解，并作跋语加以"揭示"，改题为《揭示古灵先生劝谕文》，张榜公示，晓谕民众，希望"同保之人互相劝戒"，"保内如有孝子顺孙，义夫节妇，事迹显著"，"当依条旌赏"；其不率教者，"依法究治"。⑥

与此同时，朱熹根据漳州民间流行的各种恶习，归纳出十条端正民风、劝民遵守的禁令，名《劝谕榜》。⑦ 内容涉及孝顺父母，恭敬长上，和睦宗姻，

---

① 〔清〕王懋竑：《朱子年谱》卷四，清白田草堂刊本。

② 〔宋〕朱熹：《晦庵先生朱文公文集》卷一百《晓谕居丧持服遵礼律事》，《朱子全书》第 25 册，第 4617 页。

③ 〔清〕王懋竑：《朱子年谱》卷四，清白田草堂刊本。

④ 此"魔教"见于朱熹《劝谕榜》，通常多以为指佛教。近年有学者认为系指魔尼教，参林振礼《朱熹与魔尼教新探》，《朱子研究》2004 年第二、三期合刊本。

⑤ 〔宋〕朱熹：《晦庵先生朱文公文集》卷一百《劝女道还俗榜》，《朱子全书》第 25 册，第 4618 页。

⑥ 〔宋〕朱熹：《晦庵先生朱文公文集》卷一百《揭示古灵先生劝谕文》，《朱子全书》第 25 册，第 4620 页。

⑦ 〔宋〕朱熹：《晦庵先生朱文公文集》卷一百《劝谕榜》，《朱子全书》第 25 册，第 4620 页。

周恤邻里，禁止奸盗、禁止赌博，不得传习魔教，禁止寺院男女昼夜混杂，等等，目的就是为了"美厚"社会风俗。为了扩大影响，以利传播，他还将一些"有补于风教"的图书如《家仪》《乡仪》等在漳州刻印出版。

对朱熹在漳州教化，敦厉民风的治绩，其门人陈淳有如下评价："先生在临漳仅及一期，以南陬弊陋之俗，骤承道德正大之化，……平日习浮屠，为传经礼塔朝岳之会者，在在皆为之屏息。平日附鬼为妖，迎游于街衢，而抄掠于闾巷，亦皆相视敛戢，不敢辄举。良家子女从空门者，各闭精庐，或复人道之常。四境狗盗之民，亦望风奔遁，改复生业。"①朱熹官知潭州兼湖南安抚使时间不长，明教化也是其治绩之一。其所颁布的《约束榜》中所列的48条禁令中，内容以整词讼、戢奸吏为主之外，其中与敦厉民风有关的有：针对潭州军民赌博成风，公然设柜坊聚赌的恶习，他下令拆毁柜坊，并张榜公示："禁止百姓及军人赌博，……如有前项违犯之人，……一例追断施行。"②

二、如何为帅：朱熹的社会治理思想与实践

为了维护南宋王朝的长治久安，朱熹针对封建统治阶级的各种弊端，提出了一系列补偏救弊的政治主张，如正君心、除奸佞、主抗金、革弊政等。这些政治主张，实际上是朱熹以"存天理、灭人欲"为核心价值观的理学思想在政治领域的反映。也就是说，朱熹的理学思想是朱熹政治思想的指导原则，而朱熹的政治思想则是他的理学思想在政治领域的贯彻和落实。《论语·颜渊》曰："季康子问政于孔子，孔子对曰：政者，正也。子帅以正，孰敢不正？"朱熹发挥了这一思想，提出"治道必本于正心、修身，实见得恁地，然

---

① 〔清〕王懋竑：《朱子年谱》卷四，清白田草堂刊本。
② 〔宋〕朱熹：《晦庵先生朱文公文集》卷一百《约束榜》，《朱子全书》第25册，第4630页。

后从这里做出"①、"其大本，则欲正人者必先正己"②、"正身以统天下，……勤攻己阙，使凡政事之出于我者无一疵之可指，则上以正君，下以正人，将无所求而不得"③。

因此，如何为帅？如何做好地方长官？其实际表现就是将这些思想贯彻落实到为政实践之中。在朱熹，其几任地方官的主要表现，就是端正吏治、体恤民隐、推行荒政、劝农为职等。

（一）端正吏治

朱熹一生在上朝廷的数十份奏章中，几乎都离不开黜奸邪、远近习的内容，而在各地从政时，与此一脉相承的，则是端正吏治，严惩腐败。

朱熹在南康，为防止下属僚吏欺压善良百姓，特意颁布了《约束科差夫役》《约束差公人及朱钞事》，禁止官员以"公干"为名，随意指派农民做"荷轿担擎，有妨农业"之事，约束僚吏不得扰民，如有违者，希"被扰人户径赴本军投诉"。④ 黄榦《朱文公行状》载：

> 先生视民如伤，至奸豪侵扰细民、挠政害法者，惩之不少贷，由是豪强敛戢，里闾安靖。

在浙东，朱熹单车简从，"钩访民隐，至废寝食"⑤，弄清了一批官员或不顾百姓死活，消极救灾，或勾结豪强鱼肉百姓的劣迹。他先后依法查办或上状奏劾了绍兴府兵马都监贾佑之、绍兴府指使密克勤、婺州金华豪右朱熙绩、

---

① 〔宋〕黎靖德编：《朱子语类》卷一百八，第 2686 页。

② 〔宋〕朱熹：《晦庵先生朱文公文集》卷二十八《答李诚父书》，《朱子全书》第 21 册，第 1237 页。

③ 〔宋〕朱熹：《晦庵先生朱文公文集》卷二十七《答梁丞相书》，《朱子全书》第 21 册，第 1193 页。

④ 〔宋〕朱熹：《晦庵先生朱文公文集》卷九十九《约束科差夫役》，《朱子全书》第 25 册，第 4595 页。

⑤ 〔清〕王懋竑：《朱子年谱》卷二，清白田草堂刊本。

衢州守李峄、前台州知州唐仲友等一大批贪赃枉法的官员、豪右。

朱熹在漳州，针对本州"分职未明，文书散漫""财赋狱讼尽出吏手，而参佐以下官受其成"的弊病，上任伊始就发布了《州县官牒》，^①下令县丞、簿、尉等必须每日"赴长官厅或都厅签书当日文书""庶得商量详审，与决公事，不至留滞，民无冤枉。"同时，也以此杜绝官吏舞弊受贿、索贿。他还采用职位"移换"的方法，将"优轻处"即分掌财赋"肥缺"的猾吏强行换位，"优者移之重处，重者移之优处"^②，以防止胥吏不法，"恣意侵渔"。诸县送州点对的簿历，在法均有时限。有两名州吏故意拖延时间，以此邀索县道行贿。朱熹凭借其同安主簿的经验，熟知其中的弊端，查实此事后，"即时决两吏"。^③

（二）体恤民隐

在《庚子应诏封事》等奏札中，朱熹将"恤民"列为"天下国家之大务"，体现了儒家一贯坚持的"民为邦本"的思想。

在同安，朱熹一上任就把县署中北宋县令宋若水建造的"祐贤堂"改名为"牧爱堂"，在堂前悬挂"视民如伤"的匾额。^④又在城郊同山上书写"同山""大同"^⑤数字，刻石以传，表达他自己，同时也希望同僚能以仁爱大同之心来处理政务，关爱百姓。

在南康，朱熹到任首发《知南康榜文》"下教三条"。其中第一条就是向南康士人、父老征求"宽恤民力"之方。为蠲减南康各种无名之赋，朱熹先后上奏了一系列奏章，乞请朝廷予以蠲减，虽然由于朝中上下掣肘，所请见效甚微，然朱熹为民请命，据理力争，一颗爱民之心跃然纸上。

---

① 〔宋〕朱熹：《晦庵先生朱文公文集》卷一百《州县官牒》，《朱子全书》第25册，第4614页。

② 〔宋〕黎靖德编：《朱子语类》卷一百六，第2651页。

③ 〔宋〕黎靖德编：《朱子语类》卷一百六，第2649页。

④ 〔清〕黄任等：乾隆《泉州府志》卷十二《公署》，上海书店出版社2000年版，第258页。

⑤ 陈衍等：民国《福建通志》总卷二十六《金石志》卷十一，1937年刊本。

南康救荒，是朱熹的一大政绩，而朱熹积极推行荒政，其目的就是为了恤民。对朱熹在南康的治绩，黄榦曾作过极其精练的概括和总结：

> 至郡，恳恻爱民如己隐忧，兴利除害惟恐不及。属邑星子土瘠税重，乞从蠲减，章凡五六上。岁值不雨，讲求荒政，凡请于朝，言无不尽。①

在浙东，朱熹为救灾赈民，殚精竭虑，"日与僚属、寓公钩访民隐，至废寝食。"②他不仅亲历灾区，"穷山长谷，靡所不到，拊问存恤"，了解灾情，关心民瘼，采取各种措施救助穷苦百姓，而且为了减轻民众的负担和苛扰，不断地向朝廷发出蠲减赋税的呼声，希望"凡丁钱、和买、役法、榷酤之政，有不便于民者，悉厘而革之"③。对不顾灾民死活，苛扰百姓的贪官污吏坚决予以弹劾；即使是对其有所谓"荐举之恩"的当朝宰执王淮，以及以宋孝宗为首的南宋朝廷，朱熹也公然上书指责：

> 朝廷爱民之心不如惜费之甚，是以不肯为极力救民之事；明公忧国之念不如爱身之切，是以但务为阿谀顺旨之计。……盖民之与财，孰轻孰重？身之与国，孰大孰小？财散犹可复聚，民心一失，则不可复收。④

体现了朱熹一心为民，无私无畏的精神。

朱熹的体恤民隐，也体现在他在潭州的政绩之中。湘潭等五县拖欠绍熙四年秋税，本已差官下县受纳，但由于气候久旱，朱熹"恐人户艰于送纳"，

---

① 〔宋〕黄榦：《勉斋先生黄文肃公文集》卷三十四《朝奉大夫华文阁待制赠宝谟阁直学士通议大夫谥文朱先生行状》，《北京图书馆古籍珍本丛刊》本，第685页。

② 〔宋〕黄榦：《勉斋先生黄文肃公文集》卷三十四《朝奉大夫华文阁待制赠宝谟阁直学士通议大夫谥文朱先生行状》，第688页。

③ 〔元〕脱脱等：《宋史》卷四百二十九《朱熹传》，第12756页。

④ 〔宋〕朱熹：《晦庵先生朱文公文集》卷二十六《上宰相书》，《朱子全书》第21册，第1178页。

故又召回差官，暂缓征收，并晓谕乡民，"各宜安心车水，灌溉田亩。"① 对掌管陂塘湖泽的官吏霸占陂塘，"不肯泄水注阴，致田禾干槁"的现象，又下告示"晓谕陂塘湖长等人，如合承水之田缺水，即仰日下量分数放水注阴"，如"占吝不放"，许农户陈告。②

庆元六年（1200），朱熹重病缠身，当他听到一位老农诉说官府催逼赋税之苦时，不禁叹息道，恤民乃国家之大务，今日朝廷还是如此置百姓生死于不顾，这叫百姓如何安生？朱熹临去世前几日，建阳知县张揆前来探病，有礼物送给朱熹，朱熹却之不受，并对他说："知县若宽一分，百姓得一分之惠。"③ 体现了朱熹恤民之心至死不渝。

（三）推行荒政

荒政，是指救济饥荒的措施及其法令制度。朱熹的荒政实践，始于乾道四年（1168），这年春夏之交，崇安闹饥荒，时朱熹正以枢密编修官待次在家，得崇安知县诸葛廷瑞委托，与里人左朝奉郎刘如愚同赴赈灾，"劝豪民发藏粟，下其值以振之"，"里人方幸以不饥。"④ 不久，邻邑浦城发生饥民暴乱，因距崇安境不过 20 里，乡民"人情大震，藏粟亦且竭"。朱熹上书建宁府，借粟六百斛救急，帮助饥民渡过难关，并由此促成了著名的五夫社仓的产生和社仓制度在全国的推广。

（四）劝农为职

朱熹在各地担任地方官，重视发展农业生产。他认为，"民生之本在食，足食之本在农，此自然之理也。"⑤ "契勘生民之本，足食为先。是以国家务农

---

① 〔宋〕朱熹：《晦庵先生朱文公文集》卷一百《约束榜》，《朱子全书》第 25 册，第 4634 页。

② 〔宋〕朱熹：《晦庵先生朱文公文集》卷一百《约束榜》，《朱子全书》第 25 册，第 4641 页。

③ 〔宋〕蔡沈：《梦奠记》，载《朱子年谱》卷四，清白田草堂刊本。

④ 〔宋〕朱熹：《晦庵先生朱文公文集》卷七十七《建宁府崇安县五夫社仓记》，《朱子全书》第 24 册，第 3720 页。

⑤ 〔宋〕朱熹：《晦庵先生朱文公文集》卷九十九《劝农文》，《朱子全书》第 25 册，第 4588 页。

重谷，使凡州县守倅皆以劝农为职，每岁二月，载酒出郊，延见父老，喻以课督子弟，竭力耕田之意"。① 在南宋时期大多地方官仅以科差赋役，即只知向民众索取为唯一职责的习气中，朱熹却坚持"以劝农为职"，此为朱熹的卓荦不凡之处，也是其一贯主张的"恤民"思想的重要体现。

在知南康军和知漳州期间，每逢冬闲或春耕播种时节，朱熹都要事先颁发《劝农文》，千方百计督促农民积极务耕，把田种好。由于朱熹"久处田间，习知稼事"，了解农民的疾苦，又有"职在劝农"的基本认识，即以管理和组织当地的农业生产为自己的职责，故由他所颁布的一系列劝农文告尤为详尽具体，带有很强的指导性，并非一般的空洞无物的官样文章可比。

朱熹在从政期间，注重发展农业生产，并为此制定了一系列切实可行的措施。他之所以颁布一系列劝农公文，奖励农桑，推广先进的农业生产经验，因地制宜传授生产技术，是因为他切身了解民生疾苦，希望能由此提高农业生产力，提高农民的生活水平，能够衣食足、仓廪实，不受冻挨饿，其用心良苦，其动机和出发点无疑都是值得肯定的。

三、结语

"师"是老师，"帅"是地方长官，将此二者合为一体，表明朱熹不仅将政府官员视为是社会运行的管理者，更是社会教化理所当然的推行者。其一言一行，都应是民众效法的表率和良师，故推行社会教化是朱熹担任各地地方官时不遗余力而努力而为的主要政绩。

《孟子·梁惠王下》曰："天降下民，作之君，作之师，惟曰其助上帝，宠之四方。"这是说，上天降生了万民，也降生了君主，也降生了导师，帮助上天来宠爱四方之民。此为传统儒学君师一体、政教一体的思想根源，也是朱熹"师帅"思想的重要来源之一。

朱熹"师帅"思想的理论与实践，在当时就得到人们的充分肯定。中书

---

① 〔宋〕朱熹：《晦庵先生朱文公文集》卷一百《劝农文》，《朱子全书》第 25 册，第 4624—4625 页。

舍人楼钥行词曰:"以尔学古粹深,风节峻特,可以为世之师;仁心仁闻,威惠孚洽,可以为时之帅。兼是二者,往临藩方,声望所加,列城耸服。儒先相望,士气方振。"①

为世之师、为时之帅,这既是时人对朱熹从政的基本评价,应该说,对当代政府部门公务员人才队伍建设,也具有一定的借鉴意义。

（本文系 2017 年 10 月婺源两岸四地"朱子学与制度文化学术研讨会暨儒商论坛"参会论文,载《朱子学刊》第 29 辑）

---

① 〔宋〕楼钥:《除知潭州湖南安抚诰词》,载李默《紫阳文公先生年谱》,《朱子全书》第 27 册,第 143 页。

朱子的教育目的论、阶段论和方法论

作为一个理学家，朱子的教育思想，是与他的理学思想紧密联系在一起的；作为一个有着从政经历的教育家，朱子的教育思想又是和他的从政实践紧密联系在一起的。也可以说，朱子的理学思想是朱子教育思想的指导原则，而朱子的教育思想则是他的理学思想在教育领域的贯彻和落实。

朱子既是中华传统儒学的集大成者，也是传统儒学教育理论的集大成者。从本质上来说，朱子理学是一种道德学说，因此，他的教育理论，实际上也就是道德教育理论。

朱子在各地从政期间，在官办学校和书院讲学以及教化民众，是他政绩的重要组成部分。朱子一生，著述宏富，其代表性著作如《四书章句集注》《近思录》《伊洛渊源录》《小学》等，主要是作为传道授业的教材而编撰的。一部百四十卷的《朱子语类》，则是他在各地讲学时，与弟子们答问的语录汇编，也是一部朱子言传身教的讲学实录。《朱文公文集》中，他为弟子答疑解惑的书信多达四百多通，内容广泛涉及传统儒学、朱子理学的各个层面。因此，对朱子这部分书信，既可看成是他推行"远程函授教育"的原始信札，也是研究朱子理学教育思想的重要史料。

一、朱子的教育目的论

培养什么样的人，这是古今中外的教育家都不能回避的大问题。对此，朱子继承了孔孟以来教育家的思想，并作出了自己的回答。他说："圣贤教人为学，非是使人缀缉言语、造作文辞，但为科名爵禄之计，须是格物致知，诚意正心，修身而推之，以至于齐家治国，可以平治天下，方是正当学问。"①他认为，教学的目的，不是让人仅仅能写一手好文章，从而取得功名利禄，升官发财，而是要通过格物、致知、诚意、正心、修身这一"内圣"之学，进入"圣贤之域"，进而达到与齐家、治国、平天下这一"外王"之道的完美结合。这一内圣之学与外王之道，一方面，构成了朱子理学思想体系的重要架构；另一方面，也是其高扬理学教育思想的旗帜，以培养"可以平治天下"为人才培养目标的教育目的论的重要内容。

朱子有关教育目的方面的论述很多，择要而言，有以下几点。

1. 为己之学

所谓"为己之学"，指的是诚意正心、笃实践履的孔孟儒学。这个说法来自《论语·宪问》"古之学者为己，今之学者为人"，意思是说，"学"是为了完善自己的人格，提升自身的道德，并学以致用，落实到自己的一言一行中，而与为了显示给别人看炫耀于人的"为人之学"判然有别。所以，朱子后来在讲学中，对他的弟子强调说"君子于学，只欲得于己；小人于学，只欲见知于人"②。在《论语集注》中，他引用程颐的话说："程子曰：'古之学者为己，其终至于成物。今之学者为人，其终至于丧己。'"③ 意思是，古代学者为了完善自我而学习，最终成为知名人物；今天学者为了成为知名人士而学习，最终丧失了自我。

朱子论教育的职能与目的时，特别重视孔子所说"为己之学"的意义。他认为，"为己之学"，是以自我德性的涵养和完善为目的，因而必须自觉地、坚持不懈地修德进业；而"为人之学"，学是为了粉饰自我，向别人炫耀，其实质是以"务记览，为词章，以钓声名取利禄"为目的。所以，朱子以孔子

---

① 〔宋〕朱熹：《晦庵先生朱文公文集》卷七十四《玉山讲义》，《朱子全书》第 24 册，第 3588 页。

② 〔宋〕黎靖德编：《朱子语类》卷三十二，第 804 页。

③ 〔宋〕朱熹：《论语集注》卷七《宪问》，《四书章句集注》，第 155 页。

"为己之学"的精神为自我修养的准则，不仅自己一生真诚地努力实践，也引导门下弟子以此为修德进业的目标。

2. 学贵立志

学贵立志，是朱子重要的教育思想。在《白鹿洞书院揭示》中，他特别强调，此《揭示》的主要内容是"圣贤所以教人为学之大端"。这是教学目的论、方法论上的大问题。

朱子的学贵立志思想，有以下几层含义：

一是要明白什么是"志"。朱子将此解释为"心有所之"，"其心专一向这个道理上去。"① 意思是心有所向，行有所指。

二是明确为何要立志。因为"人之为事，必先立志以为本，志不立则不能为得事"②。他认为，立志是进德修业的内在动力，所以，学习者在修身、治学中，首先要树立追求的目标和方向。他说："学者立志，须教勇猛，自当有进。志不足以有为，此学者之大病。"③ 又说："志于学，是一面学，一面力行。至'三十而立'，则行之效也。"④

三是不只是读书求学，"一切之事皆要立志"，其立足点在于如何为学，如何做人上。他在沧洲精舍《又谕学者》一文中，着重阐述了立志的重要性，勉励诸生要"贪道义而不要贪利禄，要作好人而不要作贵人""书不记，熟读可记。义不精，细思可精。唯有志不立，直是无著力处"。⑤ 因此，立志对每一位从学者而言，都是首要的、头等的大事。

四是如何立志。他要求学习者首先要立成圣成贤的大志，所谓"古之学

---

① 〔宋〕黎靖德编：《朱子语类》卷二十三，第 551 页。

② 〔宋〕黎靖德编：《朱子语类》卷十八，第 419 页。

③ 〔宋〕黎靖德编：《朱子语类》卷八，第 133 页。

④ 〔宋〕黎靖德编：《朱子语类》卷二十三，第 555 页。

⑤ 〔宋〕朱熹：《晦庵先生朱文公文集》卷七十四《又喻学者》，《朱子全书》第 24 册，第 3594 页。

者始乎为士，终乎为圣人"①。他教育学生说："凡人须以圣贤为己任"，"学者大要立志。所谓志者，不道将这些意气去盖他人，只是直截要学尧舜。"② "学者大要立志，才学，便要做圣人是也。"③ 要实现这一崇高目标，就要超越普通人对欲望的追求，而进入理想的圣人人格境界。

五是立定志向后，还要持志。朱子认为，"苟不能居敬以持之，此心亦泛然而无主，悠悠终日，亦只是虚言。"④

六是如何持志。朱子认为，必须"居敬以持之"。通过居敬，使此志"常存于事物之中"，"言也须敬，动也须敬，坐也须敬，顷刻去他不得。"⑤ 朱子的"居敬以持之"这一思想，其弟子后来归纳为"居敬持志"，列为朱子读书六法之首。

3. 变化气质

朱子认为，人人都能成为圣贤，关键在于变化气质。从理论上来说，每一个人先天都是善的，但降临人世之后，由于所处的社会环境不同，接受的教育不同，每个人的气禀不同，世人往往被不正当的欲望所迷惑，追名逐利，因而失去了本性之善。而儒学"圣贤千言万言，只是使人反其固有而复其性耳"⑥，即变化"气质之性"复归"天命之性"，去除欲望对人心的遮蔽而恢复其本善之性，变不善为善，就能成为圣贤，而引导和促成这种变化，就是教育的主要功能和任务。

如何变化气质呢？朱子提出了"学以明理""进德修业""迁善改过"等一系列道德教育的原则或理念。他说："为学之道无他，只是要理会得目前许多道理。""为学无许多事，只是要持守心身，研究道理，分别得是非善恶"；

---

① 〔宋〕朱熹：《晦庵先生朱文公文集》卷七十四《策问》，《朱子全书》第 24 册，第 3569 页。

② 〔宋〕黎靖德编：《朱子语类》卷八，第 133 页。

③ 〔宋〕黎靖德编：《朱子语类》卷八，第 134 页。

④ 〔宋〕黎靖德编：《朱子语类》卷十八，第 419 页。

⑤ 〔宋〕黎靖德编：《朱子语类》卷十八，第 419 页。

⑥ 〔宋〕黎靖德编：《朱子语类》卷八，第 133 页。

"才明理后，气质自然变化，病痛都自不见了。"① "迁善改过"见于《白鹿洞书院揭示》，朱子将其和"言忠信，行笃敬，惩忿窒欲"并列为"修身之要"，由此可知其重要性。"惩忿窒欲"出自《周易·损卦》；而与"迁善改过"前后相连，则出自北宋周敦颐的《通书·乾损益动第三十一》。意思是制止怒气，抑制欲望，改正过失而向善。

格物致知，是中国古代认识论的重要命题，朱子将其发展为治学和修身的方法。也就是说，在朱子理学中，格物致知不仅仅只是认识方法，同时也是道德修养的功夫和方法。朱子的格致论强调治学、修身要以格物为先，格物就是"即物而穷其理"，也就是到事物中去穷究它的道理。"即物穷理"之学，提出了一条向外求知的方法。朱子认为"格物"不仅是格自然之物，而且还应"穷天理，明人伦，讲圣言，通世故"②。所谓致知，是指格物所得到的知识的扩充和道德的升华。这里所说的"知"，不仅仅是自然界的物性之知，也包括人际交往的德性之知。所以，格物致知的方法，也可以说是学习者辨别什么是善、什么是恶的认识方法。格物、致知二者是认识过程的两个方面，穷究了一事物之理（格物），心中也就求得了这事物的知（致知），致知须以格物为基础，格物以致知为目的，二者是一个统一的过程。

二、朱子的教育阶段论

作为教育家，朱子被学者视为"我国古代第一个把儿童教育、青年教育和成人教育，作为一个统一过程来关注的人"③。这个"统一"的过程，合起来看，实际上就构成了终身教育；分开来说，表现为教育阶段论的不同阶段；从施教对象来看，就形成了家庭教育、学校教育和社会教化这样一种不同的环节，从而形成一个环环相扣的教育链。朱子的教育理论，针对不同年龄段

---

① 〔宋〕黎靖德编：《朱子语类》卷一百一十八，第 2852 页。

② 〔宋〕朱熹：《晦庵先生朱文公文集》卷三十九《答陈齐仲》，《朱子全书》第 22 册，第 1756 页。

③ 陈波：《人类教育终生化与陶行知的终生教育思想》，《丽水师专学报》2000 年第 4 期。

的人，有不同的教学内容和方法，在理论上，体现为不同的道德教育阶段论。

1. 婴幼儿阶段——家庭启蒙教育

从理论上说，实施教育者最好是从事教育的专门人才，但由于人类现实的家庭婚姻制度，使家长不可避免地成为孩子最早的启蒙老师。历史上著名的"孟母三迁""断机教子"的儒学故事，是儒家学者重视童蒙教育，坚持教育尤其是道德教育应该从幼儿抓起，应从家庭起步的一种体现。朱子本人，就幼承庭训，得家学之传。他曾自述说："以先君子之余诲，颇知有意于为己之学，而未得其处。"① "为己之学"，指的就是诚意正心、笃实践履的孔孟儒学。由此可知，幼时的家庭教育是朱子获得儒学思想启蒙的源头。

正因为有幼年习学的切身经历，使朱子成为历代儒家学者中最重视童蒙教育的理学家和教育家。在这一方面，他有理论，有实践，因而也最有成效。

在理论上，朱子继承了北宋理学家程颐提出的"养正于蒙，学之至善"②的思想，认为德育应从"能食能言"的婴幼儿开始实施。

朱子认为，童蒙教育阶段是"作圣之基"，也是人一生中知荣辱、养良知、培其根、固其本的最重要阶段，其核心内容就是道德教育。他认为，幼儿教育"必使其讲而习之于幼稚之时，欲其习与知长，化与心成，而无扞格不胜之患也"③。又说："自其孩幼而教之以孝悌诚敬之实。及其少长，而博之以诗书礼乐之文，皆所以使之即夫一事一物之间，各有以知其义理之所在而致涵养践履之功也。"④ 这就是朱子的培根固本、童蒙养正的婴幼儿教育思想。用良好的、健康的教育方法和道德理念，使儿童从小就能构筑起一道知耻明

---

① 〔宋〕朱熹：《晦庵先生朱文公文集》卷三十八《答江元适》书一，《朱子全书》第21册，第1700页。

② 〔宋〕程颐：《伊川易传》卷一，《二程集》，王孝鱼点校，中华书局1981年版，第720页。

③ 〔宋〕朱熹：《晦庵先生朱文公文集》卷七十六《题小学》，《朱子全书》第24册，第3671页。

④ 〔宋〕朱熹：《晦庵先生朱文公文集》卷四十二《答吴晦叔》，《朱子全书》第22册，第1914页。

辱、存善去恶的道德防线，来抵御外界各种不良思想的负面影响。

2. 小学、大学阶段——学校教育

在经历了幼儿家庭教育阶段之后，人生就进入了学校教育阶段。朱子在总结前人教育经验的基础上，把学校教育分为小学和大学两个既有区别又有联系的阶段。他认为，"人生八岁，则自王公以下，至于庶人之子弟，皆入小学，而教之以洒扫、应对、进退之节，礼乐、射御、书数之文。"① 又说："古之教者，有小学，有大学，其道则一而已。小学是事，如事君、事父兄等事，大学是发明此事之理。"②

落实在教育实践中，朱子以儒学德育观的基本精神为指导，结合当时社会特点和需要，并根据自己的实践和期望，以一位大学者的身份，亲自编纂了大量适合少儿阅读的启蒙读物，如《小学》《童蒙须知》《训蒙绝句》等。他说："古者，小学已自暗养成了，到长来，已自有圣贤坏模，只就上面加些光饰。"③ 他强调，所谓"学，大抵只是分别个善恶而去就之尔"④。"故学圣人之道，必自小学始，否则虽欲勉焉而进于大学，犹作室而无基也，成亦难矣。"⑤

《小学》成书于南宋淳熙十四年（1187）朱子在武夷精舍讲学之时。此书原封面就名为《武夷精舍小学之书》⑥，是专为童生编写和刊印的教材，是一部以德育教育为主的启蒙读物。书中贯穿了程颐的"养正于蒙"、朱子的"作圣之基"的教育思想。其主要内容，就是儒家的忠君、孝亲、守节、治家等方面的格言和故事，涵括了仁义礼智信等道德伦理思想，以及传统的荣辱观

---

① 〔宋〕朱熹：《四书章句集注·大学章句序》，第1页。
② 〔清〕张伯行：《小学集解·辑说》，《丛书集成补编》本，中华书局1985年版，第2页。
③ 〔宋〕黎靖德编：《朱子语类》卷七，第125页。
④ 〔宋〕黎靖德编：《朱子语类》卷十三，第229页。
⑤ 〔明〕陈选：《小学句读序》，见〔清〕沈佳编《明儒言行录》卷五，《景印文渊阁四库全书》第458册，第773页。
⑥ 〔宋〕朱熹：《晦庵先生朱文公文集续集》卷二《答蔡季通》，《朱子全书》第25册，第4702页。

教育等诸多方面。他希望将此"讲而习之于幼稚之时",以期达到"习与知长,化与心成"①的目的。该书共六卷,分为内篇四:立教、明伦、敬身、稽古,外篇二:嘉言、善行。此书刊行之后,数百年来,一直是我国封建社会后期实行启蒙教育的主要教材。清代大儒张伯行说:"朱子以前,小学未有书,自朱子述之,而做人样子在是矣。"②

通常认为,朱子所创建的书院,均以招收"大学"阶段的生员为主,如武夷精舍和考亭沧洲精舍等。但就在这两所著名的书院中,实际上也有招收童年弟子的实践。如魏应仲、吴浩、蔡杭、祝穆、祝癸、刘席、包恢等从学于朱子时,均为七八岁的童年弟子。他在以接受成人教育为主的书院中开设"幼儿班",实际上是将其"作圣之基"的理论付诸实践的一种尝试。

十五岁以后,则是实施"大学"教育的时期。他说:"及其十有五年,则自天子之元子、众子,以至公、卿、大夫、元士之适子,与凡民之俊秀,皆入大学,而教之以穷理、正心、修己、治人之道。此又学校之教、大小之节所以分也。"③

按朱子的观点,小学阶段是大学阶段的基础,小学是"学事亲,学事长"这些"事",大学是穷究"事亲、事长"的这些"理";"小学是直理会那事;大学是穷究那理,因甚恁地";"小学者,学其事;大学者,学其小学所学之事之所以。"④ 小学以"涵养成就"为主,"大学之道只从格物做起。"⑤ "是以大学之道,特因小学已成之序,而以格物致知为始。"⑥ 这就是朱子在补《大学》格物致知传时,不提小学阶段的涵养而只从大学阶段的格物说起的原因。

---

① 〔宋〕朱熹:《晦庵先生朱文公文集》卷七十六《题小学》,《朱子全书》第 24 册,第 3671 页。

② 〔清〕张伯行:《小学集解序》,《丛书集成补编》本,第 1 页。

③ 〔宋〕朱熹:《四书章句集注·大学章句序》,第 1 页。

④ 〔宋〕黎靖德编:《朱子语类》卷七,第 124 页。

⑤ 〔宋〕朱熹:《晦庵先生朱文公文集》卷四十三《答林择之书》,《朱子全书》第 22 册,第 1978—1979 页。

⑥ 〔宋〕朱熹:《晦庵先生朱文公文集》卷四十二《答胡广仲书》,《朱子全书》第 22 册,第 1894—1895 页。

"古人小学养得小儿子诚敬善端发见了。然而大学等事，小儿子不会推将去，所以又入大学教之。"① 但在现实生活中，并非所有的家长都能成为子女的良师，还有人因为其他种种原因而失去求学的机会，这就使许多人缺了小学阶段的"诚敬善端发见"即德育涵养这一课，故朱子慨叹"如今全失了小学功夫，只得教人且把敬为主，收敛身心，却方可下功夫"②。即在大学阶段回过头来补小学阶段的德育课，这就是他在上文所说的"成亦难矣"的主要原因。

必须指出，《大学》并非只是人生"十五岁"入"大学"阶段以后的学习课本，而是人生必须终生服膺的道德学说。《大学》的"格物、致知"只是"大学之道"的起始，加上"诚意、正心、修身、齐家、治国、平天下"，亦即所谓"八目"才是完整的大学之道；而"明明德，亲民，止于至善"，即所谓三纲，则是大学之道的教育目的。明明德和止于至善都是从"明天理"的道德学说而言的，亲（朱子认为，应读为"新"）民，则是从受教对象而言。这里的"民"，与我们现在所说的人民群众可能有所区别，但结合下文所说朱子的社会教化实践来看，肯定不是仅仅限于"十五岁"以后进入"大学"的这一部分"大学生"。从这个意义来说，《大学》是"大人"之学，成人之学，是封建社会终身教育的经典教科书之一。

3. 社会教化与终身教育

在坚持道德教育应从童蒙阶段开始的前提下，朱子还认为，道德教育同时也是终身教育。他把孔子的"行己有耻"的思想发展为"行己有耻，则不辱其身"③ 的道德理念，并将此理念贯彻到他的学校教育和社会教化的一系列实践中。

《小学》一书，本为少儿所编，因其中多为做人应终身遵循的道德理念，故在教学实践中，朱子往往也把它作为补习教材，让那些在书院中就读的"大学生"们学习。即便如辅广、陈淳这样一批出色的弟子，初入学时，朱子

① 〔宋〕黎靖德编：《朱子语类》卷七，第124页。
② 〔宋〕黎靖德编：《朱子语类》卷七，第124页。
③ 〔宋〕黎靖德编：《朱子语类》卷四十三，第1108页。

也曾对他们嘱咐说："后生初学，且看《小学》之书，那是做人的样子。"① 表明朱子的教育阶段论只是按常情从人的年龄段来划分，而做人的道理、道德理念却必须贯彻人的终身，并不因人的长幼而改变。凡是缺课的，即便是来书院就读"大学"的生员和成年人，也必须请他补上！

在学习方法上，朱子根据老少不同而有不同的要求。他说："大抵为学老少不同，年少精力有，须用无书不读，无不究竟其义。若年齿向晚，却须择要用功，读一书，便觉后来难得工夫再去理会；须沉潜玩索，究极至处，可也。"② 对精力旺盛的青年人，应"无书不读"，博览群书，博观约取；对老年人来说，则应"择要用功"。做人的道理、道德理念必须贯彻人的终身，不分年龄段，这是"同"；而学习的方法则要因年龄的不同而改变，这是"异"，这是朱子教育阶段论的辩证法。

为匡救南宋社会世风日下的世道人心，朱子十分重视社会教化的作用，并将其与学校教育置于同等重要的地位，并贯彻到他在各地从政时，表现为他在各地所推行的敦厉风俗的条例和乡规民约等社会教化的一系列措施中。

如在江西南康，在朱子一到任即颁布的榜文中，就有推行社会教化的"敦风俗"。他指出，南康自古"民俗号称淳厚"，"在昔既有，今岂无之？患在师帅不良，不加敦劝，是致颓靡"。故他希望"管下士民乡邻父老岁时集会，并加教戒。使后生子弟咸知修其孝弟忠信之行，入以事其父兄，出以事其长上，敦厚亲族，和睦乡邻，有无相通，患难相恤，庶几风俗之美不愧古人"③。文中出现的"师帅"一词，"师"是老师，"帅"是地方长官，将此二者合为一体，表明朱子将政府官员视为是成人终身教育和社会教化的理所当然的推行者，其一言一行，都应是民众效法的表率和良师。

至于如何敦厉风俗，朱子主要着眼于挖掘南康的历史文化资源，表彰当

---

① 〔宋〕黎靖德编：《朱子语类》卷七，第 127 页。
② 〔宋〕黎靖德编：《朱子语类》卷十，第 169—170 页。
③ 〔宋〕朱熹：《晦庵先生朱文公文集》卷九十九《知南康榜文》，《朱子全书》第 25 册，第 4580 页。

地以忠孝节义道德风范闻名于后世的历史人物，以扭转当地百姓迷信佛教，子弟抛弃父母遁入空门的颓败民风。

将儒家典籍通俗化，用以敦厉风俗，把孔子"孝悌也者，其为仁之本"的思想广泛播向民间，是朱子在南康军推行教化的治绩之一。他对南康军穷家子弟多出家，弃父母于不顾，有悖人伦的风俗极为反感，特撰《示俗》一文，广为公示。要求百姓广泛诵读《孝经》，从而使儒家经典不再仅仅局限于书院、官学的课堂之内，而是广泛地、迅速地以一种通俗化、大众化的形式向民间传播，这在儒学传播史上，在古代终身教育史上，都可以说是一个创举！

在浙东提举任上，朱子的主要任务是救荒。他将劝诫富户出钱出力与敦励民风结合起来，鼓励富户"心存怛恻，惠及乡间，出力输财"，认为此举有助以"养成间里睦姻任恤之风"①。

在漳州知州任上，面对"政缘教化未明，风俗薄恶"的现实，为敦厉民风，朱子"到郡，首颁礼教"，②采取了约民以礼、政教并举、劝谕百姓、打击邪恶等一系列措施。

北宋陈襄的《劝谕文》是一篇著名的以振兴社会道德教育，美厚社会民风、复兴礼义之俗的政论短文。朱子对此文极为赞赏，略加改动数字，加上原文注解，并作跋语加以"揭示"，改题为《揭示古灵先生劝谕文》，张榜公示，晓谕民众，希望"为吾民者，父义，兄友，弟敬，子孝，夫妇有恩，男女有别，子弟有学，乡间有礼，贫穷患难，亲戚相救，婚姻死丧，邻保相助，无堕农桑，无作盗贼，无学赌博，无好争讼，无以恶凌善，无以富吞贫，行者逊路，耕者逊畔，班白者不负戴于道路，则为礼义之俗矣"③。

---

① 〔宋〕朱熹：《晦庵先生朱文公文集》卷九十九《劝立社仓榜》，《朱子全书》第 25 册，第 4604 页。

② 〔清〕王懋竑：《朱子年谱》卷四，清白田草堂刊本。

③ 〔宋〕朱熹：《晦庵先生朱文公文集》卷一百《揭示古灵先生劝谕文》，《朱子全书》第 25 册，第 4620 页。

三、朱子的教学方法论

在教学内容上，传统儒学都把"六经"作为教学的首要经典教材，而"四书"从北宋二程时才开始得到重视，但最早将《大学》《论语》《中庸》《孟子》四部著作合称为"四书"则创始于朱子。他在建阳、武夷两地书院，前后经数十年精力撰著的《四书章句集注》，结束了前人对此四部著作个别的、零散的，不成体系的研究局面，开创了中国经学史上崭新的四书经学体系。该书集中地表现了朱子的哲学思想和理学观点，内容广泛涉及哲学、政治、教育等各个领域。朱子将这部书列为书院教材之首，说明他是把其哲学体系中最新、最重要的研究成果与教学内容紧密结合，由此也从一个侧面反映了当时福建书院教学与研究相结合的特点，同时引导学生能站在当时学术研究领域的最前沿。

四书之外，《诗》《书》《礼》《易》《乐》《春秋》即所谓"六经"，以及《史记》《汉书》《资治通鉴》等史籍，两宋理学诸子周敦颐、二程、张载、邵雍、杨时、游酢、胡安国、罗从彦和李侗等人的著作，也是书院教学的重要课程。

在教学方法上，朱子在总结前辈教育家成功经验的基础上，也有许多创新。归纳起来，其主要方法有三：一是升堂讲学，表现为答疑解惑；二是个别辅导，表现为谆谆善诱，以通俗易懂的日常生活知识来开导学生，引导学生善于使用比较的方法等等；三是集体讨论，表现为相与讲贯，互相问疑。

1. 升堂讲学

由于书院教学以学生自学为主，教师传授、指导为辅，因此，升堂讲学只是根据情况偶尔为之。学生王过有一段文字记载说，沧洲精舍每天的教学活动，例行的参拜孔圣，学生向先生请安之后，接着就是"或有请问"，即如果有疑难问题，学生向老师求教。先生解说之后各自散去，继续自学功课。可见，先生升堂讲学是间而有之，不是每天都有的必修课。

朱子在各地学校、书院均有升堂讲学，并留下部分讲义。比如在同安有

《同安县谕学者》《谕诸生》；白鹿洞书院有《白鹿书堂策问》；考亭沧洲有《沧洲精舍谕学者》《又谕学者》等。从内容来看，升堂讲学所授主要是为学之要，即涉及学习目的、方法等大的方面的问题，而较少具体的某部教材的枝节问题。如《白鹿洞书院揭示》为"圣贤所以教人为学之大端"，此为教学目的论、方法论上的大问题，是每一位学者首先必须搞清楚的，故非升堂讲授不足以凸现其重要性。《沧洲精舍谕学者》则向学生传授了书院教学最重要的方法——自学，以及自学的内容、要点，即反复诵读，认真体会，存养玩索，著实行履。《又谕学者》则着重阐述了立志的重要性，勉励诸生要贪道义而不要贪利禄，要作好人而不要作贵人。"书不记，熟读可记。义不精，细思可精。唯有志不立，直是无著力处。"① 因此，立志对每一位从学者而言，都是首要的、头等的大事。

从其方法来看，升堂讲学是以"答疑解惑"为主，而非满堂灌。先生根据学生所提疑难问题予以解答，如朱子有一课《论语课会说》，就是朱子根据学生在学习《论语》中所存在问题，集中起来加以解答，此即"会说"的意思，也就是升堂答疑解惑。

被朱子称为"会说"的升堂讲学，主要是为避免官学"师之所讲，有不待弟子之问；而弟子之听于师，又非其心之所疑"的弊病。教与学之间缺乏交流，造成二者之间的脱节，教非所疑，疑非所释，故"圣人之绪言余旨所以不白于后世，而后世之风流习尚所以不及古人也"②。因此，他在书院实行的"会说"制度，是以"传道授业解惑"为主要目的。他要求学生能"退而考诸日用，有疑焉则问，问之弗得弗措也"③。这与他要求学生自学，先需熟读本文，后参以集注，在原则上是一致的。

---

① 〔宋〕朱熹：《晦庵先生朱文公文集》卷七十四《又喻学者》，《朱子全书》第 24 册，第 3594 页。

② 〔宋〕朱熹：《晦庵先生朱文公文集》卷七十四《论语课会说》，《朱子全书》第 24 册，第 3585 页。

③ 〔宋〕朱熹：《晦庵先生朱文公文集》卷七十四《论语课会说》，《朱子全书》第 24 册，第 3585 页。

2. 个别辅导

个别辅导是对学生各自不同的疑点难点问题进行辅导。对学生而言，是问疑，对先生而论，则是答疑，这是朱子在教学中非常重要的方法之一。在此，仅就朱子在个别辅导中的几个特点作一番探讨。

一是谆谆善诱。

学生叶贺孙记朱子在对一个学生进行个别辅导时，有"数日谆谆"的记载。黄榦撰《朱文公行状》说："从游之士，迭诵所习，以质其疑，意有未谕，则委曲告之而未尝倦；问有未切，则反复戒之而未尝隐。务学笃则喜见于言，进道难则忧形于色。讲论经典，商略古今，率至夜半。虽疾病支离，至诸生问辨，则脱然沉疴之去体。一日不讲学，则惕然常以为忧。"[1] 表明朱子平日教导学生，谆谆善诱，孜孜不倦，以此开启学生的理解力、创造力。他经常以自身经历、体会劝诫学生，为学须专心。如：

> 后生家（闽北方言，年轻人）好著些工夫，子（仔）细看文字。某向来看《大学》，犹病于未子细，如今愈看，方见得精切。[2]

意思是，年轻人要下点工夫，认真仔细读书，我过去读《大学》，毛病就是不仔细，后来改正了这一毛病，才读得精切。

他还把自己早年学习《孟子》的体会告诉学生："《孟子》若读得无统，也是费力。某（也就是我）从十七八岁读至二十岁，只逐句去理会，更不通透。二十岁以后，方知不可恁地读（不能这样读）。元来许多长段，都自首尾相照管，脉络相贯串，只恁地熟读（只有这样读），自见得意思。从此看《孟子》，觉得意思极通快，亦因悟作文之法。"[3] 所谓"无统"，即没有系统地读，

---

[1] 〔宋〕黄榦：《勉斋集朝奉大夫华文阁待制赠宝谟阁直学士通议大夫谥文朱先生行状》，《朱子全书》第 27 册，第 563 页。

[2] 〔宋〕黎靖德编：《朱子语类》卷一百四，第 2611 页。

[3] 〔宋〕黎靖德编：《朱子语类》卷一百五，第 2630 页。

仅逐字逐句地领会，这样就无法把握各段之间相互贯通的文义。而通过系统地把握之后熟读精思，既可领略全书的精粹，又因之学得"作文之法"，可谓一举多得。朱子把自己的体会传授给学生，就是要学生避免走类似的弯路。

二是善于以通俗易懂的日常生活知识作比来开导学生。

如他常以撑上水船来激励学生努力向学。"为学正如撑上水船，……不可放缓。直须着力撑上，不得一步不紧。放退一步，则此船不得上矣。"①

说为学贵在坚持，不可间断，以自己手臂疼痛，需不停地按摩止痛来类比。如果时擦时停，就不能见效，这便是做学问的方法。比喻形象、生动，以至学生余正叔认为"擦臂之喻最有味"。

又如，阐明温故知新的道理，以农夫耕田为喻。他说："子融、才卿是许多文字看过。今更巡一遍，所谓'温故'；再巡一遍，"这样才能"见得分晓"。就是说，要想在学业上取得丰收，必须辛勤耕耘。

又以桔子和扫地比喻为学要精细。他的学生王过说："先生教过为学不可粗浅，因以桔子譬云：'皮内有肉，肉内有子，子内有仁。'（这里说的是层层深入之法）又云：'譬如扫地，不可只扫面前，如椅子之下及角头背处，亦须扫著。'"②（这里说的是读书为学不可浮在表面上，而必须向内下工夫）

朱子还善于以具体的事物说明抽象的概念。如体用关系，假如从概念到概念，这个问题还真不容易说清，看看朱子是怎么说的。"体是这个道理，用是他用处。如耳听目视，自然如此，是理也；开眼看物，着耳听声，便是用。""譬如此扇子，有骨，有柄，用纸糊，此则体也；人摇之，则是用。"③耳为体，听为用，目为体，视为用，扇为体，摇为用，这样的比喻就将本不易理解的抽象概念具体化了。

又如他对学生讲解《大学》开篇几句："《大学》之道，在明明德，在亲民，在止于至善。知止而后有定，定而后能静，静而后能安，安而后能虑，

---

① 〔宋〕黎靖德编：《朱子语类》卷八，第137页。

② 〔宋〕黎靖德编：《朱子语类》卷一百一十八，第2857页。

③ 〔宋〕黎靖德编：《朱子语类》卷六，第102页。

虑而后能得。"他说"在明明德"等三句"是大纲,做工夫全在此三句内。下面'知止'五句是说效验如此。上面是服药,下面是说药之效验。……服到日子满时,自然有效"①。一个"服药"与"药效"的比喻,将大学三纲及其作用解说得明白无误且情趣盎然。从学于考亭的丹阳学子窦从周这样评价朱熹的讲学效果:"读《大学章句》《或问》,虽大义明白,然不似听先生之教亲切。"②

三是引导学生善于使用比较的方法。

比较,是为学的重要方法。在讲学中,朱子曾以自己的亲身体会告诫学生,要善于使用这个方法。绍熙四年(1193),他对学生林学蒙说:"凡看文字,诸家说异同处最可观。某旧日看文字,专看异同处。如谢上蔡之说如彼,杨龟山之说如此(谢上蔡、杨龟山都是程门弟子),何者为得?何者为失?所以为得者是如何?所以为失者是如何?"

要使用比较的方法,有一个积累的功夫,没有对历代儒学大师精辟见解的采集和吸收,比较也就无从谈起。所以,他又对学生说:

> 寻常与学者说做工夫甚迟钝,但积累得多,自有贯通处。且如《论》《孟》,须从头看,以正文为正,却看诸家说状得正文之意如何。且自平易处作工夫,触类有得,则于难处自见得意思。③

所谓"诸家说状得正文之意",就是历代儒家学者对经典的各自阐发。通过比较、鉴别,扬长避短,择善而从,这不仅是朱子读书的重要方法,也是治学的重要方法之一。

比如他所撰写的《孟子集解》,是取程颐、程颢及其学生众家之说而成,《论语精义》则取张载、范祖禹、吕希哲、吕大临、谢良佐、游酢、杨时诸家

---

① 〔宋〕黎靖德编:《朱子语类》卷十五,第308页。
② 〔宋〕黎靖德编:《朱子语类》卷一百一十四,第2768页。
③ 〔宋〕黎靖德编:《朱子语类》卷一百一十七,第2807页。

之说，他曾戏称此与中医学的著作"古今集验方"一样。但在"集"的过程中，何者为长？何者为短？这就有一个比较、鉴别的功夫。朱子在治学中，善于使用此法，在讲学中，又将此法传授给学生，让他们能在读书、治学中注意加以运用，这就不仅限于传授知识，而更重要的是传授如何获取知识的方法了。

3. 集体讨论

集体讨论，是朱子在教学中着力提倡的一个方法。其基本观点为，读书应以独处为主，问学则以群居有益。他说："看文字，却是索居独处好用工夫，方精专看得透彻，未须便与朋友商量。"① 有见于此，所以他提倡书院教学，以学生自学为主。但由于书院中每有诸生请问不切题，或问不到点子上，所以他又认为：

> 群居最有益，而今朋友乃不能相与讲贯，各有疑忌自私之意。不知道学问是要理会个甚么？若是切己做工夫底，或有所疑，便当质之朋友，同其商量。须有一人识得破者，已是讲得七八分，却到某面前商量，便易为力。……②

学员中若有疑难，可以相互讨论，这是发挥书院群居的长处。若学员集体讨论不能解决，再来请教先生，学习效果则更为显著。这是朱子对"群居有益"的基本认识。"索居独处"与"群居有益"看似矛盾，实际上体现了辩证的统一。索居与群居是生活的表象，个人自学与集体讨论的结合才是书院求学之道的精神实质。

从沧洲精舍的教学实践看，集体讨论有时又与升堂讲学紧密结合在一起。庆元三年（1197），南城包扬等一批弟子第二次来考亭，"次日，先生亲下精舍，大会学者"，此为升堂讲学。传授的课程以朱子辨析与陆九渊象山学派的

---

① 〔宋〕黎靖德编：《朱子语类》卷一百四，第 2615 页。
② 〔宋〕黎靖德编：《朱子语类》卷一百二十一，第 2931。

不同，在于"争个读书与不读书，讲究义理与不讲究义理"而展开，涉及《论语》"兴观群怨"以及张载的读书观等。接着，朱子又阐述了他的仁学观点。最后，学生包扬等又围绕着以上所授的观点展开讨论。这一堂课，体现了导师升堂讲学与学员开展集体讨论相结合的特点。

以上所说的三种教学方法，在实际教学实践中，往往有相互贯通之处，通常表现为导师传授与自学相结合，对重点、难点课程开课讲授，其余课程以自学为主，以此激发生员学习的主动性和创造性；也表现为个别辅导与集体讨论相结合。当生员在学习中遇到疑点、难点，朱子则采用个别辅导或集体讨论，从而达到互相启发、举一反三的目的。此外，还表现为理论学习与日常践履相结合。朱子主张"致知、力行，用功不可偏"，要求学生要把书本的知识结合日常生活经验反复体察涵养，认真运用。

由此，我们可以得出结论，作为一名思想家和教育家，朱子的理学思想和教育思想都是通过他的教学实践来加以落实和传播的。他善于运用浅显的口语来阐述深刻的思想，善于运用生动活泼的事例来解说枯燥的理念，善于使用通俗易懂的日常生活知识来引导学生理解抽象的学问，这是他创办书院教学取得成功的经验。这对今天的学校教育尤其是高等学校教育来说，仍有重要的启示和借鉴作用。

[本文系应南平市之邀为《朱子文化简明读本》（福建教育出版社 2016 年版）所撰之《朱子的教育思想》一章，该书出版时未注明本文作者，故以《朱子的教育目的论、阶段论和方法论》为题，重刊于《闽学研究》2021 年第 3 期]

朱熹荣辱观刍议

一、从思想史的历史长河中考察儒家的荣辱观

在我国思想史的历史长河中，历代儒学思想家均无不重视荣辱问题，从而构成了独具特色的儒家荣辱观。而在儒家荣辱观形成和发展的过程中，与之紧密联系在一起的，就是荣辱观的教育理念问题。

春秋时期，管子把知耻列为关系到国家存亡的四大支柱之一，提出"礼义廉耻，国之四维。四维不张，国乃灭亡"。维，形声字。从糸（mì），隹（zhuī）声，"糸"指绳索、绳线。本义就是：作为锥形空间架构的绳线组。引申义为：骨干绳线；主绳。再引申义：拴系。说明：古代的车舆的圆盖是对北极天空的模拟。车盖是依靠四根绳索与车舆四角相牵挂的，这四根绳索叫做"四维"。古代的车是对天地的模拟。即车舆的伞形盖象征天，方形的车舆象征大地，车盖的中心柱子象征"天地柱"，马儿象征天地旋转的驱动力。在这样的认识下，占人想象大地的四角也有四根无形的大绳被系在北极点上，这四根无形的大绳也叫作"四维"。

也是从治理国家的角度，孔子提出："道之以政，齐之以刑，民免于无耻；道之以德，齐之以礼，有耻且格"（《论语·为政》），"道"，在这里是引导的意思，"礼"是人际交往的行为准则，社会和谐安定与否，道德理念的引导和行为准则的规范无疑是十分重要的。

　　这整段话的意思是，如果仅仅用行政命令来治理百姓，用刑法来约束百姓，他们虽然可以因惧怕惩罚而避免犯罪，但却不知道犯罪是可耻的，从其效果来说，这是被动的；而用道德教化来治理百姓，用礼来约束百姓，就能使他们懂得耻辱而不会触犯刑律，从其效果来说，这是主动的。因此，孔子进而提出了"行己有耻"（《论语·子路》）、"恭近于礼，远耻辱也"（《论语·学而》）等一系列道德自律的主张，其用意在于使每一个人都能明白，行事立身要有是非观念和羞耻之心，要远离耻辱，不要去做那些让人感到耻辱的事。也就是说，要使人不犯罪、不做坏事，仅仅停留在惧怕法律的惩罚上而不敢为之是不够的。所以，要努力追求让所有社会成员都具备做人应有的知耻明辱的良知而耻于为之，远离犯罪，这是孔子荣辱观的主要目标。但是，这种知耻明辱的良知不可能与生俱来，"有耻且格"的效果不可能自然而然地产生，必须通过统治者的推行教育，通过教育理念和舆论的引导（道之以德）来实现。这既是孔子"为政以德"的政治理想，也是孔子作为我国第一位伟大的教育家，在其所建构的荣辱观中，蕴藏在其中的通过推行教育来传播儒家荣辱观的思想。

　　继孔子之后，孟子最早提出"荣""辱"这一对应概念。他说："仁则荣，不仁则辱。"（《孟子·公孙丑上》）他不仅从个人道德修养的角度进一步提出了识荣辱的重要性，而且对孔子的识荣辱必须与道德教育紧密结合的思想有进一步的发挥。他说："善政，不如善教之得民也。善政民畏之，善教民爱之。善政得民财，善教得民心。"（《孟子·公孙丑上》）朱熹指出，所谓善政，是指以法度禁令"制其外"；善教，是以道德齐礼"格其心"。不难看出，孟子已将孔子思想中所深藏不露的通过教育来传播儒家的荣辱观的思想加以进一步的提取和明确，并分别从提升个人道德修养和改善道德教育两个致思向度上加以引申和发挥。在《孟子》一书中，"耻"这一概念往往又与"辱""羞"等交替使用。他说："耻之于人大矣"、"人不可以无耻，无耻之耻，无耻矣。"（《孟子·尽心上》）"无羞恶之心，非人也"。（《孟子·公孙丑上》）不知羞耻之人，就连做人的资格都没有。

在儒家学者所主张的诸多道德教育的原则和方法中，与荣辱观教育关系比较密切的有孔子所说的"内省"。他说："见贤思齐焉，见不贤而内自省也。"（《论语·里仁》）"内省不疚，夫何忧何惧?"（《论语·颜渊》）见到别人好的行为和品质，就要虚心向他学习；见到不好的品行，就要联系自己，加以反省，并以此为戒，以期努力做到"内省"而不疚，即无道德缺陷。曾子将此方法发展为"吾日三省吾身"（《论语·学而》）。

内省的方法，是儒家学者极为重视的道德教育和道德修养的重要方法，其含义是内心的自我反省和对自己日常行为的道德审视。这种自我反省与审视，与儒家的荣辱观有着天然的联系。如孟子主张以仁为荣，以不仁为辱，既是对孔子的仁学思想的一种发展，又形成了相对独立的儒家荣辱观。而在《孟子》一书中，"耻"这一概念往往又与"辱""羞"等交替使用。他说："耻之于人大矣"、"人不可以无耻，无耻之耻，无耻矣"（《孟子·尽心上》）、"无羞恶之心，非人也"（《孟子·公孙丑上》）。这种耻辱羞恶之心，是孟子仁之四端之一，朱熹将其与内省、审察联系到了一起。他说："要知天之与我，只如孟子说：'无恻隐之心，非人也；无羞恶之心，非人也；无是非之心，非人也；无辞逊之心，非人也。'今人非无恻隐、羞恶、是非、辞逊发见处，只是不省察罢了。……只为从前不省察了，此端才见，又被物欲汨没了，所以秉彝不可磨灭处虽在，更终不能光明正大如其本然。"[1] 这种羞恶之心，孟子称为是"义之端"，也就是人在采取某一行动前，选择使用道德而避免非道德行为的一种发自人之本能良知的萌芽状态；但这种"萌芽"，只是一种最初的"本然"，故往往容易被外界的物欲所"汨没"；而内省或省察，则是对这种被物欲所汨没的一种警醒和提防。由于社会上物欲无所不在，故这种内省就须不间断地时刻进行。如曾子所说的"吾日三省吾身"、朱熹所说的"欲学者时时省察，而无毫发之间断也"[2]。

在道德教育阶段论中，儒家学者主张荣辱观的教育应从幼儿开始。从理

---

① 〔宋〕黎靖德编：《朱子语类》卷一百十八，第2846页。
② 〔宋〕朱熹：《论语集注》卷五，《四书章句集注》，第113页。

论上说，实施教育者最好是从事教育的专门人才，但由于人类现实的家庭婚姻制度，使家长不可避免地成为孩子最早的启蒙老师。历史上著名的"孟母三迁""断机教子"的传说，是儒家学者重视童蒙教育，坚持教育尤其是道德教育应该从儿童抓起，应从家庭起步的理念的一种体现。

在理论上提出德育应从"能食能言"的婴幼儿开始实施的，是北宋理学家程颐。他说："人之幼也，知思未有所主，便当以格言至论日陈于前，虽未晓知，且当薰聒使盈耳充腹，久自安习若固有之，虽以他说惑之，不能入也。若为之不豫，及乎稍长，私意偏好生于内，众口辨言铄于外，欲其纯完，不可得也。"① 意思是说，婴幼儿时期，知识和思想都是一片空白，谈不上有何主见。这时，就应当以儒家先圣的格言来时时影响和教育他们，即便他们此时尚未领会其意，但只要不断地对他们进行熏陶，久而久之，就会接受这些思想，就会成为好像是其与生俱来的一种本能。此时，即便有错误的东西来诱惑他们，也会不受影响。如果在童蒙时不对小孩进行道德启蒙，等到他们长大后，那些私欲偏好就会在内心滋长，就会受到外界各种错误言行的误导，此时，再要求他们按照纯正完美的道德标准来行事，那就很难了。程颐又进一步将这种童蒙教育方法概括为："教人者，养其善心，则恶自消。"② "养正于蒙，学之至善也。"③ 用良好的、健康的教育方法和道德理念，使儿童从小就能构筑起一道知耻明辱、存善去恶的道德防线，来抵御外界各种不良思想的负面影响。否则，"任其自为，听其不为，则中人以下，自弃自暴者众矣。圣人所以贵于立教也。"④ "圣人所以立教"，指的是儒学先师的教育目的，这就又将知耻明辱、养善去恶的童蒙教育与儒家的教育目的论联系到了一起。

---

① 〔宋〕朱熹：《近思录·教学》，于民雄译《近思录全译》，贵州人民出版社2000年版，第384页。

② 〔宋〕张栻编：《河南程氏粹言》卷一，《二程集》，第1190页。

③ 〔宋〕程颐：《周易程氏传》卷一，《二程集》，第720页。

④ 〔宋〕张栻编：《河南程氏粹言》卷一，《二程集》，第1188页。

二、朱熹的荣辱观

朱熹作为我国传统儒学的集大成者，他的荣辱观则集中了儒家先圣先贤的精粹。概括而言，主要体现在以下三个方面。

（一）律人律己，不辱其身

朱熹的荣辱观，不仅限于理论层面上，更重要的是落实在道德践履之中。他认为，这不仅是历代儒家学者用以律己，同时也是用以律人的主要道德标准。他继承了孔子"行己有耻"（《论语·子路》）的思想，进一步提出"行己有耻，则不辱其身"① 的观点。行己有耻，这是针对个体而言，是律己；"士人要先识个廉退之节。礼、义、廉、耻，是谓四维。若寡廉鲜耻，虽能文有何用？"② 这是律人。且在行文中，所表达的以道德论人品，即德与才（能文）相比，德在才先的涵义十分明确。

朱熹认为，人有了知耻之心，就会远离耻辱，就不会去做那些为人所不齿的事，就能"不辱其身"。为何有了知耻之心，就会远离耻辱呢？朱熹解释说："知耻是由内心以生，闻过是得之于外。人须知耻，方能过而改，故耻为重。"③ 知耻是发自内心的道德理念，是抵御外界各种恶行的道德防线；正因为内心知耻，即使有了过失而不觉，也能闻过而改。故朱熹认为，与"得之于外"的"闻过"相比，知耻更重要。他在建阳考亭书院讲学之时，对他的学生辅广等人强调说："人须是有廉耻。孟子曰：'耻之于人大矣！'耻便是羞恶之心。人有耻，则能有所不为。"④ 漳州府学教授张某颇具文才，但却品行不端，朱熹将其开除，并训斥为之说情者曰："教授受朝廷之命，分教一邦，其责任不为不重，合当自行规矩。而今却容许多无行之人、争讼职事人在学，枉请官钱，都不成学校！士人先要识个廉退之节。礼义廉耻，是谓四维。若

---

① 〔宋〕黎靖德编：《朱子语类》卷四十三，第 1108 页。
② 〔宋〕黎靖德编：《朱子语类》卷一百六，第 2646 页。
③ 〔宋〕黎靖德编：《朱子语类》卷九十四，第 2400 页。
④ 〔宋〕黎靖德编：《朱子语类》卷十三，第 241 页。

寡廉鲜耻，虽能文要何用！"① 为了给士子树立好的榜样，朱熹延请了郡士黄樵、陈淳、徐寓等八人入郡学教授诸生，并发布《漳州延郡士入学牒》。牒文对此八人的学问和操守一一作出评价，以有别于无"廉退之节"的败类，并希望凡学之子弟，从此有"良师畏友之益，庶几理义开明，德业成就"②。

所谓廉退，是廉介与恬退之意。与朱熹同时的著名诗人、学者尤袤驳斥当时朝中有人攻击朱熹的学说为"道学"时，将以朱熹为代表的宋代理学家高度评价为，是将"临财不苟得"视为廉介，"安贫守分"视为恬退，"择言顾行"视为践履，"行己有耻"视为名节③的"贤人君子"。朱熹在外地担任地方官时，针对其时的一些损害国家和公众利益的腐败现象，颇有感触地说："富贵易得，名节难保，此虽浅近之言，然岂亦可忽哉！"④ 这就将孔子的行己有耻的荣辱观发展为影响中国封建社会后期数百年的气节观。这种气节观的主要表现就是"仰不愧，俯不怍""常以'志士不忘在沟壑'为念，则是道义重，而计较死生之心轻矣"。⑤ 他在漳州等地学校所推行的"士人先要识个廉退之节"，表明朱熹是把明荣辱、识廉退作为学校人格和道德教育的首要目标；而为诸生树立可以效仿的明荣辱、识廉退的正人端士形象，则是朱熹将其荣辱观具体落实到学校教学中的典型事例之一。

（二）全善去恶，求荣去辱

在解释孟子提出的"今恶辱而居不仁，是犹恶湿而居下也"时，朱熹认为"好荣恶辱，人之常情。然徒恶之而不去其得之之道，不能免也"⑥。意思是说，仅停留在好荣恶辱这一人之常情的水平上，是远远不够的。"徒恶之而不去其得之之道"，就仍然不能免于耻辱。因为知荣辱仅仅是一种初步的道德

---

① 〔宋〕黎靖德编：《朱子语类》卷一百六，第 2645—2646 页。

② 〔宋〕朱熹：《晦庵先生朱文公别集》卷九，《朱子全书》第 25 册，第 4999 页。

③ 〔元〕脱脱等：《宋史》卷三百八十九《尤袤传》，第 11929 页。

④ 〔宋〕朱熹：《晦庵先生朱文公文集》卷五十四《答石应之》，《朱子全书》第 23 册，第 2539 页。

⑤ 〔宋〕黎靖德编：《朱子语类》卷十三，第 241 页。

⑥ 〔宋〕朱熹：《孟子集注》卷三，《四书章句集注》，第 235 页。

认知，是孟子所说的"羞恶之心，义之端也"。端是端倪，认知的萌芽状态；义是"宜"之意，行为的当然之则，即人所应当履行的道德义务。"羞者，羞己之非；恶者，恶人之恶"①，羞恶也就是知耻之心，是"义"的萌芽；一个人有了知耻之心，也就初步知道什么事该做，什么事不该做，也就有了初步的、基本的，当然也是可贵的道德观念和价值判断。

朱熹说："人贵剖判，心下令其分明，善理明之，恶念去之。若义利，若善恶，若是非，毋使混淆不别于其心。辟如处一家之事，取善舍恶；又如处一国之事，取得舍失，处天下之事，进贤退不肖。蓄疑而不决者，其终不成。"② 这就进一步将明荣辱、识善恶提升到如何正确处理家事、国事、天下事来认识。同时，朱熹又进一步认为，仅仅有这一价值判断还不够，更重要的是要将此"义之端"扩而充之，将此价值判断转化为道德践履，而不是仅仅停留在道德认知、道德评判的层面上。否则，就会落入孟子所说的"恶辱而居不仁"，道德认知与道德践履相脱节，明知其辱却身陷其中。朱熹在此用了一个"去"字。此"去"字，与孔子提出的"远耻辱也"的"远"字有异曲同工之妙；但"远"字略微有一点被动避开的意思，而"去"字则是积极主动地舍弃，如上文所引的"取善舍恶""恶念去之"等。通过以上对孟子和朱熹言论的分析，我们可以从中归纳出一个"求荣去辱"的儒家荣辱观来。

朱熹认为，"求荣去辱"的关键在于"行"。他说："善在那里，自家却去行他。行之久，则与自家为一；为一，则得之在我。未能行，善自善，我自我。"③ "《书》曰：'知之非艰，行之惟艰，'功夫全在行上。"他批评当时的一种社会不良风气，说："专做时文的人，他说的都是圣贤说话。且如说廉，他且会说得好；说义，他也会说得好。待他身做处，只自不廉，只自不义，缘他将许多话只是就纸上说。廉，是题目上合说廉；义，是题目上合说义，都

---

① 〔宋〕黎靖德编：《朱子语类》卷五十三，第 1286 页。

② 〔宋〕黎靖德编：《朱子语类》卷十三，第 227 页。

③ 〔宋〕黎靖德编：《朱子语类》卷十三，第 222 页。

不关自家身己些子事。"① 知荣辱，行仁义的关键在于"行之之实"，而不是停留在只知作口头或书面文章上，这是朱熹一再强调的"学之之博，未若知之之要；知之之要，未若行之之实"② 的道德实践意义。

在道德实践中，首先要遇到的问题是，何者为荣？何者为辱？二者在理论上的区分标准是什么？朱熹继承了孟子的"仁则荣，不仁则辱"的观点，即以合于仁义者为荣，以不合于仁义者为辱的同时，对此又有进一步的发展。他在阐释孟子"人有不为也，而后可以有为"这一观点时，引用程颐的话说："'有不为'，知所择也。惟能有不为，是以可以有为。无所不为者，安能有所为耶？"③ 他所坚持的择善而行，有所为有所不为的基本准则，就是以合于仁义者为荣，凡合于仁义者，则为之行之；以违背仁义者为耻，凡违背仁义者，则不欲不为。"学者工夫只求一个是。天下之理，不过是与非两端而已。从其是则为善，徇其非则为恶。"④ 因择善而行，又引发出朱熹的去恶存善，即以善恶来区分荣辱的道德观。他在解释《大学》"存其意者，毋自欺也"时说："欲自修者知为善以去其恶，则当实用其力，而禁止其自欺。"⑤ 又说："天下只是一个善恶，不善即恶，不恶即善。……人人有此道，只是人自远其道，非道远人也。"⑥ "若以善恶之象而言，则人之性本独有善而无恶。其为学亦欲去恶而全善。"⑦ "若善恶，则有真妄之分，人当克彼以复此，然后可耳。"⑧ 所谓克彼复此，也就是去恶全善、存善去恶。

---

① 〔宋〕黎靖德编：《朱子语类》卷十三，第 244 页。
② 〔宋〕黎靖德编：《朱子语类》卷十三，第 222 页。
③ 〔宋〕朱熹：《孟子集注》卷八，《四书章句集注》，第 291 页。
④ 〔宋〕黎靖德编：《朱子语类》卷十三，第 229 页。
⑤ 〔宋〕朱熹：《大学章句》，《四书章句集注》，第 7 页。
⑥ 〔宋〕黎靖德编：《朱子语类》卷六十三，第 1541—1542 页。
⑦ 〔宋〕朱熹：《晦庵先生朱文公文集》卷四十九《答王子合》，《朱子全书》第 22 册，第 2256 页。
⑧ 〔宋〕朱熹：《晦庵先生朱文公文集》卷四十九《答王子合》，《朱子全书》第 22 册，第 2249—2250 页。

在朱熹的理学思想体系中，荣与辱、善与恶的观念贯穿其道德观的各个层面。这一方面的事例很多，以下仅举几例。

如儒家提倡孝道，朱熹则坚持"孝者，百行之源"的观点。其内容，不仅限于"孝敬父母，慈爱骨肉"，扩而充之，则要"和睦乡邻，救恤灾患，输纳苗税，畏惧公法"①。他在漳州发布的《劝农文》，在强调"生民之本，足食为先"的基础上，将其与敦厉民风的为政措施相结合，以此传播先儒"衣食足而知荣辱，仓廪实而知礼节"②的思想。其原因就在于孝道不仅仅只是做子女的在家里在生活上能够尽心照料父母，如果在社会上做了辱没父母名声的坏事，使父母蒙受耻辱，这同样被视为不孝。

又如淳熙十五年（1188）十一月，朱熹上《戊申封事》，批评当时官风不正，"纲纪不振于上，是以风俗颓弊于下。"朝野上下，"以不分是非，不辨曲直为得计，"只知"经营计较"一己之私。"宰相可谄则谄宰相，近习可通则通近习，惟得之求，无复廉耻。"而"刚毅正直，守道循理之士出乎其间"，反遭"群讥众排"③。同时，还批评当政者不知爱养民力，百姓负担越来越沉重，官场"一以其能剥民奉上者为贤。于是中外承风，竞为苟急"④。在行文中，朱熹以刚毅正直为荣，以阿谀奉承为耻，以爱养民力为荣，以盘剥百姓为耻的立场十分鲜明。

绍兴三十二年（1162），朱熹首次应诏上《封事》，针对其时"祖宗之境土未复，宗庙之仇耻未除，戎虏之奸谲不常，生民之困悴已极"的现实，提出"今日之计不过乎修政事、攘夷狄而已矣，非隐奥而难知也。然其计所以

① 〔宋〕朱熹：《晦庵先生朱文公别集》卷九《辛丑劝农文》，《朱了全书》第25册，第5001页。
② 〔宋〕朱熹：《晦庵先生朱文公文集》卷一百《劝农文》，《朱子全书》第25册，第4625页。
③ 〔宋〕朱熹：《晦庵先生朱文公文集》卷十一《戊申封事》，《朱子全书》第20册，第603页。
④ 〔宋〕朱熹：《晦庵先生朱文公文集》卷十一《戊申封事》，《朱子全书》第20册，第605页。

不时定者，以讲和之误疑之也。夫金虏于我有不共戴天之仇，则其不可和也，义理明矣"①。他谴责卖国贼"秦桧倡和议以误国，挟虏势以邀君，终使彝伦斁坏，遗亲（祸）后君，此其罪之大者"②。他教导学生说："国家遭汴都之祸，国于东南，所谓大体者，正在于复中原，雪仇耻。"朱熹的这些言论，体现了以爱国为荣，以卖国为耻的鲜明的爱国主义立场。

在坚持正确的荣辱观，在行善去恶的实践中，往往会受到社会不良习气的干扰和误解。比如见义勇为的行为，有时会被人们视为犯傻，以至受到不公不正的待遇和非议，这不仅在当代，在古代同样也有。朱熹对此的观点是，"以善及人而信从者众，故可乐也；虽乐于及人，不见是而无闷，乃所谓君子。"③ 意思是，以自己的善行推及他人，使信从善的人越来越多，这固然值得高兴，但如果从善一时得不到他人的赞同或仿效，也毫无烦闷之感，这才是"君子"的境界。体现了朱熹提倡以善及人、助人为乐的思想，坚持的是一种以帮助别人为目的，而不是以帮助别人求得众人赞赏为目的的原则。他还说："古之君子，施而不望其报，祀而不祈其福，盖以善为当然。"④ 把帮助别人看作是理所当然的好事，是一种奉献而不求回报。

（三）培根固本，童蒙养正

作为一个教育家，朱熹非常重视童蒙教育。他认为，童蒙教育阶段是"作圣之基"，也是人的一生中知荣辱、养良知、培其根、固其本的最重要的阶段，其核心内容就是道德教育。

朱熹说："古者，小学已自暗养成了，到长来，已自有圣贤坯模，只就上

---

① 〔宋〕朱熹：《晦庵先生朱文公文集》卷十一《壬午应诏封事》，《朱子全书》第20册，第573页。

② 〔宋〕黎靖德编：《朱子语类》卷一百三十一，第3158页。

③ 〔宋〕朱熹：《近思录·为学》，《近思录全译》，第56页。

④ 〔宋〕朱熹：《晦庵先生朱文公文集》卷八十二《跋程宰登瀛阁记》，《朱子全书》第24册，第3884页。

面加光饰。"① 他强调，所谓"学，大抵只是分别个善恶而去就之尔"②。"自其孩幼而教之以孝悌诚敬之实；及其少长，而博之以《诗》《书》《礼》《乐》之文，皆所以使之即夫一事一物之间，各有以知其义理之所在，而致涵养践履之功也。"③ "故学圣人之道，必自小学始，否则虽欲勉焉而进于大学，犹作室而无基也，成亦难矣。"幼儿时期，知识和思想都是一片空白，谈不上有何主见。这时，就应当以儒家先圣的格言来时时影响和教育他们，即便他们此时尚未领会其意，但只要不断地对他们进行熏陶，久而久之，就会接受这些思想，就会成为好像是其与生俱来的一种本能。此时，即便有错误的东西来诱惑他们，也会不受影响。如果在童蒙时不对小孩进行道德启蒙，等到他们长大后，那些私欲偏好就会在内心滋长，就会受到外界各种错误言行的误导，此时，再来要求他们按照纯正完美的道德标准来行事，那就很难了。

有鉴于此，朱熹先后编纂了《小学》《童蒙须知》《训蒙绝句》《弟子职》等童蒙教材。《小学》成书于南宋淳熙十四年（1187）他在武夷精舍讲学之时。这是一部以德育教育为主的启蒙读物，贯穿其"童蒙养正"的教育思想，其目的在于"教人以洒扫应对进退之节，爱亲敬长、隆师亲友之道，皆所以为修身齐家、治国平天下之本"，而将此"讲而习之于幼稚之时"，为的是能达到"习与知长，化与心成"④ 的效果。该书共六卷，分为内篇四：立教、明伦、敬身、稽古，外篇二：嘉言、善行。其主要内容，就是儒家的忠君、孝亲、守节、治家等方面的格言和故事，涵括了仁义礼智信等道德伦理思想，以及传统的荣辱观教育等诸多方面。此书刊行之后，数百年来，一直是儒家实行启蒙教育的重要教材。

---

① 〔宋〕黎靖德编：《朱子语类》卷七，第 125 页。

② 〔宋〕黎靖德编：《朱子语类》卷十三，第 229 页。

③ 〔宋〕朱熹：《晦庵先生朱文公文集》卷四十二《答吴晦叔》，《朱子全书》第 22 册，第 1914 页。

④ 〔宋〕朱熹：《晦庵先生朱文公文集》卷七十六《题小学》，《朱子全书》第 24 册，第 3671 页。

总之，朱熹的"行己有耻，不辱其身，全善去恶，求荣去辱"的荣辱观，以及"培根固本，童蒙养正"的一系列观点，则为我们当今构建社会主义和谐社会提供了有价值的历史借鉴。

（本文系 2007 年 9 月 15 日至 18 日中国人民大学国学研究院和武夷山市政府主办的"海峡两岸暨全球华人国学研讨会"参会论文，原题为《朱熹荣辱观的当代价值》，刊于《朱子文化》2007 年第 6 期时改今名）

仁山智水——孔子的旅游观与朱熹的游学实践

　　我国旅游文化源远流长。《诗经·国风·驷驖》中已有"游于北园，四马既闲"的诗句。春秋战国时期，孔子周游列国，墨子载书南游，纵横家苏秦早年奔走于六国之间；西汉司马迁青年时出游大江南北，考察风俗，搜集传说，寻访古籍，为写作《史记》积累资料等，都是历史上较早的与旅游有关的史实。

　　《论语·先进》篇中有一段脍炙人口的文字，记述孔子与其四个弟子围绕着各自的志向进行的一场谈话。其中子路、冉有、公西华或表达治国安邦、施行礼、乐教化的宏愿，或表达愿为宗庙司仪的志向，惟曾点语出惊人：

　　　　莫春者，春服既成。冠者五六人，童子六七人，浴乎沂，风乎舞雩，咏而归。

　　在春回大地、桃红柳绿之际，与一群青年人，沐浴着无限明媚的春光，或纵情嬉戏，或载歌载舞。曾点在此描绘了一幅欢快的游春图，孰料话音刚落，"夫子悄然叹曰：'吾与点也。'"

　　一部《论语》，说的多为治国平天下的大道理，孔夫子平日教导学生，也多为治国安邦的理想，在此却对曾点愿意悠闲自在地去旅游的观点点头表示赞许，这让后人很难理解。对此，朱熹点评说：

曾点之学，盖有以见夫人欲尽处，天理流行，随处充满，无少欠阙。故其动静之处，从容如此。……其胸次悠然，直与天地万物上下同流，各得其所之妙，隐然自见于言外。①

在朱熹看来，对"曾点之学"，不能仅仅作为一次普通的游玩来看待，而应提升至某种具有其特定含义或象征意蕴的层面来认识。这个层面，就是构成大千世界的万事万物与人类社会的关系问题。朱熹是我国传统儒学的集大成者。他最主要的哲学观点就是"理本论"，即以"理"为世界的本原，所谓"合天地万物而言，只是一个理"②。这个理，寓于大千世界之中，虽然表现为千差万别的事物，但究其根本，又同归于一理，即所谓"万物皆有此理，理皆同出一源"③。故他认为"人、物之生，同得天地之理以为性，同得天地之气以为形"④，将这样的观点推导到人与自然界的关系上，就是要实现人与自然的和谐统一。要做到这一点，其途径就是要培养人的道德情感和道德理念，关爱一切生命，达到"天地万物一体"的境界。朱熹对"曾点之学"的评价，就是这样一种境界。在这里，人世间的尔虞我诈消失了，朱熹所极力要"灭"的"人欲"消除了，胸中一切凡尘杂念被清新的大自然气息所涤荡一空，达到"胸次悠然，直与天地万物上下同流，各得其所"的理想效果，但见"人欲尽处，天理流行，随处充满"，这是一种人与自然的完全和谐，主体世界与客体世界的完全统一的境界。朱熹又借用北宋儒家学者程颢的一句名言"万物各遂其性"来描述这样一种境界。他说：

明道云："万物各遂其性。"此一句正好承"尧舜气象"。且看暮春时物态舒畅如此，曾点情思又如此，便是各遂其性处。尧舜之心，亦只是

---

① 〔宋〕朱熹：《论语集注》卷六《先进》，《四书章句集注》，第130页。
② 〔宋〕黎靖德编：《朱子语类》卷一，第2页。
③ 〔宋〕黎靖德编：《朱子语类》卷十八，第398页。
④ 〔宋〕朱熹：《孟子集注》卷八《离娄章句下》，《四书章句集注》，第293页。

要万物皆如此尔。孔子之志，欲得"老者安之，少者怀之，朋友信之"，亦是此意。①

在朱熹看来，程颢的"万物各遂其性"的"万物"，既包括自然界的各种动物和植物，也包括人类社会各种各样的人。所以，孔子的"老者安之，少者怀之，朋友信之"与此是相通的。应该说，孟子的"亲亲而仁民，仁民而爱物"（《孟子·尽心上》）与此也有异曲同工之妙。

这样一种境界，能够认识到是一回事，是否能够达到又是另一回事，故朱熹又说："曾点已见此道理了，然后能如此，则体用具备。若如今恁地说，则有用无体，便觉偏了。"② 也就是说，如果这样说，而且也这样做，才是有体有用，体用兼备之儒。

人与自然界的关系既然如此重要，那么，加强人对自然万物的认识和沟通，则是儒家学者所坚持的儒学理念之一。而这种认识和沟通的方法，在外在表现形式上，旅游是其重要方法之一。通过旅游，可以增长人的知识，陶冶情操，提升道德观，并加深对儒学本体论的认识。对此，儒学祖师孔子有"智者乐水，仁者乐山，智者动，仁者静"的著名观点。因此，子路等三子言志，不为所许，而曾点之言，却得到他的赞赏。朱熹对此的解释是："智者达于事理而周流无滞，有似于水，故乐水；仁者安于义理而厚重不迁，有似于山，故乐山。"③

仁，作为儒家政治伦理的中心范畴和最高道德准则，其基本含义是爱人，即"仁者爱人"。对己而言，其要求重视个人的道德修养；对社会而言，重视道德教化的社会作用。"舍生取义""杀身成仁"是孔孟儒学的人生价值观，故"仁者"是儒学所追求的最高境界。朱熹对其评价为"安于义理而厚重不迁"，崇高品德有如巍峨高山，令人仰慕，故曰"仁者乐山"。司马迁曾引用

① 〔宋〕黎靖德编：《朱子语类》卷四十，第1034页。
② 〔宋〕黎靖德编：《朱子语类》卷四十，第1040页。
③ 〔宋〕朱熹：《论语集注》卷三《雍也》，《四书章句集注》，第90页。

《诗经·小雅·车辖》的诗句赞颂孔子："《诗》有之：'高山仰止，景行行止。'虽不能至，然心向往之。余读孔子书，想见其为人。"① 也是以高山来赞颂孔子的崇高人格，从此，"高山景行"成为后人称颂孔子的专用词。

智，也是儒家的道德观念之一。孔子认为，"君子道者三，仁者不忧，智者不惑，勇者不惧。"智就是知仁，故为"不惑"，朱熹称为"达于事理"。仁者兼具仁、智、勇三项品格，任何艰难险阻都无法阻挡，有如"周流无滞"的流水奔腾向前，故曰"智者乐水"。

我们知道，历史上的儒学大师，几乎都是教育家。孔子、孟子、荀子是教育家，周敦颐、张载、程颢、程颐，一直到朱熹，都是教育家。广招弟子、升帐讲学是他们传播儒家学说的主要方法。前面说到，"仁山智水"的"曾点之学"既然如此重要，那么，表现在这些教育家那里，旅游往往就和率徒聚众讲学结合在一起，称为"游学"。

作为中国历史上前后交相辉映的两位伟大的教育家——孔子和朱熹，都是"智者乐水，仁者乐山"的实践者，经常与其门人弟子优游于林泉山水之间，寓讲学、教化、启迪于游乐中，是他们的相同之处。这与《礼记·学记》中所说的"故君子之学也，藏焉、修焉、息焉、游焉"的思想是相合的。孔子本人，也有"志于道，据于德，依于仁，游于艺"（《论语·述而》）的说法。朱熹于此注曰："游者，玩物适情之谓。艺，则礼乐之文，射、御、书、数之法，皆至理所寓，而日用之不可阙者也。朝夕游焉，以博其义理之趣，则应务有余，而心亦无所放矣。"② 这里的"游艺"，指的虽是礼、乐、射、御、书、数等所谓杂学，但显然也应包括优游林泉在内。从孔子的教学实践看，他率领诸生周游列国，虽是为了推行其政治主张，但也是一路讲学。他的《论语》中就有许多内容是其弟子在游学途中所记，如《阳货》篇记"子之武城，闻弦歌之声"、《子路》篇记"子适卫，冉有仆"等即是。《孟子·尽心上》则说："孔子登东山而小鲁，登泰山而小天下"，说明登山临水已是孔

① 〔汉〕司马迁：《史记》卷四十七《孔子世家》，中华书局 1959 年版，第 1947 页。
② 〔宋〕朱熹：《论语集注》卷四《述而》，《四书章句集注》，第 94 页。

子教学的一个重要方式。理学的集大成者朱熹更是一位将旅游与讲学活动紧密结合的大师。绍兴二十三年（1153），他在官同安主簿期间，曾往安溪按事三日，沿途被安溪秀美的自然风光所感染，使其恍若又回到了他所熟悉的武夷山。为此，他写下了《安溪道中泉石奇甚，绝类建剑间山水佳处也》《安溪三日按事未尽》《安溪书事》等纪游诗（均载《晦庵先生朱文公文集》卷一），并于西风庵留有题词。明正德间邹鲁《改建朱文公书院记》云："绍兴中，我晦庵朱夫子来簿同安，时以按事留县三日，极爱县之泉石奇峭，谓绝类建、剑山水佳处，往往发泄于吟咏之间。尝于庵题句有云：'心外无法，满目青山。通玄峰顶，不是人间。'"①

朱熹在建阳、武夷山等地讲学，附近风景最佳处有武夷山、百丈山和庐峰云谷等地。乾道、淳熙年间，朱熹经常率门人在这几处游学。如乾道六年（1170），与建阳丘子服游庐峰；淳熙二年（1175）七月，率门人从崇安五夫出发同登建阳云谷山；淳熙五年（1178）七月，与弟子廖德明、刘淳叟、方士繇、刘彦集等登天湖，并与蔡元定等相约在云谷讲学。淳熙十年（1183）四月，他在集武夷山水之精华的五曲大隐屏下创建了著名的武夷精舍，在此聚众讲学。其友人韩元吉记朱熹这一时期的讲学活动云：

> 吾友朱元晦，居于五夫里，去武夷一舍而近，若其后圃，暇则游焉。与其门生弟子挟书而诵，取古诗三百篇及楚人之辞，哦而歌之，潇洒啸咏，留必数日。②

武夷精舍的主建筑名"仁智堂"，朱熹自称为堂主，所撰《武夷精舍杂咏》其二《仁智堂》一诗云：

---

① 〔明〕林有年等：嘉靖《安溪县志》卷七，《影印天一阁藏明代方志选刊》本，上海古籍书店1963年版，第23页。

② 〔宋〕韩元吉：《武夷精舍记》，〔宋〕祝穆：《方舆胜览》卷十一，上海古籍出版社1991年版，第132页。

我惭仁智心，偶自爱山水。

苍崖无古今，碧涧日千里。①

　　诗中叙述了堂名的由来，自谦还不能达到孔子所说的"乐山"的"仁者"和"乐水"的"智者"的境界，但自己是个酷爱山水的人，愿永同武夷苍崖碧洞作伴，日日登山临水。事实也是如此。写这首诗之后的八年，即从淳熙十年到绍熙元年（1183－1190），朱熹大部分时间都是在武夷精舍授徒讲学和从事学术研究。这里成了朱熹学派的学者们开展学术研究和传播理学思想的重要阵地，也是其门人弟子登山临水、陶冶性情的绝佳场所。

　　淳熙十年（1183），武夷精舍建成不久，朱熹即率门人吴楫等赴一曲武夷山冲佑观岁寒轩讲学。朱熹《文集》卷九有《次公济精舍韵》五律、《奉同公济诸兄自精舍来集冲佑之岁寒轩，因邀羽客同饮，公济有诗赠守元章师，因次其韵》七律一首，即作于此次讲学之时。

　　淳熙十一年（1184）仲春，朱熹与门人游九曲溪，写下了著名的《武夷棹歌》十首。其通俗而又典雅的风格，回环往复的旋律，以及浓郁的武夷民歌特色，吸引了由宋至清数十位诗家为之唱和。朱熹的《武夷棹歌》也因九曲船工的代代传唱而经久不衰，至今家喻户晓。

　　在武夷精舍讲学之时，朱熹还率门人对武夷"船棺""虹桥板"进行实地考察。他对武夷山向来众说纷纭的武夷君的来历进行推断，认为"颇疑前世道阻未通，川雍未决时，夷落所居，而汉祀者即其君长，盖亦避世之士，生为众所臣服，没而传以为仙也"②。推断武夷君乃远古时期的部落酋长，并驳斥了两岸"船棺之属"系仙人葬处为"诡妄不经，不足考信"的无稽之谈。此说对引导门人科学地分析、认识武夷山远古的历史和传说，起到了正面的作用。

---

　　① 〔宋〕朱熹：《朱熹集》卷九，郭齐、尹波点校，四川教育出版社 1996 年版，第377 页。

　　② 〔宋〕朱熹：《朱熹集》卷七十六《武夷图序》，第 4002 页。

在武夷精舍讲学时期，朱熹还率门人弟子走出武夷山，到福州、莆田、泉州等地。通过对学者的互访，扩大了本学派的影响。如淳熙十年（1183）十月至泉州，与友人泉州名士陈知柔游当地名胜莲华峰、九日山等，留有诗作。十一月到莆田访陈俊卿。陈俊卿之子陈实、陈守、陈宓，孙陈址均于此时从学于朱熹。淳熙十四年（1187），又与门人王遇、陈孔硕、潘柄、黄子方等同游鼓山。今鼓山涌泉寺后山仍存此次纪游的摩崖石刻。题刻原文：“淳熙丁未，晦翁来谒鼓山嗣公，游灵源，遂登水云亭，有怀四川子直侍郎。同游者：清漳王子合，郡人陈肤仲、潘谦之、黄子方，僧端友。”

朱熹出访各地，给武夷精舍讲学影响最大的，不仅吸引了一批门人弟子在出访途中即拜师门下，而且还有许多各地的门人闻风赴武夷。其中如莆田名儒林光朝的从子林成季，莆田方壬、郑可学；邵武吴寿昌、吴浩父子，长溪杨楫、惠安张巽、浦城杨道夫、仙游傅诚、闽县郑昭先，光泽李方子、李闳祖、李相祖、李壮祖兄弟等数十位弟子，均在此前后赴武夷精舍从学。

韩元吉在《武夷精舍记》中，还将朱熹率弟子优游武夷林泉之下，与孔子率弟子登泰山之巅相提并论，揭示古代教育家“志于道”与“游于艺”二者之间的关系。文曰：

> 夫元晦，儒者也。方以学行其乡，善其徒，外若畸人隐士循藏山谷，服气茹芝，以慕夫道家者流也。然秦汉以来，道之不明久矣。吾夫子所谓“志于道”，亦何事哉？夫子，圣人也，其步与趋，莫不有则；至于泰山之巅，而诵言于舞雩之下，未尝不游，胸中盖自有地。而一时弟子鼓瑟铿然，“春服既成”之对，乃独为圣人所予。古之君子息焉游焉，岂是拘拘乎？元晦既有以识之，试以告夫来学者，相与酬酢于精舍之下，俾咸自得，其视慢亭之风，抑以为何如也？[①]

---

① 〔宋〕祝穆：《方舆胜览》卷十一，第133页。

在此前后，朱熹在南康白鹿洞书院、长沙岳麓书院、建阳考亭沧州精舍等处讲学，旅游与讲学相结合这种形式始终不废，乃至门人赵师恕曾有这样的高论：

> 某平生有三愿：一愿识尽世间好人，二愿读尽世间好书，三愿看尽世间好山水。①

可见，在朱子门人中，旅游与交友、读书同等重要。对朱熹的游学实践，钱穆先生曾有一段很好的描述。他说：

> 朱子出则有山水之兴，居复有卜筑之趣。朋徒四集，讲学不倦。……《文集》卷九有《云谷二十六咏》及《云谷杂诗》十二首。盘桓唱叹，若不能已。是诚所谓麋鹿之姿，林野之性。在其胸中，一若无世间尘俗之可扰……综观朱子一生，出仕则志在邦国，著述则意存千古，而其徜徉山水，俯仰溪云，则俨如一隐士。其视洙泗伊洛，又自成一风格。此亦可以窥朱子性情之一面。凡穷心朱子多方面之学者，于此一番遁隐生活，亦深值潜玩也。②

朱熹携门人游学，一是通过登山临水，接触各类事物，来体察天下万物之理，感受"天理流行，随处充满"的理学思想。因此，游学也是他所提倡的"格物致知"的途径之一。如他通过登山考察后告诉门人：

> 常见高山有螺蚌壳，或生石中，此石即旧日之土，螺蚌即水中之物。

---

① 〔宋〕罗大经：《鹤林玉露》丙编卷三，王瑞来点校，中华书局1983年版，第281—282页。

② 钱穆：《朱子新学案》，巴蜀书社1986年版，第1848—1850页。

下者却变而为高，柔者变而为刚，此事思之至深，有可验者。①

　　天地始初混沌未分时，想只有水火二者，水之滓脚便成地。今登高而望，群山皆为波浪之状，便是水泛如此。只不知因甚么时凝了，初间极软，后来方凝得硬。②

　　高山无霜露，却有雪。某尝登云谷。晨起穿林薄中，并无露水沾衣。但见烟霞在下，茫然如大洋海，群山仅露峰尖，烟云环绕往来，山上移动，天下之奇观也！或问："高山无霜露，其理如何？"曰："上面气渐清，风渐紧，虽微有雾气，都吹散了，所以不结。若雪，则只是雨遇寒而凝，故高寒处雪先结也。"③

上引第一条由高山有螺蚌化石，推断地质的演变；第二条推论地表的形成，涉及地质构造学的原理；第三条因登云谷山，感悟霜、露、雨、雪的成因。所言均涉及朱熹对自然科学的研究。从《朱子语类》来考察，朱熹在教学中这一方面的言论还有很多，涉及古代天文学、地质学、地理学、气象学等诸多方面，其中多与其从登山临水中所获取的知识密切相关。

　　二是通过游学，感受大自然的美景，陶冶性情，并在相互唱和往来中领悟大自然中蕴含的哲理，让世俗中沽名钓誉的词章之学一变而为师友门人相互唱和、增进同门之谊，及阐发其理学思想的利器。如朱熹《云谷二十六咏》中的《草庐》一诗：

　　　　青山绕蓬庐，白云障幽户。
　　　　卒岁聊自娱，时人莫留顾。④

----

① 〔宋〕黎靖德编：《朱子语类》卷九十四，第2367页。
② 〔宋〕黎靖德编：《朱子语类》卷一，第7页。
③ 〔宋〕黎靖德编：《朱子语类》卷二，第23页。
④ 〔宋〕朱熹：《朱熹集》卷六，第282页。

寥寥二十字，却向门人阐发了这样一条哲理：传道卫统、阐发义理的事业注定是一项寂寞和充满艰难的事业，与沽名钓誉的"时人"无缘。所以，他在《七月六日早发潭溪夜登云谷》一诗的结尾谆谆告诫门人：

寄语后来子，勿辞行路难！①

朱熹从登临攀援的艰难中，劝示门人必须立下攀登学术高峰的雄心，克服一切艰难险阻，不管是生活、学术上的，还是政治上的。故在后来的"庆元党禁"乌云压顶的逆境中，其门人大多能坚持操守，坚定地站在其师一边。这与朱熹日常的教导是分不开的。

诗文之外，朱熹的一些专著的写作也与游学有关。如《西铭解义》一书，最初的写作起因，就与朱熹率门人登云谷山有密切关系。他曾对门人叶贺孙说："向要到云谷，自下上山；半途大雨，通身皆湿，得到地头，因思著'天地之塞，吾其体；天地之帅，吾其性'。时季通及某人同在那里，某因各人解此两句，各亦作两句解。后来看，也自说得着，所以迄逦便作《西铭》等解。"②北宋儒家学者张载的《西铭》是一篇"明理一而分殊""扩前圣所未发"的著名论文。他在文中宣称：

乾称父，坤称母，予兹藐焉，乃浑然中处，故天地之塞，吾其体，天地之帅，吾其性。民，吾同胞；物，吾与也。③

他将天地乾坤视为人的父母，以此揭示人与自然的关系，认为天地之气构成我的身体，天地的精神构成我的本性，宣称人民大众均是我的同胞，世间万物都是我的同伴。这样一种普爱众生、泛爱万物的思想，是对孔子"仁者爱

---

① 〔宋〕朱熹：《朱熹集》卷六，第278页。
② 〔宋〕黎靖德编：《朱子语类》卷五，第84页。
③ 〔宋〕张载：《张载集》卷一，章锡琛点校，中华书局1985年版，第1页。

人"、孟子"亲亲而仁民，仁民而爱物"思想的继承和发展。而朱熹与其门人在登山临水的游学过程中，在人与自然的和谐相处中，对此有了某种深切的感悟和升华，从而促使其开始写作《西铭解义》一书。则"游学"之"游"，对"游学"之"学"的促进作用，于此可见。

厦门大学高令印教授曾指出，"孔子说：'智者乐水，仁者乐山。智者动，仁者静。'武夷山水陶冶朱熹既仁且智，从观想武夷山水的动静中建立起自己的世界观。"① 所言已揭示了游学在朱熹构建其理学思想体系中的作用。他又引清初安溪学者李光地的话说：武夷山"朱子讲学之堂，必水秀山明，跨越四方名胜，非是则不能聚一时之人豪，著千秋之大业也"。则此，对朱子之游学又有更进一步的认识和揭示，即"学"之所与"游"之所合二而一，从而使儒家学者对世间万物的人文关怀由此转化为人文景观，并与自然景观相互融合，难分彼此，相互促进了。

1988年4月，蔡尚思先生在武夷山朱熹研究中心成立之时，写下了一首后来被广泛传诵的小诗：

> 东周出孔丘，南宋有朱熹。
> 中国古文化，泰山与武夷。

名人名山，之所以能交相辉映，以至"泰山和武夷"最终成为代表中国传统文化的两座高峰，分别代表了孔子思想的伟大和朱子思想之崇高，令后人有"高山景行"之思，其起因，应该说是与他们所赋予的山水具有"仁智"的儒学性格，以及他们一系列的游学实践分不开的。

（本文系2001年12月"安溪文庙始建千年学术研讨会"参会论文，载陈支平等主编：《儒家文化现代透视》，厦门大学出版社2002年版）

---

① 高令印：《朱熹·武夷山·武夷文化》，《朱子研究》1998年第2期。

什么是朱熹心目中的"源头活水"

半亩方塘一鉴开，天光云影共徘徊。

问渠那得清如许，为有源头活水来。

——《观书有感》

作为南宋"理学诗派"最著名的代表作，朱熹的这首诗堪称脍炙人口，广泛地被人们所熟知，且往往在各种不同的场合被人们所引用和发挥。但从古至今，人们解读此诗，或从字面上予以直解，或从意象上加以引申，而对其本义却很少加以探究，从而造成今人对"半亩方塘"究竟是在福建尤溪、武夷山五夫，还是在江西婺源、浙江淳安？这一类不必要的考据和争论。实际上，朱熹这首诗并非写实而是说"理"；诗中的"半亩方塘""源头活水"均有其极为深刻的理学意蕴，与其理学心性论、本体论等密切相关。也就是说，在朱熹的心目中，"半亩方塘"和"源头活水"是一个哲学理论上的问题，而并非某一实地或实物的指谓，后人对此尤其是对"半亩方塘"作为朱熹的"文化遗址"究竟在何处的诸多争论和考证，无不显得牵强附会，堪称"可怜无补费精神"。

要说清这一问题，就必须了解朱熹写作此诗的学术背景。

据束景南先生考证，朱熹此诗写于乾道二年（1166）秋在五夫里家居之时，其时他三十七岁①。他在给他的学生同安许顺之的书信中提到此诗："秋来老人粗健，心间无事，得一意体验，比之旧日渐觉明快，方有下工夫处。……更有一绝云：'半亩方塘一鉴开，天光云影共徘徊。问渠那得清如许，为有源头活水来。'"② 这首诗的写作，是朱熹在完成了一次思想上的重大飞跃之后的形象化的表露。而这一次飞跃，与其师李侗的授受有关。这就是理学史上著名的"中和"问题。

源自《中庸》"喜怒哀乐未发谓之中，发而皆中节谓之和"的"中和"问题，也被称为"已发""未发"问题，是一个曾经困扰过朱熹的疑难问题。李侗传给朱熹的，是默坐澄心，于静中体验未发。李侗逝世后，朱熹仍在苦苦思索这一问题而不得其解。通过长期的思考和向曾从学于胡宏的张栻请教，他似乎已然明白，得出的结论就是"心为已发，性为未发"。他认为，人从一出生开始，自婴儿一直到老死，心总是有所活动，无时无刻都处于已发状态。所以心是已发，性是未发。性是体，心是用。已发之心是未发之性的体现，而性则是心进行活动的依据。这是朱熹对已发未发问题的第一次认知，史称"中和旧说"，因事在乾道二年丙戌（1166），故又称"丙戌之悟"。

"中和"问题是理学家心性哲学的重要范畴，探讨这一问题的主要目的是为修身进德提供一个理论依据。而湖湘学派主张"心为已发，性为未发"，与他们所提倡的"先察识后涵养"的修养方法是一致的；但与李侗所教给朱熹的"于静中体认大本未发时气象分明"③ 则截然不同。朱熹的"丙戌之悟"是其深受湖湘学派胡宏、张栻的影响而产生的。

与中和旧说相对应的是中和新说，因诞生乾道五年己丑（1169）春，故又称"己丑之悟"。中和旧说产生后不久，朱熹意识到此说有误。因为将人的本性看作未发，似乎它也有"已发"的时候，这就混淆性与心这两个概念。中和新说的主要观点就是性不是未发，而心有已发和未发两个阶段；心"思

---

① 束景南：《朱熹年谱长编》卷上，华东师范大学出版社 2001 年，第 361 页。
② 〔宋〕朱熹：《朱熹集》卷三十九《答许顺之》书十，第 1777 页。
③ 〔宋〕朱熹：《朱熹集》卷四十《答何叔京》书二，第 1841 页。

虑未萌"之时是未具体思考的阶段，是未发；心思虑萌发之时，即有了具体思考的阶段，是已发。

朱熹的"半亩方塘"诗写于中和旧说产生之后，新说产生之前，其内容，与新说可以说既无关也有关。说无关，是因为其时新说尚未产生；说有关，则是因为此诗所描写的是朱熹心性学说中所提倡的修身涵养的"主敬"说。这与后来产生的中和新说密切相关。

在修养工夫上，朱熹也否定了湖湘学派所主张的"先察识，后涵养"之说，而代之以"涵养须用敬，进学则在致知"。这是因为"先察识后涵养"，只在已发之心上用功，缺乏心未发阶段的一段功夫，即少了静中涵养。他说："涵养须是敬，进学则在致知，盖为此也。向来讲论思索直以心为已发，而日用工夫亦止以察识端倪为最初下手处，以故缺却平日涵养一段工夫。"①

中和新说确立后，修养方法的修正也就成为一种必然。这种修正，朱熹前后用了数年的时间进行探讨，最早就开始于中和旧说产生的丙戌之年。其最终结果是，他越过胡宏、李侗乃至杨时，直接从程颐那里取得"涵养须用敬，进学在致知"作为其主敬致知、修养心性的"学问大旨"，使其成为中和新说的重要组成部分。其后不久，朱熹又将此进一步明确为"主敬以立其本，穷理以进其知"，简称"居敬穷理"，成为此后历代儒家学者修养心性和认识事物的方法和原则。

静中体验未发之"中"，本是龟山道南学派杨时开创的默识中道的存养功夫。他说："《中庸》曰：'喜怒哀乐之未发谓之中，发而皆中节谓之和'。学者当于喜怒哀乐未发之际，以心体之，则中之义自见。"② 在杨门众多弟子中，罗从彦是杨时此说的忠实实践者和传播者，曾入罗浮山静坐，体验未发气象，又将此说传授给李侗。故朱熹描述李侗的治学功夫是："讲诵之余，危坐终

---

① 〔宋〕朱熹：《朱熹集》卷六十四《与湖南诸公论中和第一书》，第 3384 页。

② 〔清〕黄宗羲原著、全祖望补修：《宋元学案》卷二十五《龟山学案》，陈金生、梁运华点校，中华书局 1986 年版，第 952 页。

日，以验夫喜怒哀乐未发之前气象为如何，而求所谓中者。"① 这种体验功夫，被李侗概括为"默坐澄心，体认天理"传授给朱熹；朱熹将此称为是"龟山门下相传指诀"②。后人黄宗羲则将此视为"明道（程颢）以来下及延平（李侗）一条血路也"③。

这条"血路"，实际上是一种偏重神秘的内心直觉体悟，常人一般不易把握，故偏重于理性的朱熹并没有朝着这条"血路"继续前行，而是仅对师传的"指诀"作了一般性的了解后，在此拐了一个弯，从程颐那里借得一个"敬"字，取代了师传的"静"字，提出了读书穷理、居敬持志的知行并重的修养方法。此举被陈来先生称为是"一改道南传统主静、内向和体验的色彩，使得道南在南宋发生了理性主义的转向，……而李朱授受之际，正是理解这一转向的原初契机"④。

概而言之，朱熹的源头活水诗，实际上就写于这种"理性主义转向"的探索阶段并豁然有得之时。诗中的方塘，指的是"心"，而将心比作"鉴"——镜子，这在朱熹本人的言论中，可以找到很多例证。《朱子语类》载：

> 人心如一个镜，先未有一个影像，有事物来，方始照见妍丑。若先有一个影像在里，如何照得？人心本是湛然虚明，事物之来，随感而应，自然见得高下轻重。事过便当依前恁地虚，方得。若事未来，先有一个忿懥、好乐、恐惧、忧患之心在这里，及忿懥、好乐、恐惧、忧患之事到来，又以这心相与衮合，便失其正。事了，又只苦留在这里，如何得正？⑤

① 〔宋〕朱熹：《朱熹集》卷九十七《延平先生李公行状》，第 4985 页。
② 〔宋〕朱熹：《朱熹集》卷四十《答何叔京》书二，第 1841－1842 页。
③ 〔清〕黄宗羲原著、全祖望补修：《宋元学案》卷三十九《豫章学案》，第 1277 页。
④ 陈来：《朱子哲学研究》，华东师范大学出版社 2000 年版，第 10 页。
⑤ 〔宋〕黎靖德编：《朱子语类》卷十六，第 538 页。

如镜中先有一人在里面了，别一个来，便照不得。这心未有物之时，先有个主张说道："我要如何处事。"才遇着事，便以是心处之，便是不正。①

经文所谓致中和者，亦日当其未发，此心至虚，如镜之明，如水之止，则但当敬以存之，而不使其小有偏倚。②

未发之前，人心必须保持如一面"湛然虚明"的镜子，待得已发之时，事物之来，方能照出，即分辨出"妍丑"——哪些是美的，哪些是丑的；否则，人心在未发之前，已"先有个影像在"，即"先有一个忿懥、好乐、恐惧、忧患之心"，而外界的"忿懥、好乐、恐惧、忧患之事到来"，与人心中原有的"忿懥、好乐、恐惧、忧患之心"会合，人心便"失其正"。所以，朱熹认为，人心未发之前的涵养，就是先要正心，保持心的湛然虚明，这种涵养工夫就是"敬"。他说："人能存得敬，则吾心湛然，天理粲然。"③"平日涵养本原，此心虚明纯一，自然权量精审。伊川尝云：'敬以直内，则义以方外。'"④ 因为敬是未发之前的涵养工夫，所以是"直内"；义是已发，即思考或处置具体事物的原则，故称"方外"。这种"内""外"之别，实际上就是人在修身进德之时前后不同的两个阶段，朱熹往往又将其视为同一件事的两面。他说："敬、义只是一事。如两脚，立定是敬，才行是义；合目是敬，开眼见物便是义。"⑤ 但从根本上说，以敬义为内外双修的原则，是为了化人心为道心，存天理以灭人欲，故天理才是洗涤人心中一切不正当欲望的"源头活水"！所以他说："以理为主，则此心虚明，一毫私意着不得。譬如一泓清水，有少许沙土便见。"⑥ 这一泓清水，就是朱熹诗中"清如许"的"半亩方

---

① 〔宋〕黎靖德编：《朱子语类》卷十六，第 539 页。
② 〔宋〕朱熹：《四书或问·中庸或问》，《朱子全书》第 6 册，第 563 页。
③ 〔宋〕黎靖德编：《朱子语类》卷十二，第 372 页。
④ 〔宋〕黎靖德编：《朱子语类》卷三十七，第 1376 页。
⑤ 〔宋〕黎靖德编：《朱子语类》卷十二，第 378 页。
⑥ 〔宋〕黎靖德编：《朱子语类》卷一百一十三，第 3597 页。

塘"。获得天理、天道的途径何在？朱熹认为，必须通过读书明理和主敬修养才能获得。其主要途径就是读书学习，学习圣贤留传下来的经典。因为"道便是无躯壳底圣人，圣人便是有躯壳底道。学道便是学圣人，学圣人便是学道"①。而圣人之心，存在于儒家经典之中，求诸经典，便是明天道、天理的途径。故朱熹所说的"源头活水"，实际上指的是天理，以及明此天理的儒学典籍！

通过以上分析，可以把这首诗的主旨归纳为：朱熹把明天理的儒家经典比作"源头活水"，而要保持"心"这面湛然虚明的镜子，有如澄澈的"半亩方塘"，就必须通过学者不间断地努力，通过主敬穷理的方法，不断地学习，不断地引入儒学圣人的清澈明澄的源头活水，从而保持"心"的明净，进而达到正心穷理，人心与道心合一、人道与天道合一的至高境界。

当我们回过头来，再看一下这首诗的题目《观书有感》时，就会越发强烈地感受到，这样的解释，也许才是与朱熹写作此诗的本意——"观书"相吻合的。显然，朱熹在此所说的"书"，并非是泛指所有的书籍，而是特指儒学经典。为了"为往圣继绝学"，以理学思想重新诠释孔孟的原始儒学，故朱熹所"读"之"书"，大多是儒学典籍，而离开这些儒学典籍，理学思想也就成了无源之水，无本之木，人心这口"半亩方塘"就会面临枯竭！这也正是朱熹一生为集注《四书》，为《诗经》传注，求《周易》之本义，解《礼经》之奥秘的强大动力之所在。

（本文系 2007 年 4 月 6—11 日厦门大学"朱子学与闽台文化的互动与融合——朱子学与闽台文化学术研讨会"参会论文，修订稿刊于《朱子文化》2011 年第 4 期）

---

① 〔宋〕黎靖德编：《朱子语类》卷一百三十，第 4059 页。

"鸢飞鱼跃"的理学意蕴探考

说朱熹是一位书法家，这在书法学界几乎没有异议。但从根本上说，朱熹是一位理学家，所以他的书法作品和他的诗歌作品一样，都是为他的理学思想服务的。笔者在此仅以他的手书"鸢飞鱼跃"为例，作为本人这一观点的佐证。

"鸢飞鱼跃"四字，今福建省邵武市博物馆和南平市建阳区博物馆分别存有明刻木匾各一块。建阳所存长 103 厘米，宽 33 厘米，厚 3 厘米。字体为行书，落款"晦翁"二字。此匾于二十世纪五十年代在建阳县城关征集，据当事人原建阳市博物馆退休考古专家王治平先生回忆，此匾来源于南平，是南平塘源李子坑西林寺的旧物。朱熹写这四字的时间，应在绍兴二十八年（1158）春正式拜李侗为师之后，地点即在从师寄宿的西林寺。但从这两块匾的落款来看，均题为"晦翁"，而晦翁之号，应为朱熹晚年之号，故此匾的来历，就还有另外两种可能。一是朱熹当年手书这四字之时，并无落款，此晦翁之题，乃后人制作牌匾时从其他书法作品中移录；二是此四字本来就是朱熹书写于晚年，据民间传说，朱熹于庆元党禁期间，曾应李子坑的高僧之邀，到此避过难，① 故此书法作品，有可能即写于其时。

但不管是出自早年还是晚年，朱熹书写此四字的原因，最早仍应追溯至其早年的师从，而与其溺于禅学有着重大关系。其父朱松去世后，朱熹师从

---

① 参程利田：《朱熹在峡阳的故事》，《朱子文化》2007 年第 6 期。

的武夷三先生，都信奉禅学，这对青年朱熹产生了极大的影响，以至"出入于释老者十余年"①。武夷三先生中，刘子翚信奉天童正觉派禅宗，刘勉之、胡宪则信奉径山宗杲派禅宗。朱熹随刘勉之至建阳肖屯草堂从学，此地竹原山有竹原庵，与道谦同出宗杲门下的宗元禅师即为此庵住持。故此庵与道谦主持的崇安（治所在今福建省武夷山市）五夫密庵一样，成了武夷三先生与道谦、宗元的谈禅悟道之处，也是朱熹出入佛老的重要场所。据朱熹《祭开善谦禅师文》，朱熹的佛学思想最终师承于道谦。且在绍兴十六年（1146），为"理会得个昭昭灵灵底禅"，朱熹曾到五夫密庵三次向道谦学禅。

朱熹此时的出入佛老，为其日后援佛入儒，即以佛教思想的长处来改造儒学思想打下了基础。也就是说，道谦禅学通过朱熹的儒学化而融入宋明理学之中，成为朱子理学的一个重要思想渊源。但此乃后话，对当时十七岁的朱熹来说，其当务之急则是驱末返本，逃禅归儒，而此举则与其师延平李侗密切相关。

李侗，字愿中，号延平，南剑州剑浦县（治所在今福建省南平市延平区）人。师从著名理学家罗从彦，与朱熹之父朱松为同门学友。绍兴二十三年（1153）五月，朱熹赴同安主簿任，途经剑浦，特拜见了李侗先生。与之谈治学心得，从中透露出来的浓厚禅学思想引起李侗的关注。李侗一方面批评朱熹沉迷于禅学的"不是"；一方面指明了纠正其失的方法，即"只教看圣贤言语""去圣经中求义"，即要求朱熹要认真阅读儒家经典，不能再沉迷于禅道之中。虽然朱熹当时不以为然，但在同安任上他遵照李侗传授的方法，将禅学暂搁置在一边，开始认真阅读儒家经典如《论语》《孟子》等，不想竟然大有收获。其自述云："某遂将那禅来权倚阁起。意中道，禅亦自在，且将圣人书来读。读来读去，一日复一日，觉得圣贤言语渐渐有味。却回头看释氏之

---

① 〔宋〕朱熹：《晦庵先生朱文公文集》卷三十八《答江元适泳书》，《朱子全书》第21册，第1700页。

说，渐渐破绽，罅漏百出。"① "后来考究，……毕竟佛学无是处。"②

在同安任上，经过一年多的读经，反思和求索，朱熹终悟释氏之非而重归儒学，时约在绍兴二十五年（1155），朱熹二十六岁。绍兴二十七年（1157）在同安离任候代之时，朱熹写信给李侗问学。六月二十六日，李侗有答书，嘱其"于涵养处著力，正是学者之要，若不如此存养，终不为己物也，更望勉之"。此即朱熹后来所编《延平答问》所录第一通书札。

绍兴二十八年（1158）春正月，朱熹回到五夫。同月，徒步至延平拜见李侗，"尽弃所学而师事焉"③，正式拜李侗为师。夜则借宿于西林院，时间长达近三月。此次从学，朱熹向李侗请教了对《论语·里仁》中所提出的忠恕一贯思想应如何理解的问题。并作《题西林院壁》诗二首，其一云：

> 触目风光不易裁，此间何似舞雩台？
> 病躯若得长无事，春服成时岁一来。④

诗中以孔子与其弟子在舞雩台吟咏歌舞、游学讲论来比喻自己在西林院从学于李侗的喜悦之情。朱熹此后又于绍兴三十年（1160）冬、绍兴三十二年（1162）春前后两次至西林院问学于李侗，时间均长达数月。

从绍兴二十三年（1153）初见李侗，到隆兴元年（1163）李侗逝世为止的十年中，朱熹或往延平面学，或书信往来请益。在李侗的教育引导下，朱熹不仅划清了与禅学的界限，实现了以儒学为本的回归，而且在许多重要的学术问题上也有重大收获。如李侗的"太极是至理之源"的思想。李侗用二程的理解释周子的太极，认为太极是"至理之源"，贯穿于天地万物和社会人生。此说已将周敦颐的宇宙生成论向宇宙本体论转化，对朱熹影响巨大。乾

---

① 〔宋〕黎靖德编：《朱子语类》卷一百四，第 2620 页。
② 〔宋〕黎靖德编：《朱子语类》卷一百四，第 2620 页。
③ 〔宋〕赵师夏：《跋延平答问》，《朱子全书》第 13 册，第 354 页。
④ 〔宋〕朱熹：《晦庵先生朱文公文集》卷二，《朱子全书》第 20 册，第 286 页。

道四年（1168），朱熹撰《太极图说解》，以其理本论的思想进一步改造了周敦颐的太极说和道教宇宙图式理论，使之成为其构筑的理学体系中宇宙生成论、万物生化论的根源。

又如为了助其明儒佛之辨，李侗传授"理一分殊"的思想给朱熹。"盖延平之言曰：'吾儒之学所以异于异端者，理一分殊也。理不患其不一，所难者，分殊耳。'此其要也。"① 李侗所说的"异端"，指的是佛教。他之所以要用程门"理一分殊"之说来区分儒释之异，是针对朱熹此时以"天下之理一而已"来调和儒释的错误。李侗还特别留心引导朱熹于"日用间著实理会"理一分殊。这种在日用间著实理会，指的是要在日用践履上下功夫，于"分殊"中体认"理一"。李侗这一思想，后来朱熹在传授给他的门人时表述得更为透彻和明白："圣人未尝言理一，多只言分殊，盖能于分殊中事事物物，头头项项理会得其当然，然后方知理本一贯，不知万殊各有一理，而徒言理一，不知理一在何处。圣人千言万语教人，学者终身从事，只是理会这个。要得事事物物，头头件件，各知其所当然，而得其所当然，只此便是理一矣。"② 从"事事物物，头头项项"即"分殊"中理会得各自的"一理"，方能把握"本贯"于其中的"理一"，此说与朱熹后来形成的"今日格一物，明日格一物"以达"豁然贯通"的"格物致知"认识论，和"格物穷理"的方法论一脉相承。其理论来源，则是李侗所传授的理一分殊。

总之，师从李侗之后，朱熹彻底完成了逃禅归儒的转变。有意思的是，这个转变，与其当年沉溺于佛学一样，也是在佛教的寺院中完成的。虽然同是在佛教的寺院，但此西林寺已非当年五夫密庵、建阳竹原庵可比。在朱熹眼中，此寺院与孔子率其弟子吟咏歌舞、游学讲论的"舞雩台"没什么区别。抚今追昔，使其真真切切地感受到一种质的飞跃，有如"鸢飞鱼跃"，达到了一个崭新的境界。激动之余，朱熹挥毫写下了《题西林寺》一诗，之后仍感意犹未尽，又泼墨写下了"鸢飞鱼跃"这四个大字。

---

① 〔宋〕赵师夏：《跋延平答问》，《朱子全书》第 13 册，第 354 页。
② 〔宋〕黎靖德编：《朱子语类》卷二十七，第 677－678 页。

前面说的是朱熹在其师李侗的帮助下，终于向禅佛教告别，完成了逃禅归儒。那么，他在延平西林寺书写的"鸢飞鱼跃"四个大字，仅仅是抒发一种实现了质的飞跃之后的喜悦之情吗？也许是，也许不是，或者说当时是，后来不是。因为随着时间的推移，朱熹的理学思想逐渐成熟，在完成理学思想体系的架构之后，他发现，这四个字蕴含着一种相当深刻的思想内涵，正可用来解说他的理学思想的核心——本体论。于是，在对学生的传授中，在与友人的书信中，"鸢飞鱼跃"成了他每每提及的话语。而在他的书法作品中，又进一步出现了"鸢飞月窟地，鱼跃海中天"这样的一副对联。

"鸢飞鱼跃"本为《诗经·大雅·旱麓》中的诗句："鸢飞戾天，鱼跃于渊。"据唐孔颖达疏，其本意为万物各得其所。子思《中庸》引用此诗句，认为"言其上下察也。君子之道，造端乎夫妇；及其至也，察乎天地"。朱熹解为"子思引此诗以明化育流行，上下昭著，莫非此理之用，所谓费也。然其所以然者，则非见闻所及，所谓隐也"①。此诗也是北宋理学家程颢（明道）教导学生的常用之语。朱熹在写给何叔京的书信中曾提到："熹近日因事方有少省发处。如'鸢飞鱼跃'，明道以为与'必有事焉，勿正'之意同者，今乃晓然无疑。日用之间，观此流行之体初无间断处，有下工夫处……"②又说："盖通天下只是一个天机活物，流行发用，无间容息。……即夫日用之间，浑然全体，如川流之不息，天运之不穷耳。此所以体用、精粗、动静、本末洞然无一毫之间，而鸢飞鱼跃，触处朗然也。"③

天地之间万事万物无不是天理流行化育的结果，天理是本，万物是用；理之流行，以用体理。万事万物明明白白地展示在世人面前，这是"费"；然而为什么会这样，则非耳目见闻所能即知即晓，这是"隐"，故学者要默识天理，就必须"观此流行之体"，不间断地上下察识，格物穷理。这是朱熹对

---

① 〔宋〕朱熹：《中庸章句》，《四书章句集注》，第22—23页。
② 〔宋〕朱熹：《晦庵先生朱文公文集》卷四十《答何叔京》，《朱子全书》第22册，第1825页。
③ 〔宋〕朱熹：《晦庵先生朱文公文集》卷三十二《答张敬夫》，《朱子全书》第21册，第1393—1394页。

"鸢飞鱼跃"的基本解释。

朱熹的这一思想，在其所著《四书或问·中庸或问》中有了更明确的解释和发挥。他说："道之流行发见于天地之间，无所不在，在上者则鸢之飞而戾于天者，此也；在下者则鱼之跃而出于渊者，此也；其在人则日用之间，人伦之际，夫妇之所知所能，而圣人之所不知不能者，亦此也。此其流行发见于上下之间者，可谓著矣。"① 朱熹在此是以"鸢飞鱼跃"从宇宙上下空间的角度来解说天理的流行；又从日用人伦夫妇之道，即家庭、人际、社会的角度来解说天理流行。比起上述解说仅从"道之体用，流行发见，充塞天地"② 的空间角度来说，则又更进了一步，即将此理从宇宙天地又贯通到社会和人生。而将"鸢飞鱼跃"扩展为"鸢飞月窟地，鱼跃海中天"这样一幅有意将"天""地"错位，上下空间颠倒的对联，则意在告诉人们，即使是"万一山河大地都陷了，毕竟理却只在这里！"③

通过以上分析，我们可以得出以下若干结论。一是作为一幅书法作品，"鸢飞鱼跃"四个字蕴含着朱熹丰富的理学思想，是其理学本体论的高度概括和浓缩；二是为了阐释其深奥的理学思想，以便更易于被人们所理解和接受，朱熹在此采用了借"诗"（《诗经》）说"理"的方法，体现了朱熹以"理"解"诗"、以"诗"释"理"，即以哲学解说文学、以文学象征哲学的倾向。故从根本上说，朱熹是一个纯粹的理学家，他的书法作品、文学作品抑或是文论、诗论，往往都是为其理学思想服务的。

[本文系 2007 年 10 月 28—30 日第二届中国（武夷山）朱子文化节："朱熹'人与自然和谐'高峰论坛"参会论文，载《泉州师范学院学报》2008 年第 1 期、《朱子文化》2009 年第 2 期]

---

① 〔宋〕朱熹：《四书或问·中庸或问》，《朱子全书》第 6 册，第 571 页。
② 〔宋〕朱熹：《四书或问·中庸或问》，《朱子全书》第 6 册，第 571 页。
③ 〔宋〕黎靖德编：《朱子语类》卷一，第 4 页。

朱熹及其弟子的孝道理论与实践

在我国源远流长的历史文化长河中，最能体现传统文化精髓的，应推儒家的仁义思想和忠孝理念。历代统治者在提倡忠君的同时，必先褒扬孝道，宣扬"以孝治天下"，从而为封建社会的长治久安服务。

南宋理学家和教育家朱熹的孝道理论，及其推行孝道的社会教化与教学实践，对以黄榦、陈淳为代表的一批弟子，和以林同、郭居敬为代表的宋元后学，均产生了积极的影响。

一、朱熹推行孝道的实践与理论

朱熹在尤溪，其父朱松从小就对他进行孝道教育。朱松《五言杂兴七首》之二：

> 黄香卧讲肆，日芜五亩园。
> 儿诵声尤雏，未厌咽耳喧。……①

就是用东汉孝子"黄香温席"的故事作为教材，尽管年幼的朱熹"诵声尤雏"，却让朱松"未厌咽耳喧"，喜悦之情，油然而生！

朱熹的童蒙塾师史志缺载，已佚其名。他传授给朱熹的教材中就有《孝

---

① 〔宋〕朱松：《韦斋集》卷三，《四部丛刊》本。

经》。黄榦《朱文公行状》载："就傅，授以《孝经》，一阅通之。题其上曰'不若是，非人也，'"① 李方子《紫阳年谱》也载："先生幼有异秉，五岁入小学，始诵《孝经》，即了其大意，书八字于上曰：'若不如此，便不成人。'"② 朱熹少年时期的启蒙老师刘子翚，字彦冲，其父刘韐死于靖康之难。他"痛愤，哭坟三年。事继母及兄子羽尽孝友"③。

（一）朱熹推行孝道的社会教化与教学实践

受其父辈影响，朱熹后来无论是在各地讲学，还是做地方官，宣扬孝道，传播孝道之学，既是他推行社会教化的举措，也是其传授给学生的重要必修课。

比如，在江西南康，为把孔子"孝悌也者，其为仁之本"的思想广泛播向民间，特撰《示俗》并广为公示。文末总评为：

> 庶人，谓百姓也。能行此上四句之事，方是孝顺。虽是父母不存，亦须如此，方能保守父母产业，不至破坏，乃为孝顺。若父母生存不能奉养，父母亡殁不能保守，便是不孝。不孝之人，天所不容，地所不载，幽为鬼神所责，明为官法所诛，不可不深戒也。

最后几句尤为精彩：

> 以上《孝经·庶人章》正文五句，系先圣至圣文宣王所说。奉劝民间逐日持诵，依此经解说，早晚思惟，常切遵守，不须更念佛号经，无

---

① 〔宋〕黄榦：《勉斋集朝奉大夫华文阁待制赠宝谟阁直学士通议大夫谥文朱先生行状》，《朱子全书》27 册，第 534 页。

② 〔宋〕真德秀：《西山读书记》卷三十一，《景印文渊阁四库全书》第 706 册，第 120 页。

③ 〔明〕王圻：《续文献通考》卷七十一《节义考·孝子三》，明万历三十年（1602）刻本，叶 27。

益于身，枉费力也。①

朱熹在此以《孝经》来取代佛经，要求百姓广泛诵读，这就使儒家经典不再仅仅局限于书院、官学的课堂之内，而是广泛迅速地以一种通俗化、大众化的形式向民间传播，这在儒学传播史上，可谓一个创举！

淳熙十年（1183）四月，朱熹在武夷山五曲建成武夷精舍，开始了他长达八年时间的武夷精舍教学和研究活动。在教学实践中，朱熹感到尚缺小学阶段启蒙教育所需的教材，于是和他的弟子刘清之一起开始编纂《小学》一书。该书是我国现存最早的小学教材。全书六卷，分为内篇四：立教、明伦、敬身、稽古，外篇二：嘉言、善行。内篇述虞夏商周圣贤之言行，外篇皆述汉以来圣贤之言行。此书刊行之后，数百年来，一直是儒家实行启蒙教育的重要教材。

在此书中，孝道教育是其重要内容之一。后来被林同采入《孝诗》的舜、闵损、老莱子、伯俞（瑜）、黄香、陆绩、王祥、王裒、庾黔娄、王延、子路、江革等，被郭居敬采入二十四孝的虞舜、闵损、老莱子、伯俞、黄香、陆绩、王祥、王裒、唐夫人、庾黔娄、朱寿昌等孝子故事，已先后出现在本书中。其中，收入《小学》内篇"明伦"一章的有虞舜、闵子骞、老莱子和伯俞；收入外篇"嘉言"的有黄香、陆绩和子路；收入外篇"善行"的则有江革、王祥、王裒、唐夫人、庾黔娄和朱寿昌等。

由此可以推断，林同、郭居敬以及其后的二十四孝改编者，都不同程度地受到朱熹编纂的《小学》的影响。晚宋时期，此书已被誉为"小学之工程，大学之门户"②，作为启蒙读物在社会广泛传播，其中所选的孝子很自然地成了后学编选孝子类图籍的重要参考。

---

① 〔宋〕朱熹：《晦庵先生朱文公文集》卷九十九，《朱子全书》第 25 册，第 4585 页。

② 〔宋〕赵希弁：《郡斋读书附志》卷五下，《中国历代书目丛刊（第 1 辑）》本，北京现代出版社 1987 年版，第 1072 页。

（二）朱熹的孝道理论

1. 行仁之本与仁之本：仁与孝的体用关系

孔门弟子有子认为，"君子务本，本立而道生。孝弟也者，其为仁之本与?"（《论语·学而》）有子此问，为后人留下了一个"孝弟为仁之本"的讨论空间。

朱熹说："仁者，爱之理，心之德。为仁，犹曰行仁。"① 认为有子所说的"为仁"，应理解为"行仁"，其本意指的是孝是推行仁道的起始。他引用程颐的话说："孝弟行于家，而后仁爱及于物。所谓亲亲而仁民也。故为仁以孝弟为本，论性，则以仁为孝弟之本。"也就是说，"行仁自孝弟始，孝弟是仁之一事。谓之行仁之本则可，谓是仁之本则不可；盖仁是性也，孝弟是用也。"② 对程颐的"为仁以孝弟为本，论性则以仁为孝弟之本"，朱熹认为"此言最切，须仔细看，方知得是解经密察处"③。将此"密察处"解读正确，则无本末倒置、体用混淆之虞。朱熹后来在给他的学生解说此段时，反复强调"仁是性，孝弟是用。用便是情，情是发出来底。论性，则以仁为孝弟之本；论行仁，则孝弟为仁之本"④。

2. 亲亲、仁民、爱物：行仁自孝弟始

有弟子问，孝弟为仁之本的"仁"是何意? 朱熹一再强调说："这个仁，是爱底意思。行爱自孝弟始。"⑤ "论仁，则仁是孝弟之本；行仁，则当自孝弟始。"⑥ 又说："亲亲、仁民、爱物，三者是为仁之事。亲亲是第一件事，故'孝弟也者，其为仁之本与'。"在时序上，亲亲、仁民、爱物表现为前后三段式，朱熹将其形象地描述为"仁如水之源，孝弟是水流底第一坎，仁民是第

---

① 〔宋〕朱熹：《论语集注》卷一《学而》，《四书章句集注》，第 48 页。
② 〔宋〕朱熹：《论语集注》卷一《学而》，《四书章句集注》，第 48 页。
③ 〔宋〕黎靖德编：《朱子语类》卷二十，第 471 页。
④ 〔宋〕黎靖德编：《朱子语类》卷二十，第 471－472 页。
⑤ 〔宋〕黎靖德编：《朱子语类》卷二十，第 461 页。
⑥ 〔宋〕黎靖德编：《朱子语类》卷二十，第 463 页。

二坎，爱物则三坎也"①。

在与"四德"的关系上，朱熹认为，"孝弟是行仁之本，义礼智之本皆在此：使其事亲从兄得宜者，行义之本也；事亲从兄有节文者，行礼之本也；知事亲从兄之所以然者，智之本也。"②

因此，朱熹重视孝道，认为仁义礼智等德性都是从孝悌之道开始的。孝悌之道是最基本的道德规范，如果不能做到，那么一切的道德原则都是空谈。朱熹在各地讲学，提倡忠孝之道一直是其讲学的重要内容。他在湖南岳麓书院题写的"忠、孝、廉、节"四个大字，成为许许多多中国人的人生座右铭，激励着一代代青年学子勇猛奋发！

3."忠信孝弟之类，须于小学中出"

作为一个教育家，朱熹认为儿童与成人的教育有所不同，应该遵循人的认识规律和教学规律，分阶段有层次地进行。他认为人生八岁，皆入小学，十五岁以后，则是实施大学教育的时期。小学阶段的教育，以"教之以事"为主。他说：

> 古者初年入小学，只是教之以事，如礼乐射御书数及孝弟忠信之事。自十六七入大学，然后教之以理，如致知、格物及所以为忠信孝弟者。③
>
> 小学是事，如事君，事父，事兄，处友等事，只是教他依此规矩做去。大学是发明此事之理。④
>
> 小学是学事亲，学事长，且直理会那事。大学是就上面委曲详究那理，其所以事亲是如何，所以事长是如何。古人于小学存养已熟，根基已深厚，到大学，只就上面点化出些精彩。⑤

---

① 〔宋〕黎靖德编：《朱子语类》卷二十，第463页。
② 〔宋〕黎靖德编：《朱子语类》卷二十，第461页。
③ 〔宋〕黎靖德编：《朱子语类》卷七，第124页。
④ 〔宋〕黎靖德编：《朱子语类》卷七，第125页。
⑤ 〔宋〕黎靖德编：《朱子语类》卷七，第125页。

以上几段引文，可以看出，所谓在小学阶段"教之以事"，最主要的就是如何事君、事亲、事父、事长等有关乎孝弟忠信之"事"，朱熹将此总结为"忠信孝弟之类，须于小学中出"①。

"君之所贵者，仁也；臣之所贵者，忠也；父之所贵者，慈也；子之所贵者，孝也。"② 朱熹后来还将此写入他的《家训》之中，仁君忠臣，父慈子孝，构成了朱熹对其晚辈居家处世最基本的行为准则。所谓"孝"，是指子女要对父母要发自内心的爱与尊敬，以报答父母养育之恩。父母在世，要侍养，死后要按照礼仪下葬和祭祀。

在朱熹忠孝思想的影响下，他的弟子如黄榦、陈淳、陈文蔚、度正、真德秀等从理论和实践等方面对朱子的孝道伦理进行各种不同的研究和解读，对儒学的孝道伦理进行了充实、推广和传播。

二、朱门弟子的孝道思想

（一）黄榦：入孝出悌，为万善之根本

弟子黄榦，有《孝经本旨》一卷，系受朱熹之意而纂。朱熹编《孝经刊误》之后，本欲再编纂前人所著，可以阐发《孝经》之旨者作为外传，因无暇顾及而委之黄榦。黄榦"辑六经、《论》、《孟》于言孝者为一书，厘为二十四篇，名《孝经本旨》"③。书成于嘉定十三年（1220）八月，由门人陈宓刊行于延平书院。④ 遗憾的是，此书今已不存。

黄榦认为，从道德层面来说，"入孝出悌，为万善之根本"，⑤ "人之百行，

---

① 〔宋〕黎靖德编：《朱子语类》卷十四，第 252 页。
② 〔宋〕朱熹：《朱子遗集》卷四，《朱子全书》第 26 册，第 703 页。
③ 〔元〕马端临：《文献通考·经籍考》十二引《中兴艺文志》，中华书局 1986 年版，第 1586 页。
④ 〔宋〕黄榦：《勉斋黄文肃公文集·年谱》，《北京图书馆古籍珍本丛刊》本，第 845 页。
⑤ 〔宋〕黄榦：《勉斋黄文肃公文集》卷十七《郑次山怡阁记》，第 484 页。

非孝孰先?"① 一个人从安顿自我的心身，到齐家，到走向社会，实际上往往表现为移孝为忠的过程。所以，"处心以忠实，持身以端谨，居家以孝友，施之政者真知体国爱民"②，既是黄榦对其友人的赞美，其实也是他对学者最基本的道德要求。

从教育实践的层面来说，黄榦早年在受学于朱熹之时，就强烈感受到，朱熹"其所教人，以孝弟为人道之大端"③。什么是道？什么是为人之道？他认为，"君之仁、臣之敬、父之慈、子之孝与人交之信，根于吾心之本然，而形见于事，为之当然者皆是也。"④ 也就是说，人子之孝，与君仁、臣敬、父慈和与人交往所必须坚持的诚信一样，都是要植根于每一人的内心之中的本然之德，落实在每一件行动之中当然之理。

为此，他在各地任地方官，奉劝子民行善行孝，"士农工贾，各务本业，起居出入，常存道心，孝顺父母，友爱兄弟，亲戚乡党，交相和睦。"⑤

在任地方官断案时，孝道伦理往往也是黄榦断案的重要依据。他在知新淦县时，有兄弟为争母随嫁田的诉讼案件。县民刘下班有三子，长子刘拱辰，系正房郭氏所生；次子刘拱礼、刘拱武系续妾所生。刘家原有户税钱六贯文，又有郭氏随嫁田税钱六贯文。刘下班及郭氏去世后，刘拱辰与其弟分产，只将户税钱六贯文均分，而独占其母之钱。刘拱辰去世后，二弟将其子刘仁谦先后讼于县衙、宪台和帅司。先后六次定断，出现了三种结果：一是不当均分，合全给与拱辰；二是兄弟三人合与均分；三是"合以郭氏六贯文税钱析为两分，拱辰得其一，拱武、拱礼共得其一"。黄榦接到此案后，讲："以法论之，……自随之产不得别立女户，当随其夫户头，是为夫之产矣。为夫之产则凡为夫之子者皆得均受，岂亲生之子所得独占？以理论之，郭氏之嫁刘

① 〔宋〕黄榦:《勉斋黄文肃公文集》卷三十六《祭朱文之》，第736页。
② 〔宋〕黄榦:《勉斋黄文肃公文集》卷二十《书赵华文行状》，第516页。
③ 〔宋〕黄榦:《勉斋黄文肃公文集》卷二十《跋陈履道先坟庵额大字》，第514页。
④ 〔宋〕黄榦:《勉斋黄文肃公文集》卷二十四《隆兴府东湖书院讲义》，第551页。
⑤ 〔宋〕黄榦:《勉斋黄文肃公文集》卷三十七《临川劝谕文》，第750页。

下班也，虽有嫡庶之子，自当视为一体，庶生之子既以郭氏为母，生则孝养，死则哀送，与母无异。则郭氏庶生之子犹己子也，岂有郭氏既死之后，拱辰乃得白占其母随嫁之□?"这是黄榦从孝道伦理角度对此案得出的结论。通过此案的审理，黄榦认为，"官司理对公事，所以美教化移风俗也，岂有导人以不孝不友，而自以为是哉?"[①]

黄榦的孝道，还表现在他对《西铭》的独特解读上。

北宋理学家张载撰写的《西铭》，可谓千古名篇。众所周知，朱熹是从"理一分殊"的角度来解读的。按说，黄榦只要固守师说就可以了。但黄榦却说："《西铭》今看了，三十年来，血脉文理终不能得通贯"[②]经过长期思考，（开禧）丁卯（1207）夏天，他在三衢舟中思之，豁然有得。他认为：

> "乾父坤母，予混然中处"此四句是纲领。言天地，人之父母；人，天地之子也。天地之帅、塞，为吾之体、性，言吾所以为天地之子之实。"民吾同胞"至"颠连无告"，言民、物并生天地之间，则皆天地之子，而吾之兄弟党与，特有差等之殊。吾既为天地之子，则必当全吾之体、养吾之性，爱敬吾之兄弟党与，然后可以为孝，不然则谓之背逆之子。"于时保之"以下，即言人子尽孝之道，以明人之所以事天之道，所以全吾体、养吾性，爱敬吾兄弟党与之道，尽于此矣。[③]

孝亲是儒学的伦理规范，朱子的《西铭解》强调"理一分殊"和"天人一体"，而罕言孝道。黄榦的解读则于此是一个补正。他认为，"乾称父，坤称母，予兹藐焉，乃混然中处"，这四句是纲。讲天地为人之父母，人，则是天地之子。"故天地之塞，吾其体。天地之帅，吾其性"，阐述的是人之所以

---

① 〔宋〕黄榦：《勉斋黄文肃公文集》卷四十《郭氏刘拱礼诉刘仁谦等冒占田产》，第785页。

② 〔宋〕黄榦：《勉斋黄文肃公文集》卷三《与李敬子司直书》，第339页。

③ 〔宋〕黄榦：《勉斋黄文肃公文集》卷三十七《西铭说》，第747-748页。

为天地之子的理由。从"民吾同胞"至"颠连无告",讲人、物并生天地之间,同样都是天地之子,但在具体表现上,有差等之殊,即爱有差等。最后,从"于时保之"以下,讲的是人子应尽的孝道,即把人子的孝行扩大为人类的"事天之道",即对天地父母行孝,从而为"孝"注入了神圣性,使"孝"成为信仰的一个重要维度。

(二)陈淳:孝之"根原"在乎"天理"

陈淳《闲居杂咏》三十二首,以仁、义、礼、智、孝、悌、忠、信、父子、君臣、夫妇、兄弟等为题,各咏五言绝句一首。其《孝》诗云:

孝以事其亲,斯须不离身。始终惟爱敬,二者在书绅。①

绅,古时士大夫束腰的大带子。书绅,把警句、格言书写在绅带上,时时能看到,从而提醒自己,注意自己的言行。《论语·卫灵公》载:"子张问行。子曰:'言忠信,行笃敬,虽蛮貊之邦行矣。言不忠信,行不笃敬,虽州里行乎哉?立,则见其参于前也;在舆,则见其倚于衡也。夫然后行。'子张书诸绅。"②是说子张问怎样才能到处行得通。孔子说:"说话忠诚守信,做事厚道谨慎,即使到了野蛮落后之域也会畅通无阻。如果说话不忠诚守信,做事不厚道谨慎,即使在本乡本土,也很难行得通。站立时,要像这些话就在面前。坐车时,要像这些话就刻在车辕横木上,一言一行,时时不离于忠信、笃敬,这样就处处行得通。"子张把这些话写在自己腰间的大带上。

陈淳这首以《孝》为题的五言诗是说,作为子女,孝敬自己的父母和自始至终地爱亲敬亲,是时刻不能忘的两件大事,要把它书写在绅带之上,牢记在心,时刻不要忘记。就好像孔子告诫他的弟子要把忠信、笃敬牢记在心,时刻不忘,并落实在行动上一样,陈淳则将此引申到孝道上,强调以孝事亲,要"斯须不离"。

---

① 〔宋〕陈淳:《北溪大全集》卷一,《景印文渊阁四库全书》第1168册,第508页。
② 〔宋〕朱熹:《四书章句集注》,第162页。

《训儿童八首》是陈淳专为少年儿童撰写的童蒙读物。其中以《曾子》为题，讲的是曾子与《孝经》："敬谨曾参氏，临深履薄如。平生传圣训，要具《孝经》书。"在《人子》一诗中告诫"人子勤于孝，无时志不存。夜来安寝息，早起问寒暄"①。孝亲要落实在每一天，每时每刻，夜息早起嘘寒问暖和洒扫、应对以及进退起居之中。

陈淳认为，孝的"根原之所自来，皆天之所以命于人，而人之所以受乎天，其道当然，诚自有不容已处"。天下之人，都不可能是"天降而地出，木孕而石产"，都必然是由父母之胞胎而生，这是不可移易的"天理"，所有的人都是不可能"出乎"这个"天理之外"。所以，为人之子，"决然在所当孝，而决不容于不孝。"这是由孝所产生的这个根原即"天理"所决定的。所以，"为人子，止于孝"是"为人道大本，确然终其身，而不可易者"！②

从道德哲学的角度来说，陈淳认为，"孝弟便是个仁之实"，是"仁"在父子、在兄弟关系层面的具体道德表现。他说：

> 大抵性中只有个仁、义、礼、智四位，万善皆从此而生，此四位实为万善之总括，如忠信、如孝弟等类，皆在万善之中。孝弟便是个仁之实，但到那事亲从兄处，方始目之曰孝弟忠信。③

通过这段描述，陈淳把"孝之根原在乎天理"，这个天理落实到"仁"这个层面，也就是说，孝是仁的一个实在性的表现。

（三）陈文蔚、度正：忠孝为立身之本

陈文蔚和度正，分别是在武夷精舍和考亭沧洲精舍从学于朱熹的门人④。陈文蔚（1154—1239），字才卿，号克斋，信州上饶人氏。度正，字周卿，号

---

① 〔宋〕陈淳：《北溪大全集》卷三，第522—523页。
② 〔宋〕陈淳：《北溪大全集》卷五《孝根原》，第537—538页。
③ 〔宋〕陈淳：《北溪字义》卷上《忠信》，中华书局1983年版，第26页。
④ 参拙著《朱熹书院与门人考》，华东师范大学出版社2000年版，第94页、210页。

性善，合州（治所在今重庆市）人。之所以把这两位朱门弟子放在一起，是因为他们的孝道观具有某种共性。或者从理论上来说，这两位朱门弟子在孝道理论上均无多大建树，其重点在于孝道的实践运用上。

陈文蔚、度正都认为，忠孝乃儒者的立身之本，舍此则难以自立于天地之间。陈文蔚说："文蔚自幼读书，已知忠孝为立身之本，居家则以事亲，立朝则以事君，舍此二者，无以自立于天地之间。"[1] 度正则坚持"入则孝与悌，出则信与忠"[2]。在著名的《克斋揭示》中，陈文蔚解说了忠孝为立身之本的具体表现。他说：

> 入则孝，出则弟，人之立身莫先于孝弟。盖孝弟为人之本，人之所以戴天履地，而异于物者，以其亲亲长长而有是良心故也。苟失其良心，而不孝不弟，则无以为人矣。事父孝，故忠可移于君；事兄弟，故顺可移于长；居家理，故治可移于官。
>
> 有父子，然后有君臣；父子君臣，人伦之首，故为人臣子者，事父必以孝，事君必以忠，然不孝则不能忠，忠孝虽二事，事君之忠，实自事父之孝移之耳。为僚而顺其长，居官而治其事，又非自外得，即事兄居家者而推之也。盖长官者，君命之，使长我者也，官事者，君付之，使我任其责者也。为僚而不顺其长，居官而不理其事，皆事君不忠也；事君不忠，皆原于事父不孝也。忠孝立身之大节，于此二者，一有缺焉，则不足以立身。[3]

众所周知，"移孝为忠"是传统孝道一个很重要的特点。《克斋揭示》的意义在于，他把如何移孝为忠，从父子与君臣、兄弟与长上、居家与居官的

---

① 〔宋〕陈文蔚：《克斋集》卷六《辞免恩命札子》，《景印文渊阁四库全书》第 1171 册，第 45 页。

② 〔宋〕度正：《性善堂稿》卷一《送张伯修省干归省重庆府一首》，《景印文渊阁四库全书》第 1170 册，第 154 页。

③ 〔宋〕陈文蔚：《克斋集》卷七，第 50 页。

层面做了一个很具体的阐述。

（四）真德秀：仁孝同源，忠孝与穷理尽性

真德秀是朱子的私淑弟子。他的孝道思想主要体现在《大学衍义》《西山读书记》等书中，内容较为系统。他的孝道思想可以分为三个层次。

1. "仁孝同源""孝弟为仁之本"

真德秀认为："仁孝同源，故孝者必仁，而仁者必孝。"① 他在《西山读书记》卷六中，把程朱以来对仁与孝关系的阐述作了一番梳理，强调了仁是性是体，孝是情是用，是仁之一事这一理论成果。

他在阐述曾子"树木以时伐焉，禽兽以时杀焉"和孔子"断一树，杀一兽，不以其时，非孝也"② 这一观点时，将人类社会的孝道伦理推广至自然界。实际上就是传统儒学所谓"亲亲、仁民、爱物"，亦即朱熹所说的"仁之三坎"的第三坎的具体阐述。他说："木不妄伐，兽不妄杀，此仁也，亦孝也。若断之、杀之不以其时，则是无复仁心矣，安有不仁而能孝者耶？武王数纣之罪曰'暴殄天物'，人君享天下之奉，苟徇其侈欲之心，用物无节，是则所谓'暴殄'也，是则所谓不孝也。物犹如此，况于骨肉之亲、民生之类，其亲之仁之又当何若邪？"③

2. 知孝行孝与穷理尽性的关系

"穷理尽性以至于命"出自《易·说卦》。朱熹说："'寂然不动，感而遂通天下之故'，与'穷理尽性以至于命'，本是说《易》，不是说人。诸家皆是借来就人上说，亦通。"④ 又说："穷理是见，尽性是行，觉得程子是说得快了。如为子知所以孝，为臣知所以忠，此穷理也；为子能孝，为臣能忠，此

① 〔宋〕真德秀：《大学衍义》卷六，朱人求点校，华东师范大学出版社 2010 年版，第 109 页。
② 〔汉〕郑玄注，〔唐〕孔颖达疏：《礼记注疏》卷四十八《礼记·祭义》，明嘉靖福建刊本《十三经注疏》本。
③ 〔宋〕真德秀：《大学衍义》卷六，第 109 页。
④ 〔宋〕黎靖德编：《朱子语类》卷七十五，第 1922 页。

尽性也。能穷此理，充其性之所有，方谓之'尽'。"①

真德秀借此表述知孝与行孝的关系，提出"为子知所以孝，为臣知所以忠，此穷理也；为子能孝，为子能忠，此尽性也。能充其性之所有，方是尽性"。其来源还可以追溯到二程"尽性至命必本于孝弟"一说。程颐在《明道行状》中说："不识孝弟何以能尽性至命也？"还说："后人便将性命别作一般事说了，性命孝弟只是一统底事，就孝弟中便可尽性至命，如洒扫应对，与尽性至命亦是一统底事，无有本末无有精粗。"②

3. 孝乃爱敬，"心至于是而不迁"

真德秀认为，"孝之为孝，不出爱敬"。除了"为人子，止于孝"即孝亲之外，还要"推爱亲之心以爱人，而无所疾恶，推敬亲之心以敬人，而无所慢易"，如此，"则天下之人皆在吾爱中矣。"③

孟子曾言："尧舜之道，孝悌而已"④。真德秀据此解释说："世之言尧舜者，往往失之过高，故孟子直以一言以断之曰：孝弟而已矣。谓之止于是也。夫幼而爱亲、长而敬兄，人性所同，为尧舜者能尽此性而已。"⑤ 对《大学》"为人君，止于仁；为人臣，止于敬；为人子，止于孝；为人父，止于慈；与国人交，止于信"中"止"字的解读，真德秀解读为"止云者，心至于是而不迁之谓也"⑥。具体落实在孝道上，就是要达到"爱亲敬亲"而坚定不移。

三、结语

在朱熹忠孝思想和推行孝道的社会教化与实践的影响下，他的弟子们分别从理论和实践两个层面对朱子的孝道伦理进行了各种不同的研究和解读，对儒学的孝道伦理进行了充实、推广和传播。其中，着重在孝道实践运用的

---

① 〔宋〕黎靖德编：《朱子语类》卷七十七，第 1969 页。
② 〔宋〕真德秀：《西山读书记》卷二，《景印文渊阁四库全书》第 705 册，第 49 页。
③ 〔宋〕真德秀：《大学衍义》卷六，第 93 页。
④ 〔宋〕朱熹：《四书章句集注》，第 339 页。
⑤ 〔宋〕真德秀：《大学衍义》卷五，第 85 页
⑥ 〔宋〕真德秀：《大学衍义》卷六，第 89 页。

有陈文蔚和度正,而黄榦、陈淳和真德秀则既重理论研究,也重视孝道在民间的推广。其中,黄榦和真德秀由于有各地担任地方官的实践,故其孝道实践往往贯彻到他们的政事中;而继承朱熹编写童蒙读物(如《小学》)的传统,来推广孝道最有成效的应数陈淳。他的以《孝》为题的五言诗和《训儿童八首》,开启了以近乎童谣式的文学作品来宣传儒学孝道思想的先河,对涵养儿童的品德、塑造其人格有一定作用;而他所使用的五言绝句的方式,对晚宋福建林同创作《孝诗》,元代郭居敬编纂《二十四孝诗》均产生了重要影响。

[本文系福建省社会科学规划项目(FJ2015B069),载《福州大学学报(哲学社会科学版)》2015 年第 4 期]

朱子《小学》的"孝"对宋元时期福建孝道文化的影响

南宋淳熙十四年（1187），朱熹在武夷精舍编纂的《小学》，是我国现存最早的小学教材。此书问世以来，在各地得到大力普及和推广，在讲明伦理、推行孝道、促进社会教化等方面均产生重要作用；对以黄榦、陈淳为代表的一批弟子和以林同、郭居敬为代表的宋元后学，对宋元时期福建孝道文化的形成和发展，均产生了重要影响，主要表现在以下三个方面。

一、朱子《小学》对其弟子的影响

孝道教育是《小学》最重要的内容。其中《内篇·明伦》选"父子之亲"39 章，主旨是子女应如何侍奉父母；《内篇·稽古》"明伦"31 章，选虞、夏、商、周上古的圣贤孝道故事，以史实来印证《内篇·明伦》所说的孝道理论；《外篇·嘉言》"广明伦"41 章，《外篇·善行》"实明伦"45 章，选取汉以来数十位孝子的嘉言善行，用以推广和充实孝道理论。后来被宋末林同采入《孝诗》的舜、闵损、老莱子、伯俞、黄香、陆绩、王祥、王裒、庾黔娄、王延和江革，被郭居敬采入二十四孝的虞舜、闵损、老莱子、伯俞、黄香、陆绩、王祥、王裒、唐夫人、庾黔娄和朱寿昌等孝子，已分别出现在此书中。其中，收入内篇"明伦"的有虞舜、闵子骞、老莱子和伯俞；收入外篇"嘉言"的有黄香、陆绩和子路；收入外篇"善行"的则有江革、王祥、王裒、唐夫人、庾黔娄和朱寿昌等。

由此可以推断，林同、郭居敬以及其后的二十四孝改编者，都不同程度地受到朱子《小学》的影响。晚宋时期，此书已被誉为"小学之工程，大学之门户"①，在社会上广泛传播，其中所选的孝子很自然地成了后学编纂同类图书的重要参考。

朱子认为儿童与成人的教育有所不同，应遵循人的认识和教学规律，分阶段有层次地进行。小学阶段的教育，以"教之以事"为主。其中，最主要的就是如何事君、事亲、事父、事长等有关孝弟忠信的"事"。朱子将此总结为"忠信孝弟之类，须于小学中出"②。在外篇《嘉言》中，他引用杨时《杨文公家训》说："童稚之学，不止记诵。养其良知良能，当以先入之言为主。"③ 杨时此说，与朱子的"童蒙养正""习与知长，化与心成"④ 的教学目的论不谋而合。

在朱子影响下，其弟子如黄榦、陈淳等从理论和实践两个层面对朱子孝道伦理进行不同的研究和解读，从而充实、推广和传播了朱子的孝道理论。

黄榦早年在从学朱子时就强烈感受到，朱子"所教人，以孝弟为人道之大端"⑤。黄榦认为人子之孝，与君仁、臣敬、父慈和为人必须诚信一样，都是植根于人心的本然之德和当然之理。⑥ 为此，他在各地任地方官奉劝民众从善行孝，"孝顺父母，友爱兄弟"⑦ 是其推行教化的重要内容。

陈淳则认为，"朱子《小学》书纲领甚好，最切于日用。虽至大学之成，亦不外是。"⑧ 他继承了朱子编写童蒙读物的传统，推广孝道卓有成效。朱子《小学》外篇《嘉言》选录了范质《戒儿侄诗》十三首五言绝句，其一云：

---

① 〔宋〕赵希弁：《郡斋读书附志》卷五下，现代出版社 1987 年版，第 1072 页。

② 〔宋〕黎靖德编：《朱子语类》卷十四，第 252 页。

③ 〔宋〕朱熹：《小学》卷六，《朱子全书》第 13 册，第 434 页。

④ 〔宋〕朱熹：《晦庵先生朱文公文集》卷七十六《题小学》，《朱子全书》第 24 册，第 3671 页。

⑤ 〔宋〕黄榦：《勉斋先生黄文肃公文集》卷二十《跋陈履道先坟庵额大字》，《北京图书馆古籍珍本丛刊》本，第 514 页。

⑥ 〔宋〕黄榦：《勉斋先生黄文肃公文集》卷二十四《隆兴府东湖书院讲义》，第 551 页。

⑦ 〔宋〕黄榦：《勉斋先生黄文肃公文集》卷三十七《临川劝谕文》，第 750 页。

⑧ 〔元〕何士信编：《诸儒标题注疏小学集成·纲领》，朝鲜刊本，卷首，第 10 页 B。

戒尔学立身，莫若先孝悌。怡怡奉亲长，不敢生骄易。①

受此影响，陈淳《训儿童八首》，以及《闲居杂咏》32 首，以仁、义、礼、智、孝、悌、忠、信、父子、君臣、夫妇和兄弟等为题，各咏五绝一首，开启了以近乎童谣式的文学作品来传播孝道思想的先河，对涵养儿童品德、塑造人格产生重要作用。

朱子在《小学·广立教》中说，《诗经》比较深奥，"今人未易晓，别欲作诗，略言教童子洒扫、应对、事长之节，令朝夕歌之，似当有助。"② 正是受朱子"令朝夕歌之"的启发，陈淳撰写了《训儿童八首》。其中《洒扫》：

奉水微微洒，恭提帚与箕。室堂须净扫，几案亦轻麾。

在《人子》一诗中，陈淳告诫说："人子勤于孝，无时志不存。夜来安寝息，早起问寒暄。"③ 意思是孝亲要落实在每一天，落实在每时每刻夜息早起嘘寒问暖和进退起居之中。

陈淳所创作的这一系列以孝亲启蒙为主题的五绝，在形式上，对晚宋福建林同创作的《孝诗》，元代郭居敬编纂《二十四孝诗》均产生了重要影响。此后同类题材的孝子、孝亲之诗，多以五言的方式，而罕见七言之诗，其主要原因，与朱熹、陈淳的倡导和示范有关。

二、朱子《小学》对刻书中心建阳的影响

由于《小学》一书编纂于武夷山，刊行于建阳，作为教材最早推行于武

---

① 〔宋〕朱熹：《小学》卷六，《朱子全书》第 13 册，第 436 页。
② 〔宋〕朱熹：《小学》卷六，《朱子全书》第 13 册，第 434 页。
③ 〔宋〕陈淳：《北溪大全集》，《景印文渊阁四库全书》第 1168 册，第 522—523 页。

夷精舍，^① 故此书的影响是以闽北武夷山为中心，逐渐向外扩散。其主要表现，就是引发福建学者诠释朱子《小学》、编纂蒙学读本的热潮，促使其时全国最大的刻书中心建阳出版同类主题的蒙学读物数量日渐增多，并掀起了编纂诠释和刊行朱子《小学》蒙学读本的热潮。

以时序而言，最早解读朱子《小学》的，是建阳学者熊刚大。他是嘉定七年（1214）进士，从学于朱子弟子蔡渊，曾任建安（治所在今福建省建瓯市）县学教授。所著《小学集解》^②，是已知最早诠释朱子《小学》的著作。此后，又有元初建阳熊禾作《小学句解》。《四库全书总目》著录熊禾《勿轩集》引元许衡序，称其“有《四书标题》《易经讲义》《诗选正宗》《小学句解》传于世”^③。国家图书馆今存《文公先生小学集注大成》，原书六卷，存本为残帙五卷，宣德九年（1434）建阳梅隐精舍刻本，题为“宋熊禾集注、明刘剡校正”，辑录了熊朋来、熊禾、何士信等元代诸多学者的成果，故名之为“大成”。元初，《小学》还有元贞元年（1295）于景龙注本。戴表元《于景龙〈注朱氏小学书〉序》云：“于君景龙，生于文公阙里，年齿长大而好深沉之思，独取《小学书》句释章解，欲以行世。”^④

还有一些著作，虽非福建学者所为，但却在建阳出版。如被题为“宋夏相”实应为明余姚夏相辑录，而由建阳书坊刘剡音校的《文公先生小学明说便览》六卷，现存南京图书馆，即明代建阳刻本。《文公先生小学集解大成》六卷，明吴讷撰，国家图书馆现存一、二两卷，是明宣德八年（1433）建阳刘氏翠岩堂刻本。^⑤

明黄虞稷《千顷堂书目》著录了元代学者编著的有关朱子《小学》的读本十几种，近半与福建有关。其中或为福建学者所编，或在建阳书坊出版。

---

① 参见拙文《朱熹刻书事迹考》，《福建学刊》1995 年第 1 期。

② 〔清〕李清馥：《闽中理学渊源考》卷二十五，《景印文渊阁四库全书》第 460 册，第 329 页。

③ 〔清〕永瑢等：《四库全书总目》卷一百六十五，中华书局 1965 年，第 1415 页。

④ 〔元〕戴表元：《剡源文集》卷七，《景印文渊阁四库全书》第 1194 册，第 90—91 页。

⑤ 《中国古籍善本书目》（子部），上海古籍出版社 1996 年，第 60 页。

如现存于北京大学图书馆的海内孤本元刊夏畏《文公先生小学资讲》十一卷，从版式、字体看，应为元建阳刻本。《千顷堂书目》著录的"不知撰人"的几种，如《小学大成》六卷、《小学启蒙》十卷、《小学注疏》十卷、《小学大全》六卷、《小学书图纂括纂要》二卷，① 也是建阳书坊刻本。

元代福建学者所编小学之书，影响最大传播最广的，应数何士信的《小学集成》，此书亦元代建阳刻本。何士信，字君实，号古梅，建阳人。所编《小学集成》十卷，前有《图说》一卷、《纲领》一卷，前有"弟子受业""子事父母"等图共 42 幅，并有文字详加说明。一卷为立教，二、三卷为明伦，四卷为敬身，五卷为稽古，六至八卷为嘉言，九至十卷为善行。明杨士奇《小学集成》一文评价此书："古人小学之教不行于后世，晦庵先生搜辑传记，以为此书，有功于学者甚大。建安何士信纂集诸家之说以为《集成》，又有功于此书甚切。……读《小学》者，必不可无。"② 此书元建阳刻本已较为罕见，国内仅国家图书馆存残本三卷、香港中文大学存四卷。此书流传海外，在日本、朝鲜屡被翻刻。

在建阳出版的蒙学读本中，与《小学》关系最密切的，则是《日记故事》。此书编者虞韶，字以成，建阳人。明叶盛《水东日记》说："故事，书坊印本行世颇多，而善本甚鲜，惟建安虞韶《日记故事》以为一主杨文公、朱晦庵先生之遗意。"③ 正如叶盛所说，此书书名，以及全书编纂的创意，均受朱子《小学》引用杨亿这段话的影响：

> 日记故事，不拘今古，必先以孝悌忠信、礼义廉耻等事，如黄香扇枕、陆绩怀桔、叔敖阴德、子路负米之类，只如俗说，便晓此道理，久久成熟，德性若自然矣。④

---

① 〔清〕黄虞稷：《千顷堂书目》卷三，《景印文渊阁四库全书》第 676 册，第 103 页。

② 〔明〕杨士奇：《东里集·续集》卷十八，《景印文渊阁四库全书》第 1238 册，第 598 页。

③ 〔明〕叶盛：《水东日记》，《景印文渊阁四库全书》第 1041 册，第 75 页。

④ 〔宋〕朱熹：《小学》卷六，《朱子全书》第 13 册，第 434 页。

意思是每天教给儿童一些孝道故事让他们记诵，以此产生潜移默化的作用。受杨亿、朱子的影响，虞韶参考《小学》中的孝子故事，编纂了以先儒倡导的以"日记故事"来命名的启蒙读物。此书元建阳刻本已佚，现存最早的是明嘉靖建阳熊大木校注本。全书分为 50 多类，收录近 300 个故事。之后，此书还有万历建阳刘龙田、郑世豪等刻本。

《日记故事》问世后，在推进孝道文化的普及方面，与朱子《小学》共同产生了重大影响。明黄佐《泰泉乡礼》记其时乡校教学，"一次教以朱子《小学》及《日记故事》内古人嘉言善行一段，如黄香扇枕、陆绩怀桔之类，直白说之。"① 明莆田朱淛记其时乡贤祝翁教其子孙，"能言，口授以《小学》《日记故事》，女宾至，必令朗诵讲解为欢。"②

一直延续到清初，《日记故事》作为通俗读物，与朱子《小学》在福建孝道文化的传播中仍在不断地产生作用。漳浦蔡世远说："凡子弟生徒，午饭后各粘楮片于壁间，嘉言善行皆可书。或《小学》，或《日记故事》，或《纲鉴性理》，末书某月某日某人书。既有以触发其性情，闲邪心而起善念，又有益其记诵。"③

三、朱子《小学》对《孝诗》《二十四孝诗》等通俗读本的影响

朱子《小学》中所选择的孝子故事，对以林同、郭居敬为代表的宋元后学，对宋元时期福建孝道文化的产生与形成，均产生了积极的影响，促进了《孝诗》《二十四孝》等通俗读本的产生和传播，特别是在如何选择孝子典型形象方面，起到了引领方向的示范作用。

（一）林同与《孝诗》

林同《孝诗》一卷，辑录古来孝子二百多人，分类题咏，各为五言绝句

---

① 〔明〕黄佐：《泰泉乡礼》卷三，《景印文渊阁四库全书》第 142 册，第 618 页。
② 〔明〕朱淛：《天马山房遗稿》卷三，《景印文渊阁四库全书》第 1273 册，第 477 页。
③ 〔清〕蔡世远：《二希堂文集》卷十一《帖家塾》，《景印文渊阁四库全书》第 1325 册，第 815 页。

一首。每首诗前有一小段简要文字介绍其事迹。计有圣人之孝10首，贤者之孝240首，仙佛之孝10首，异域之孝10首，物类之孝10首。

林同，字子真，号空斋，福清人。宋末抗元英雄，事迹载《宋史·忠义传》。从艺术角度来看，《孝诗》诗句平平，艺术性较差，但从伦理角度来看，此书有其存世的重要价值。清四库馆臣评价说："大旨主于敦饬人伦，感发天性，未可以其词旨陈腐弃之。"① 此书卷前有刘克庄序，称此书"摭载籍以来孝于父母者，事为一诗，诗具一意，各二韵二十字，积至三百首。起邃古迄叔季，兼取明天理未尝泯也；自圣贤至异域、异类并录，见天性未尝异也。事陈而意新，辞约而义溥，贤于烟云月露之作远矣"②。

从孝子人物选择的倾向来看，《孝诗》受以朱子为代表的两宋理学的影响至深，主要表现为三点。

1. 受朱子道统学说的影响

朱子上承孟子、韩愈的道统说，加以综合创新，形成了新儒学"传道正统"的理念。他认为，这个传统是尧开其端，通过舜、禹、汤、文王、周公，一直到孔孟。③ 在《孝诗》中，林同首列"圣人之孝"十首，即尧、舜、禹、汤、文王、武王、周公、孔子、颜子和孟子，正与朱子道统论圣人相传谱系相合。故其第一首诗就是"道原自天出，尧以是相传。曰孝悌而已，人人具此天"。将儒学道统与孝悌伦理相结合，加以吟咏。

2. 受两宋儒佛之争的影响

朱子在任南康（治所在今江西省庐山市）知军时，对当地子弟违背孝道，多出家弃父母于不顾的风俗极为反感，特撰《示俗》④ 一文，要求百姓诵读，其核心就是以孝道来反佛，以《孝经》来取代佛经。为了消弭儒佛之间的冲突，佛教学者也往往反其道而行之，这就出现了佛学理论的"援儒入佛"，其

---

① 〔宋〕林同：《孝诗》，《景印文渊阁四库全书》第1183册，第215页。
② 〔宋〕林同：《孝诗》，第215页。
③ 〔宋〕朱熹：《中庸章句序》，《四书章句集注》，第14—15页。
④ 〔宋〕朱熹：《晦庵先生朱文公文集》卷九十九，《朱子全书》第25册，第4585页。

中最突出的就是汲取和接受了儒家的孝道。

在这样的背景下，林同《孝诗》出现了十首《仙佛之孝》，其中既有佛教的释迦、六祖，也有道教的老子、孝悌王和吴真君等。其中最有意思的应数《吴真君》一诗，其文曰：

> 吴真君，年七岁，夏月伏身父母床下，不驱蚊。曰："恐去，已而嗜亲也。"
>
> 何事不驱蚊？癯然床下身。伤肤非所惧，所惧去伤亲。①

这位吴真君，在《二十四孝》中名吴猛。其文曰："吴猛年八岁，有孝行。家贫，无帷帐，夏不驱蚊，恐去己而噬其亲也。"其诗云："夏夜无帷帐，蚊多不敢挥。恣渠膏血饱，免使入亲闱。"故事中的主人公虽为同一人，但林同强调的是主人公仙道（真君）身份，郭居敬则强调一位八岁幼童，因"家贫无帷帐"而引发的孝行。同一人物和事件，由于视角不同，效果也大不一样。

林同所作"仙佛之孝"，至少说明了这样一个史实：在两宋时期儒佛之争的影响下，佛教和道教，都自觉或不自觉地吸收了儒学的孝道思想，也开始树立各自的孝行典范，以此弥补其理论上的漏洞。

3. 受朱子理学"民胞物与"思想的影响

朱子认为，人与天地万物有一个共同的创生根源，"同得天地之理以为性，同得天地之气以为形。"② 他继承并发挥了张载"民胞物吾"的思想，③认为人民大众是我的同胞，世间万物是我的同伴。"羊有跪乳之恩，鸦有反哺之情"，启蒙读物《增广贤文》中的这两句，说的是动物之孝与人类之孝的共性，就是受宋代理学"民胞物与"思想的影响。

---

① 〔宋〕林同：《孝诗》，第 246 页。
② 〔宋〕朱子：《孟子集注》卷七《离娄章句上》，《四书章句集注》，第 293 页。
③ 〔宋〕朱子：《西铭解》，《朱子全书》第 13 册，第 141 页。

在《孝诗》中，林同将乌鸦、鹤、燕雀、虎狼、猿、犬、羊羔等的孝行一一入诗。其中《乌》诗云："灵乌噪何许？反哺向中林。人可不如乌，而无爱母心？"《猿》诗说四川邓芝看见一只母猿抱着他的儿子在树上，于是引弓射中了母猿，子猿急忙将弓箭拔出，用树叶将伤口堵上。其诗云：

不忍身逃箭，知为母塞疮。人心有如此，兽面本何尝？

虎狼之类的凶猛动物，在人们的意识中是不讲仁爱的，但在其"父子"之间，仍然是有仁爱之心的。故《虎狼》一诗云："虎狼不仁也，何乃谓之仁？仁之于父子，父子亦相亲。"①

（二）朱子《小学》与《二十四孝诗》

元代，郭居敬从历代典籍中辑录了24个孝子故事，编成《二十四孝诗》，此后的印本都配上插图，故又名《二十四孝图》。所选孝子，年代从上古到宋代，人物上从帝王下到普通百姓，其用意在于宣扬，行孝是每一个人都必须遵循的德行，不管你是什么地位，也不管你从事什么职业。

通常认为，郭居敬所选的二十四孝，其资料来源为汉儒刘向《孝子传》和唐宋时期类书《艺文类聚》《太平御览》等。实际上，他所受影响最大的是朱子的《小学》。这是因为，郭居敬生活的元代，朱子理学的地位比起晚宋又得到进一步提高，朱子著作得到更加广泛的传播。除了南方建阳外，北方也有不少朱子《小学》刻本问世。如元统间燕山嘉氏刻本，为官方国子监读本，书中有国子监"祭酒王思诚、监丞危素"② 等人的题识。此外，很重要的一点，朱子出生在尤溪，而郭居敬也是尤溪人，地缘之亲加深了这种影响。

《小学》刻本的广泛传播，为郭居敬编纂《二十四孝》提供了重要借鉴和参考，其中有关内容如虞舜、闵损、老莱子、伯俞、黄香、陆绩、王祥、王裒、唐夫人、庾黔娄和朱寿昌等，均被郭居敬选入书中。

---

① 〔宋〕林同：《孝诗》，第213页。
② 〔明〕叶盛：《水东日记》，《景印文渊阁四库全书》第1041册，第2页。

从选材这一角度来看，《小学》对《二十四孝》的影响要远大于林同的《孝诗》。这一结论，是从《孝诗》《二十四孝》所选内容比较得出的。

以下，我们将三书中共有的内容选出几条，做一比较。

1. 舜：

朱子《小学》：

> 虞舜父顽，母嚚，象傲。……帝使其子九男二女，百官牛羊仓廪备，以事舜于畎亩之中。……大孝终身慕父母。五十而慕者，予于大舜见之矣。①

林同《孝诗》：

> 大孝终身慕父母，予于大舜见之矣。②

郭居敬《二十四孝诗》：

> 大舜至孝。父顽，母嚚，弟象傲。舜耕于历山，有象为之耕，鸟为之耘。其孝感如此。帝尧闻之，事以九男，妻以二女，遂以天下让焉。③

以上所录，"大孝终身……"一句，《小学》引用的是《孟子》原文："大孝终身慕父母。五十而慕者，予于大舜见之矣。"《孝诗》省略了"五十而慕者"，由此可知，其征引的不是《小学》，而可能是其他的书籍。"父顽，母嚚，象傲"之句，仅在朱子的《小学》中出现，在《孟子·万章》的原文中无此句，由此可知，《二十四孝》引用的是《小学》而非《孟子》。

---

① 〔宋〕朱熹：《小学》卷五，《朱子全书》第 13 册，第 423—424。
② 〔宋〕林同：《孝诗》，第 216 页。
③ 〔元〕郭居敬：《新刊全相二十四孝诗选》，日本龙谷大学存元抄本。

2. 老莱子

《小学》：

> 老莱子孝奉二亲，行年七十，作婴儿戏，身着五色斑斓之衣。尝取水上堂，诈跌仆卧地，为小儿啼。弄雏于亲侧，欲亲之喜。①

《孝诗》：

> 年已七十，父母犹存。着斑斓之衣，为婴儿戏于亲前。②

《二十四孝诗》：

> 老莱子至孝奉二亲，行年七十，身省五色斑斓之衣，为婴儿戏于亲侧。养极甘脆，言不称老。为亲常取食上堂诈跌而偃，作婴儿啼以娱亲。③

从行文看，《二十四孝诗》与《小学》的措辞甚为接近，只是在文字顺序上略作前后调整。《孝诗》的行文极为简略，也有可能是以《小学》条文删节而成。

3. 王祥

《小学》：

> 王祥性孝。蚤丧亲，继母朱氏不慈，数谮之，由是失爱于父，每使扫除牛下，祥愈恭谨。父母有疾，衣不解带，汤药必亲尝。母尝欲生鱼，

---

① 〔宋〕朱熹：《小学》卷五，《朱子全书》第 13 册，第 425 页。
② 〔宋〕林同：《孝诗》，第 219 页。
③ 〔元〕郭居敬：《新刊全相二十四孝诗选》，日本龙谷大学存元抄本。

时天寒冰冻，祥解衣将剖冰求之，冰忽自解，双鲤跃出，持之而归。母又思黄雀炙，复有雀数十飞入其幕，复以供母。乡里惊叹，以为孝感所致。①

《孝诗》：

母冬月欲生鱼，祥解衣将剖冰，双鲤跃出。母命守李，每风雨辄抱树泣。②

《二十四孝诗》：

王祥，晋时人。字休征。早丧母，继母朱氏不慈，数谮之，由是失爱于父。母尝欲食生鱼，时天寒冰冻，祥剖冰求之。冰忽自解，双鲤跃出，持归供母。每冰冻天寒，有人形卧冰上，今在肇庆。③

除删去了后半部分黄雀的情节之外，《二十四孝诗》将《小学》的前半部分几乎全文录入。而《孝诗》的内容，虽然比较简洁，但选用的文字，在《小学》中基本可以找到，由此可知二者仍有渊源关系。

从形式上看，《孝诗》与《二十四孝诗》比较接近，都是每位孝子一首五言绝句，外加一段短文介绍其事迹。但从这些诗和短文的比较来看，却很少有相同之处，由此可以推断，《孝诗》和《二十四孝诗》在使用五绝的表现形式上，都可以说是上承朱子、陈淳，但诗句的写作，则是各自重新创作，因此，从中很难看出彼此之间的沿袭成分。

---

① 〔宋〕朱熹：《小学》卷九，《朱子全书》第13册，第462页。
② 〔宋〕林同：《孝诗》，第233页。
③ 〔元〕郭居敬：《新刊全相二十四孝诗选》，日本龙谷大学存元抄本。

四、结语

综上所述，朱子《小学》的孝道理论，通过其弟子、刻书中心建阳和宋元后学林同、郭居敬等的弘扬与传播，对宋元时期福建孝道文化的产生与形成带来了积极的影响。清雍正五年（1727）《御定小学集注》的问世，代表了朱子以"明伦"为主题的孝道文化被官方推向了一个新的高峰。而受朱子《小学》影响而产生的《二十四孝诗》作为中国古代宣扬传统儒学孝道的代表性通俗读物，则在元明时期通过建阳书坊不断地刻版印刷，明清直至近现代一批著名画家如仇英、王素、李霞和陈少梅等的绘画，使"二十四孝"成为福建孝道文化在民间的典型代表，不仅在中国社会广为流传，而且流传到东亚各国，至今仍在东亚儒学文化圈和世界各地产生重要作用和影响。

［本文系福建省社会科学规划项目（FJ2015B069），载《福建论坛（人文社会科学版）》2016 年第 6 期］

朱熹的"援佛入儒"与严羽的"以禅喻诗"

佛教在西汉时期从印度传入中国后，由于历代统治者的大力提倡，对我国的政治、经济以及社会思想、文学理论等方面都产生了重大影响。尤其是禅佛教哲学在魏晋南北朝之际，完成了从般若学本体论向涅槃学心性论的转换之后，佛教心性学说一度成为此后隋唐时期思想界的主流思潮，对其时在理论形态上仍显得十分粗糙的孔孟原始儒学来说，则是一个严重的冲击和挑战。面对佛教对中国社会各方面的渗透，使那些坚持以儒学思想为正宗的儒家学者们难以沉默，如韩愈撰《原道》等著作，阐明儒家道统学说以排击佛学；李翱则撰《复性书》以糅合儒、佛，开北宋理学诸子援佛入儒之先声。

武夷山是文化名山，历史上，儒、佛、道三种文化都极为发达，从佛学来说，不仅在晨钟暮鼓的寺院，诵经念佛的长老那里可以寻觅到影踪，即使在理学家和文学家身上也能发见它的痕迹。本文以南宋时期先后发生在武夷山地区的两种文化现象，即朱熹的"援佛入儒"与严羽的"以禅喻诗"为例，分析二者之间的内在联系，并揭示前者对后者的影响。

朱熹的"援佛入儒"

在回应佛学的挑战中，南宋理学家朱熹是这场理论运动的集大成者。他在反对佛教，批判佛学一切皆空的出世观的基础上，主张以外来的佛教思想的长处来改造儒家思想，使之成为儒家思想的一个有机组成部分。

朱熹的"援佛入儒"，主要表现在援引佛家思辨哲学的观念、思维方式和论证形式等诸方面，以此来阐发儒家的思想。如"理一分殊"是朱熹理学思想的基本命题，讲的是哲学上一般与个别的关系。事物之理是一般的、普遍的，而一般的理又寓于具体的个别的事物之中。他在阐述这一命题时，曾用"月映万川"作比喻，说明"万物皆有此理，理皆同于一源"①，这就直接援引了佛学禅宗玄觉的《永嘉证道歌》："一月普现一切水，一切水月一月摄"，由此来说明"理"与万事万物的关系。朱熹认为"合天地万物而言，只是一个理"②，这个"理"，就是万物的本源。这个万物统一的本源表现在大千世界上又寓于千差万别的事物之中，这就好像天上只有一月，而映照在江河湖海之中则有万月。另一方面，千差万别的事物源于一理，犹如江河湖海之万月仍本于天上的一月一样。除此之外，朱熹在心性论、修养方法、理欲观等方面也吸取了佛学的佛性论、静坐持敬、禁欲主义等有关内容。

在思维方式上，从朱熹编纂《伊洛渊源录》可以发见其"援佛入儒"的独特视角。该书作为我国现存最早的学术思想史专著，在编撰体例上，既继承了纪传体史书的传统，又借鉴了禅宗《传灯录》的编纂形式，于传主多分为记行的"事状"和记言的"遗事"两节。事状录传主的行状、铭记、年谱、事略等，遗事则多取传主语录。这种编纂形式，可以说是朱熹的"援佛入儒"在史书编撰体例上的一个创新，对后世产生了很大的影响。如元代编撰《宋史》，其中《道学传》《儒林传》即以此书为蓝本。同时，此书也开创了如明宋端仪的《考亭渊源录》、黄宗羲的《宋元学案》《明儒学案》这一类"学案体"史书的先河。而在思想史发展进程中，朱熹在本书中所创造的"伊洛渊源"传授系统，与他后来在建阳考亭所撰《沧洲精舍告先圣文》③ 所叙述的道统自尧舜传至孔子，中经颜、曾、思、孟发扬光大，此后道统失传，一直到北宋周、张、二程才继绝续断，道统得以重续，从而构成了一个完整的上承孟子、韩愈的道统说，并加以综合创新的一种新儒学道统观念，其具体内容

---

① 〔宋〕黎靖德编：《朱子语类》卷十八，第 398 页。
② 〔宋〕黎靖德编：《朱子语类》卷一，第 2 页。
③ 〔宋〕朱熹：《晦庵先生朱文公文集》卷八十六，《朱子全书》第 24 册，第 4050 页。

则表现为一种统贯古今的"传道正统"的承传谱系。这个承传谱系的完成，应该说，是他借鉴了禅宗传灯录的思维方式才得以实现的。

更为重要的是，禅佛教的心性学说的传播，也直接刺激了宋儒以义理解经思潮的兴起，从而使汉唐注疏之风至此为之一变。其直接结果便是，从先儒的重五经到宋儒的重四书，到朱熹手中最终得以全面完成，其主要标志便是朱熹的《四书章句集注》于淳熙四年（1177）首次序定并在建阳刊行，并在其后短短的 23 年中，在全国各地得以连续再版、重印了八次。[①]

应该说，就其实质而言，朱熹的援佛入儒，吸取的主要是佛学中的范畴、命题和思辨形式和思维方式等，而其理学思想的核心内容，则仍然是与佛学完全不同的中国传统儒学的政治伦理。

概言之，为了从理论上回应讲心性、重修持的佛学的挑战，同时也为了弥补先儒多重视社会政治伦理，而较忽视心性之学的不足，朱熹率领门下弟子，以书院为阵地，高扬理学旗帜，援引佛学精粹，全面开展重新诠释和再造儒学经典的运动，从而使儒学经典从前人的重五经演化为后儒重四书的转变。

"海纳百川，有容乃大"，正是因为朱熹敢于排除门户之见，融儒、释、道于一炉，集诸子百家于一体，方能登上被誉为"致广大、尽精微、综罗百代"的思想文化高峰。

严羽的"以禅喻诗"

我国的诗歌创作发展到宋代，出现了以江西诗派为代表的"以文字为诗，以才学为诗"的不良倾向。这种倾向，用我们今天的语言来说，就是以抽象思维的概念、议论、说理来代替诗歌创作。针对这种反形象思维的不良倾向，严羽在《沧浪诗话》中提出了"诗有别材，非关书也；诗有别趣，非关理也"的著名命题。严羽所说的"别材别趣"，在他的诗论中具体表现为"妙悟"。他说："大抵禅道在妙悟，诗道亦在妙悟。……惟悟乃为当行，乃为本色。"[②]

---

① 方彦寿：《朱熹考亭书院源流考》，中国文史出版社 2005 年版，第 143 页。
② 陈玉定辑校：《严羽集》，中州古籍出版社 1997 年版，第 1 页。

这就是严羽以禅喻诗的"妙悟说"。

严羽的"别材"是从诗与"书"的对比中提出的概念，指的是"书"之外"诗"之内的一种特殊才能。这种才能所指为何呢？我们只是从他的有关言论中揣摩出他指的是形象思维的能力，而不是从"别材"这个概念本身判定的。显然，要深入探讨这个问题，到此为止是不够的。因此严羽就要使用他认为更为恰切更能说明问题的概念。于是，在唐宋时期佛学盛行，士大夫多喜参禅言佛的风气影响之下，严羽便信手拈来以之为武器来批评宋诗反形象思维的倾向，这就形成了他的"以禅喻诗"——以佛学禅宗用语"妙悟"比喻作家的创作心理活动。

这个比喻是否贴切？回答是肯定的。因为佛家在阐述佛理时，并非和盘托出，而是往往也借助于具体形象给你以某种象征和启示，如王士祯所说的"世尊拈花，迦叶微笑"之类即是。[①] 这与诗人在作品中，"给你几朵野花，你去想象无边的原野；给你一束流云，你去想象广阔的天空"的形象的启迪性是相似的。这"野花"，这"流云"，是诗人创作心理活动中所形成的审美意象在作品中的体现，它的意义要远远超出这形象本身，就像"世尊拈花，迦叶微笑"也能给打坐入定的佛教徒们以"超以象外"的启示那样。因此，这个比喻说全了，就是以参禅心理活动中的形象性比喻作家创作心理活动中的形象性，而作家创作心理活动中的形象性也就是形象思维的内涵之一。

过去有些评论者批评严羽的"妙悟说"是主观唯心主义的，这不对。"妙悟"一词本意指的是参禅的渐修顿悟工夫，确实带有主观唯心主义的虚幻神秘色彩。特别是写诗要反映现实，而参禅则要逃避现实，这些人正是从这一点来批评严羽的；但严羽在此是以禅喻诗，并不是说参禅等于写诗，在此，比喻的本体和喻体，即参禅和写诗，是不能画等号的。正如徐中玉先生所说的，"比喻总是取其一枝一节的，其本意无非只是要强调'妙悟'对诗道的重要。在这里，我们应该重在论究其强调'妙悟'的当否，'妙悟'既属借喻之

---

① 《五灯会元》卷一："世尊在灵山会上拈花示众，是时众皆默然，唯迦叶尊者破颜微笑。"参郭绍虞：《沧浪诗话校释》，人民文学出版社 1983 年版，第 13 页。

辞，就不可简单地把它等同于禅学的唯心主义不可知论。……这些借喻上的问题，我认为同'引导诗歌创作脱离现实'并无必然的关系。……不能把后来有人脱离现实归咎于他重视了诗歌艺术的特点。"①

二者的内在联系

朱熹的"援佛入儒"与严羽的"以禅喻诗"有何内在联系？或者说朱熹的"援佛入儒"对严羽有何影响？这是过去的研究极少所为人关心的问题。我认为，这种影响主要表现在以下几点。

一是从师承来说，严羽曾就学于包恢，而包恢之父包扬，字显道，号克堂，建昌军南城人。淳熙十年（1183）为朱熹武夷精舍门人。绍熙四年（1193）率生徒 14 人至建阳考亭续学。此后于庆元年间多次至考亭问学于朱熹。② 包恢，字宏父。嘉定十三年（1220）进士，历官郡县。曾任福建提刑兼知建宁府，官至资政殿学士，史称"历仕所至，破豪猾，去奸吏，政声赫然"③。庆元六年（1200）春，他随父包扬同往考亭问学达两个月，所以包恢实际上也是朱熹的入门弟子。其自著《敝帚稿略》卷五《跋晦翁先生帖》云："某之先君子从学四十余年，庆元庚申之春，某亦尝随侍，坐考亭春风之中两月。""某先君侍文公学四十余年，受其诲最多且久。……庚申之春，又尝躬拜先生于考亭而受学焉。"④ 从包氏父子均从学于朱熹的情况来看，严羽实乃朱熹的二传弟子。先师援佛入儒，弟子以禅喻诗，堪称异曲同工。

二是从地域来说，严羽的家乡是素有"南武夷"之称的邵武。南宋时期，其邻县建阳是我国著名的三大刻书中心（蜀、浙、闽）之一，被誉为"图书之府"。⑤ 这里书坊（私人出版机构）众多，刻本众多，经、史、子、集，靡

---

① 陈玉定辑校：《严羽集·序》，第4—5页。
② 方彦寿：《朱熹书院与门人考》，第92—93页。
③ 〔元〕脱脱等：《宋史》卷四百二十一《包恢传》，第12593页。
④ 方彦寿：《朱熹考亭书院源流考》，第164—165页。
⑤ 〔宋〕祝穆：《方舆胜览》卷十一，第127页。

所不备。朱熹对此曾有"建阳版本书籍行四方者，无远不至"① 的描述。

为写作《沧浪诗话》，严羽曾到过建阳书坊广泛搜访图籍，这在他的《诗话》中就有蛛丝马迹可寻。如《考证》第二十二条："少陵有避地逸诗一首，……题下公自注云：至德二载丁酉作。此则真少陵语也，今书市集本，并不见有。"② 这段话中的"书市"，与南宋黄昇《中兴以来绝妙词选》卷一首载"康伯可，名与之，……凡中兴粉饰治具，及慈宁归养，两宫欢集，必假伯可之歌咏，故应制之词为多。书市刊本，皆假托其名"中的"书市"，指的是同一地方，即建阳崇化书市。嘉靖《建阳县志》卷三载："书市在崇化里，比屋皆鬻书籍。"嘉靖《建宁府志》卷十则云："书市在崇化里书坊，每月一、六日集。"可见，与黄昇编辑《花庵词选》一样，严羽也曾到此地搜访图书。

以建阳、武夷山为中心的闽北，是南宋儒家学说的主要代表——朱子理学的发祥地。朱熹一生七十一年（1130－1200），除了在外地宦游数年外，有六十多年是在闽北武夷山、建阳等地度过的，为构建其庞大、缜密的理学思想体系，朱熹在闽北创建书院，广招门徒，培养理学人才，从而形成了一个在学界有着广泛影响的考亭学派。这个学派以建阳、武夷山为中心，广泛开展各种文化学术活动，而著书立说是其重点；内容则广泛涉及传统经学、史学、文学乃至自然科学等各个方面，而又以诠释儒家经典为主要内容。朱熹通过遍注群经，将自己的理学观点贯穿其中，从而形成其集大成的理学思想体系。如四书系列有《四书章句集注》，《书经》系列有《书集传》，《易经》系列有《周易本义》，礼经系列有《仪礼经传通解》《文公家礼》等。当他将这种注经的方法转向文学领域时，就有了其阐释《诗经》和《楚辞》的两部经典之作——《诗集传》和《楚辞集注》。

在这种"此亦一述朱，彼亦一述朱"的文化大背景之下，地处建阳邻县邵武的文学批评家严羽，尤其是作为朱门二传弟子，他所受的影响也就不可

---

① 〔宋〕朱熹：《晦庵先生朱文公文集》卷七十八《建阳县学藏书记》，《朱子全书》第 24 册，第 3745 页。

② 陈玉定辑校：《严羽集》，第 49 页。

避免了。故朱熹说:"三百篇,情性之本。《离骚》,词赋之宗。学诗而不本乎此,是亦浅矣。"① 严羽也说:"须熟读《楚辞》,朝夕讽咏以为之本。"② 朱熹说:"作诗先用看李、杜,如士人治本经然。本既立,次第方可看苏、黄以次诸家诗。"③ 严羽则说:"以李杜二集枕籍观之,如今人之治经。"④

三是从佛学渊源来看,朱熹的禅佛学思想最早是来自其早年师从的武夷三先生,即籍溪胡宪、白水刘勉之和屏山刘子翚。三先生中,除刘子翚信奉天童正觉派禅宗外,刘勉之、胡宪均信奉径山宗杲派禅宗,而朱熹的佛学思想主要就是径山宗杲派禅学。

其主要表现是朱熹在十七岁前后曾一度师事崇安五夫的高僧道谦,以至"出入于释老者十余年"⑤。其起因,缘于绍兴十四年(1144)某日,在刘子翚住所见到了道谦禅师。他自述说:"某年十五六时,亦尝留心于此。一日,在病翁所会一僧,与之语。其僧只相应和了说,也不说是不是;却与刘说,某也理会得个昭昭灵灵底禅。"⑥ 朱熹还曾随刘勉之至建阳肖屯草堂从学,此地竹原山有竹原庵,与道谦同出宗杲门下的宗元禅师即为此庵住持。故此庵与道谦主持的五夫密庵一样,成了武夷三先生与道谦、宗元的谈禅悟道之所,也是朱熹出入佛老的重要场所。据朱熹《祭开善谦禅师文》,朱熹的佛学思想,最终师承于道谦。且在绍兴十六年(1146),为"理会得个昭昭灵灵底禅",朱熹曾到五夫密庵三次向道谦学禅。该文有"丙寅之秋,师来拱辰。……往还之间,见师者三。见必款留,朝夕咨参"⑦ 诸语,可证。朱熹此时的出入佛老,为其日后援佛入儒,即以佛教思想的长处来改造儒学思想打下了基础。

---

① 〔宋〕黎靖德编:《朱子语类》卷一百四十,第 3333 页。
② 陈玉定辑校:《严羽集·沧浪诗话》,第 1 页。
③ 〔宋〕黎靖德编:《朱子语类》卷一百四十,第 3333 页。
④ 陈玉定辑校:《严羽集·沧浪诗话》,第 1 页。
⑤ 〔宋〕朱熹:《晦庵先生朱文公文集》卷三十八《答江元适泳》书一,《朱子全书》第 21 册,第 1700 页。
⑥ 〔宋〕黎靖德编:《朱子语类》卷一百四,第 2617 页。
⑦ 转引自束景南:《开善道谦考》,《迈入 21 世纪的朱子学》,华东师范大学出版社2001 年版。

也就是说，道谦禅学通过朱熹的儒学化而融入宋明理学，成为朱子理学的一个重要思想渊源。

严羽的佛学知识也来源于径山宗杲派禅宗。他在《答出继叔临安吴景仙书》中说："妙喜（严羽自注：是径山名僧宗杲也），自谓'参禅精子'；仆亦自谓'参诗精子'。"① 此语不可简单视为是严羽的一句戏言，而应视为是宗杲禅学思想在武夷佛教发展中，因有道谦、宗元禅师等人发扬光大，又有儒学大师朱熹从儒学立场的多方援引，从而广泛地被武夷士人所熟知的一种表现！朱熹与严羽的佛学思想均来源于径山宗杲派禅宗，这也许是一种巧合，也许不是。因为前面说过，严羽是朱熹的二传弟子，且朱熹的一些著作如《楚辞集注》《朱子语类》，严羽都有读过，除上文所揭的"如士人治本经"诸语外，据郭绍虞先生的考证，严羽在《诗辨》中对苏轼、黄庭坚诗作的评价，在《诗评》中对唐卢仝、李贺及对《楚辞》的一些看法，均采用了朱熹的说法。故郭先生坚称："沧浪论诗，多采朱熹语"②，"沧浪论诗，多采朱熹说，此所谓前辈，即指朱熹。语见朱氏《楚辞集注》。"③

由此可知，朱熹与佛教禅宗宗杲的渊源，严羽不可能不知，此即严羽的以"禅"——实际上以与朱熹"同出一门"的宗杲之"禅"喻诗的佛学渊源。

要而言之，作为朱门传人，严羽虽不以理学见长，但朱熹的援佛入儒之举，对其后继者而言，实际上是树立了一个如何对待外来文化的典型范例。严羽将其运用到文学理论上，由此成为中国文学史上的一位文学批评大师，与朱熹的理学文化一起成为中国传统文化的精粹，这对我们今天如何吸取外来文化中符合中国国情的东西仍有重要的借鉴作用。

（本文载《文艺理论研究》2009 年第 3 期）

---

① 陈玉定辑校：《严羽集》，第 58 页。
② 郭绍虞：《沧浪诗话校释》，第 180 页。
③ 郭绍虞：《沧浪诗话校释》，第 184 页。

朱熹道德观对当代社会公德建设的意义和启示

　　崇尚道德，重视礼仪是中华民族的优良传统，也是当今时代实施公民道德建设的重大课题。南宋著名理学家、思想家朱熹继承了孔孟以来儒家传统的道德思想体系，并以其集大成的理学思想重新诠释儒学的伦理规范、道德观念等，对当今时代实施公民道德建设具有重要的历史借鉴作用。本文侧重探讨朱熹的道德观对推行当代社会公德的意义和启示。

　　何谓"道德"？朱熹认为："道者，人之所共由；德者，己之所独得""道训路，大概是说人所共由之路"（《朱子语类》卷六，以下简称《语类》）。"德之为言得也，得于心而不失也""德行，得之于心而见于行事者也"（《语类》卷三十九）。一方面，朱熹强调了道德的社会公众性，是构成大千世界的每一个人所必须遵守的准则，即所谓"共由之路"；另一方面，他又强调了道德的"己之所独得"的个体意义，即从道德的指导社会活动转化为指导个人行为，使之成为每个人的内心信念，"得于心而不失。"此外，他还强调了道德的实践意义必须与行动结合起来，认为道德是内在的，它的外在表现就是人的行动。他还从训诂学的角度来解释"德"的意义："德字从心者，以其得之于心也。如为孝是心中得这个孝，为仁是心中得这个仁，若只是外面恁地，中心不如此，便不是德。"（《语类》卷二十三）体现了朱熹的道德观以人为中心，旨在启迪人——每个人内心的道德自觉的特点。表现在社会公德方面，其具体要求有以下几点。

一、文明礼貌相互尊重，加强个人道德修养

文明礼貌，是人们在人际交往和社会活动中应当具备的品行和礼节，是人类为维持社会正常生活而要求人们共同遵守的最基本的道德规范。孟子说："动容周旋中礼者，盛德之至也。"（《孟子·尽心下》）意思是，一个人的言行举止能够恰当、适宜，符合"礼"的要求，这就达到了道德品行的至高境界。朱熹继承了这一思想。

首先，朱熹最重要的明礼思想就是"礼者，天理之节文，人事之仪则也"（《论语集注·学而》）。所谓"人事之仪则"，指的是处理人际关系的行为准则。那么，什么是"天理之节文"？在中国传统哲学中，"天"往往被赋予理想的道德色彩，"天理"既是客观世界的法则和规律，也是社会道德伦常秩序的化身，体现了最高的人性道德原则，但天理是无形的、抽象的，而礼是有形的、具体的。所以，无形的、抽象的天理必须借助有形的、具体的礼来体现。他说，天理"无形无影，故作此礼画一个天理与人看，教有规矩，可以凭据，故谓之天理之节文"（《语类》卷四十二）。由此可知，"节"是"规矩""凭据"，即约束和调节的意思。"节文"即约束行为个体，调节人际关系，使之行为讲文明有礼貌，所以又是"人事之仪则"。由此可知，朱熹的明礼思想，从一开始就提升到"天理"的哲学本体论高度，也是传统的天人合一思想在道德领域的具体运用。

其次，朱熹认为，文明礼貌，提倡人与人之间的互相尊重必须发自内心，是内心情感的自然流露。他说："《礼仪》三百，威仪三千，皆出于性，非伪貌饰情也。"朱熹认为，"礼"不仅表现在"形而下"的"饮食器服之用"即日常生活的一言一行之中，也时刻体现在"形而上"的"无声无臭之微"的儒家道德思想体系之内。（《礼序》，《朱熹外集》卷二）心是道德的本原，道德理念的形成和发展，既是道德主体对客观世界的反映，也是道德主体的内省和自觉。通过以"性"制情，保留真的、善的、美的，摒弃假的、丑的、恶的，并以此体现在日常生活待人处世的一言一行之中。在人际关系中，这

既是个人道德修养的体现，也是对别人的尊重。

第三，朱熹认为，讲究文明礼貌重在践履，即要表现在实际行动中。他说："礼者，履也，谓昔之诵而说者至是可践而履也。""诵而说者"是书本上的礼仪知识，"践而履之"才是日常交往中对礼仪礼节的具体应用。他认为"自饮食居处，洒扫咳唾之间，皆有仪节"①，即在人际交往和日常生活的细微之处，都有应该遵守的礼仪礼节。在迎来送往的人际应酬和家居日常生活中，做到衣冠整洁，举止文雅，内心时刻不忘以高尚的道德理念来约束自己，这是"有德"的表现。

第四，在人际交往中，礼仪的重点是尊重他人，要把对交往对象的恭敬和尊重放在首位。孟子说："爱人者，人恒爱之。敬人者，人恒敬之。"（《孟子·离娄下》）尊重别人的人，也会得到别人的尊重；对别人表示恭敬的人，也会获得别人的敬意。朱熹继承了孔孟为人处世必须"恭敬"的观点，在其所撰《近思录·存养》中将此列为个人道德修养的要求之一。认为孔子所说的"居处恭，执事敬，与人忠"，是"彻上彻下语"，意为与人交往容貌态度恭敬端庄，做事严肃认真，帮助别人真心诚意，这是待人处世的准则。因此，他对孟子的"恭敬之心，礼也"（《孟子·告子上》）表示赞同，认为对所有行礼的对象都要有真诚的恭敬之情，对必要的礼节都要持专注的谨慎态度。在朱熹看来，诚敬既是一种立身处世、待人接物的美德，也是一种自我修身、提高道德涵养的方法。所以他提倡"涵养须用敬""敬之一字，真圣门之纲领，存养之要法""人常恭敬，则心常光明"（《语类》卷十二）。

朱熹的道德观既强调道德主体的向内功夫，注重道德自律，又重视德行即道德与践履相结合的特点。朱熹还把礼貌待人、知书识礼作为道德的信条写入《家训》中，要求其子孙做到。如"事师长贵乎礼也，交朋友贵乎信也。见老者，敬之；见幼者，爱之"，并强调"诗书不可不读，礼义不可不知"。朱熹还提出了礼的时代性问题。他说："礼，时为大，使圣贤用礼，必不一切

① 〔宋〕朱熹：《晦庵先生朱文公文集》卷七十四《讲礼记序说》，《朱子全书》第24册，第3585—3586页。

从古之礼。""古礼难行,后有作者,必须酌古今之宜。若是古人如此繁缛,如何教今人要行得!"(《语类》卷八十四)所谓"礼,时为大",说的就是礼的时代性是最重要的。礼仪礼节的一些具体要求必须随着时代的发展而发展,古人的一些繁文缛节,随着时代的变迁已不适合社会发展的需要,就应"酌古今之宜"予以改革,说明礼仪也有一个与时俱进的问题。但无论时代怎么变化,提倡文明礼貌,人与人之间互相尊重的基本人文精神,则应是不变的。而加强个人的道德修养,在人际交往中做到衣冠整洁、举止文雅、语言得体、相互礼让、守时守约等,则构成了现代人所应遵循的社会公德的重要内容。

二、提倡以人为本的儒家人道主义精神

在中华传统文化中,以人为本、助人为乐的人道主义精神集中地体现在孔子的仁学思想中。樊迟向孔子请教什么是"仁",孔子回答是"爱人"(《论语·颜渊》),即爱护他人。

对孔子"仁者爱人"的观点,朱熹将其上升到哲学的高度来认识。他说:"仁是爱之理,爱是仁之用。未发时,只唤做仁,仁却无形影。既发后,方唤做爱,爱却有形影。"(《语类》卷二十)意思是,仁是爱的理念,爱是仁的行动。仁是无形的,是爱的指导思想;爱是有形的,是仁的表现与应用。

孟子认为"仁"的重要内容就是要有"恻隐之心"即同情心,并提出了"仁也者,人也。合而言之,道也"的说法。对孟子的观点,朱熹解释说:"仁者,人之所以为人之理也。然仁,理也;人,物也。以仁之理,合于人之身而言之,乃所谓道者也。"① 即仁是人之所以为人的根本道理。仁属于道德理念的范畴,而人作为血肉之躯的物化存在,属于"物",即社会性动物的范畴。那么,孟子何以把"人"作为"仁"的定义呢?这是把道德主体与道德理念身心合一的说法,也是孔孟最主要的道德伦理特征。所以,"仁"是"人"所必须具备,并要将其付诸人际交往的道德实践中的最高道德准则。

---

① 〔宋〕朱熹:《四书章句集注》,《朱子全书》第 6 册,第 448 页,

那么，如何"爱人"呢？孟子提出了"恻隐之心，仁之端也"的观点。所谓"端"，是萌芽的意思，朱熹因此把"仁"比作种子，恻隐之心，"便是种子所生底苗"（《语类》卷六）。孟子进而又提出"老吾老，以及人之老；幼吾幼，以及人之幼"（《孟子·梁惠王上》），即尊敬自己的长辈，从而推及尊敬别人的长辈；爱护自己的子女，从而推及爱护别人的子女这样一种以己及人的推恩思想。朱熹继承了这一思想并有所发挥。他说："为人孝悌，则和顺温柔，必能齐家，则推之可以仁民。"（《语类》卷二十）意思是，一个人在家能孝顺父母，敬重兄长，谦和恭顺，就能治理家政；这样的人走向社会，也会以仁爱之心对待百姓，反过来说，一个不孝顺父母、不尊敬兄长的人，又怎么可能会爱护人民群众呢？所以，当有学生问"待人接物之道如何"时，朱熹回答："知所以处心持己之道，则所以接人待物自有准则。"[①] 意思是知道怎样用善心来把握自己，也就知道了怎样来待人接物，待人接物的道理与处心持己的道理其实是相通的。这与孔子所说的"己所不欲，勿施于人"可以说有异曲同工之妙，也是对孟子的以己及人的推恩思想的继承和发展。

对于孔孟以善及人、助人为乐的思想，朱熹还引用程颐的话并加以发挥。他说："以善及人，而信从者众，故可乐也。虽乐于及人，不见是而无闷，乃所谓君子。"[②] 意为：以自己的善行推及他人，使信从善的人越来越多，这固然值得高兴，但如果从善一时得不到他人的赞同或仿效，也毫无烦闷之感，这才是"君子"的境界。体现了朱熹助人为乐的思想，坚持的是一种以帮助别人为目的，而不是以帮助别人，以求得众人赞赏为目的的原则。他还说："古之君子，施而不望其报，祀而不祈其福，盖以善为当然。"[③] 把帮助别人看作是理所当然的好事，是一种奉献而不求回报。所以，他还提倡"凡天下疲

---

① 〔宋〕朱熹：《晦庵先生朱文公文集》卷五十五《答熊梦兆》，《朱子全书》第 23 册，第 2624 页。

② 〔宋〕朱熹：《近思录》卷二，《朱子全书》第 13 册，第 180 页。

③ 〔宋〕朱熹：《晦庵先生朱文公文集》卷八十二《跋程宰登瀛阁记》，《朱子全书》第 24 册，第 3884 页。

癃残疾，茕独鳏寡，皆吾兄弟之颠连而无告者也。于时保之，子之翼也"①。认为像帮助自己的兄弟那样帮助残疾衰老有痛苦的人，是每一个人的职责。他还把这种思想写进《家训》中，提出"患难不可不扶"，以此教育子孙后代。

应该说，在封建社会的历史条件下，朱熹等儒家学者所大力提倡的仁爱思想显然不可能真正地实现。只有在当今时代，大力提倡以社会主义社会关系为基础的社会主义人道主义精神，才能真正将这种精神转化为现实的人文关怀。尊重人、关心人、爱护人，保护妇女儿童，尊敬和关爱老人，帮助鳏寡孤独和残疾人，热心帮助和支援受灾的人们，对一切病人实行救死扶伤的人道主义，等等，都是社会主义人道主义精神所提倡和予以关注的重要内容。而其中所闪射出来的人文精神，与儒家所提倡的以人为本的传统道德有着一脉相承的扬弃和传承关系。

三、维护国家和公众利益

在处理人与人的关系问题上，朱熹坚持的是一个"仁"字，在处理人与社会关系的问题上，朱熹则主张一个"公"字。这是朱熹仁学思想一种合乎逻辑的发展。他把"公"看成是"仁"的基本要素，是达到"仁"的方法。认为"公，所以能仁"（《语类》卷四十一）、"公是仁之方法"。宣称"公而无私便是仁"，"仁是爱底道理，公是仁底道理。故公则仁，仁则爱"（《语类》卷六）。所以，为人公道，办事公正，公而无私都是仁爱思想的具体体现。

将朱熹的公私观运用到人与社会的关系上，就是要维护国家和公众的利益，反对损公肥私。对政府官员，他提倡"官无大小，凡事只是一个公。若公时，做得来也精彩，便若小官，人也望风畏服。若不公，便是宰相，做来做去，也只得个没下梢"（《语类》卷一百一十二）。南宋时期，一些地方官员和豪宗大族以各种名义巧立名目侵占民田、冒占公田，引发土地兼并、赋税

---

① 〔宋〕朱熹：《近思录》卷二，《朱子全书》第13册，第188页。

不均等现象，朱熹尤为不满，并对未行经界（丈量土地，重定税额的公正措施）的福建出现的"贫者无业而有税""富者有业而无税"①的社会不公现象予以深刻的揭露。为了维护国家和民众的利益，他在任漳州知州期间，积极推行经界之法。尽管他清楚地看到"此法之行，贫民下户虽所深喜，而豪民猾吏皆所不乐"，但仍不惜得罪当地的豪门富室和官僚大臣而力行之。

朱熹本人在任地方官期间，也是事事、处处以维护国家和公众利益为出发点，反对损公肥私。他说："富贵易得，名节难保，此虽浅近之言，然岂亦可忽哉！"②他在官南康知军时，下属军学教授杨元范要把朱熹的著作刻印出版，朱熹则以用公家的钱财来出版自己的著作加以反对。他说："忝为长吏于此，而使同官用学粮钱刻己所著之书，内则有朋友之谯责，外则有世俗之讥嘲；虽非本心，岂容自辩？"③他的学生詹仪之知广西静江府，欲刻印朱熹的《四书章句集注》，朱熹也极力劝阻，要求焚版罢镌。甚至说："其已用过工费，仍乞示下实数，熹虽贫，破产还纳，所不辞也。"④朱熹为官之清廉，是其"惟公然后能正"的公私观在其自身的具体运用和体现。

对普通百姓，朱熹要求他们要热心公益事业，爱护公物。如兴修陂塘等农田水利，是农用的公共事业，朱熹每到一处任地方官，均劝谕当地农户积极协力兴修，以便多蓄水以备灌溉。耕牛，虽为私有，但在春耕农忙之时，有互助协耕的公共意义，且"耕耘之功，全藉牛力"，故下令加以保护，不得宰杀。⑤社仓，是民众在灾年得以救济的保障，其公用设施应加爱护，"仓内

① 〔宋〕朱熹：《晦庵先生朱文公文集》卷二十一《经界申诸司状》，《朱子全书》第21册，第956页。

② 〔宋〕朱熹：《晦庵先生朱文公文集》卷五十四《答石应之》书二，《朱子全书》第23册，第2539页。

③ 〔宋〕朱熹：《晦庵先生朱文公文集》卷二十六《与杨教授书》，《朱子全书》第21册，第1144页。

④ 〔宋〕朱熹：《晦庵先生朱文公文集》卷二十七《答詹帅》书二，《朱子全书》第21册，第1201页。

⑤ 〔宋〕朱熹：《晦庵先生朱文公文集》卷一百《劝农文》，《朱子全书》第25册，第4625页。

屋宇什物仰守仓人常切照管，不得毁损及借出他用。"① 他还在社仓墙壁上题诗说："度量无私本至公，寸心贪得意何穷？"② 鼓励人们要像度具量具那样公正无私，不可有贪婪之心而损害公众利益。对修桥铺路，有益公众的民间善行，朱熹则大力提倡，予以表彰。

在社会主义社会中，所有的公民都是国家的主人，都要以主人翁的态度维护国家和公众的利益，爱护国家和集体的财产，爱护公用设施，保护名胜古迹和历史文物。对损公肥私，破坏公物的行为，要做坚决的斗争。朱熹的公私观及其社会实践，为此提供了有益的借鉴。

四、循理守法思想

遵纪守法，是每个公民应尽的义务，也是社会公德的最基本要求。朱熹的道德观在坚持儒家传统的"为政以德"思想的同时，也吸收了法家的法治思想，重视纪律和法律的作用。他说："大率天下事，循理守法，平心处之，便是正当。"③ "循理"是从遵循道德理念而言，"守法"是从遵纪守法而言，二者紧密结合，并持之以公正平和之心，这才是正确的为人处世之道。

朱熹曾担任过几年地方行政长官，有比较丰富的执政管理经验，深知纪律、规章制度对维护正常社会秩序的重要性。他每到一地，总是从当地的实际情况出发，制定一系列整顿吏治、敦厉风俗的条例、措施、规章和乡规民约，张榜公示，加以推行。如约束下属僚吏不得扰民的规章，在南康军颁布的《约束科差夫役》《约束差公人及朱钞事》，禁止官员以"公干"为名，随意指派农民做"荷轿担擎，有妨农业"的事。④ 在担任浙东提举时，颁布《约

---

① 〔宋〕朱熹：《晦庵先生朱文公文集》卷九十九《社仓事目》，《朱子全书》第 25 册，第 4600 页。

② 〔宋〕朱熹：《晦庵先生朱文公别集》卷七《题米仓壁》，《朱子全书》第 25 册，第 4972 页。

③ 〔宋〕朱熹：《晦庵先生朱文公别集》卷五《答方耕道》，《朱子全书》第 25 册，第 4918 页。

④ 〔宋〕朱熹：《晦庵先生朱文公文集》卷九十九，《朱子全书》第 25 册，第 4595 页。

束不得骚扰保正等榜》，禁止属县"四衙"（令、丞、簿、尉）以各种名目向乡村农户摊派。

同时，他还颁布敦厉风俗的乡规民约。如在任漳州知州时，发布的《揭示古灵先生劝谕文》，宣扬道德教化，劝人去恶从善；同时颁示的《劝谕榜》，列出十条端正民风、劝民遵守的规章。

作为教育家的朱熹，更明白规章制度对学校教育的重要性。他所制定的《白鹿洞学规》，规定了书院教学的根本宗旨，制定了为学之序、修身、处事、接物之要等，在中国古代教育史上，开启了学校教育制定规章制度，培养学生守纪律、讲文明的先河。

朱熹为整治社会秩序而作出的努力，由于他所处的时代严重的制度缺陷而使其难以产生良好的社会效果，但他的"循理守法"思想和实践对当前的公民道德建设仍有重要的启示和借鉴作用。

首先，必须认识到，在现代社会中，要求每一个社会成员都能够自觉地遵守纪律和规章制度，如交通法规、市民守则、厂规校纪等，这是"社会"对"个人"的要求。因为没有纪律，就不会有良好的工作环境和社会秩序，正常的社会生活就无法维持，社会主义建设事业也就无法正常地开展。

其次，还必须认识到，遵守纪律还应该是每一个人对自己的要求。因为纪律和规章制度的制定往往是以社会公德为基础，以维护包括每一个社会成员在内的整体利益为出发点的。遵守纪律，也是遵守社会公德的表现，这也是朱熹的"循理"即遵循道德理念的意思。违反纪律，扰乱社会公共秩序也就是违反了公共道德，是缺德的表现。一个人在违反社会公众利益的同时，实际上无形中也损害了包括自己在内的利益。所以，"循理守法"强调的是道德的约束力，以及道德主体的自我约束力。用现在的话来说，就是要提高每个公民道德自觉性，养成遵守纪律的习惯。

"遵纪"的含义之外，朱熹的"循理守法"思想更侧重在"守法"方面。一方面，他继承了孔子"为政以德"的治国思想，在道德与法律的关系上，坚持的是所谓"德本刑末"的观点。认为道德与刑法的关系，道德是根本，而刑法只是起着辅助的作用。刑法以其强制性使人产生恐惧而不敢犯罪，但毕竟不能消除犯罪的思想根源；而道德则能使百姓向善而惟善是从，所以道德是刑法的根本，刑法则对道德的推行起着辅助的作用。这便是朱熹的"德本刑末"或称"德主刑辅"的理论。

另一方面，朱熹又吸收了法家"为政以刑"的思想，将德治与法治紧密结合起来。他在《论语集注·为政》中提出"德本刑末"理论的同时，又认为德与法在治政时是"相为终始"、二者"不可以偏废"的。所以，他又认为道德虽然可以预防犯罪，但却不能惩罚犯罪，因为毕竟还会有"道之不从者"即不遵从道德而走向犯罪者。他认为，作为执政者首先要教育和引导百姓遵守法律法规，"道之而不从者，有刑一以之也。"对违犯法律者，则应"齐之以刑"，受到法律的惩处。有人提出，"政治当明其号令，不必严刑以为威"，执政者只要下达政府的行政命令就可以了，不一定要有严厉的刑法措施。朱熹不同意这种看法。他说："号令既明，刑罚亦不可驰。苟不用刑罚，则号令徒挂墙壁尔。""须是令行禁止。若曰令不行，禁不止，而以是为宽，则非也。"（《语类》卷一百八）要做到"令行禁止"，就必须严格执法，以法律作为坚强后盾，否则，一切政务都难以贯彻落实，成了挂在墙壁上的废纸。

对当政者而言，朱熹认为必须"立纲纪"，讲法度，依法执政。他说："为政必有规矩，使奸民猾吏不得行其私，然后刑罚可省，赋敛可薄。"[①] 又说："为官须是立纲纪，纲纪既立，都自无事。"（《语类》卷一百六）立纲纪，讲规矩，则官有执政标准，民有行为准则，对依法执政的官员和遵纪守法的民众来说，各循其规行事，自然相安无事，"奸民猾吏"也难以"行其私"，无空子可钻。反之，如法律法规不立，则执政者和普通百姓的日常生活都将失去行为的准则和规范。

朱熹认为，自觉遵守和服从法律，不仅是对广大民众而言，对政府官员来说尤应率先垂范身体力行，以此引导百姓知法守法。所以，他在赴任漳州

---

① 〔宋〕朱熹：《晦庵先生朱文公文集》卷四十五《答廖子晦》书十四，《朱子全书》第 22 册，第 2101 页。

之时，就以"修身奉法，节用爱人"①作为座右铭来严格要求自己。"修身奉法"和"循理守法"的含义相同，都是从德与法两个方面来论述如何提高个人的道德修养和法律观念。对普通百姓，朱熹要求他们要"各依本分，各修本业，"而"莫作奸盗，莫纵饮博，莫相斗打，莫相论诉，莫相侵夺，莫相瞒昧"等违法之事，其基本要求，就是"爱身忍事，畏惧王法"，②做到"用天之道，因地之利，谨身节用"③。文中的"谨身"，据朱熹自己的解释，就是"不作非违，不犯刑宪"，即不作非法违法，触犯法律的事。

朱熹"修身奉法"的律己思想和对民众"不作非违，不犯刑宪"的基本要求，对推行社会主义公民道德建设和提高公民遵纪守法的道德意识与法律意识，仍有重要的借鉴意义。"修身"是从提高道德修养而言，"奉法"是从增强遵纪守法的觉悟和意识而言，二者的完美结合，即使作为现代人，也是应该努力追求的至高境界。

（本文系 2012 年 9 月 24 日由福建省炎黄文化研究会在莆田召开的"优秀传统文化传承体系建设的理论与实践"参会论文，收入福建省炎黄文化研究会、中共莆田市委宣传部编：《优秀传统文化传承体系建设的理论与实践》，鹭江出版社 2013 年版）

---

① 〔宋〕朱熹：《晦庵先生朱文公文集》卷八十六《谒诸庙文》，《朱子全书》第 24 册，第 4048 页。

② 〔宋〕朱熹：《晦庵先生朱文公文集》卷一百《揭示古灵先生劝谕文》，《朱子全书》第 25 册，第 4620 页。

③ 〔宋〕朱熹：《晦庵先生朱文公文集》卷九十九《示俗》，《朱子全书》第 25 册，第 4584 页。

朱熹的诚信思想与儒学实践

在我国传统的儒家哲学和伦理学中，"诚"与"信"是其中一对重要的范畴。

以时为序来考察，"信"的概念出现较早。它是孔子以"仁"为核心的道德体系中最基本的范畴之一。孔子的思想，见诸于《论语》等经典之中，有许多名言名句，以道德格言的方式穿越时空，早已被现代人所传习和熟知。如"老者安之，朋友信之，少者怀之"（《论语·公冶长》），"子以四教：文、行、忠、信"（《论语·述而》），"人而无信，不知其可也"（《论语·为政》），等等。表明"信"是为人处世最基本最重要的德目之一，人如果缺失了"信"，则根本无法在世上立足。

历史上，最早将"诚"列入道德伦理范畴的是子思（前483－前402）。他在《中庸》中提出了"诚者，天之道也；诚之者，人之道也"的观点。此说几乎原封不动地被其后学孟子（前372－前289）所继承和引用。在《孟子·离娄上》中，孟子说："诚者，天之道也；思诚者，人之道也。"那么，如何将"诚"向"诚之"或"思诚"转化，将"天之道"的"诚"，落实到"人之道"上，从而实现"本天道以立人道，立人德以合天德"①，即宇宙的道德原则与社会伦理道德规范的相通和统一呢？在这重要的哲学命题中，朱熹在理论上做出了杰出的贡献，且将其落实到实践中，对当代诚信道德体系的重建具有重要的借鉴意义。

---

① 蔡仁厚：《孔孟荀哲学》，台北学生书局1984年版，第115页。

一、朱熹诚信思想的理论贡献

朱熹在被其列为四书之首的《大学》中，将"诚意"列为儒者的主要修身方法（如格物、致知、诚意、正心）之一。他把"诚"解释为"诚者，真实无妄之谓，天理之本然也"，将"诚之"解释为"未能真实无妄，而欲其真实无妄之谓，人事之当然也"①。认为诚是真实无妄的天理本然，是指引人生从"未能真实无妄"向"真实无妄"迈进的道德追求目标。

"诚"与"信"是何关系？朱熹回答他的学生说："诚是个自然之实，信是个人所为之实。《中庸》说：'诚者，天之道也'，便是诚。若'诚之者，人之道也'，便是信。信不足以尽诚，犹爱不足以尽仁。"② 朱熹此说，将《中庸》的"诚"与"诚之"，《孟子》的"诚"与"思诚"，明确无误地转化为"诚"与"信"的对立统一关系，将"天之道"的"诚"落实到"人之道"的"信"上。所谓"不足以"，是指二者在层次上有差别，"人之道"的"信"虽源于"天之道"的"诚"，但二者并不能完全等同，这就好像"爱"虽源于"仁"，却"不足以尽仁"一样。

朱熹还从不同层次人才的角度来区分诚和信，指出：

> 诚是自然底实，信是人做底实。故曰"诚者，天之道"，这是圣人之信。若众人之信，只可唤做信，未可唤做诚。③
>
> 圣人之德，浑然天理，真实无妄，不待思勉而从容中道，则亦天之道也。未至于圣，则不能无人欲之私，而其为德不能皆实。故未能不思而得，则必择善，然后可以明善；未能不勉而中，则必固执，然后可以诚身，此则所谓人之道也。④

---

① 〔宋〕朱熹：《中庸章句》，《四书章句集注》，第31页。
② 〔宋〕黎靖德编：《朱子语类》卷六，第103页。
③ 〔宋〕黎靖德编：《朱子语类》卷六，第103页。
④ 〔宋〕朱熹：《中庸章句》，《四书章句集注》，第31页。

在朱熹看来，圣人之德与天道浑然同体，故圣人之信，已然达到"诚"的崇高境界。而对常人来说，真正能做到"信"就很不容易了，故常人之"信"，难以达到"诚"的崇高境界，故只能称为"信"，而不能称为"诚"。古往今来，相对来说，能出凡入圣的"圣人"可以说极少，绝大多数人都只能是常人，所以，朱熹认为，"信"就应该是每个人的"立身行己"之本，是仁义礼智四德最基本的要求。他回答学生信与仁义礼智四德的关系说："信是诚实此四者，实有是仁，实有是义，礼智皆然。"① "信便是真个有仁、义、礼、智，不是假，谓之信。"② 也就是说，信是保证"四德"能真正落实在行动上，从而体现传统美德的真实性、实在性的一种重要品质。

在朱熹看来，"诚"与"信"都为"实"，即"真实无妄"。但"诚"是"天之道"，是天道之本然，是宇宙自然界原本的状态和规律。而"信"是"人之道"，是人事所当然之则。"诚"是天道精神的一种体现，是上天存在的根本原则，而"信"则是人追随天道之"诚"，是人之所以为人的德性之一。"信"是对"诚"的追求，实现诚信之德也就达到了天人合德。

综上所述，朱熹继承并发展了先儒提出的诚信思想，从哲学的高度阐释了"诚"与"信"的关系。认为"诚"是天之道，"信"是人之道，诚是体，信是用。诚是信的最高标准，是天理；信是诚的具体表现，是人伦。

二、朱熹诚信思想的落实与实践意义

儒学是行动的儒学，是实践的儒学，正如朱熹在《朱子家训》中所说，是必须落实在每人每天生活之中的"日用常行之道"③。从道德实践着眼，诚信与实践的关系尤其密切。如何让诚信的道德哲学与日用常行结合起来，而不仅仅只是停留在理论的层面上空谈？朱熹对此不仅进行了理论上的探讨，而且将此理论落实在他的日常生活和为政实践中。

① 〔宋〕黎靖德编：《朱子语类》卷六，第 103 页。
② 〔宋〕黎靖德编：《朱子语类》卷二十，第 476 页。
③ 〔宋〕朱熹：《朱子遗集》卷四《家训》，《朱子全书》第 26 册，第 703 页。

在《中庸章句》中，朱熹把"博学之、审问之、慎思之、明辨之、笃行之"视为"诚之之目"。认为"学、问、思、辨，所以择善而为知，学而知也。笃行，所以固执而为仁，利而行也"①。通过学、问、思、辨为学之序，"择善而为知"，最后落实在"笃行"上，即践履以"仁"为至善的儒家哲学。而信与仁、义、礼、智四德的关系，"信是诚实此四者，实有是仁，实有是义，礼智皆然。"这就好像金、木、水、火，"五行之有土，非土不足以载四者"一样，五常之有信，"惟信配土，以见仁义礼智实有此理，不是虚说。"② 显然，这种"不是虚说"的德性，决定了"信"是必须落实在行动上的实然之德。

朱熹认为，要做到诚信，要从三方面着手。一是说老实话，"信者，言之有实也。"③ 二是言行一致，"信是言行相顾之谓。"④ 三是言之必践，说到就要做到。"言之不践，则是不信。"⑤ 但要实行以上三点，还有一个不可忽视的重要前提，即此三者都必须受制于孔子《论语·学而》中所说的"信近于义"原则。朱熹将"近"释为"合"，意思是，"信"必须符合"义"的要求。他说：

> 如今人与人要约，当于未言之前，先度其事之合义与不合义。合义则言，不合义则不言。言之，则其言必可践而行之矣。今不先度其事，且鹘突恁地说了，到明日却说这事不义，我不做，则是言之不可践也。言而不践，则是不信；践其所言，又是不义，是不先度之故。⑥

这段话的大意是，与人签约，事先一定要考虑好所约之事是否符合"义"的基本要求，合义的话、合义的事则可以说可以做，不合义则不能说不能做。事先不考虑是否符合"义"的标准，胡乱表态，如果践行了则陷自己于不义，

① 〔宋〕朱熹：《中庸章句》，《四书章句集注》，第 31 页。
② 〔宋〕黎靖德编：《朱子语类》卷六，第 104—105 页。
③ 〔宋〕朱熹：《论语集注》卷一《学而》，《四书章句集注》，第 49 页。
④ 〔宋〕黎靖德编：《朱子语类》卷二十一，第 486 页。
⑤ 〔宋〕黎靖德编：《朱子语类》卷二十一，第 521 页。
⑥ 〔宋〕黎靖德编：《朱子语类》卷二十一，第 520—521 页。

不践行又失信于人，这无异于自挖陷阱，进退两难。其原因，正在于事先缺乏"信近于义""信合于义"的考量。所以，朱熹强调，合于"义"的"信"才是真正的"信"，才是符合"诚"的"信"。

在社会生活的不同领域，朱熹的诚信思想应有其不同的表现形式。

在人际交往中，朱熹认为信和义是交朋择友的基本准则，要求"处家庭则孝弟达闻，交朋友则信义昭著"①。在《白鹿洞书院揭示》中，他把"朋友有信"列入"五教之目"之中，成为其明人伦的教育目的论的重要内容。② 在著名的《朱子家训》中，他把"交朋友贵乎信也"③ 作为训诫子孙的重要内容代代相传。

在商业活动中，要坚持诚信的原则，提倡"交易欲其廉平"④。淳熙八年（1181）朝廷起用朱熹为南康知军，使其平生所学有了一次较好的付诸于政事的机会。在任上，他将其一贯提倡的诚信原则贯彻到商业活动中，其具体表现，就是他所提倡的"临财欲其勿苟，见利欲其勿争。交易欲其廉平，施与欲其均一"⑤ 思想。这是朱熹的理学思想在经济、商业方面的具体体现。他对违反商业道德、恶意欺诈的行为坚决打击。在南康，他曾下令严禁当地官商勾结，将商品强卖给乡民。特别是对在旱荒之年，粮商哄抬米价，更有奸商将"湿恶粗糙谷米"充好米售与灾民等严重违反诚信商业道德原则的恶行，下令予以打击。⑥

"临财欲其勿苟，见利欲其勿争"与其"存理灭欲"的义利观一脉相承；"交易欲其廉平，施与欲其均一"，其中"廉"是物美价廉，"平"是公平不

---

① 〔宋〕朱熹：《晦庵先生朱文公文集》卷八十七《祭刘子澄文》，《朱子全书》第 24 册，第 4086 页。

② 方林：《朱熹的诚信思想与当代社会信用体系的重建》，《朱子研究》2002 年第 2 期。

③ 〔宋〕朱熹：《朱子遗集》卷四《家训》，《朱子全书》第 26 册，第 703 页。

④ 〔宋〕朱熹：《朱子遗集》卷四《家政》，《朱子全书》第 26 册，第 704 页。

⑤ 〔宋〕朱熹：《朱子遗集》卷四《家政》，《朱子全书》第 26 册，第 704 页。

⑥ 〔宋〕朱熹：《晦庵先生朱文公别集》卷十《措置行下各场关防上户用湿恶糙米》，《朱子全书》第 25 册，第 5043 页。

偏、童叟无欺,是儒家所提倡的"诚信"道德原则在商业领域的具体运用,正是当今社会非常值得大力提倡和弘扬的"儒商"精神及诚信理念。

对治政者而言,取信于民是最重要的为政之道。这也是朱熹在从政时所着力坚持的为官之德。朱熹在任南康知军时,所属星子(治所在今江西省庐山市)、都昌、建昌等县遇到大旱灾。面对来势凶猛的旱荒,朱熹采取了减赋与赈济双管齐下的策略。在赈济方面,朱熹想尽各种办法,上向朝廷申请,下向富户劝贷,以筹集赈粮。其中有一条,在迫不得已的情况下,通过悬赏封官的办法,劝谕富户"将米谷赈济饥民"。正是此法,共得米一万九千石,又得上户两百多户承认赈粜米七万三千二百多硕。① 从而一举缓解了粮荒,救活了无数嗷嗷待哺的饥民。

南康荒政在朱熹殚精竭虑的筹措下,取得了圆满成功。其赈灾的措施、方法,"设施次第",大江南北"人争传录以为法",当时就被江西提举尤袤加以推广。朱熹救荒,得到了当地富户的支持,但他并未忘记当初赏官的允诺。当朝廷以"修举荒政,民无流殍"② 之功命朱熹为直秘阁时,朱熹连上三状予以辞免,理由就是"前所奏纳粟人未推赏,难以先被恩命"③,一直到此事落实,方才拜命,体现了儒者所一以贯之的一个"信"字。

三、朱熹诚信思想的当代意义

诚信,是一切道德理想的支柱和基石,是对每一个社会成员最基本的要求。以传统儒学来观照,我们不可能奢求人人都成为圣贤,但我们却不能不要求所有社会成员都应具备诚实和守信这一为人处世的最基本品德,这也是朱熹所说的诚信是每个人"立身行己"之本的含义。

---

① 〔宋〕朱熹:《晦庵先生朱文公别集》卷九《谕上户承认赈粜米数目》,《朱子全书》第 25 册,第 5010—5011 页。

② 〔宋〕朱熹:《晦庵先生朱文公文集》卷二十二《辞免直秘阁状一》,《朱子全书》第 21 册,第 991 页。

③ 〔宋〕黄榦:《勉斋先生黄文肃公文集》卷三十四《朝奉大夫华文阁待制赠宝谟阁直学士通议大夫谥文朱先生行状》,《北京图书馆古籍珍本丛刊》本,第 687 页。

在现代社会中，诚信问题无所不在，特别是在发展以信用经济为本质的市场经济中更是如此。诚实守信，是市场经济的基本特征和要求。诚信原则的贯彻与实施，是一个庞大的社会工程，是一个纷繁而复杂的社会信用体系，包括市场信用、政府信用、司法信用、企业信用、家庭信用等各个层面。其中，市场信用建设是社会信用体系的核心，内容包括质量信用、价格信用、财务统计信用等诸多方面。

作为行为个体，朱熹的诚信思想的基本要求是言之有实，言行一致和言之必践；体现在社会活动中，则应将这一道德理念和行为规范推而广之，扩展到社会活动，扩展到社会信用体系建设的方方面面。应该说，在朱熹的道德体系中，诚信思想是最贴近现代经济生活的，而且也最能为社会信用体系的重建提供某些重要的可供借鉴的思想资料。

与传统儒学更多的只是强调"道德自觉"一样，朱熹诚信思想中有所欠缺的，也是"自律"之外的强有力的"他律"，和道德之外的严厉的"法律"（以法令法律来约束之意）。所以，构建当代社会诚信体系，在加强自我约束机制的同时，建立社会约束机制，促进系统的"他律"和"法律"约束机制的建构，应该是重建社会信用体系的重要内容。

为此，一方面，必须动员社会力量，利用道德、舆论、经济等各种手段表彰守信的先进典型，也利用道德、舆论、经济和法律的手段严惩失信行为；另一方面，要建立健全以企业为主体的信用记录、信用评价档案和社会信用信息网络，以充分发挥社会约束机制的监督作用。

（本文载福建省炎黄文化研究会、福建省诚信促进会编：《诚信文化建设与中华民族伟大复兴》，鹭江出版社 2014 年版）

朱熹与福州

朱熹是孔子之后著名的思想家、哲学家、教育家。他一生除了在江西、浙江、湖南等地任地方官外，有六十多年时间主要活动于福建地区，其中也与福州结下了不解之缘。主要体现在以下三个方面。

1. 先后十几次到过福州

据《朱子年谱长编》《韦斋年谱》等记载，绍兴二年（1132），朱熹年方三岁就两次到福州。一是因战乱随父朱松入福州避乱；二是朱松到泉州石井镇任监税，随父前往，又途次福州。

绍兴十二年（1142）九月，朱熹十三岁，随父到福州访安抚使程迈。初识词人张元幹、诗人傅自得等。领略了张元幹的诗文，听到傅自得与其父对榻论诗。

绍兴二十三年（1153）五月，朱熹二十四岁赴同安任主簿，途经福州，拜见吕本中的弟子们以及《诗经》学名家李樗、《尚书》学名家林之奇、《礼》学名家王普、刘藻和任文荐等人。

绍兴二十五年（1155）正月，朱熹因公事到福州，见安抚使方滋，为同安县学募集图书。本年春季，又至福州，时吕大器官福建提刑司，因得以初识吕大器、吕祖谦父子，并与吕祖谦一见如故。

隆兴元年（1163）四月，应福州知州汪应辰之招至福州，讨论闽中盐法等事宜，对北伐用兵等时政交换意见。朱熹建议其废除扰民苛政，对汪应辰说："宁可作穷知州，不可与民争利。"

隆兴二年（1164）二月，朱熹再到福州，与汪应辰讨论和战问题。

淳熙十年（1183）十月，朱熹到福州访赵汝愚，赴莆田访陈俊卿，至泉州访陈知柔，吊傅自得。十一月中旬回程，再至福州，与赵汝愚游，多有唱和。

淳熙十四年（1187）正月，南下莆田吊唁陈俊卿。归经福州，与王子合、陈肤仲等同游鼓山。

绍熙元年（1190）二月，启程赴漳州任。沿途经政和、南剑州、福州和仙游等地。

此外，在《福建通志》《福州府志》《闽书》《闽都记》及福州各属县有关县志中，有不少史料，记载朱熹曾到过长乐、福清、连江、罗源、永泰等地。

2. 福州前辈理学家对朱熹的影响

朱熹是理学的集大成者。他广泛汲取了宋代和宋以前历代众多思想家的思维成果，从而构建了其"致广大而尽精微"庞大而缜密的理学思想体系。在这些众多的思想家中，福州有一些学者如唐代的林慎思、陈灿，宋代的陈襄、林之奇、李樗、王普、刘藻和任文荐颇值一提。

长乐林慎思，字虔中，自号伸蒙子。他提倡教化，为政主德刑兼施，持论醇正；学术上博采众长而成一家之言，是闽中历史上第一位著名的思想家。他在长乐城北德成岩建有德成草堂，是福建历史上较早的著名书院之一。后朱熹至此，其门人长乐刘砥、刘砺兄弟向他介绍了林慎思自幼勤奋好学，在此筑室读书的事迹。朱熹为此挥墨留题曰"德成于慎思"，后人将此称为"德成书院"。福清城东福唐里小隐岩有唐代陈灿所创的闻读书院。朱熹过此，也曾提笔大书"闻读"二字。考察前人的读书遗址，使朱熹对前辈学者"择胜地，立精舍"的恋山情结有了更深的认识，书院这一教学机构和教学形式后来逐渐成为与朱子理学紧密结合的重要载体。

陈襄（1017－1080 年），字述古，号古灵，侯官人。他是北宋早期闽中理学的代表人物，有宋代福建"理学倡道第一人"之誉。

陈襄创建的古灵书院，地点在侯官城西南约 60 里的古灵溪之滨。不仅是福州，也是全闽第一所在真正意义上，由福建本土著名教育家创办的书院，开了书院这一个教育机构在福建与理学联姻的先河，为朱熹和他的弟子后来在全闽各地创建书院，传播理学提供了最初的范本。

作为宋明新儒学在闽中的开拓者，陈襄提倡学校教育以道德教化为先，使学生成为仁人君子，进而推广到全社会，达到"兴治美俗"的作用，而他所反对的"为辞章取禄利"的思想则开了后来朱熹书院教育反科举的先河。陈襄重视社会教化思想也对朱熹产生了重大影响。朱熹在治理福建漳州、湖南潭州等地时，为了美厚风俗，推行德治，曾将陈襄的《劝谕文》，以《揭示古灵劝谕文》为题，大力加以提倡和推广。

南宋初期的名儒林之奇，字少颖，侯官人，以研究书经学而知名于当世。他是黄榦理学启蒙之师，在福建早期理学传播史上，有着承上启下的重要作用。绍兴二十三年（1153），朱熹在赴同安经由福州时，曾专诚拜访过他，听其解说《书经》。朱熹后来在书院讲学对其弟子说，解说《书经》"惟三山林少颖向某说得最好"。故他的弟子光泽李相祖作《书说》初稿成，请先生提意见，朱熹批评说："三山林少颖说亦多可取，乃不见编入，何耶？"由此可见对林之奇的推重。

李樗是以研究诗经学知名的大家，字迂仲，号迂斋，是林之奇的外兄。绍兴二十三年（1153），朱熹在拜访林之奇的同时，也拜访了李樗。他在写给友人的信中说："道过三山，乃识其兄迂仲，即之粹然而温，无诸矜争之色。"

庆元年间（1195－1200），朱熹在建阳，为了撰写《仪礼经传通解》一书，他还搜集了前人许多相关的著述，其中就有福州王普等人的著作。他曾对弟子辅广说："福州有前辈三人，皆以明礼称。王普，字伯照；刘藻，字昭信；任文荐，字希纯。某不及见王伯照，而观其书，其学似最优，说得皆有证据，尽有议论，却不似今人杜撰胡说。麻沙有王伯照文字三件，合为一书。"所谓"麻沙有王伯照文字三件，合为一书"，指的是麻沙书坊将王氏所著礼学著作三种，合为一书刊刻出版。又说："是时福州以礼学齐名者三人：王伯照、任希纯、刘昭信。某识任、刘二公。……刘说话极仔细，有来历，可听。某尝问以易说，其解亦有好处。……近来解易者多引之。"

以上所说唐宋时期福州这些前辈学者，内容广泛涉及理学概念、书经学、礼经学、诗经学、书院教育学等方面。这些福州学者，在当时曾有很高的知名度，随着时间的推移，以及他们部分著作的散佚，已经不被今天的大多数人所知晓，而正是因为有了朱熹的集众家之所长，福州理学的精华方被纳入其博大精深的理学思想体系中。

3. 福州出版朱子学著作，推动朱子学的发展

在朱熹生前或身后，有不少传播朱子学著作在福州刊刻出版。如庆元初，他的弟子詹体仁在福州知府任上，曾经重刻朱熹在漳州刊定的四经，即《易经》《书经》《诗经》和《春秋》。受朱熹委托，詹氏还于庆元元年（1195）在福州刻印《郭长阳医书》，是朱熹及其门人中所刻的极为罕见的医学书籍。门人郑性之于嘉定元年（1208）在福州刻印朱熹《韩文考异》十卷。另一位门人杨复则在福州编刻《仪礼经传通解续纂祭礼》十四

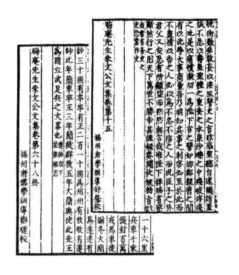

明代福州刊刻的《晦庵先生朱文公文集》

卷。嘉熙末（1240），福州府学教授吴燧刻印朱熹《资治通鉴纲目》五十九卷。

明代福州府儒学刊刻出版了《晦庵先生朱文公文集》，流传广泛的四部丛刊本《朱文公文集》就是以此为底本影印的。此刻本在《朱子全书》（上海古籍、安徽教育出版社 2003 年版）问世之前，曾经在相当长的一个历史时期，是《朱文公文集》在学术界的通行本。

福州出版朱子学著作最多、名气最大的是清初鳌峰书院和晚清正谊书院分别出版的《正谊堂全书》。这部卷帙浩大的朱子学文献，由清康熙间著名朱子学者、时任福建巡抚的张伯行主持刊刻，原刻本 55 种；同治五年（1866）

闽浙总督左宗棠又主持重刊，增至 63 种；此后，由左宗棠聘任的《正谊堂全书》总校杨浚又据采访所得书续刻五种，共 68 种 526 卷。康熙刻本罕存，现存本则多为清同治年间福州正谊书局重刊本。

为数众多的朱子学著作在福州出版，推动了朱子学的传播和发展。

4. 文化遗迹众多，产生了深远影响

朱熹在福州逗留期间，曾多次到书院讲学。如到现王庄街道紫阳村兴办紫阳讲堂；到北峰岭头乡石碑村高峰书院，与其得意高足、女婿黄榦一同讲学；到位于现仓山区林浦村的濂江书院讲学，到位于长乐区龙峰村的龙峰书院讲学。朱熹在福州的门人弟子有永福林学蒙、林学履，怀安林宪卿、潘柄、潘植，连江林罃，闽县唐晔、曾逢震、黄东、黄榦、杨复、赵师恕、郑文遹，闽清许俭、陈士直，侯官陈孔硕、陈孔凤、郑性之，罗源陈稹，长乐刘砥、刘砺等 40 多位弟子。

朱熹还常与朋友谈经论道，赞叹福州的山水之美，写下了许多脍炙人口的诗文。如《方山》："到山不识山面目，但见九鼻盘溪曲。归来几坐小窗下，倚天百尺堆寒玉。"淳熙十年（1183）十月，朱熹到福州访赵汝愚，在福州西湖写了《伏承侍郎使君垂示所与少傅国公唱酬西湖佳句谨次高韵聊发一笑》二首：

> 百年地辟有奇功，创见犹惊鹤发翁。
> 共喜安车迎国老，更传佳句走邮童。
> 闲来且看潮头入，乐事宁忧酒盏空。
> 会见台星与卿月，交光齐照广寒宫。
>
> 越王城下水融融，此乐从今与众同。
> 满眼芰荷方永日，转头禾黍便西风。
> 湖光尽处天容阔，潮信来时海气通。
> 酬唱不夸风物好，一心忧国愿年丰。

　　美丽的榕城也留下了众多朱子文化遗迹。据清道光《重纂福建通志》记载："朱文公于'伪学'之禁，避迹无定所。其于闽清凡数至，所历名胜题识殆遍。如广济岩之'溪山第一'、白岩之'八闽岳祖'，皆其亲笔，现勒石尚存。"《闽书》记载，朱熹避"伪学"之禁，至闽县铁冶场。《闽都记》记载，朱熹避地讲学于长箕岭贤场。《长乐县志》云，"晦翁岩"是朱熹在长乐讲学之地，源于南宋庆元年间，刘砥、刘砺在龙峰岩创建龙峰书院，读书于此。适逢宋代理学宗师朱熹为避"伪学"之祸来此，二刘兄弟等长乐学子纷纷投奔门下。后人为纪念朱熹、刘砥和刘砺三人，将龙峰书院改名为"三贤祠"，又将龙峰岩改名为"晦翁岩"。《永泰县志》载：宋林羽结茅于龙门三滩岸侧，朱晦翁镌"龙门"二字于石。《连江县志》记载：朱熹于庆元间遭"伪学"之禁，与其徒刘砥、刘砺抵连江，寓宝林寺，复至官地村结庐讲学，今犹名其村曰"朱步"。又寓安中里仁山，尝为主人书"大学圣经"于厅事门上。其家世无疫疠，人谓有公所书儒学经典在世也，后人即其地建祠以祀之。

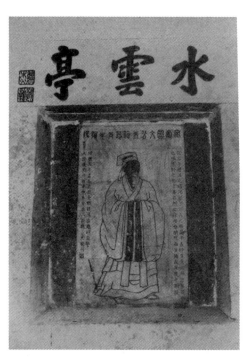

鼓山水云亭朱熹自画像石刻

　　目前，鼓山尚有 11 处共 15 段署名为晦翁之名的摩崖题刻，水云亭中后墙有朱熹自画像石刻。朱熹书法具有汉魏风骨及韵度润逸，结构稳健典雅，风格洒脱自然。如位于乌山的摩崖石刻"清隐"、晋安区鹤林村牛港山摩崖石刻"凤丘""鹤林"等。

　　朱熹的理学思想深刻地影响了福州，福州人民也对朱子文化十分信仰，在属邑各县广建朱子祠。如清代福州四大书院之首的鳌峰书院，福州道南祠等均建有朱子祠，以表示对朱子的敬仰之情。流传至今，仍有近 10 座的朱子祠。如位于现鼓楼区中山路中山大院的文笔书院朱子祠遗址、马尾区亭江镇长柄村长柄朱子祠、连江县丹阳镇丹阳朱子祠、长乐区晦翁岩"三贤祠"等。

（本文系应福州市相关部门之邀请为《福州朱子文化遗存图影集》撰写的前言，载《朱子文化》2017 年第 4 期）

朱熹序跋与南宋泉州刻本

　　在南宋思想史上，朱熹是一位极其重视图书刊刻出版的理学家、教育家和出版家。无论是赋闲家居在闽北创建书院著述讲学，还是在各地担任地方官期间，刊刻图书，推动当地的图书出版和印刷业的发展，是其重要的业绩之一。

　　朱熹为何重视图书刊刻出版？这是因为在古代中国，传播思想的主要途径仅有两条。一是口头传播，即开课讲学。其局限是受到时空的限制，一堂课充其量不过是数十百人，且不能保持久远，影响有限。二即图书传播，白纸黑字，一部印版，化身千万；印刷装订成册，不受时空限制，读者随时随地可以阅读，是当时最先进的传播媒介。朱熹对此深有体会，曾说："如千部文字，万部文字，字字如此好，面面如此好，人道是圣贤逐一写得如此。圣人告之曰：'不如此。我只是一个印板印将去，千部万部虽多，只是一个印板。'"[①] 因此，朱熹以著名教育家亲临各地官学和书院讲学，以当世大儒出任地方长官，均极其重视刻书出版，以推行他的以道德性命学说为主体的理学思想。而在客观上，此举对这些地方的出版业必将产生积极的推动和影响，并逐渐体现在此后他在各地担任地方官的南康、浙东、漳州和长沙等地的刻书事业发展中。

　　朱熹在各地刻书，除了生活时间最长的崇安五夫和刻书中心建阳之外，

---

　　① 〔宋〕黎靖德编：《朱子语类》卷二十七，第 680 页。

刊刻数量最多的是在漳州。他在南宋绍熙元年（1190）四月至次年（1191）四月，前后不过一年的时间里，就刊刻出版了《易》《诗》《书》《春秋》四经，《大学》《中庸》《论语》《孟子》四书；此外，还有《近思录》《家仪》《乡仪》《楚辞协韵》等十几种著作。他在《答刘伯修》书信中说："尝患今世学者不见古经，而《诗》《书》小序之害尤甚。顷在临漳刊定经子，粗有补于学者。"① 由此可知，朱熹在漳州"刊定"的儒学经典，试图通过删除对理解这些经典有"害"而无助的、前人强加的"小序"之类，从而达到恢复"古经"原貌的目的。

朱熹对漳州的图书出版和印刷的推动，是因为他在漳州曾担任主官知州之故。其影响可谓显而易见，表现为显性影响。而在泉州，他只有早年在泉州属县担任低级官吏，如同安县主簿的经历，且其时并未在同安或在泉州刻书，故他对泉州刻书的促进作用几乎不为世人所知。但他对泉州的图书出版却起到了很重要的影响。而这种影响，主要就隐藏在他对这一时期泉州的官刻本所作的一系列序跋之中。

故本文就是要通过对朱熹所作相关序跋的深入解读，来揭示其对泉州刻书隐性的影响。

一、谢克家刻本《资治通鉴举要历》

谢克家（1063－1134），字任伯，上蔡（今属河南）人。北宋绍圣四年（1097）进士。曾任泉州知州，平江知府，召为吏部侍郎、兵部尚书。建炎四年（1130），除参知政事，以病求去。绍兴四年（1134）卒于衢州。

南宋绍兴初，谢克家在泉州知州任上，曾刊刻司马光撰《资治通鉴举要历》八十卷。陈振孙《直斋书录解题》著录云："司马光撰《通鉴》既成，尚患本书浩大难领略，而目录无首尾，晚著是书，以绝二累。其稿在晁说之以道家。绍兴初，谢克家任伯得而上之。"② 所谓"得而上之"，是说谢克家在得

---

① 〔宋〕朱熹：《晦庵先生朱文公别集》卷五，《朱子全书》第 25 册，第 4929 页。
② 〔宋〕陈振孙：《直斋书录解题》卷四，上海古籍出版社 1987 年版，第 113 页。

到晁说之藏本后，将此书上呈给朝廷。在此，陈振孙有一个环节，在版本学上来说，可能是更重要的环节未能说清。即谢氏所上之书，究竟是稿本还是刻本？如果是刻本，是何人何时何地所刻？

而早在陈振孙之前，朱熹已将这一问题说得很清楚了。他的《资治通鉴举要历序》一文，本为司马光曾孙伋所刊《资治通鉴举要历》而作，开篇即言：

> 清源郡旧刻温国文正公之书，有《文集》及《资治通鉴举要历》，皆八十卷。《历》篇之首，有绍兴参知政事上蔡谢公克家所记，于其删述本指、传授次第，以及宣取投进所以然者甚悉。然其传布未甚广，而朝命以其版付学省，则下吏不谨，乃航海而没焉。独《文集》仅存，而历数十年未有能补其亡者。①

"清源郡"即泉州，因郡内有清源山而成为泉州别称。据乾隆《泉州府志》载，南宋建炎、绍兴间，谢克家曾三任泉州知州，时间分别为建炎三年（1129）、绍兴元年（1131）和绍兴三年（1133），后移知平江府。② 由此可知，朱熹所说的"清源郡旧刻"本，其刊刻年代，应即谢氏在泉州任职的绍兴元年至三年之间（1131—1133）；主持刊刻者，即时任知州的谢克家。

朱熹序中还提到了《文集》，即司马光《温国文正司马公文集》八十卷。此书的刊刻地点从现有资料来看，可能不在泉州，而是在福州，由福建提刑刘峤于绍兴二年（1132）刊刻。晁公武《郡斋读书志》卷四下将此书名著录为《司马文正传家集》八十卷。其中有云："集乃公自编次，公薨子康又没，晁以道得而藏之，中更禁锢。迨至渡江，幸不坠。后以授谢克家，刘峤得而

---

① 〔宋〕朱熹：《晦庵先生朱文公文集》卷七十六，《朱子全书》第 24 册，第 3658—3660 页。

② 〔清〕黄任等：乾隆《泉州府志》卷二十六《文职官上》，上海书店出版社 2000 年版，第 608 页。

刻版上之。"① 由此可知，谢克家当年所得"晁以道得而藏之"的"稿本"，除上文所说《资治通鉴举要历》外，还有此文集。为传播此二书，谢克家采用了分而刊之的办法，即将《资治通鉴举要历》刻印于泉州，由其主持；《温国文正司马公文集》则刻印于福州，由提刑刘峤主持。

谢克家泉州刻本《资治通鉴举要历》久佚。刘峤福州刻本《温国文正司马公文集》，国家图书馆存，卷一至四、七十七至八十配明弘治十八年（1505）卢雍抄本，行款为半叶十二行，行二十字，白口，左右双边。《四部丛刊》本即据此影印。② 前有刘峤序云："文集凡八十卷，为二十八门，其间诗赋、章奏、制诏、表启、杂文、书传，无所不备。得于参知政事汝南谢公。"③ 此"参知政事汝南谢公"，即谢克家。

谢氏事迹，史志所载较为零散。较详者有《宋宰辅编年录》卷十五，《浙江通志》卷一五四。《赤城志》卷三四载："谢克家，上蔡人，字任伯。绍圣四年中第。建炎四年参知政事，终资政殿学士。绍兴初，寓临海。事见《国史》。弟克明，官至主管刑工部架阁文字，赠朝奉大夫。侄杰，浙西安抚司参议官。"④

谢克家泉州"旧刻"《资治通鉴举要历》八十卷，因久佚，且史上一向无藏家为其著录，故几乎不为世人所知，而朱熹此序，则为此留下了揭示真相的珍贵线索。

---

① 〔宋〕晁公武：《昭德先生郡斋读书志》卷四下，《中国历代书目丛刊（第1辑）》，现代出版社1987年版，第1007页。

② 对此刻本的刊刻年代，有绍兴二年（1132）福州刻本和绍熙刊本二说。认为绍兴刻者，以清黄丕烈最早，今学界多从其说。他认为："余重是书之刻，在宋为最初本。""世行本以《传家集》为最古，今见此绍兴初刻题曰《温国文正司马公文集》，则'传家'之名非其最初。"（载《四部丛刊》本《温国文正司马公文集》卷八十末页）认为绍熙本者，见《四部丛刊》本《温国文正司马公文集》卷首书牌"上海涵芬楼借常熟瞿氏铁琴铜剑楼藏宋绍熙刊本景印"。笔者在此从前一说。

③ 〔宋〕司马光：《温国文正司马公文集》卷首，《四部丛刊初编》第828册，第2—3页。

④ 〔宋〕陈耆卿：《赤城志》卷三十四，《景印文渊阁四库全书》第486册，第897页。

作为一个理学家，朱熹为何对史学家司马光的著作情有独钟？一方面，这与其建构理学思想体系有关。众所周知，《资治通鉴纲目》是朱熹以司马光《资治通鉴》为底本，以理学家的眼光，"陶镕历代之偏驳，会归一理之纯粹，振麟经之坠绪，垂懿范于将来"①，以其理学思想贯穿于其中。编纂时间，始于乾道八年（1172），其意在于用春秋笔法，昭鉴戒，辨名分，正纲常，从而达到维护和巩固封建统治的目的。另一方面，也与其创建理学道统论有密切关系。在朱熹所建构的理学道统谱系中，有司马光的一席之地。绍熙五年（1194），朱熹在建阳考亭举行的"沧洲精舍释菜仪"中，主祀孔圣，而以颜渊、曾参、子思、孟子四配之外，又以周敦颐、程颢、程颐、邵雍、张载、司马光和李侗七人从祀。②《沧洲精舍告先圣文》有云："千有余年，乃曰有继。周程授受，万理一原。曰邵曰张，爰及司马。"③ 紧接着，还特别强调"学虽殊辙，道则同归"。是说，司马之史学，与众贤之理学，虽为"殊辙"，然而其道则同归于一理。

由此可知，朱熹对泉州刻书的影响，实际上是其理学思想体系建构过程中对图书出版业的一种隐性的辐射作用。

二、程佑之刻本朱熹编校《二程遗书》

程佑之（生卒年不详），字升夫，号吉老。乾道四年（1168）八月之前，在泉州刻印朱熹编校《二程遗书》。朱熹《答程允夫（洵）》书云："去冬走湖湘（按，指乾道三年赴潭州与张栻岳麓会讲），讲论之益不少。……近泉州刊行《二程遗书》，乃二先生语录，此间所录，且夕得本，首当奉寄也。"④ 指的就是程佑之刻本《二程遗书》。"此间所录"指的是朱熹在建阳所编录；所

① 〔宋〕李方子：《宋温陵刻本〈资治通鉴纲目〉后序》，《朱子全书》第11册，第3503页。

② 〔宋〕朱熹：《晦庵先生朱文公文集》卷六十九，《朱子全书》第23册，第3367页。

③ 〔宋〕朱熹：《晦庵先生朱文公文集》卷八十六，《朱子全书》第24册，第4050页。

④ 〔宋〕朱熹：《晦庵先生朱文公文集》卷四十一，《朱子全书》第22册，第1871－1872。按，程允夫，名洵，朱熹表弟。

刊《二程遗书》，其主要内容系二先生语录。今通行本《河南程氏遗书》即出自朱熹编本《二程遗书》，其中每卷均以"二先生语一、二先生语二……"依序编排。

在《朱文公文集》中，程佑之名号共出现两次。一作"程舶"，盖因程佑之其时任泉州市舶司提举，① 因以此称之。朱熹《答许顺之》云："向者程舶来求《语录》本子去刊，因属令送下邑中，委诸公分校。近得信，却不送往，只令叶学古就城中独校，如此成何文字？已再作书答之，再送下覆校。千万与二丈三友子（仔）细校过，但说释氏处，不可上下其手，此是四海九州千年万岁文字，非一己之私也。"② 一作"程宪"，因程佑之在泉州市舶司提举之后"移宪广东"，见于《答何叔京》。其中有云："《知言》一册纳上，《语录》程宪未寄来也。所疑《记善》，足见思索之深，然得失亦相半。别纸具禀其详。"③《二程遗书》是传统理学重要的"源头活水"之一，朱熹视其为"四海九州千年万岁文字"，而"程舶"却对此不太上心，故朱熹将此书的重校之役命许顺之负责打理。因许顺之是朱熹官同安主簿时的及门弟子，其家离泉州最近之故。

除此两处之外，通观朱熹《朱文公文集》《朱子语类》，及后人所编《朱子年谱》，均未再见此程氏之名号，由此可知程佑之与朱子关系并不太密切，除刊印此二书之外，别无交集。既然如此，何以判定程佑之即"程舶"或"程宪"？今泉州九日山西峰东麓石刻群有文曰：

> 河南程佑之吉老，提举舶事以深最闻，得秘阁移宪广东，金华王流季充，帅永嘉薛伯室士昭，天台鹿何伯可，浚仪赵犀夫元序，莆阳陈谠正仲，薛雍元肃，饮饯于延福寺。实乾道四年九月二十九日。④

---

① 〔清〕黄任等：乾隆《泉州府志》卷二十六《文职官上》，第 614 页。
② 〔宋〕朱熹：《晦庵先生朱文公文集》卷三十九，《朱子全书》第 22 册，第 1748 页。
③ 〔宋〕朱熹：《晦庵先生朱文公文集》卷四十，《朱子全书》第 22 册，第 1828 页。
④ 福建省政协文史资料委员会编：《福建摩崖石刻精品》，福建人民出版社 2005 年版，第 180 页。

《宋会要辑稿·选举》三四之二一载：

> （乾道四年）八月五日，诏提举福建市舶程佑之，职事修举，可除直秘阁，权广南东路提点刑狱公事。①

乾道四年（1168）八月，泉州提举市舶程佑之奉调广东提刑。九月二十九日，同僚为他在延福寺设宴饯别，留下此题刻。可作为程佑之即"程舶"或"程宪"的重要依据。

既然程佑之与朱子关系并不太密切，为何要为其刊刻此书？原因之一，程佑之是二程的后人，刊刻祖辈先贤所著，乃晚辈当然之责；二是朱子是有宋一代二程洛学最有成就的传人，号称"程朱"。他所编校的《二程遗书》《二程外书》等代表了当时的最高水平，故而有"程舶来求《语录》本子去刊"之举。以故，才有编纂于建阳寒泉精舍的二程遗著，不在刻书中心建阳出版，却在泉州刻印的特殊组合。

程佑之事迹，史志所载甚罕。《桂故》卷五"刘彦登"条载："程佑之，字升夫，自洛阳家此，盖二程之后。其人亦以学行为桂人所推重。其名俱在北郭外望夫山。"②《明一统志》卷八十三："程佑之，河南人。宋绍兴间避地寓居于桂。后帅五羊，今其子孙坟墓俱在桂林。"③

最后，需特别指出，据笔者以往的研究，朱熹编校《二程遗书》，是他在建阳寒泉精舍讲学之时，故想当然地将此书归为建阳刻本，刊刻者则为朱子本人。④ 而据学界通常所言，二程"《遗书》《外书》《经说》《文集》，在宋时版行，号称程氏四书"，"原出宋建宁本也"（按，建宁，指建宁府，建阳为其

---

① 〔清〕徐松：《宋会要辑稿·选举》三四之二一，中华书局1957年版，第4785页。
② 〔明〕张鸣凤：《桂胜·桂故》卷五，《景印文渊阁四库全书》第585册，第764页。
③ 〔明〕李贤：《明一统志》卷八十三，《景印文渊阁四库全书》第473册，第750页。
④ 参拙著《朱熹考亭书院源流考》，第124页。

属邑）①，与笔者所论相同。而通过以上的解读，追溯此"建宁本"源流，其中《遗书》的最早刻本应是由朱熹编纂于建宁，而由程佑之刊印于泉州，在此，大有特别纠正之必要。

三、司马伋刻本《司马太师温国文正公传家集》

司马伋（生卒年不详），字季思。陕州夏县（治所在今山西夏县）人，寓居杭州。本司马光族人，因司马光无后，建炎间以其族人为曾孙，司马伋有幸入选。绍兴十五年（1145），司马伋任浙东安抚司干办，因"畏秦桧有'私史害正'之语，遂言《涑水记闻》非其曾祖（司马）光所论"②，上奏朝廷，"诏委建州守臣将不合开板文字尽行毁弃"一事，即发生于本年。③ 绍兴末，曾任括苍通判。陆游《老学庵笔记》载："绍兴末，谢景思守括苍，司马季思佐之，皆名伋。刘季高以书与景思曰：'公作守，司马九作倅。想郡事皆如律令也。'闻者绝倒。"④ 乾道九年（1173）历广州知府。⑤

淳熙十年（1183），司马伋历官泉州知府，在任上曾以宋绍兴二年（1132）刘嶠刻本为底本，重刊宋司马光文集，题为《司马太师温国文正公传家集》八十卷。此书刻印于泉州公使库，故此刻本，通常均著录为泉州公使库刻本。黄丕烈《士礼居藏书题跋记》卷五著录云："及观周香严所藏旧钞本，亦为卷八十，而标题则曰：'司马太师温国文正公传家集'，卷末有'泉州公使库印书局淳熙十年内印造到'云云。又有嘉定甲申金华应谦之、并有门生文林郎差充武冈军军学教授陈冠两跋，皆云公裔孙出泉本重刊，是《传

---

① 〔宋〕程颢、程颐：《二程集》，王孝鱼点校，《重校二程全书凡例》，中华书局1981年版，第1页。

② 〔清〕周召：《双桥随笔》卷一，《景印文渊阁四库全书》第724册，第377页。

③ 〔宋〕李心传：《建炎以来系年要录》卷一百五十四，中华书局1956年版，第2477页。

④ 〔宋〕陆游：《老学庵笔记》卷八，《陆放翁全集》（上），中国书店1986年版，第50页。

⑤ 〔宋〕洪迈《容斋随笔》卷四《温公客位榜》："乾道九年，公之曾孙伋出镇广州，道过赣，获观之。"（上海古籍出版社1978年版，第46页。）

家》又重刊本矣。"①

乾隆《泉州府志》卷二十九《名宦》载："司马伋，淳熙九年（1182）以宝文阁待制知泉州。居二年，除龙图阁待制，再任。增饰礼殿，设殿帘两庑。揭御赞，锓诸板。"② 民国《福建通志·金石志》卷十有"司马伋等九日山题名""司马伋莲华峰题名"摩崖石刻两则，均题为郡守司马伋。其中清源山莲华峰司马伋视察水利题刻云："淳熙十年，岁在昭阳单於涂月立春日，陕郡司马伋相视水利竟事，因登此峰。玉牒赵仲山、开封韩用章偕行。四明林致夫期而不至。"③ 由此可知司马伋任泉州"郡守"的准确时间，正与刊刻此集的时间吻合。

淳熙十一年（1184），司马伋又刻印司马光《资治通鉴举要历》八十卷，朱熹为之作后序：

> 清源郡旧刻温国文正公之书，有《文集》及《资治通鉴举要历》，皆八十卷。……淳熙壬寅，公之曾孙龙图阁待制伋来领郡事，始至而视诸故府，则《文集》者亦已漫灭而不可读矣。乃用家本雠正，移之别板，且将次及《举要》之书，而未遑也。一日，过客有以为言者，龙图公瞿然曰："吾固已志之矣。"亟命出藏本刻焉。逾年告成，则又以书来语熹曰："是书之成，不惟区区得以嗣承先志而修此邦故事之阙，抑亦吾子之所乐闻也，其为我记其后。"④

由此可知，朱熹为泉州刻本《司马太师温国文正公传家集》《资治通鉴举要历》作后序，乃应司马伋之请。

---

① 〔清〕黄丕烈：《士礼居藏书题跋记》卷五，书目文献出版社 1989 年版，第 230 页。
② 〔清〕黄任等：乾隆《泉州府志》卷二十九《名宦》，第 9 页。
③ 许添源编：《清源山志》，中华书局 2004 年版，第 260 页。
④ 〔宋〕朱熹：《晦庵先生朱文公文集》卷七十六，《朱子全书》第 24 册，第 3658—3660 页。

《山西通志》卷一百三十一载其事迹较为详整："司马伋，字季思，夏县人。温公曾孙。出镇广州，终开国伯、吏部侍郎。所交皆天下名士，洪迈辈乐与之游。凡温公之书，必梓行之。于《资治通鉴》得公凡例于残稿中，撮其要例传于世，予夺之旨大明。高宗南渡，扈从寓杭。今为山阴之始祖云。"①

四、结语

宋元时期，泉州作为对外贸易的重要港口，商业繁荣。当时，建阳等地生产的图书，有相当一部分是从泉州销往海外的。其时，在泉州任职的地方官和一些当地学者是刻书业的主力。张秀民先生对此曾有一评价，认为南宋时期的泉州刻书"为诸州冠也"②，正是从南宋泉州官刻这一角度而言的。③由于历史的原因，有不少泉州官刻本湮灭无存，历史上曾经有过的辉煌也几乎不为人们所知，而通过对朱熹相关序跋的解读可知，朱熹对泉州刻书也曾有过积极的影响。这种影响，实际上是其在理学思想体系建构过程中，对图书出版业所产生的一种隐性的推动作用。

［本文系国家社科后期资助项目"福建历代刻书家考略"（16FZS051）阶段性成果，载《中国出版史研究》2018 年第 3 期］

---

① 〔清〕储大文等：《山西通志》卷一百三十一，《景印文渊阁四库全书》第 546 册，第 487 页。

② 张秀民：《宋孝宗时代刻书述略》，《张秀民印刷史论文集》，印刷工业出版社 1988年版，第 101 页。

③ 参拙文《南宋泉州官私刻书考述》，《泉州师范学院学报》2007 年第 3 期。

朱熹的商业思想与经商实践

一

作为一个著名的思想家而不是经济学家，朱熹的理学思想体系中所蕴含的丰富的经济思想很少被人们所论及，乃至长期以来被忽视，甚至在某些方面产生误解。

朱熹的祖籍是徽州婺源，历史上这里是产生富商的地方，拥有经济发展史上独树一帜的徽商。受此影响，朱熹对商业的看法显得十分开通，丝毫没有通常封建士大夫那种以商为"末"的意识。他写过一篇专文，追记其外祖父，用一种十分向往和赞赏的语调告知世人："外祖新安祝氏，世以赀力顺善闻于州乡，其邸肆生业几有郡城之半，因号'半州'。"① 即使是对身处社会最底层者，如为商家打杂的工匠，朱熹也没有丝毫的歧视。他为建阳某书肆靠以抄写书稿为生的书工写过一首诗：

平生久要毛锥子，岁晚相看两秃翁。
却笑孟尝门下客，只能弹铗傲西风。②

---

① 〔宋〕朱熹：《晦庵先生朱文公文集》卷九十八《外大父祝公遗事》，《朱子全书》第 25 册，第 4571 页。
② 〔宋〕朱熹：《晦庵先生朱文公文集》卷十《赠书工》，《朱子全书》第 20 册，第 550 页。

"要"，一作"耍"，通行本如《宋集珍本丛刊》本、《四部丛刊》本、《朱熹集》本、《朱子全书》本则均作"要"。细思之，二者皆通。久要，《论语·宪问》曰："久要不忘平生之言，亦可以为成人矣。"朱熹注曰："久要，旧约也。平生，平日也。"① 以此解《赠书工》一诗，意为老书工与毛笔（毛锥子）有厮守终生的邀约，不离不弃，以此赞扬书工的敬业精神。如果说，"久要"是以儒学经典的典故入诗，而"耍"字，则可谓是以白话入诗，即日常所说耍笔杆子之意。作者以诙谐幽默的笔调，描绘了毛发稀疏的老书工与手中秃笔，相映成趣的"两秃翁"形象，以此赞扬老书工能够自食其力，把毕生精力都奉献给了图书商品的生产，与那些奔走权门的食客，如战国时期孟尝君门下的食客冯谖相比，其精神境界不知高出多少！

朱熹商业思想的精华，集中地体现在所撰《不自弃文》中。这是一篇他为教导子孙如何在社会上自立，以及如何选择职业而撰写的文章。曾有人撰文说，此文不是朱熹所作。主要理由，一是文中"天下无弃物"的思想，同道学家朱熹"存天理、灭人欲"的"天理论"不相容。朱熹出身于官僚地主家庭，早年在南宋王朝做官，晚年讲学。他的生活实践无法使他产生这种"下无弃物"的思想。而且，《不自弃文》叙述生活中的许多具体事物，内容充实，文字朴实易懂。而朱熹遗留下来的其他著作，都是一些抽象的、虚伪的道学教条，他的文字枯燥无味，僵硬晦涩，与《不自弃文》的文风迥然有别。此外，从南宋至清初，所有朱熹的文集、别集中都没有收入《不自弃文》篇，惟朱熹的第十六世孙朱玉编的《朱子文集大全类编》收入此文。②

以上这些理由可以说完全站不住脚。朱熹的天理论认为，世间万物，一物有一"太极"，一物有一物之"理"，他所提倡的格物致知认识论，就是要从"分殊"中体认"理一"。而这些，与"天下无弃物"的思想恰恰是相容的。

---

① 〔宋〕朱熹：《论语集注》卷七《宪问》，《四书章句集注》，第 151—152 页。

② 胡文彬：《读遍红楼·寻根究底终存疑——〈不自弃文〉非朱熹所作》，书海出版社 2006 年版，第 136 页。

在《不自弃文》中，朱熹提出了这样的观点：

> 士其业者，必至于登名；农其业者，必至于积粟；工其业者，必至于作巧；商其业者，必至于盈赀。若是，则于身不弃，于人无愧。①

在朱熹眼中，士、农、工、商各行各业本无尊卑高低之别，其要点在于从业者是否能"孜孜汲汲，以成其事，兢兢业业，以立其志"②，而不是见异思迁；在于不管干哪一行都要干好，做工就要成为巧匠，经商就要能够盈利，这与士人登科、农民种好田一样有价值。如此，则不弃于自身，亦无愧于世人。

朱熹的这一观点，在封建社会普遍贱商、鄙商的氛围中，显得十分可贵。而更为可贵的是，朱熹对此不仅只是停留在口头上，而是身体力行，努力将他的这一思想付诸实践。

二

乾道年间，朱熹由于奉祠家居，仅领半俸，生活陷于"艰窘不可言，百事节省，尚无以给"③ 的困境之中。为了摆脱此窘境，也为了保证自己的学术研究能够顺利进行，他在讲学和著述之余，在当时全国最大的刻书中心——有"图书之府"之誉的建阳崇化，在此地刻书作坊、售书书铺林立之处也开设了一间"书肆"，④ 从事图书印卖的商业活动，试图以此维持生计，弥补其俸禄之不足。其书肆的日常事务主要交由其婿刘学古、季子朱在和门人林择

---

① 〔宋〕朱熹：《朱子遗集》卷四，《朱子全书》第 26 册，第 656 页。
② 〔宋〕朱熹：《朱子遗集》卷四，《朱子全书》第 26 册，第 656 页。
③ 〔宋〕朱熹：《晦庵先生朱文公别集》卷六《与林择之》，《朱子全书》第 25 册，第 4945 页。
④ 朱熹的书铺无名号，自称"书肆"，见其《晦庵先生朱文公续集》卷八《答李伯谏》书二、书三，《朱子全书》第 25 册，第 4786－4787 页。

之负责。朱熹将售书所得利润戏称为"文字钱"①，以此作为"自助"的经济来源。

朱熹开设书肆的本金，来源于其师友门人所凑的股份，故其书肆产业，大概可视为中国古代最原始的"股份制企业"。对其股份的基本构成、管理方法以及利润分配等一系列经济数据，由于史料缺载，今已无从详考。我们只能从朱熹写给他的学生李伯谏的两封书信中揣摸出他的书肆有原始股份制的意味而已。书信原文如下：

> 子礼兄金，渠又认定还七月以后息钱矣。书肆狼狈日甚，深用负愧。要之，此等自非吾曹所当为，宜其至此。但恨收拾得又不好，愈使人意不满耳。②
>
> 书肆之败，始谋不臧，理必至此，无可言者。既败之后，纷纷口语，互相排击，更不可理会。③

从书信内容看，其资金一部分是借款，必须付给"息钱"；另一部分是众师友门人凑的股份。由此，可以大致推断，朱熹当年从事刻书曾经出现过中国最早的股份制萌芽，只是因为这方面的史料流传得太少，其情已不能详考。由于是文人经商，缺乏足够的经验，朱熹的书肆最终因经营不善而倒闭，由此引起"众人"即各"股东"的互相埋怨，故有"纷纷口语，互相排击"之说。

朱熹初次经商，最终以失败而告终，并没有实现他所说的"商其业者必至于盈赀"的理想。但有了此次经商失败的教训，朱熹开始意识到从商也是一门学问。"始谋不臧"，仓促上阵，最终只会难以为继，乃至"狼狈日甚"，

---

① 〔宋〕朱熹：《晦庵先生朱文公别集》卷六《林择之》书七，《朱子全书》第25册，第4945页。

② 〔宋〕朱熹：《晦庵先生朱文公续集》卷八《答李伯谏》书二，《朱子全书》第25册，第4786页。

③ 〔宋〕朱熹：《晦庵先生朱文公续集》卷八《答李伯谏》书三，《朱子全书》第25册，第4787页。

而要把"收拾得不好"转化为"收拾得好",关键在于要有所盈利;而要盈利就必须掌握和使用必要的商业谋略。当他把这一认识贯穿、使用到他为当地实施的一次救荒实践中时,竟然取得了意想不到的成功。

三

乾道四年(1168),朱熹所在的建宁府崇安县遇到了严重的水灾,粮食绝收。其时,赋闲家居的朱熹亲历了当地因山洪暴发、泥石流冲击的破坏,造成房屋倒塌、良田被掩埋,乃至"阡陌纵横不可寻"的险情,也目睹了乡民"死伤狼藉正愁吟",① 受疾病伤痛和饥饿折磨的惨状。而那些打着赈恤灾民旗号,以颁示所谓皇恩浩荡的官府赈粮车只是在县城隆隆驶过,扔下几袋赈济粮便大功告成扬长而去。而有限的赈粮则被"市井游手及近县之人"捷足先登,抢掠一空,穷乡下邑真正的灾民根本领不到赈粮。此情此景,令朱熹深恶痛绝。他将这些官吏怒斥为"漠然无意于民"的"肉食者",② 决心通过自己的努力,探求一种可以以丰补歉,乡民自救的办法,由此创造出了后来被广泛推行、闻名于天下的"朱子社仓法"。

应该说,社仓法并非朱熹首创。早在隋开皇三年(583),就有长孙平创"义仓"。其方法是"令民间每秋家出粟麦一石已下,贫富差等,储之里巷,以备凶年"③。绍兴年间,朱熹的同窗学友魏掞之(1116—1173)在建阳借鉴其法,建长滩社仓。朱熹还为此撰写记文,④ 加以推广。受魏的启发,朱熹在大灾之年,切身感受到社仓之法的自救和社会保障功能的确有效。为此,他在灾后即着手策划创建社仓。乾道七年(1171)八月,朱熹在崇安县开耀乡

① 〔宋〕朱熹:《晦庵先生朱文公文集》卷十《杉木长涧四首》,《朱子全书》第 20 册,第 550 页。

② 〔宋〕朱熹:《晦庵先生朱文公文集》卷四十三《答林择之》书一,《朱子全书》第 22 册,第 1963 页。

③ 〔唐〕魏徵等:《隋书·长孙平传》卷四十六,中华书局 1973 年版,第 1254 页。

④ 〔宋〕朱熹:《晦庵先生朱文公文集》卷七十九《建宁府建阳县长滩社仓记》,《朱子全书》第 24 册,第 3777—3779 页。

五夫里建成三所社仓。与传统的义仓和魏掞之所建社仓最大的区别，也是朱熹社仓法最具创造性的地方，是朱熹五夫社仓谷米的借贷方法，是在传统借谷还谷的基础上，增加了收取利息的办法。其计算方法是，每借贷一石谷米，秋收后需收利息二斗，遇荒歉之年利息减半，大灾之年则利息全免。此收息之法，实际上是朱熹在建阳经营书肆失败后，在分析、总结其失败的原因时所悟出的这么一个道理：即只有获取一定的商业利润，经营者才有可能获得源源不断的经济上的支持和保证。在合法合理的前提下，经营者可以而且应该追求正当的利益。沿着这一思路，他将此商业获利之法延伸到社仓的管理方法中，并成功地转换为收取利息之法。如果说此法与获取商业利润有所不同的话，即社仓放贷所获取的息米完全是取之于乡民而用之于乡民，与经商者完全是为了从个体的再生产为出发点来获取利润有质的区别。

朱熹此法在实行之初，曾引起许多人的不解和质疑，就连友人魏掞之也指责此举乃"祖荆舒聚敛之余谋"，与放高利贷无异，是"不当"之举。朱熹则认为魏的方法，谷物"久储速腐，惠既狭而将不久也"。二人就此事经常辩论，一时谁也说服不了谁，而旁听者"抵掌观笑，而亦不能决其孰为是也"[①]。但事实胜于雄辩，十四年后，朱熹的社仓除了创办之初所借官府常平粮 600 石全部还清外，尚有余粮 3100 石。[②] 即使遇到大灾之年，一乡之民也足以自保，从而做到了如朱熹所说的"一乡四五十里之间，虽遇凶年，人不阙食"[③]。而魏掞之的社仓，则因魏的早逝和继而"职其事者"不负责任，以及谷米的自然损耗过多等原因，造成"粟腐于仓，而民饥于室"[④]，因而需要

---

① 〔宋〕朱熹：《晦庵先生朱文公文集》卷七十九《建宁府建阳县长滩社仓记》，《朱子全书》第 24 册，第 3779 页。

② 〔宋〕朱熹：《晦庵先生朱文公文集》卷十三《辛丑延和奏札》四，《朱子全书》第 20 册，第 649 页。

③ 〔宋〕朱熹：《晦庵先生朱文公文集》卷十三《辛丑延和奏札》四，《朱子全书》第 20 册，第 649 页。

④ 〔宋〕朱熹：《晦庵先生朱文公文集》卷七十九《建宁府建阳县长滩社仓记》，《朱子全书》第 24 册，第 3778 页。

重新整顿，改用朱熹收息之法。

朱熹创办社仓的试验在五夫里获得了巨大的成功，他将此法加以总结，制订了一份切实可行的《社仓事目》加以推广。淳熙八年（1181），朱熹将此上奏朝廷，得准在全国各地推广。应该特别指出，朱熹一生虽在闽、浙、赣、湘四地担任过地方官，但在创建五夫社仓的数年中，朱熹只是一个奉祠家居、仅领半俸的低级赋闲官员，是儒家经世济民、积极用世的实学思想促使朱熹倡行此爱民济物的惠政。

四

淳熙八年（1181），朝廷起用朱熹为南康知军，使其平生所学有了一次较好的付诸于政事的机会。除了上奏朝廷推行社仓之法外，他还将其一贯提倡的诚信原则贯彻到商业活动中，其具体表现，就是他所提倡的"临财欲其勿苟，见利欲其勿争。交易欲其廉平，施与欲其均一"① 的思想，这是朱熹的理学思想在经济、商业方面的具体体现。他对违反商业道德、恶意欺诈的行为予以坚决打击。在南康，他曾下令严禁当地富商与官府勾结，将其商品强卖给乡民。特别是对在旱荒之年，粮商哄抬米价，更有奸商在米中掺沙，将"湿恶粗糙谷米"充作好米售与灾民等严重违反诚信商业道德原则的恶行，下令予以制止和打击。②

"临财欲其勿苟，见利欲其勿争"与其"存理灭欲"的义利观一脉相承；"交易欲其廉平，施与欲其均一"，其中"廉"是物美价廉，"平"是公平不偏，童叟无欺，是儒家所提倡的"诚信"道德原则在商业领域的具体运用，正是当今社会严重缺失，非常值得大力提倡和弘扬的"儒商"精神。

由于朱熹曾与陈亮开展过著名的"王霸义利之辨"，近现代以来学界多把宋明理学家误解为鄙视工商、鄙视功利，重义而轻利的保守的思想家，对朱

---

① 〔宋〕朱熹：《朱子遗集》卷四《家政》，《朱子全书》第 26 册，第 704 页。

② 〔宋〕朱熹：《晦庵先生朱文公别集》卷十《措置行下各场关防上户用湿恶糙米》，《朱子全书》第 25 册，第 5043 页。

熹更是作如是观。实际上并非如此。上文所举朱熹在建阳创建书肆，他并没有遮遮掩掩地将其书肆取一个文化意味十足的名称，如南宋时期流行的"××书院"，而是直呼其名为"书肆"，商业买卖的意味十足。其挚友，与他并称"东南三贤"之一的张栻认为此举不妥，写信批评他："比闻刊小书板以自助，得来谕，乃敢信。……虽是自家心安，不恤他说。要之于事理，终有未顺也。"① 张栻所谓的"事理"，实际上也就是知识分子"君子羞于言利""君子固穷"之类的传统偏见而已。朱熹对此并不以为然。除了上文所说朱熹在建阳印卖图书之外，他在后来担任地方官的南康、浙东、漳州、潭州等地，仍不时地从事他所喜欢的刻书事业，据笔者统计，迄今可考的刻本仍多达三十多种。②

五

朱熹的商业思想和经商实践，实已开明末思想家黄宗羲"工商皆本"、清末思想家严复"农工商并重"思想的先河，对宋以降的工商业，其中也包括对图书出版发行业起到了正面的推动作用。比如，在朱熹的影响下，他有一大批来自闽、浙、赣、粤、湘、鄂、川、徽、桂九个省区的门人弟子在各地从事图书的印卖活动。这九省区的辖地，与南宋十七路的管辖范围大致相当，因此可以说，朱门弟子的刻书印书，其影响已辐射到南宋的"全国"各地，从而在中国书业发展史上，开创了学派刻书的先河。③

又如泉州田庵村洪姓家族，自古而今全族从事版刻技艺。据当地学者采访族人，均说他们的一世祖洪荣山，曾从朱熹学习镌刻，其后人均奉朱熹为祖师。从而形成了每年旧历二月二十五日，家家户户上供"祖师朱文公"的木牌，轮流祭祀的习俗。④

① 〔宋〕张栻：《南轩集》卷二十一《答朱元晦秘书》书十六，《景印文渊阁四库全书》第 1167 册，第 599 页。

② 参拙文《朱熹刻书事迹考》，《福建学刊》1995 年第 6 期。

③ 参阅拙文《朱子学派与南宋出版》，《江西社会科学》2002 年 11 期。

④ 吴堃：《泉州的木版镌刻与书坊》，《泉州文史资料》，1994 年铅印本。

再如建阳刻书世家刘氏，其后人在追溯其始入崇化书林始祖，宋末元初著名书商刘君佐的迁居原因时认为："书林予族，其曷昉乎？盖自宋咸淳进士南恩道判讳君佐公卜胜择仁，慕斯地为考亭藏书之府，与兆十公讳君导从麻沙而迁居焉。学山瀚海，代毓伟人，族势之昌，自树一帜。"① 文中，将祖祖辈辈从事刻书、贩书之业视为"自树一帜"的伟业，并为此而自豪。而刘君佐本人，也是将印书售书视为"诗书一脉，不替益隆"的"世业"② 来经营的。因此，刘君佐后人中有 40 多人从事刻书、售书。据笔者不完全统计，建阳刘氏家族刻本迄今可考者，至少不下 200 种。③ 朱熹在书坊曾印卖图书（谱序中讳称为"藏书"），就为其引来了一个刻书大族，其影响之深远，于此可知。

由于朱熹的祖籍是徽州婺源，故他对徽商的影响也是很大的。徽商在全国各地遍建会馆，祀奉的不是赵公元帅，不是关圣，而是朱熹。这在全国各地来说都是绝无仅有的。徽商在社会普遍轻商、贱商的氛围中，引经据典，努力从儒家典籍中寻找经商者并不卑贱的理由，也与朱熹商其业者"于人无愧"之说不谋而合。于是，他们一方面谨守朱熹"商其业者必至于盈赀"的教义，努力赚取正当的利益；一方面像朱熹外祖祝氏那样，在拥有雄厚"赀力"的情况下，时刻不忘"顺善"仁义之举。坚持经商以"仁义为先"，提倡"不言利而利自饶"，此即徽商"贾而好儒"的特色，溯其根源，则来自朱熹的商业思想及其道德伦理哲学的融合。

应该说，朱熹的商业思想及其经商实践，对其后工商业的发展虽有一定的影响，但毕竟还是有限的。一是这种影响主要还局限在闽、皖两省的部分地区，而没有像他的理学思想一样遍播全国甚至海外。二是宋明时期乃至清代，贱商、鄙商的社会意识仍普遍存在，并没有因为朱熹的观点而得到有效

---

① 〔清〕刘自成：《修贞房谱序》，建阳书坊《贞房刘氏宗谱》卷一，1920 年活字印本。

② 〔元〕熊禾：《刘氏重修族谱序》，麻沙《刘氏族谱·历朝谱序》，清光绪六年（1880）印本。

③ 参拙文《建阳刘氏刻书考》，《文献》1988 年第 2、3 期。

的改变。[①] 三是即便是朱熹本人，他的商业思想以及从商经历，也曾被历史的尘埃所久久掩埋而罕为人知，又遑论其他？究其原因，盖历史上真实的朱熹，被宋末以后历代的统治者为维护其封建统治的需要而任意涂抹和歪曲，其身上闪射的民主性精华被逐渐抹杀有着密切的关系。

（本文系 2005 年 10 月武夷山朱子文化节暨"朱子学与和谐社会"高峰论坛参会论文，刊于《朱子文化》2007 年第 4 期时又略作修改）

---

① 清雍正五年（1727）五月，仍有圣谕说："农为天下之本务，而工贾皆其末也。"见《清实录》第 7 册，《世宗宪皇帝实录》卷五七，中华书局 1985 年版，第 867 页。

传播海外的朱子社仓法

社仓，系南宋朱熹首创的一种民间储粮和社会救济的方法，后经总结和推广，成为南宋以降荒政的一项重要制度。朱子社仓法既是朱熹恤民思想的具体体现，也是儒家民本思想在实践中矗立的一座丰碑。

这项制度在宋明时期被推广到全国各地；清代，与朱子的书院制度、朱子的学说在我国宝岛台湾同时得到推广；明清时期，也传播至朝鲜半岛、日本等海外地区。

一、宋明时期，社仓法推向全国

南宋乾道四年（1168）春夏之交，崇安闹饥荒，邻邑浦城发生饥民暴乱，乡民"人情大震，藏粟亦且竭"。当时，朱熹正以枢密编修官待次赋闲家居。他上书建宁府，借粟六百斛救急，帮助饥民渡过难关。同年七月，崇安又遇水灾，灾情严重，朱熹又被府县请来参与赈灾。他目睹了乡民"死伤狼藉正愁吟"，受疾病伤痛和饥饿折磨的惨状，也眼见朝廷派遣的所谓赈灾使，不过是一批"虚文"应付，"漠然无意于民"的"食肉者"。在感叹"世衰俗薄，上下相蒙，无一事真实"之外，朱熹强烈地感受到儒家"民为邦本"的学说不明于时，"天下事决无可为之理。"① 从而萌生了必须要有一种百姓自己就可以操作，而无需"食肉者"参与的救荒机制。他决心通过自己的努力，探求

① 〔宋〕朱熹：《晦庵先生朱文公文集》卷四十三《答林择之》书一，《朱子全书》第22 册，第 1963 页。

一种可以以丰补歉，乡民自救的办法。他吸收了隋开皇三年（583）长孙平所创"义仓"的方法，又借鉴了同窗学友魏掞之（1116—1173）在建阳建长滩社仓的经验和不足之处，于乾道七年（1171）八月，在崇安五夫里建成社仓三间，此即后来被广泛推行，闻名于天下的"朱子社仓"。朱子社仓法最具创造性的地方，是在传统的借谷还谷的基础上，增加了收取利息的办法。其计算方法是，每借贷一石谷米，秋收后需收利息二斗，遇荒歉之年利息减半，大灾之年则利息全免。

经过十多年的实践，朱熹创办社仓的试验在五夫里获得了巨大的成功，他将此法加以总结，制定了一份切实可行的《社仓事目》加以推广。淳熙八年（1181）十一月，朱熹奏事延和殿，其中第四札向宋孝宗陈述了社仓之法，并请求在各地推广。十二月，诏行社仓法于诸郡，得准在南宋各地推行。社仓法从此成为南宋荒政的一项重要制度。至宋理宗时，社仓制度已遍行南宋全国，成为南宋荒政和仓储制度中重要的环节之一。

应该特别指出，朱熹一生虽在闽、浙、赣、湘四地担任过地方官，但在创建五夫社仓的数年中，朱熹只是一个奉祠家居、仅领半俸的低级赋闲官员，是儒家经世济民、积极用世的实学思想促使朱熹倡行此爱民济物的惠政。

在把社仓之法推向全国的过程中，朱熹的友人、弟子在其中起了重要的作用。绍熙三年（1192）二月，辛弃疾赴任福建提举，经建阳拜访朱熹。因其长于治军而短于治政，故专门向朱熹请教为政之策，朱熹答之以"临民以宽，待士以礼，驭吏以严"① 十二个字。在福州，辛弃疾除了整顿郡学之外，另一治绩就是仿朱熹社仓之法建"备安库"，以丰补歉，以备荒年。②

李燔（1163—1232），字敬子，南康军建昌县（治所在今江西省永修县）人，朱熹考亭沧洲精舍门人。在任江西运司干办公事时，对当地社仓之置，建议对"仅贷有田之家，而力田之农不得沾惠"之弊进行改革，"倡议裒谷创

---

① 〔宋〕黎靖德编：《朱子语类》卷一百三十二，第3180页。

② 〔元〕脱脱等：《宋史》卷四百一《辛弃疾传》，第12164页。

社仓，以贷佃人。"①

张洽（1161—1237），字元德，号主一，临江军清江县（治所在今江西省樟树市）人。朱熹武夷精舍门人。淳熙年间，推行社仓法，"洽请于县，贷常平米三百石，建仓里中，六年而归其本于官，乡人利之。"②

李道传，字贯之，隆州井研（今属四川）人。朱熹私淑弟子。嘉定年间，"摄宣州守，行朱熹社仓法，上饶、新安、南康诸郡翕然应命，人蒙其利。"③

真德秀（1178—1235），建州浦城县人。朱熹私淑弟子。嘉定十五年（1222），以宝谟阁待制任湖南安抚使兼知潭州。以"廉仁功勤"四字勉励僚属。"民艰食，既极力振赡之，复立惠民仓五万石，使岁出粜。又易谷九万五千石，分十二县置社仓，以遍及乡落。别立慈幼仓立义阡，惠政毕举。"④ 刘克庄为其撰《参政真公行状》，称"以撙节钱易谷于总所，得八万石，益以它谷为九万五千石，散于十二县置社仓百所，其敛散息耗之法，一依朱文公所立条约"⑤。

魏了翁（1178—1237），邛州蒲江（今属四川）人。朱熹私淑弟子。绍定年间，知泸州"兴学校，蠲宿负，复社仓，创义冢，建养济院。居数月，百废俱举"⑥。

赵景纬，字德父，临安府（治所在今浙江省杭州市）人。从学于朱子门人叶味道和度正。知台州时，在黄岩县"建社仓六十有六。浚河道九十里，筑堤路三十里。节浮费，为下户代输秋苗。奏蠲五邑坊河渡钱"⑦。

黄震（1213—1280），字东发，慈溪（治所在今浙江省慈溪市）人。宋度宗时，出任广德军通判。发现广德军社仓系官办，而非朱熹所提倡的民办。

---

① 〔元〕脱脱等：《宋史》卷四百三十《李燔传》，第 12784 页。
② 〔元〕脱脱等：《宋史》卷四百三十《张洽传》，第 12786 页。
③ 〔元〕脱脱等：《宋史》卷四百三十六《李道传传》，第 12946 页。
④ 〔元〕脱脱等：《宋史》卷四百三十七《真德秀传》，第 12960—12961 页。
⑤ 〔宋〕刘克庄：《后村居士集》卷五十，《宋集珍本丛刊》第 80 册，第 64 页。
⑥ 〔元〕脱脱等：《宋史》卷四百三十七《魏了翁传》，第 12968 页。
⑦ 〔元〕脱脱等：《宋史》卷四百二十五《赵景纬传》，第 12673 页。

老百姓困于纳息，民穷被逼至上吊自杀者有之。许多人误以为这是朱熹之法，不敢非议。但黄震说："法出于尧、舜、禹三代圣人，犹有变通，安有先儒为法，不思救其弊耶？况熹法，社仓归之于民，而官不得与。官虽不与，而终有纳息之患。"黄震特地买田六百亩，以其租代社仓息，规定非凶年不贷，而贷者不得取息。①

明代，社仓制度得以在全国各地或兴或废断断续续地保存下来。明代初期，社仓由官民共管，到中后期有了新的发展，官府干预明显弱化，民间对社仓的掌控力开始逐步超过官方，而且社仓遍及全国城市乡村。② 这说明，朱熹所提倡的独立于官方掌控之外的民办社仓制度在明代仍然得到了延续。只是这种延续，在空间上，各个地区之间不够平衡；在时间上，则有兴有废，时断时续。《明史》载，弘治年间，江西巡抚莆田林俊曾上请建常平及社仓。"嘉靖八年乃令各抚、按设社仓。令民二三十家为一社，择家殷实而有行义者一人为社首，处事公平者一人为社正，能书算者一人为社副，每朔望会集，别户上中下，出米四斗至一斗有差，斗加耗五合，上户主其事。年饥，上户不足者量贷，稔岁还仓。中下户酌量振给，不还仓。有司造册送抚、按，岁一察核。仓虚，罚社首出一岁之米。其法颇善，然其后无力行者。"③

清代社仓的发展始于清初，乾隆时期达到顶峰。④ 经过康、雍、乾三代君主的努力，实现了社仓的民间化。⑤

二、清代，社仓法在宝岛台湾推广

清康熙二十二年（1683 年），台湾回归，朱子的社仓法制度也与朱子的学说、朱子的书院制度一起流传到祖国宝岛台湾。台湾本富庶之地，"一岁三

---

① 〔元〕脱脱等：《宋史》卷四百三十八《黄震传》，第 12992 页。

② 段自成：《明中后期社仓探析》，《中国史研究》1998 年第 2 期。

③ 〔明〕张廷玉等：《明史》卷七十九《食货志》三，中华书局 1974 年版，第 1296 页。

④ 白丽萍：《试论清代社仓制度的演变》，《中南民族大学学报（人文社会科学版）》2007 第 1 期。

⑤ 鲍晓娜：《略论清代常平仓与社仓（义仓）之政》，《光明日报》1987 年 11 月 11 日。

熟，故民无饥患"，但由于自然灾害频发，"自五十九年水灾之后，械斗又起，续以蔡牵之乱，骚扰海上，军兴几二十载，漳、泉之民困焉，台湾亦然。百货萧条，泛海日少，于是台谷不能时运。而福建兵糈孔亟，厅县皆借用备储，而仓谷空矣。"① 故完善仓储以备荒政，势在必行。

台湾的仓储分为文仓、武仓和义仓三类。文仓，"储供谷也"；武仓，"备兵粮也"；义仓，"官民捐设"，而其中"民之自建者曰社仓"。②

台湾最早的社仓是康熙四十四年（1705），凤山知县宋永清捐建的凤山社仓 7 间。此举得到福建巡抚张伯行、台厦道陈璸等的赞赏。"康熙四十八年（1709），奉巡抚张伯行牌：各官及绅衿捐输粟石，以备荒旱，就各里设立社仓贮焉。佥举乡之正直者一人为仓长，同耆老看守。遇青黄未接之时，借与乡间为民食；收成后，补还。"③ 张伯行此令，与先贤朱子五夫社仓之举完全相合。

陈璸则于康熙五十年（1711）在台湾县镇北坊建社仓一座四间。陈文达《台湾县志》称其"竖石匾，镌'社仓'二字，署其诗于末云'聊为吾民留饭碗，岂无来者续心灯？'"④ 按，此诗作者其实是南宋福建著名诗人刘克庄。绍定元年（1228），刘克庄官建阳知县，在社仓门上题诗。⑤ 陈璸之引用此诗，正体现了闽台社仓的一脉相承之处。在陈璸的带动下，台湾知县张宏在台湾永康里、广储西武定里、归仁里、崇德永丰里等地，又建了 11 间社仓。

陈璸之后，台湾知府蒋毓英、知县卢承德等承继了这一善政，在台各地创建了不少社仓。据连横所列《台湾社仓表》，台湾和凤山社仓之外，嘉义有社仓 7 所；彰化有社仓 19 间；淡水社仓，于道光十七年（1837），由同知娄

---

① 连横：《台湾通史》卷二十《粮运志》，商务印书馆 1996 年版，第 380 页。
② 连横：《台湾通史》卷二十《粮运志》，第 386 页。
③ 〔清〕陈文达：《台湾县志·建置志》，《台湾文献丛刊》第 103 种，第 88 页。
④ 〔清〕陈文达：《台湾县志·建置志》，第 87 页。
⑤ 〔宋〕真德秀：《西山文集》卷二十六《建阳县复赈粜仓记》，《景印文渊阁四库全书》第 1174 册，第 401 页。

云创设。诸罗县有社仓 9 间①。除此之外，台湾还在少数民族聚居地也创建了不少社仓，称为"番社仓"。连横《台湾通史·粮运志》列有《台湾番社仓表》，列台湾县番社仓 2 所，一在大杰颠社，一在新港。凤山县番社仓有 8 所；嘉义县番社仓 12 所；淡水厅最多，共 34 所②。

与大陆所建略有不同，台湾社仓虽然也称"人民之自建者曰社仓"，但在回归之初，各地在草创初期，各级官员捐俸资助是常有之事。如澎湖社仓，从雍正九年（1731）起，到乾隆十六年（1751），文武官员共捐谷 259 石。道光十一年（1831），通判蒋镛自捐俸七百千文，副将吴朝祥亦捐二百千文，又"劝谕绅富"乐捐，共得 3585 千文；淡水社仓，同治六年（1867），署同知严金清复捐廉俸一千圆，购谷千石。③

在台各地的救荒赈济中，社仓发挥了重大作用；在日常放粮增殖方面，也产生了积极影响。对此，时人有如下的评价："秋成失稔，发仓平粜，邑民赖以无患。"④ "粟不虞其朽烂，民不忧其待哺，良法美意，孰有加焉？出入悉听民间，令教官查核，毋致侵渔之患。"⑤

三、明清时期，社仓法流传海外

朱子社仓法传入朝鲜半岛、日本等海外地区，时约在中国明朝初期。

朝鲜李朝（1392—1910 年）初期，朱子社仓法开始被朝鲜君臣所认知。而在此之前，朝鲜只有义仓而无社仓，故他们最早对社仓之法的接受，是朱熹创造的社仓纳息之法。世宗五年（1423）九月十六日（甲午），户曹启："义仓为赈济还上而设，国库乃军国之需，近年以来，屡致凶荒，凡民之生，专仰赈济还上。缘此义仓不敷，不得已以国库支给救恤，……又依朱文公社

---

① 〔清〕周元文纂辑：《重修台湾府志》卷二，《台湾文献丛刊》第 66 种，第 40—41 页。
② 连横：《台湾通史》卷二十《粮运志》，第 391 页。
③ 连横：《台湾通史》卷二十《粮运志》，第 390 页。
④ 〔清〕陈文达：《台湾县志·秩官志·陈侯瑸传》，第 105 页。
⑤ 〔清〕陈文达：《台湾县志·建置志》，第 88 页。

仓耗米之法，每一石各三升加收纳，以备后日耗损。从之。"① 这是把朱熹的社仓纳息之法运用到义仓的管理上。

此后，朝鲜李朝君臣开始对社仓之法进行了周密的讨论、研究和试验。世宗二十六年（1444）七月十四日（辛酉），集贤殿佥议社仓之法。世宗说："近年饥馑相仍，今年旱干太甚，而畜积不敷，予不知所为也。若民罹饥饿，盗贼蜂起，岂可徒用刑戮以止之，而不救其饥死者乎？今欲行社仓之法，募令为社仓之长者，择其廉谨者而任之。初给粟若干石，使为本，其出纳敛散，听其自为，计年纳本，本官将其取息之粟，救部内之民，取息多而能救民者赏之，其不能取息救民者罪之。又贪饕不廉者，听民告诉而罪之，何如？"此次讨论，朝中一时分为"可行"与"不可行"两派，暂未取得一致的意见。②

文宗元年（1451），经过长期酝酿，朝廷终于决定实施朱子社仓之法，并先行在庆尚道试行。二月二十三日（壬辰），文宗诏谕庆尚道观察使李仁孙说："社仓之设，诚为有利。今依知大丘郡事李甫钦措置，行之，则可以无弊。如不得人，必有弊难行。其举行便否，广询各官守令，如有曰可行者，其社仓设置试验，可当郡县，磨勘并启。"③ 五月十日（丁未）庆尚道观察使上启："道内愿置社仓各官内。盈德、漆原，则沿边；庆山、仁同、新宁、山阴、知礼、河阳、军威，则地皆褊小。请于永川、金山、居昌等官，先置试验。"④

此后，社仓法在朝鲜半岛各地陆续得到推广，其间，虽还有所反复，但从总体而言，其法在及时赈济、助民生存方面发挥了重要作用，对于荒年救济穷人和平时放粮增殖起到了很大作用，被称为"仿晦庵一时之规，建东方百代之典，尽废义仓，移置闾阎，号曰社仓，将欲行之万世而无弊"⑤。

---

① （朝鲜）《李朝实录》第 7 册，《世宗实录》卷二十一，日本学习院东洋文化研究所昭和二十八年（1954）四月影印本，第 309 页。

② （朝鲜）《李朝实录》第 9 册，《世宗实录》卷一百五，第 395－396 页。

③ （朝鲜）《李朝实录》第 12 册，《文宗实录》卷六，第 148 页。

④ （朝鲜）《李朝实录》第 12 册，《文宗实录》卷七，第 173 页。

⑤ （朝鲜）《李朝实录》第 14 册，《世祖实录》卷四十六，第 314 页。

　　除了朝廷之外，民间的一批朱子学者在社仓的推广方面也不遗余力。李端夏《论社仓事疏》说："使民节用，无如社仓。先正臣李珥、故儒臣尹宣举各设于所处乡社，即今致仕臣宋时烈亦设于怀德、清州两处，其为便益，不独臣验之于乡邑而已。"①

　　其中李珥（1536—1584，号栗谷），于丁丑五年（1577）十二月四十二岁时，于野头村"仿朱子遗意设社仓，春秋敛取二分之息，以救士民艰食者。因作约束其条例。视乡约加详，以便庶民且有讲信位次等仪"②。《栗谷全书》卷十六有其所撰《社仓契约束》，列出条约 15 条，详细规定了社仓的管理制度。郑经世编《朱文酌海》，收录《社仓事目》《建宁府建阳县长滩社仓记》等文；宋时烈《节酌通编补遗》卷七有《社仓事目（勒命并跋语附）》，《劝立社仓榜》等。李端夏著《畏斋集》中，有《社仓事目》《社仓节目》《论社仓事疏》《以社仓事陈疏后偶吟》等诗文。

　　江户时代（1603—1867 年），中国的社仓制度也传到日本。其中，最典型的事例是山崎闇斋编辑的《朱子社仓法》在日本出版。山崎闇斋（1618—1682），名嘉，字敬义，号闇斋，是日本德川时代著名的朱子学者。著述甚富，曾以山崎柯之名编《朱子社仓法》一书，今存日本藤井五郎右卫门和寿文堂，及文化三年（1806）皇都朝仓仪助风月庄卫门等刊本。

　　该书系从《朱文公文集》中辑出《建宁府崇安县五夫社仓记》《婺州金华县社仓记》《建宁府建阳县长滩社仓记》《建宁府建阳县大阐社仓记》《邵武军光泽县社仓记》《常州宜兴县社仓记》《建昌军南城县吴氏社仓记》《浦城县永利仓记》和《江西运司养济院记》，共九篇记文，前加山崎柯撰《朱子社仓法序》，以及《宋元通鉴》所载"宋孝宗淳熙八年秋"将朱子社仓法颁发全国推行的史实一条，类辑成书。又将《朱文公文集》中《南城吴氏社仓书楼为余写真如此因题其上》一诗置于《宋元通鉴》所载之后。诗曰："苍颜已是十年前，把镜回看一怆然；履薄临深谅无几，且将余日付残编。南城吴氏社仓书

---

① （朝鲜）《李朝实录》第 39 册，《肃宗实录》卷十五，第 497 页。

② （朝鲜）李珥：《栗谷先生全书》卷三十四《年谱·下》，朝鲜木活字印本。

楼为余写真因题其上。庆元庚申二月八日沧洲病叟朱熹仲晦父",诗文之下有朱熹的"写真像"。

首为山崎柯《朱子社仓法序》,在序中,他提出了"汉之常平,隋唐之义仓,皆为近古之良法,而民不被其泽者,何哉?因人亡而政息也。朱子本于隋唐制社仓法,其法惠而不费,所施之处,虽遇凶年,民不缺食,人存而政举者如此,惜乎不得行此于天下也。"为将此良法推广到日本,"广朱子之遗法,誊写《通鉴》之所笔,搜辑朱子之所记,而冠朱子真于其首,以行于世云。"①据著录,此书另有活字印本,题为《朱文公社仓法》,一卷。

中井竹山(1730-1804),大阪人,中井甃庵长子,日本儒学者,曾随五井兰州学习宋学。其父亡故后接掌怀德堂。于安永三年(1774)著《社仓私议》,今日本大阪怀德堂仍存其手稿本。

在近代日本学者中,先后还有三轮希贤著《救饿大意》一书附《社仓略法、社仓法大意》,被收入淹本诚一(1857-1931)编日本经济丛书卷②。宇佐美真水著《社仓考》,被收入卷十一。浅见絅斋著《社仓法师说》,宇井小一郎著《社仓法大意》,均被收入《续日本经济丛书》。在日本东京国立公文书馆,还收藏着一批明治时期的公文簿册,诸如《神奈川县下社仓设立》《义仓社仓等设置》《品川县社仓积立》等,记录了明治时期在各地建立社仓,对于荒年及时赈济、助民生存所发挥的作用。

(本文载《朱子文化》2015 年第 2 期)

---

① (日)山崎柯:《朱子社仓法》卷首,日本藤井五郎右卫门刊本。

② (日)淹本诚一编:《日本经济丛书卷》,日本经济丛书刊行会大正 3—4 年(1915)刊本。

朱子与从祀孔庙的福建理学家

神圣庄严的孔庙是祭祀儒学开山始祖孔夫子的圣殿，历史上从祀孔庙的，则多是在学术文化和教育方面作出突出贡献的儒者。从祀孔庙代表了古代学人的至高无上的荣誉。

鲁哀公十七年（前478），即孔子逝世后的第二年，其弟子因宅设庙。汉初，刘邦过鲁，用太牢祀孔子于此，此为最早的帝王祭孔。东汉刘秀击败窦宪后，于建武五年（29）过阙里时，使大司马宋弘祀孔子；东汉永平十五年（72）汉明帝东巡时，到曲阜孔庙祭祀孔子和七十二弟子，此为最早的帝王祭孔而并及七十二弟子。[①]

贞观二年（628），唐太宗李世民下诏，停止以周公为先圣，"始立孔子庙堂于国学，以宣父为先圣，颜子为先师。大征天下儒士，以为学官。"[②]

贞观四年（630），又下诏全国"州县皆作孔子庙"[③]，诸儒名流从此也逐渐被纳入孔庙，同孔子一道共同被祭。

孔庙大成殿内正中供孔子像，两旁为"四配"和"十二哲"。

"四配"：颜子、子思（居东）、曾子、孟子（居西）；"十二哲"中，除朱子之外，其余十一位均为孔门弟子。

---

① 骆承烈：《孔子家族全书·文物古迹》，辽海出版社1999年版，第125—126页。

② 〔后晋〕刘昫等编：《旧唐书》卷一百八十九上《儒学上》，中华书局1975年版，第4941页。

③ 〔清〕秦蕙田：《五礼通考》卷一百十七，《景印文渊阁四库全书》第137册，第808页。

孔夫子逝世后，从东汉永平十五年（72）汉明帝东巡时，到曲阜孔庙祭祀孔子，以七十二弟子从祀，到1919年，最后两位清代名儒颜元、李塨入祀，从祀孔庙者共有一百七十二人。其中正殿从祀十六人（四配、十二哲），东庑七十九人，西庑七十七人。一百七十二人中，孔门弟子、孔子推崇的同时代贤人、颛孙师弟子、孟子弟子共九十一人；其余八十一人中，宋朝之前的名儒有十七人，宋朝之后的名儒六十四人（宋三十四、元七、明十四、清九）。[①]

在宋朝之后六十四人中，福建、浙江均十三人，并列第一；第三名是河南，有十一人。其余依次为江西七人，江苏五人，河北四人，陕西三人，湖南、四川、山西均两人，湖北、广东均一人。

从占"前三甲"的福建、浙江和河南三省比较来看，福建的十三位主要集中在两宋，有李纲、胡安国、游酢、杨时、罗从彦、李侗、朱熹、黄幹、蔡沈、陈淳和真德秀十一人。而浙江在宋代仅有吕祖谦、辅广、何基、袁燮、王柏五人；作为洛学发祥地的河南，在两宋也只有邵雍、韩琦、程颐、程颢、谢良佐、尹焞六人。由此可知，宋代理学南传，到朱子学的兴起，福建已成为全国理学发展的中心，其时，全国一批最杰出的理学家主要集中在福建。元明时期，理学中心又有逐渐重新北移之势。这在元明时期从祀孔庙的著名理学家大多不在福建，而是分布在浙江、江西、河南、江苏一带，便可识其端倪。

福建从祀孔庙的十三人都是理学家，都与朱子理学有密切的关系。

其中，最早取得从祀孔庙资格的是朱熹。

一、朱熹

宋宁宗嘉定二年（1209）十二月赐朱子谥号曰"文"，称朱文公。嘉定五年（1212），诏谕朱子的《四书章句集注》立于学宫，作为法定的教科书。理

---

① 骆承烈：《孔子家族全书·文物古迹》，第168—174页。

宗宝庆三年（1227）正月，赠太师，追封信国公。绍定三年（1230）九月，改封为徽国公。

理宗淳祐元年（1241）正月，诏从祀孔庙，同时从祀者，还有周、张、二程，朱子由此取得与周敦颐、张载、程颢、程颐并列的五大道统圣人的地位。

元代，也许是为了体现新朝的浩浩皇恩，也许是为了重申朱子学的重要地位，皇庆二年（1313）六月，元仁宗又下诏朱子等宋儒从祀孔庙，以程、朱之书为科考法定经本。

元顺帝至元元年（1335），又下诏创立朱子文庙于婺源，此为历史上独创朱子文庙之始。

清圣祖康熙五十一年（1712），诏升朱子配祀孔庙十哲之列。朱子的牌位从孔庙东廊进入大成殿内。

十哲为从祀孔庙的第二等（第一等为四配，第三等为先贤、第四等为先儒），有资格列此的，此前均为孔门弟子，而朱子则是一个例外，故台湾杨儒宾教授说："13 世纪后，由于朱子成了道统中的人物，而且可说是三代以下，唯一可以上挤到孔门圣殿的鸿儒。"[1] 由此可知朱子在儒门的崇高地位。

十哲从祀，始于唐开元八年（720），此后，十哲的名额一直是十名，康熙五十一年（1712），诏升朱子配祀孔庙十哲之次，乾隆三年（1738），又增祀孔门弟子有若，至此，十哲实应为十二哲。

二、从祀孔庙的其他十二位理学家

以下以从祀时间先后，将福建从祀孔庙的其他十二位理学家简介于下。

1. 明正统二年（1437）同时从祀：胡安国、蔡沈、真德秀

胡安国（1074—1138），字康候，宋崇安五夫里人。北宋绍圣四年（1097）进士，历官太学博士、湖南提举、中书舍人兼侍讲，是程颐的私淑弟

---

[1] 杨儒宾：《朱子之路与朱子之道》，《朱子文化》2010 年第 5 期。

子。著有《春秋传》三十卷，元皇庆二年（1313）与"春秋三传"同时被官方定为科举考试的法定经本。著作另有《资治通鉴举要补遗》等。明正统二年（1437）从祀。"六月乙亥，以宋胡安国、蔡沈、真德秀从祀孔子庙庭。"①

蔡沈（1167—1230），亦作蔡沉，字仲默，号九峰，蔡元定季子。与其兄蔡渊均内事其父，外事朱子。约在绍熙四年（1193）后从学于建阳考亭沧洲精舍。蔡沈是朱熹晚年最有成就的弟子之一，故《宋元学案》为之特辟《九峰学案》。并称："蔡氏父子、兄弟、祖孙皆为朱学干城。"

在学术上，蔡沈以攻研《尚书》见长。"庆元党禁"期间，其父被贬谪道州，蔡沈随之至贬所，日夜相伴，父子二人"常以理义自怡悦"。② 父逝，徒步护丧还。从此隐居建阳崇泰里九峰山，专心著述。

庆元五年（1199）冬，即朱子临逝世前的几个月，朱子将其来不及完成的《书集传》一书嘱托蔡沈。十年后，即嘉定二年（1209），蔡沈不负师望，终于圆满地完成了这部书的写作。该书继承了朱子的理学传统，在解说中摒弃了汉唐以来的烦琐考据，而注重于以浅明的文字解经，立足于义理，即封建伦理三纲五常的阐发，以此达到告诫"后世人主，有志于二帝三王之治，不可不求其道；有志于二帝三王之道，不可不求其心"的目的。元代皇庆年间，本书与朱子的《周易本义》《诗集传》、胡安国的《春秋传》等并列为官书，为科举考试的必备之书。数百年来，在封建社会文化学术界产生了重大影响。

明正统二年（1437），与胡安国、真德秀同时从祀孔庙。

真德秀（1178—1235），字实夫，改字景元、希元，号西山，宋建宁府浦城县人。庆元五年（1199）进士。历官江东转运副使，知泉州、福州、潭州，礼部侍郎、参知政事等。他是南宋著名理学家，生平私淑朱子。师事詹体仁，

---

① 〔清〕张廷玉等：《明史》卷十《英宗前纪》，第129页。
② 〔元〕脱脱等：《宋史》卷四百三十四《蔡沉传》，第12877页。

为朱子再传。学术上，被誉为"西山之望，直继晦翁"。^①"庆元党禁"期间，朱子理学被诬为"伪学"，许多理学家受到迫害，真德秀毫无所惧，"慨然以斯文自任，讲习而服行之。'党禁'既开，而正学遂明于天下后世，多其力也。"为朱学的复盛出力尤多。著有《四书集编》《大学衍义》《心经》《西山文集》等。

明正统二年（1437）与胡安国、蔡沈同时从祀孔庙。

到成化二年（1466），又追封董仲舒广川伯，胡安国建宁伯，蔡沈崇安伯，真德秀浦城伯。

2. 明弘治八年（1495）从祀：杨时

杨时（1053－1135），中立，号龟山，宋南剑州将乐县人。先后师从二程，是著名理学家。北宋熙宁九年（1076）进士，历官州县、任秘书郎、著作郎、左谏议大夫、工部侍郎等。杨时的著述，今存宋刊本《龟山语录》和明清两代所刊《龟山集》刻本多种。在理学发展史上，杨时与游酢载道南归，开道南学统，对程朱理学的发展有承前启后的重要作用。

杨时从祀孔庙，通常被认可的时间是明弘治八年（1495）。《明史》载："成化二年（1466），追封董仲舒广川伯，胡安国建宁伯，蔡沈崇安伯，真德秀浦城伯。……弘治八年（1495），追封杨时将乐伯，从祀，位司马光之次。"^②

杨时获从祀孔庙的地位，实际上最早是在元末，而不是后人所说的明代。《元史》载："至正十九年（1359）十一月，江浙行省据杭州路申备本路经历司，……我朝崇儒重道之意，度越前古。既已加封先圣大成之号，又追崇宋儒周敦颐等封爵，俾从祀庙庭，报功示劝之道，可谓至矣。然有司讨论未尽，尚遗先儒杨时等五人，未列从祀，遂使盛明之世，犹有阙典。"他们对杨时的

---

① 〔清〕黄宗羲原著、全祖望补修：《宋元学案》卷八十一《西山真氏学案》，第2695页。

② 〔清〕张廷玉等：《明史》卷五十《礼四》，第1297－1298页。

评价是：

> 故宋龙图阁直学士、谥文靖、龟山先生杨时，亲得程门道统之传，排王氏经义之谬，南渡后、朱、张、吕氏之学，共源委脉络，皆出于时者也。①

与杨时同时从祀的另外四位也都是福建人士，即李侗、胡安国、蔡沈和真德秀。其中，对李侗的评价是：

> 故宋处士、延平先生李侗，传河洛之学，以授朱熹，凡《集注》所引师说，即其讲论之旨也。②

至正二十二年（1362）八月奏准送礼部，定拟杨时、李侗的封爵。其中，太师杨时，追封吴国公；李侗追封越国公。与此同时，追赠的三位，也是闽北两宋时期的理学先贤。其中，胡安国追封楚国公；蔡沈追封建国公；真德秀追封福国公，均从祀孔庙。

有意思的是，元朝认定的杨时、李侗、胡安国、蔡沈、真德秀从祀孔庙的朝廷"文件"，入明后不知是何原因却没有执行，也就是说，在明初孔庙从祀名单中，找不到这五位名儒的大名。以至当朝的许多大臣，都不知道杨时等在元朝已准予入祀孔庙，所以，到了明弘治三年（1490），南京国子监祭酒谢铎上言"择师儒、慎科贡、正祀典、广载籍、复会馔、均拨历"六事，其中所谓"正祀典"，其具体内容就是在孔庙从祀的名单中，"请进宋儒杨时而罢吴澄"，即罢祀吴澄，改祀杨时。他说：

---

① 〔明〕宋濂等：《元史》卷七十七《祭祀六·宋五贤从祀》，中华书局 1976 年版，第 1921 页。

② 〔明〕宋濂等：《元史》卷七十七《祭祀六·宋五贤从祀》，第 1921 页。

孔庙从祀，万代瞻仰，教化之原。龟山杨时，程门高弟，衍延平，派新安，足卫吾道而不预从祀。吴澄忘君事仇，迹其所为，不及洛邑顽民，顾在从祀之列。况二人皆太学师庙祀，黜陟不可不正。[①]

于是，经礼部核准，杨时于弘治八年（1495）获准从祀。

3. 万历四十一年（1613）同时从祀：罗从彦、李侗

罗从彦（1072－1135），字仲素，号豫章先生，宋南剑州沙县人，从学杨时。著名的"延平四贤"之一，朱子对罗从彦评价甚高，认为"龟山倡道东南，士之游其门者甚众，然潜思力行、任重诣极如仲素，一人而已"[②]。著作现存的有《宋儒罗豫章先生全集》十二卷。

明万历四十一年（1613）从祀孔庙。《明史》载："万历中，以罗从彦、李侗从祀。"[③]

李侗（1093－1163），字愿中，号延平，南剑州剑浦县人。师从于杨时的高弟罗从彦。他又是朱子的老师，其"太极理""理一分殊"等思想对朱子影响甚大，在帮助青年朱子划清与禅学的界限，实现以儒学为本的回归方面，影响巨大。明万历四十一年（1613），李侗与其师罗从彦同时从祀孔庙。

实际上，早在距此一百二十八年前的成化二十一年（1485），就有大臣周木请于朝，以李侗从祀，但暂未获行。周木，字近仁，明苏州府常熟县人，成化十一年（1475）进士，官至浙江布政使、河南布政使。"生平究心理学，晚尤好易。所画诸图，因羲文邵子之所命者而衍之，其于《洪范》所陈配合，皆有伦类。居家冠婚丧祭，悉遵古仪注，学者称勉思先生。"[④]

明弘治八年（1495），周木在《延平答问序》中说："深愧寡陋，未考

---

① 〔清〕沈佳：《明儒言行录》卷五，《景印文渊阁四库全书》第458册，第775页。

② 〔元〕脱脱等：《宋史》卷四百二十八《罗从彦传》，第12745页。

③ 〔清〕张廷玉等：《明史》卷五十《礼四》，第1301页。

④ 〔清〕尹继善、黄之隽：《江南通志》卷一百六十三，《景印文渊阁四库全书》第511册，第674页。

《元史》从祀之详。"① 《元史·祭祀志》载《宋五贤从祀》，是至正十九年
（1359）胡瑜"乞加杨时、李侗、胡安国、蔡沈、真德秀五人名爵从祀庙庭"，
三年后，即至正二十二年（1362）已获准，为何正统初仍请以胡、蔡、真从
祀？"弘治间，谢铎、徐溥叠以杨时为请，议论虽正，终不知有胜国已行故
典。然则明臣之寡陋，大抵尔尔。"故清阎若璩赞扬周木"窃以如木之能自愧
者，亦罕其人矣"。②

周木之后，又有熊尚文上请以罗从彦、李侗从祀。

熊尚文此举，又源于将乐儒士林钿之请，其人还曾刻印宋杨时撰《龟山
集》行世。据明人朱衡《道南源委》载：

> 林公钿，字良章，将乐人。万历间贡士。时宋儒罗豫章、李延平二
> 先生未与从祀，公请于督学熊公尚文，行之。复刊《杨龟山全集》，著有
> 《澹宁集》行世。③

熊尚文，字思诚，丰城人。从学于丰城徐即登，万历二十三年（1595）
进士。万历三十七年（1609）官福建督学，在延平刻印宋朱熹辑《延平先生
答问》一卷附录一卷，中国国家图书馆有存本。

为什么在元代已从祀孔庙的李侗，在明成化二十一年（1485）周木复请
于朝以李侗从祀，到明万历间，又和其师罗从彦一起旧事重提呢？这是因为
诸贤从祀批准之时，已是元末至正间，当时还来不及大张旗鼓地推行，就已
经改朝换代了。所以，入明之后，不得不旧事重提。

关于罗、李二人最后获准入祀孔庙的时间，是在明万历四十一年
（1613），见于清人秦蕙田《五礼通考》所载："王圻《续通考》：万历四十一

---

① 〔明〕周木：《明弘治周木刻本延平答问序》，《朱子全书》第 13 册，第 356 页。

② 〔清〕阎若璩：《尚书古文疏证》卷八《第一百二十八·言安国从祀未可废因及汉
诸儒》，上海古籍出版社 1987 年版，第 1241 页。

③ 〔明〕朱衡：《道南源委》卷六，第 161 页。

年（1613），提学金事熊尚文请祀宋儒罗从彦、李侗。礼部覆以程朱拟孔孟，谓孔有曾、思，而后孟子接其传，程得罗、李，而后朱子衍其绪。罗、李之功，与曾、思等，宜将二贤列宋儒杨时之下，入庙从祀。诏从之。"①

4. 清雍正二年（1724）从祀：黄榦、陈淳、蔡清

黄榦（1152—1221），字季直，一字直卿，号勉斋。宋福州闽县人。朱子的高弟和女婿。朱子逝世后，黄榦在捍卫师门，论定朱子的道统地位，和促进了朱子理学的北传等方面，做出了巨大贡献。著作有《仪礼经传续卷》《勉斋集》等。清雍正二年（1724）从祀。

《清史稿·礼三》：雍正二年（1724），"增祀者二十人：曰孔子弟子县亶、牧皮，孟子弟子乐正子、公都子、万章、公孙丑，汉诸葛亮，宋尹焞、魏了翁、黄榦、陈淳、何基、王柏、赵复，元金履祥、许谦、陈澔，明罗钦顺、蔡清，国朝陆陇其。"②

陈淳（1159—1223），字安卿，号北溪，宋漳州龙溪县人。绍熙元年（1190）朱子任漳州知州时及门弟子，后又从学于建阳考亭。陈淳学术醇正，造诣精深，无论是阐发师说或义理，均能博采众说，融会贯通，在继承、弘扬朱子学方面贡献巨大。著作有《北溪先生大全集》《北溪字义》等。清雍正二年（1724）与黄榦、蔡清等同时从祀。

蔡清（1453—1508），字介夫，号虚斋。明成化二十年（1484）进士，先后历官礼部主事、南京文选郎中、江西提学副使和南京国子祭酒等职。学术上，以治《易》见长。他笃守朱子之学，是明前期福建朱子学的主要代表人物。著作有《易经蒙引》《四书蒙引》《虚斋集》《蔡文庄集》等。《明史》有传。清雍正二年（1724）与黄榦、陈淳等同时从祀。

---

① 〔清〕秦蕙田：《五礼通考》卷一百二十《吉礼·祭先圣先师》，《景印文渊阁四库全书》第 137 册，第 912 页。

② 赵尔巽等：《清史稿》卷八十四《礼三》，中华书局 1976 年版，第 2535 页。

5. 清道光五年（1825）从祀：黄道周

黄道周（1585－1646）字幼玄，号石斋，明漳浦铜山人，是一位集易学家、理学家和书画家于一身的著名大师。他在理学方面的成就，被前人誉为"明代闽学之殿将，影响后学甚大"①。曾先后在福州、余杭大涤山和漳浦等地讲学，四方学者云集。崇祯十七年（1644）三月十九日崇祯帝败亡。黄道周以一代大儒的身份，肩负起了匡扶明室，募兵抗清的重任，不幸于清顺治二年（1645）十二月在江西婺源战败被俘，翌年三月五日就义于南京。

《清史稿·礼三》："道光二年（1822）诏刘宗周，三年汤斌，五年黄道周，六年陆贽、吕坤，八年孙奇逢，从祀先儒。"②

6. 清咸丰元年（1851）从祀：李纲

李纲，清咸丰元年（1851）从祀。《清史稿·礼三》："咸丰初（1851），增先贤公明仪，宋臣李纲、韩琦侑飨。"③

由于李纲是两宋著名的政治家，出将入相的第一名臣，坚定的主战派代表，故通常多不以理学家视之。实际上，他与理学有着很密切的关系。

李纲（1083－1140），字伯纪，宋邵武县人。北宋政和二年（1112）进士，仕徽、钦、高三朝，积官至太常少卿，赠少师。淳熙十六年（1189），赐谥"忠定"。史称其"负天下之望，以一身用舍为社稷生民安危，虽身或不用，用有不久，而其忠诚义气，凛然动乎远迩"④。据《宋元学案》载，李纲的父亲李夔与理学家杨时乃"讲友"。清人王梓材认为，李纲之学，既出于家传，又"尝闻道于龟山"。他说："龟山为先生父执。《龟山年谱》绍兴五年龟山八十三岁，四月二十三日与先生论性善之旨。翼日，龟山卒。"⑤ 李纲的理学著作有宋建炎元年（1127）他被罢相之后成书的《易传内外篇》《论语详说》等。

---

① 李兆民：《明清福建理学家之概况》，《福建文化》第 4 卷第 24 期。
② 赵尔巽等：《清史稿》卷八十四《礼三》，第 2536 页。
③ 赵尔巽等：《清史稿》卷八十四《礼三》，第 2536 页。
④ 〔清〕黄宗羲原著、全祖望补修：《宋元学案》卷二十五《龟山学案》，第 977 页。
⑤ 〔清〕黄宗羲原著、全祖望补修：《宋元学案》卷二十五《龟山学案》，第 977 页。

现存的《李忠定公文集》中，为数众多的奏议、书信和记文等，无不贯穿着他的"安宗社，保生灵""民为邦本"的儒学理想。故朱子对其有"李公之为人，知有君父而不知有其身，知天下之有安危而不知其身之有祸福，虽以谗间窜斥，屡濒九死，而其爱君忧国之志，终有不可得而夺者，是亦可谓一世之伟人矣"① 的评价。

7. 清光绪十八年（1892）从祀：游酢

游酢（1053—1123），字定夫，号廌山，宋建阳县麻沙禾坪里人。北宋元丰五年（1082）进士，历官太学博士、监察御史，知汉阳军以及舒、濠二州。师事二程，与谢良佐、吕大临、杨时，号称"程门四先生"。拜师程颐之日，正值程氏暝坐，游酢和杨时二人侍立久候，程颐发觉后，门外已雪深一尺，史称"程门立雪"。游酢著有《易说》《诗二南义》《中庸义》等，今存《廌山集》。清光绪十八年（1892）从祀。

《清史稿·礼三》："光绪初元，增入先儒陆世仪。自是汉儒许慎、河间献王刘德，先儒张伯行，宋儒辅广、游酢、吕大临并祀焉。"②

三、从祀启圣祠的朱松和蔡元定

在入祀孔庙的群体中，福建还有两位特殊人物，即朱子的父亲朱松，和蔡沈的父亲蔡元定。他们祀奉的地点不在大成殿，而是在启圣祠（启圣祠，在阙里孔庙称为崇圣祠，在其他地方的孔庙均称启圣祠）。

启圣祠之建，缘于孔门弟子中曾有过父子同处一殿祀奉，且儿子的地位高过父亲的现象，如颜子与其父颜无繇、曾子与其父曾皙、子思与其父孔鲤等，这与儒家的伦理观念不合。宋明时期，曾受到一些人士的批评。如《明史》载："正统二年（1437）……孔、颜、孟三氏子孙教授裴侃言：'天下文庙惟论传道，以列位次。阙里家庙，宜正父子，以叙彝伦。颜子、曾子、子

---

① 〔宋〕朱熹：《晦庵先生朱文公文集》卷七十九《邵武军学丞相陇西李公祠记》，《朱子全书》第 24 册，第 3782 页。

② 赵尔巽等：《清史稿》卷八十四《礼三》，第 2537 页。

思，子也，配享殿廷。无繇、子晳、伯鱼，父也，从祀廊庑。非惟名分不正，抑恐神不自安。况叔梁纥元已追封启圣王，创殿于大成殿西崇祀，而颜、孟之父俱封公，惟伯鱼、子晳仍侯，乞追封公爵，偕颜、孟父俱配启圣王殿。'帝命礼部行之，仍议加伯鱼、子晳封号。"①

嘉靖九年（1530），明世宗采纳大学士张璁的建议，命国子监与各地官学建启圣祠，主祀孔子之父启圣王叔梁纥，并以颜子之父颜无繇、曾子之父曾晳、子思之父孔鲤、孟子之父孟激配享，而以"先儒程珦（按，二程之父——编者注）、朱松、蔡元定视两庑"②。万历二十三年（1595），又增加周敦颐之父周辅成从祀。据载，其具体方位："启圣祠，启圣公位正中，南向。配位：先贤颜无繇、曾点、孔鲤、孟孙氏，东西向。两庑从祀：先儒周辅成、程珦、蔡元定、朱松。"③

（本文载《朱子文化》2011年第5期，笔名：方征；收入《朱子文化大典》编委会编：《朱子文化大典》上册《附录》，福建教育出版社2019年版）

---

① 〔清〕张廷玉等：《明史》卷五十《礼四》，第1297页。

② 〔清〕张廷玉等：《明史》卷五十《礼四》，第1300页。

③ 赵尔巽等：《清史稿》卷八十四《礼三》，第2534页。

后学论

朱子与建阳丘氏兄弟

熟悉朱子生平的人都知道，朱子在建阳有一位表兄叫丘子野；但却很少有人知道，他在建阳还有一位表弟叫丘子服；而丘子野又是丘子服的胞兄（或从兄）这一点，则更是不人世人所知。若干年前，笔者曾陪同香港黄宏飞先生专程去建阳将口东田村查考丘氏的遗迹，读到了现存的《邱氏宗谱》，并见到了朱子笔下的"登高山"，现结合新发现的一些史料，试就此作一考述。

丘子野，名羲（其名在地方志书和宗谱中又作"义"），字道济，一字仁卿，子野乃其号。生于建炎二年（1128），故朱子称为表兄。其母是朱松的二妹（朱子二姑），嫁给建阳登高丘氏。① 其父丘萧（宗谱名广）早卒，朱子二姑三十来岁就已守寡，家境很困难，得胞兄照顾。朱松"抚孤甥，教之学，而经理其家事曲有条理，人无间言"②。朱松还为甥定婚。③

绍兴十年（1140）四月，朱松携朱熹自临安归，父子在建阳崇雒丘羲家小住。六月，抗金名将刘锜在顺昌大败金兵。捷报传来，朱松为之振奋不已，为朱熹手书苏轼的《昆阳赋》，以汉光武帝刘秀取得昆阳大捷和中兴汉室的业绩来以古喻今，以此来激发少年朱熹的爱国热情。朱松《书昆阳赋后》云："为儿甥读《光武纪》，至昆阳之战，熹问：'何以能若是？'为道梗概，欣然

---

① 〔宋〕朱松：《韦斋集》卷十二《祭丘君文》，清康熙庚寅朱昌辰刻本，叶 10B。
② 〔宋〕朱熹：《晦庵先生朱文公文集》卷九十七《皇考左承议郎守尚书吏部员外郎兼史馆校勘累赠通议大夫朱公行状》，《朱子全书》第 25 册，第 4515 页。
③ 〔宋〕朱松：《韦斋集》卷十一《定婚启》，清康熙庚寅朱昌辰刻本，叶 19B。

领解，故书苏子瞻《昆阳赋》畀之。"① 朱子《跋韦斋书昆阳赋》则云："绍兴庚申，熹年十一岁，先君罢官行朝，来寓建阳登高丘氏之居。暇日，手书此赋以授熹，为说古今成败兴亡大致，慨然久之。"② 此云"登高丘氏"，今人多以为此"登高"是建阳城内（今区政府后）的登高山，这其实是一个误会。实际情况是，因东田丘家屋后有一小山丘，最高处约有十几米，在当时年方十一的朱熹眼里，已是一座很高的山了，故名之曰"登高"。时至今日，此山丘仍存。在此，之所以说"登高丘氏"的"登高"不是城内的登高山，理由是今将口东田（古为雒田里）是丘氏的世居之地，而城内的登高山不是。这在朱子后来写的一系列与丘氏有关的诗中，所表现的都是古雒田里的风光，而没有城内登高山的景致而言，也是相符的。

在此期间，朱松还向儿甥传授作诗之法。《韦斋集》卷六《渔父用儿甥韵》，即其时所作。朱松父子寓居丘氏之居虽然前后仅数月，秋后即定居建安紫芝上坊环溪精舍，但对朱子和丘子野而言，却结下了深厚的友谊。后朱子定居五夫，往来于建阳寒泉精舍、云谷山时，丘家是其往来必经之所，故往往在此作中途小歇，与丘子野唱和往来。《朱文公文集》载有朱子与其表兄丘子野唱和诗多首及书信多封。卷一有《奉酬丘子野表兄饮酒之句》《丘子野表兄郊园五咏》诸诗，据考，均作于绍兴二十一年（1151）。

绍兴三十二年（1162）十月十八日，朱子为表兄丘子野《论语纂训》作序，由此可知丘氏也曾钻研儒学。该书纂辑南宋以前的十四位儒家学者阐释《论语》的片断，"而大抵宗程氏"，并附以自己的见解。朱子评价说："《论语纂训》，书无卷第，合一篇。凡古今《论语》训义见录者十四家，而大抵宗程氏，盖熹外兄丘子野所述，子野亦以意附见其是非取舍之说。熹读之，其不

---

① 〔清〕王懋竑：《朱子年谱》卷一，何忠礼点校《朱熹年谱》，中华书局 1998 年版，第 3 页。

② 〔宋〕朱熹：《晦庵先生朱文公续集》卷八，《朱子全书》第 25 册，第 4794 页。

合于圣人者寡矣。……故其求之能博，取之能审，推是言之，其寡过矣。"①

《朱子遗集》卷一有《淳熙戊戌七月廿九日早发潭溪西登云谷取道芹溪友人丘子野留宿因题芹溪小隐以贻之作此以纪其事》。此诗由诗题已知作于淳熙五年（1178）。潭溪，即五夫潭溪，全诗表达了朱子从五夫潭溪出发，前往建阳云谷晦庵草堂，中途留宿于东田丘子野家，宾主情意款款，饮酒对诗、挥墨留题的情景。诗云："我来屏山下，奔走倦僮仆。亭亭日已中，冠巾湿如沐。访我芹溪翁，解装留憩宿。……芦峰在瞻望，隐隐见云谷。顿觉尘虑空，豁然洗心目。君居砚山西，高隐志不俗。窗几列琴书，庭皋富花木。往来数相过，主宾情义熟。开尊酌香醑，謦欬话衷曲。从容出妙句，满幅粲珠玉。邀约登赫曦，襟期伴幽独。兹游得良朋，道义推前夙。扁字为留题，深愧毛锥秃！"

嘉靖《建阳县志》卷三《山川志》有朱子的《芹溪九曲诗》："一曲移舟采涧芹，市声只隔一江云。沙头唤渡人归晚，回首庐峰月一轮。……"该诗每曲一首七言四句，诗风与《武夷九曲诗》相类，回环往复。其中六曲描写丘子野的隐居生活："六曲溪环处士家，鼓楼岩下树槎枒。潭空龙去名常在，时见平汀涌白沙。"②

因生活所迫，这位隐者可能过得并不如意。朱子在林择之的一封书信中说："陆崇安相会否？渠今冬必来赴官。某表兄丘子野欲求一依托书馆处，不知渠请人否？……此兄近日为况益牢落，欲此甚急，幸千万留意。"③ 这是朱子为了丘子野的生计，请他的学生林择之去面见一位姓陆的崇安知县，以求得崇安县学的教职。

从朱子的《文集》来考察，丘子野的后半生大概已弃儒归隐，成了一个真正的隐士，与朱子的联系不如前期密切。

---

① 〔宋〕朱熹：《晦庵先生朱文公文集》卷七十五《论语纂训序》，《朱子全书》第 24 册，第 3611 页。

② 〔明〕冯继科等：嘉靖《建阳县志》卷十二《列传》，《天一阁藏明代方志选刊》本，上海古籍书店 1962 年版，叶 23A。

③ 〔宋〕朱熹：《晦庵先生朱文公别集》卷六，《朱子全书》第 25 册，第 4951—4952 页。

地方志书上，对丘子野的记载，大抵采用朱子《文集》中的资料。如嘉靖《建阳县志》卷十二《列传》载："丘义，字道济，一字仁卿，号子野。隐居不仕。颖敏嗜学，淹洽子史，而尤邃于易。与朱熹相友善，常往来问答。有《异（易）说》传于世。所著诗熹尝为之序，并题其堂曰'芹溪小隐'。又著《复斋铭》并《芹溪九曲》等诗以贻之。"①《建宁府志》卷十八所载与此大同小异。道光《建阳县志》卷十三《人物志·隐逸》所载内容则比较丰富。载曰："邱义，字道济，一字仁卿，子野，其号也。雒田里人。颖敏嗜学，淹贯子史，尤邃于《易》，隐居不仕。与外兄弟朱子友善。从弟膺，受业于朱子，朱子称之。义所著有《易说》《论语纂训》。朱子序焉。且为书'芹溪小隐'四字额其堂。又作《复斋铭》及九曲诸诗以贻之。八世孙台，字茂方，号方斋。居考亭，作有《首尾吟》。为子朱子七世孙鳌婿；又有名松，字子荣，一字子植者，亦文公四世孙棠长婿，盖于朱为世戚也。有名诚，字景宗者，官儋州宜伦知县。"② 不仅介绍了丘氏的生平，还连带出丘膺，是丘子野的"从弟"，即堂弟，又顺便介绍了丘氏的几位后人与朱家的姻戚关系。

说完丘義，再说丘膺。道光《建阳县志》卷十三《人物志·儒林传》载："邱膺，字子服，义从弟。从朱子游，称为老友，有佳句辄酬和之。尝与刊定《周子通书》，谓为近世道学之源，可读也。又与论《老子》营魄、《扬子》载魄之义，及指对《禹问》之失。蔡元定谪春陵时，膺载俎远郊，不忍别，因而涕泣，群侪皆感动。故朱子得春陵信，辄以告膺。盖叹道之孤，不但平生交好之情而已。"③

从《朱文公文集》来考察，丘膺与朱子有联系，最早不应早于淳熙二年（1175）七月。《朱文公文集》卷六有《同丘子服游芦峰以岭上多白云分韵赋

① 〔明〕冯继科等：嘉靖《建阳县志》卷十二《列传》，《天一阁藏明代方志选刊》本，叶 6B。

② 〔清〕李再灏、梁舆等：《建阳县志》卷十三，《福建师范大学藏稀见方志丛刊》第 17 册，北京图书馆出版社 2008 年版，第 770 页。

③ 〔清〕李再灏、梁舆等：《建阳县志》卷十三，《福建师范大学藏稀见方志丛刊》第 17 册，第 720 页。

诗得白字》五言诗一首。诗中称子服为"吾弟"。芦峰即庐峰，在建阳西山，离朱子建成于淳熙二年（1175）的晦庵草堂不远。诗中有"昨日吾弟来，勇往意无斁。今晨蓐食罢，千仞一咫尺"①，则云谷晦庵已具备住宿的条件，故此诗应写于草堂建成之后。

淳熙十四年（1187）九月，有《答丘子服》书信一通。内容为介绍其新作《通书解》，即朱子为《通书》作的解。《通书》，又名《易通》，大儒周敦颐著。以阐发《易传》和《中庸》的思想为主旨，与《太极图说》相表里。在朱子之前，学界对此书的意义认识不足，评价不高。以至《吕氏童蒙训记》仅称之为"用意高远"，犹如诗家对一首古诗的评价。朱子指出："夫《通书》太极之说，所以明天理之根源，究万物之终始，岂'用意'而为之，又何高下远近之可道哉？"②该书所阐述的立诚、主静、无欲等学术观点，成为此后理学的主要思想特征，故朱子对此书评价极高，称其为"近世道学之源也"。故在此书信中，他要求丘子服能够反复阅读。③道光《县志》中所谓"尝与刊定《周子通书》"，认为丘膺参与了此书的编纂，实乃牵强附会。

绍熙五年（1194）十二月，朱子建阳沧洲精舍落成。此后不久，"庆元党禁"风生水起，其时，朱子在建阳，丘子服因得以较多时间相侍左右。《朱文公文集》卷九《用丘子服弟韵呈储行之明府伯玉卓丈及坐上诸友》就写于此时。在这首诗中，朱子吟诵出了"我是溪山旧主人，归来鱼鸟便相亲。一杯与尔同生死，万事从渠更故新"的著名诗句，委婉地道出了对迫害理学人士的恶势力的不满。

据史料记载，庆元三年（1197）正月，朱子落职罢祠和蔡元定编管道州的省札同时下到建阳。第二天，朱子率众弟子赶往建阳瀛州桥东的靖安寺为蔡元定送行。二人谈笑自若，相与讨论《参同契》。席间有弟子失声哭泣，蔡

---

① 〔宋〕朱熹：《晦庵先生朱文公文集》卷六，《朱子全书》第20册，第436页。

② 〔宋〕朱熹：《晦庵先生朱文公文集》卷三十《答汪尚书》书六，《朱子全书》第21册，第1306页。

③ 〔宋〕朱熹：《晦庵先生朱文公续集》卷七《答丘子服膺》，《朱子全书》第21册，第4773页。

元定泰然赋诗云："执手笑相别，无为儿女悲。轻醇壮行色，扶摇动征衣。断不负所学，此心天所知。"[①] 此"失声哭泣"的弟子，通常史料中均不言明是谁，但从《朱文公文集》中，我们可以知道，此人就是丘膺。朱子《续集》卷六《答储行之》书四："季通之行，浩然几无微不适意，丘子服独为之涕泣流涟而不能已。处世变，恤穷交，亦两得其理也。"[②] 所谓两得其理，是说蔡元定处变不惊，泰然自若，丘子服为友人担心，流涟不已，体现了学友真情，这两种态度都合乎情理，都值得称许。

庆元五年（1199），是丘子服与朱子往来唱和最多的一年，见载于《朱文公文集》卷九中的相关诗作就有《奉和子服老弟黄杨游岩二诗》《己未九日子服老弟及仲宣诸友载酒见过坐间居厚庙令出示佳句叹伏之馀次韵为谢并呈同社诸名胜》《病中承子服老弟同居厚叔通居中居晦诸兄友载酒见过子服有诗牵勉奉和并呈在席幸发一笑》等。黄杨、游岩为建阳的两处游览胜地，丘子服为了排解朱子在"党禁"中的苦闷之情，多次邀请他前往山野郊外散心，可谓煞费苦心。

陈荣捷先生《朱子门人》据相关资料分析说，朱子与丘膺，"其交好之情，可见诸同游庐峰，分韵赋诗，与朱子多次次其韵。称'弟''老弟''吾弟'。《语类》两则，一记其读周礼制度（卷八十六）。一记其论子游（卷八十八）。但《文集》卷四十五（七至八）与《续集》卷七《答丘子服》两书，论老子宠辱若惊，出生入死，载营魄诸章。《文集》书札讨论老子者甚少，丘膺几乎专此，可谓特色。"[③] 是说丘膺对老子的学说比较关注，这在朱门弟子中是少有的。

最后，还有一个问题需要说明，建阳二丘究竟是如上引《县志》所说的是"从弟"，还是亲兄弟？新修《中华邱氏宗谱·福建建阳分谱·世传篇》

---

① 〔宋〕蔡元定：《谪春陵别诸友诗》，《蔡氏九儒书》卷二，《四库全书存目丛书》集部第 346 册，第 694 页。

② 〔宋〕朱熹：《晦庵先生朱文公续集》卷六《答储行之》，《朱子全书》第 25 册，第 4766 页。

③ 陈荣捷：《朱子门人》，华东师范大学出版社 2007 年版，第 41 页。

"将口镇东田村·芹溪始祖派下世系"载：

> 广公长子，义公，字道济，又字仁卿，号子野，行大四，宋儒芹溪公。生于高宗建炎二年戊申年（1128）十月初三日丑时，卒于宁宗嘉泰二年壬戌年（1202）二月十七日，高寿七十五岁，葬东田上丁垅，土名蟹坑，坐癸向丁。姚詹氏，子二：文友、文谅。
>
> 次子，膺公，字信卿，乳名为□□，号子服，行大四。生卒葬在谱，县志有传。姚张氏。子四：袁、悌、丑、文广居瓯邑小湖郑墩。

谱中将丘膺列为丘义的胞弟，又称其"县志有传"，但对诸《县志》称他是丘义的从弟又不加辨正，这就给今人留下了可能是永远无法破解的谜团。

在视觉上，建阳二丘留给今人的唯一文物，就是现存将口东田的丘子野墓碑。该墓碑由宋末元初建阳著名理学家熊禾题字，文曰："宋儒丘子野先生之墓，至元庚寅熊禾为其□，曾孙洙琪节嶝题。"

（本文载《朱子文化》2007年第3期，笔名：岩叟，2018年岁末修改）

朱门颜曾——黄榦

    黄榦是朱熹的"四大弟子"（蔡元定、黄榦、刘爚、陈淳）之一。朱熹讲学之所武夷、建阳被后人誉为"闽邦邹鲁"，朱熹被尊为"南方孔子"，黄榦因之也有朱门"颜（回）、曾（参）"①之誉。在继承、捍卫、阐扬和传播朱子学方面，黄榦倾注了其毕生心血和精力。本文拟从黄榦的生平，及其对朱子学发展的贡献两个方面予以论述。

一、黄榦生平考述

    黄榦（1152－1221），字季直，一字直卿。因朱熹在诀别时写给他的书信中有"凡百更宜加勉力，吾道之托在此者"②诸语，故自号勉斋。父黄瑀，宋高宗时曾官至朝散郎，任监察御史，甚有政绩。逝世后，朱熹应黄榦之请为撰《墓志铭》。③

    1. 受学朱门，志坚思苦

    黄榦虽为闽县人，但他的一生与闽北结下了不解之缘。首先，他长期从学于朱熹，其拜师和学业有成均在闽北。其次，他成家在崇安五夫，是朱熹的爱婿兼高徒。朱熹晚年定居建阳考亭，黄榦多相侍左右。此后，他的两个

---

    ① 颜回是以德行著称的孔门弟子，品德高尚，学识渊博，被后人尊为七十二贤之首，尊为"复圣"；曾参也是孔子门人，他发展了孔子的孝道，被尊为"宗圣"。

    ② 〔宋〕朱熹：《朱熹集》卷二十九《与黄直卿书》，第1257页。

    ③ 〔宋〕朱熹：《朱熹集》卷九十三《朝散黄公墓志铭》，第4724页。

儿子也定居在建阳，因此，他还是建阳黄氏的始祖。① 再次，黄榦在其一生中的后 20 年走向政界后，还两度主管武夷山冲佑观。在此奉祠家居期间，曾在建阳考亭讲学，传播朱熹的理学思想。

乾道四年（1168），黄榦十五岁时，曾游学闽县学者淡斋李深卿、拙斋林之奇之门。淳熙二年（1175），其仲兄黄东官吉州，黄榦从行，因得识清江刘清之，遂向刘清之求学。刘清之对他说："子乃远器，时学非所以处子也。"② 便把他转荐给朱熹。

这年冬天，黄榦冒雪来到崇安五夫，适逢朱熹外出，他寄居客栈，一直等到次年（淳熙三年）春朱熹归来。从此，黄榦跟随朱熹刻苦学习，夜不设榻，衣不解带，常通宵达旦。黄榦后来对他的学生说：

> 某自拜先生后，夜不设床，记得旧有大椅子，倦时跳上去坐，略睡一瞌，又起看文字，如是者三两月。③

并撰文回忆道：

> 榦丙申之春，师门始登，诲语淳淳，情犹父兄。春山朝荣，秋堂夜清，或执经于坐隅，或散策于林坰，或谈笑而春容，或切至而叮咛。始受室于潭溪，复问舍于星亭。……④

朱熹对黄榦极为赞赏，说："直卿志坚思苦，与之处甚有益。"⑤ 朱熹学侣、东南三贤之一的张栻逝世，朱熹写信给黄榦说："南轩云亡，吾道益孤。

---

① 〔清〕黄作宾等重修：《敕建潭溪书院黄氏世谱》，清光绪印本。

② 〔宋〕黄榦：《勉斋先生黄文肃公文集·年谱》，《北京图书馆古籍珍本丛刊》本，第 814 页。

③ 〔宋〕黄榦：《勉斋先生黄文肃公文集·年谱》，第 815 页。

④ 〔宋〕黄榦：《勉斋先生黄文肃公文集》卷三十六《祭晦庵朱先生》，第 734 页。

⑤ 〔宋〕朱熹：《朱熹集》卷六十四《答刘公度》，第 3400 页。

朋友亦难得十分可指拟者，所望于贤者不轻。"① 对其寄予厚望，淳熙九年（1182），把次女嫁给他，馆于五夫里紫阳书堂。

当时，朱熹已先后担任过南康知军、浙东提举等职，出版了《论孟精义》《资治通鉴纲目》《周易本义》《诗集传》《近思录》《伊洛渊源录》等 20 多部著作，在政界与学术界均声名日盛。"公卿名家莫不攀慕，争欲以子弟求昏（婚）。"② 而朱熹却偏偏看中了这个"家清贫，门户衰冷"③ 的黄榦，个中原因，正如他在为次女订亲之时撰《回黄氏定书》所言："直卿宣教历志为儒，久知为己；……虽贪同气之求，实重量材之愧。"④ 看中的是黄榦一心向道，"历志为儒"的决心和才干，从而达到"以吾道所在欲有托也"⑤。因此，朱熹选择黄榦为婿，实际上是选择了他的学术以及事业上的继承人。

朱熹为什么选择黄榦为其事业上的继承人？这在朱熹平时与友人的言谈中已露出端倪。所言"直卿志坚思苦，与之处甚有益"⑥，实际上就是对黄榦为人的总体评价。

所谓"志坚"，是指黄榦"慨然有志于道"⑦，在拜师之日，已立下了继承和阐扬朱子学为己任的大志。淳熙三年（1176），黄榦拜朱熹为师时，已年届二十五岁，这正是一个人立业成家的时候。在封建社会里，科举功名是人们趋之若鹜的热门，所谓"十载寒窗无人识，一举成名天下知"，就是这种现象形象生动的写照。但黄榦却在青年时即"厌科举之业"⑧，不以仕途为意。一直到了绍熙五年（1194），宋宁宗即位，朱熹以捧表恩奏补，黄榦才得到一个将仕郎的官衔。到了次年四月，授迪功郎，得到一个监台州户部赡军酒库的

---

① 〔宋〕朱熹：《朱熹集·续集》卷一《答黄直卿》书二，第 5127 页。
② 〔宋〕黄榦：《勉斋先生黄文肃公文集·年谱》，第 816 页。
③ 〔宋〕黄榦：《勉斋先生黄文肃公文集·年谱》，第 816 页。
④ 〔宋〕朱熹：《朱熹集》卷八十五，第 4416 页。
⑤ 〔宋〕黄榦：《勉斋先生黄文肃公文集·年谱》，第 816 页。
⑥ 〔宋〕朱熹：《朱熹集》卷六十四《答刘公度》，第 3400 页。
⑦ 〔宋〕黄榦：《勉斋先生黄文肃公文集·年谱》，第 816 页。
⑧ 〔宋〕黄榦：《勉斋先生黄文肃公文集·年谱》，第 816 页。

小官。即使这样，黄榦还一再推辞，认为"居官未足以行志，而枉费心力于簿书米盐之间，孰若隐居山林讲学问道之为乐哉！"① 这时，黄榦已四十四岁，进入了人生的壮年时期。

所谓"思苦"，是说黄榦在学业上能刻苦钻研。这在黄榦从拜师之时起，"衣不设榻，不解带，少倦则微坐，一倚或至达曙"② 的学习中已得到充分的证明。所以黄榦的同乡与同门师友杨复才会说"文公心嘉其刚劲坚苦，可与任道，未十年而授之以室，又十年而界之以官"③。

2. "代即讲席"，衣钵相传

从淳熙三年（1175）至绍熙五年（1194），黄榦除遵朱熹之命，曾于淳熙三年赴金华从学于吕祖谦约一年时间，以及曾往返于闽县处理兄丧等家务外，其余大部分时间均相侍于朱熹左右，即使是朱熹外出为官也是如此。如淳熙六年（1179），朱熹知南康军，黄榦从行；④ 淳熙八年十月朱熹被召至京，黄榦从行；⑤ 绍熙元年（1190），朱熹出守漳州，黄榦亦相随左右。⑥

由于黄榦长年跟随朱熹，由此而学问日精。同时，他实际上也是朱熹在学术上的得力助手。如朱熹知南康时，黄榦随行，帮助处理一些学术上的事务。《朱熹集》卷三十四《答吕伯恭》书十九：

> 熹来此，日间应接衮衮，暮夜稍得闲向书册，则精神已昏，思就枕矣。以此两月间只看得两篇《论语》，亦是黄直卿先为看过，参考同异了，亦为折中。

① 〔宋〕黄榦：《勉斋先生黄文肃公文集·年谱》，第 819 页。
② 〔元〕脱脱等：《宋史》卷四百三十《黄榦传》，第 12777 页。
③ 〔宋〕黄榦：《勉斋先生黄文肃公文集·年谱》，第 819 页。
④ 本年端午，朱熹所撰《记游南康庐山》文中记同游者有"黄直卿"之名，见《朱熹集》卷八十四，第 4362 页；淳熙八年（1181）闰三月朱熹离南康任，过庐山，写下《山北纪行》十二章，文中有"黄榦季直"之名，见《朱熹集》卷七，第 341 页。
⑤ 〔宋〕黄榦：《勉斋先生黄文肃公文集·年谱》，第 816 页。
⑥ 绍熙元年（1190）腊月，朱熹撰于漳浦郡斋的《跋蔡端明献寿仪》，文中有"且嘱诸生黄榦临视唯谨"之语，《朱熹集》卷八十二，第 4256 页。

朱熹武夷精舍建成后，黄榦在此从学并协助朱熹从事一些研究课题。《朱熹集》卷三十五《答刘子澄》书九："熹一出三月，归已迫岁。……却是精神困惫，目力昏暗，全看文字不得，甚觉害事耳。旧书且得直卿在此商量，逐日改得些少，比旧尽觉精密。且令写出净本，未知向后看得又如何也。"此书信作于淳熙十一年（1184）春正月，文中"旧书"未详所指。据《勉斋集·年谱》录黄榦语云：

> 先师之用意于《集注》一书，愚尝亲睹之，一字未安，一语未顺，覃思静虑，更易不置。一、二日而不已，夜坐或至三四更。如此章（按，指《论语·卫灵公篇》"谁毁谁誉章"）乃亲见其更改之劳。坐对至四鼓。先师曰："此心已孤，且休矣。"退而就寝，目未交睫，复见小史持版牌以见示，则是退而犹未寐也，未几而天明矣，用心之苦如此。①

文中记载的是朱熹为修改《论语集注》一书殚精竭力，彻夜不眠的工作情景。作为朱熹学术上的得力助手，黄榦当然不可能袖手旁观，上文实际上是黄榦在协助朱熹担任部分研究课题之时记下的亲身经历。故朱熹的另一门人潘柄曾说：

> 文公退居山谷者三十年，专讨论经典训释诸书，以惠后学。时从游者，独公（指黄榦）日侍左右，纂集考订之功居多。②

绍熙二年（1191），朱熹离漳州任后，黄榦则应闽帅赵汝愚之请，暂时离开朱熹，到福州执教于登瀛馆，后又移塾于叶氏悦乐堂和城东古寺。《朱熹集》中

---

① 〔宋〕黄榦：《勉斋先生黄文肃公文集·年谱》，第 816 页。
② 〔宋〕黄榦：《勉斋先生黄文肃公文集·年谱》，第 816 页。

有"近来福州得黄直卿、南康得李敬子说，诱得后生多有知趣乡者"①之语，所谓"诱得后生多有知趣乡"，即通过教学，引导青年心向正学，接受儒家文化的传统。

绍熙三年（1192），朱熹在建阳考亭建成竹林精舍，黄榦在此担任了部分教学工作。《文集》续卷一《答黄直卿》书七八："见谋于屋后园中作精舍，规摹甚广，他时归里，便可请直卿挂牌秉拂也。"②所谓"挂牌秉拂"，即《宋史·黄榦传》中所说的"请直卿代即讲席"。如绍熙四年，南城包扬率其生徒14人来竹林精舍就学，包扬请朱熹讲解《论语·有子》章，③而朱熹却指定黄榦为之代讲。他说：

> 直卿与某相聚多年，平时看文字甚子（仔）细。数年在三山，也然有益于朋友，今可为某说一遍。④

于是黄榦为之宣讲"此章之指，复历叙圣贤相传之心法"⑤。

绍熙五年（1194），竹林精舍经扩建，改名为沧洲精舍，据《勉斋集·年谱》，时黄榦以恩荫补将仕郎。次年四月，授迪功郎监台州户部赡军酒库；五月，朱熹赴潭州任，黄榦随行；十一月，"文公奉祠居家，先生（指黄榦）自京还，留文公之侧"。庆元年间，黄榦往来于福州、建阳考亭两地。庆元三年（1197），朱熹为黄榦"筑室于考亭新居之旁"。《朱熹集·续集》卷一《答黄直卿》书八六云："闻欲迁居此来，甚慰，不知定在何日也。"《朱熹集》卷六十四《答巩仲至》书十二云："直卿久不得书，闻有徙家之兴，此固所欲，但于渠聚徒之计，则恐失之便，无以为生，亦须细商量耳。"后黄榦一直延至庆

----

① 〔宋〕朱熹：《朱熹集》卷五十三《答刘季章》，第2637页。
② 〔宋〕朱熹：《朱熹集·续集》卷一《答黄直卿》书二，第5151页。
③ 即《论语·学而》篇中"有子曰：'其为人也孝弟，……'"一章。
④ 〔宋〕黎靖德编：《朱子语类》卷一百一十九，第2870页。
⑤ 〔宋〕黎靖德编：《朱子语类》卷一百一十九，第2870页。

元五年（1199）十一月才迁于考亭新居。

庆元年间，朱熹编《仪礼经传通解》一书，以《丧礼》《祭礼》二编嘱黄榦为之，《朱子语类》卷八十四载胡泳录云："庚申二月既望，先生有书与黄寺丞商伯云：'伯量依旧在门馆否？《礼书》近得黄直卿与长乐一朋友在此，方得下手整顿。'"《勉斋集·年谱》则载："文公虽以丧、祭二礼分畀先生，其实全帙自冠昏、家乡、邦国等类皆与先生平章之。文公尝与先生书云：'所喻编礼，次第其善'。又云：'千万更与同志勉励，究此大业。'又云：'将来送彼参订，修归一涂。'又云：'此事异时直卿当任其责'，其他往复条例，文多不能尽载。明年三月乙亥朔，竹林精舍编次《仪礼集传集注》，书成条理，《经传》写成定本，文公当之，而分经类传则归其功于先生焉。然《集注集传》乃此书之旧名，自丙辰丁巳以后累岁刊定，讫于庚申，犹未脱稿，而先生所分丧、祭二礼犹未在其中也。"

但据《宋史·黄榦传》载，"朱熹及编《礼书》，独《丧》《祭》二礼属榦，稿成，熹见而喜曰：'所立规模次第，缜密有条理，它日当取所编家乡、邦国、王朝礼，悉仿此更定之。'"实际上，此书在朱熹生前并未完稿，一直到嘉定十三年（1220）夏，黄榦所撰这一部分方成书，名《仪礼经传通解续卷》（丧礼），[1] 故《宋史·黄榦传》所载于此有误。

对黄榦在朱门的地位，清代的宋学大师张伯行后来评价说："晦翁倡道东南，士之游其门者无虑数百人，独勉斋先生从游最久，于师门最为亲切。"[2]

庆元四年（1198），朱熹在病革之际，将深衣及所著之书授予黄榦。所谓深衣，是古代士大夫家居时所穿的衣服，衣与裳相连，前后深长。朱熹将深衣传与黄榦，其中含有"衣钵相传"的寓意，实际上也是勉励其将他开创的理学事业继承下去并为之发扬光大。庆元六年（1200）三月，朱熹病逝于考亭，黄榦日行百里从闽县赶至建阳为其护丧，并持心丧三年。

---

① 〔宋〕黄榦：《勉斋先生黄文肃公文集·年谱》，第 843 页。
② 〔清〕张伯行：《正谊堂文集》卷七《黄勉斋文集序》，正谊堂全书本。

3. 历官州县，政绩显著

朱熹逝世后的第四年，即嘉泰四年（1204），黄榦被起用为嘉兴府石门酒库监管。开禧元年（1205），两浙运判詹徽之感到黄榦是一个人才，而仅任一个酒监则未免屈才，遂以其"存不矜之心，为有用之学，屈在筦库，未究所长"① 为由荐之于朝。这时，权奸韩侂胄欲以对金人用兵来巩固他所窃取的高位，以吴猎为荆湖北路安抚使。吴猎征求黄榦对战局的看法，黄榦认为不宜仓促用兵，而应做好充分的准备，否则必败。吴猎素敬重黄榦的名德，于开禧二年五月将其辟为府中慕僚。

局势的发展，果然不出黄榦所料。开禧北伐拉开序幕后，宋军在初战得到几次小胜之后，不久，淮北及西路诸军均节节败退，金兵挥师渡淮南下，与宋军形成对垒、相持的局面。于是，当初一力主战的韩侂胄又急忙遣使议和，开禧三年（1207）十一月，这个在庆元年间（1195－1200）兴风作浪，靠陷害和打击道学人物起家的人终因北伐失利而被杀，另一位野心勃勃的大臣史弥远取而代之，成了当朝宰执。出于其政治上的需要，史有意推崇并逐步起用了一些道学人物。这时，正好江西提举赵希怿、抚州知府高商老同时荐举黄榦，认为他"禀资公正，律己廉勤，使宰百里，绰有余才"②。于是，史弥远顺水推舟，黄榦由此而当上了江西临川县令。

嘉定元年（1208）正月，黄榦来到临川任上。临川地大民众，号称难治，自乾道年间（1165－1173）赵善誉任县令以来，四十余年无贤令尹，以至积讼成山。黄榦到任后，"每日裁决，观者如堵。"③ 黄榦剖决如流，每决一事，众皆叹服。次年，临川遇上旱荒和蝗灾，民艰于食。黄榦为之平粮价，宽征敛，民赖以安。政事之余，郡守以礼请黄榦到郡学讲课，黄榦以"四德四端之要"为题讲解和传播朱熹的理学思想。这年三月，又在临川建成县学。

嘉定五年（1212）五月，黄榦被调任为江西新淦县令。县民已习知黄榦

---

① 〔宋〕黄榦：《勉斋先生黄文肃公文集·年谱》，第825页。
② 〔宋〕黄榦：《勉斋先生黄文肃公文集·年谱》，第826页。
③ 〔宋〕黄榦：《勉斋先生黄文肃公文集·年谱》，第827页。

在临川的政绩，闻其来任邑令，皆奔走相告，欢声不置。黄榦到任后，"尽心毕力，穷究弊源"，① 抚恤困穷，不畏强御，经理财赋纲运，整办理断民讼，人罕再诉。当时朱熹的另一位门人长溪（治所在今福建省霞浦县）人杨楫任江西运判，延请黄榦讲学于隆兴（治所在今江西省南昌市）东湖书院，黄榦为书院诸生讲解了《中庸》一书中的有关章节，阐释了朱熹集注此书的观点。

嘉定六年（1213）九月，黄榦被命为安丰军通判，次年二月改调建康府通判。宝谟阁学士利州路安抚使刘甲、兵部侍郎李钰均一力荐举黄榦，以为他"学有渊源，行有根本，忠孝窃于许国，信义长于使人。其材足以济繁难，其节足以临缓急"，"可当大任"。② 于是，于这年九月被命为汉阳知军。

汉阳即今湖北省武汉市汉阳区一带，开禧北伐之后，这里成了宋金边境。黄榦到任的第二年（嘉定八年，1215），值大旱岁饥，他竭力为荒政，发常平以赈。旁郡饥民闻讯，辐凑而至者惠抚均一，民大感悦。政事之余，黄榦又于郡治后凤栖山构屋，建凤山书院，招纳四方学者。又立周敦颐、程颐、程颢、游酢、朱熹五先生祠，撰《汉阳军学五先生祠堂记》，欲使"此邦之士知道统之有传，圣贤之可慕"③，为阐扬朱熹的理学思想不遗余力。黄榦心中十分明白，朝中的最高统治者为维护其统治需要，可以容纳部分理学家参政议政，但并不意味着朝廷已为在"庆元党禁"中含冤蒙垢的理学人物彻底平反。作为一个正直的官员，在其位要谋其政，他要招募士勇，巡城视防，反击金兵的侵掠。而修城、赈饥、听讼等杂务纷陈，占据了他的大量时间。为了更好地阐扬道统，确立朱熹学说的道统地位，还有许多未竟之业需要他去完成。因此，从嘉定八年（1215）六月起，他一再上疏乞祠。当时，湖北漕使上疏一再挽留，对其知汉阳军的政绩赞不绝口。疏中说："自黄知军有奉祠之请，阖郡士民皇皇然皆恐其去，如赤子之慕慈母。"④ 然而，为了阐扬朱子之道统，

---

① 〔宋〕黄榦：《勉斋先生黄文肃公文集·年谱》，第831页。
② 〔宋〕黄榦：《勉斋先生黄文肃公文集·年谱》，第833页。
③ 〔宋〕黄榦：《勉斋先生黄文肃公文集》卷十八《汉阳军学五先生祠堂记》，第493页。
④ 〔宋〕黄榦：《勉斋先生黄文肃公文集·年谱》，第836页。

黄榦还是毅然再三请祠，终于在这年十二月旨下，准其主管武夷山冲佑观。

冲佑观坐落在武夷一曲大王峰下，是历史上著名的道观。两宋时期，朝廷为了安置闲官冗员，以佚老优贤，在全国十二处道观置提举或主管官员，武夷山冲佑观乃其中之一。按照宋代的宫观制度，任者可以从便居住，不到任所而领取俸禄。奉祠家居，使黄榦得到了一个能够专心致志地阐扬朱熹思想的机会。在此之前，黄榦的师祖刘子翚，老师朱熹，以及吕祖谦、张栻、陆游、辛弃疾、叶适、魏了翁、彭龟年等一大批学者名流均先后担任过冲佑观的提举或主管，此次朝廷命黄榦主管冲佑观，正好遂其所愿。

嘉定九年（1216）四月，黄榦回到了阔别数载的建阳考亭。消息传出，诸生从学于竹林精舍者云集。黄榦在此撰写了《竹林精舍祠堂讲义》，并开始草撰《朱文公行状》。七月，又建环峰精舍于县治之西，授徒讲学。又命长子黄辂、三子黄輖定居于此，后子孙繁衍，发展成为建阳的一个大姓。今存《潭溪书院黄氏族谱》。

作为朝廷而言，黄榦此次奉祠并非出于政治上的原因，自然不会令其长期闲着。黄榦主冲佑观一年后，又于嘉定十年（1217）二月任黄榦为安庆知府。黄榦力辞不允后，于是年四月到任。在安庆，他积极筑城备战，并上书两淮制置使李钰，力论史弥远擅权，边备废弛，百姓受祸。尽管诸务纷杂，而其崇儒讲学未尝少辍，晚则入书院与诸生讲论经史。嘉定十一年六月诏下，令黄榦赴行在奏事，黄榦屡辞不就。监察御史李楠害怕其入见"必直言边事，以悟上意"，"遂奏罢之"。[①] 这年十一月旨下，又令黄榦主管武夷山冲佑观。

命下之时，黄榦已入庐山访同门友李燔、陈宓，并于白鹿洞书院讲学。次年四月，黄榦回到闽县老家，置书局于寓舍及城南张氏南园，开始重修《仪礼经传续卷》，四方生徒会聚于此，讲解朱熹的学说。并构书楼，以建阳"云谷"命名之，以示不忘先师之训。嘉定十三年（1220），以承议郎主管亳州明道宫致仕（退休）。

---

① 〔宋〕黄榦：《勉斋先生黄文肃公文集·年谱》，第841页。

这年春季，在闽县北山匏牺原建高峰书院，专事讲学。夏季，《仪礼经传通解续卷》和《孝经本旨》成书。次年正月，几经反复修改的《朱文公行状》终于定稿。黄榦在了却了他的这个最大的心愿之后，于嘉定十四年（1221）三月溘然离世，享年七十岁。当时，为之送行的"门人弟子执绋者二百余人，皆衰经菅履，引柩三十余里至山间。丧仪如《礼》，乡人叹息，以为前此未之见"①。宋理宗即位后，于绍定六年（1233）追赠黄榦为朝奉郎；端平三年（1236），诏谥"文肃"。著作除《仪礼经传》及《续卷》外，另有《勉斋集》四十卷行世。

二、黄榦对朱子学发展的贡献

作为朱熹理学思想的直接继承者，黄榦在捍卫、阐扬和传播朱子学方面做出了巨大的贡献。主要体现在他继承了朱熹书院讲学的优良传统；论定了朱熹的道统地位；促进朱熹理学的北传三个方面。

1. 讲学书院，弦歌不绝

朱熹的一生，与书院结下了不解之缘。他的学术思想，以及以他为代表的考亭学派，都是在各地书院的教学实践中逐渐形成并走向成熟的，由他创建、修复，以及讲学过的书院大大小小有数十所之多。②

黄榦继承了朱熹书院讲学的优良传统。绍熙、庆元年间朱熹在世时，黄榦在建阳考亭竹林精舍已有"代即讲席"和在福州聚徒讲学的教学实践。朱熹不幸逝世后，黄榦责无旁贷地担当起"领袖朱门"的职责，将朱熹书院讲学的传统进一步发扬光大。无论是在历官州县期间，还是奉祠家居之时，每到一处，黄榦或讲学于书院，或执教于郡学，将朱熹的理学思想通过书院这个阵地传播四方。

黄榦创建的书院有建阳潭溪精舍（庆元二年，1196）、汉阳凤山书院（嘉定八年，1215）、建阳环峰精舍（嘉定九年，1216）、闽县高峰书院（嘉定十

---

① 〔宋〕黄榦：《勉斋先生黄文肃公文集·年谱》，第845页。

② 参拙著《朱熹书院与门人考》之《朱熹及其相关的书院考述》一节，第1—35页。

三年，1220）四所书院；并创设临川县学一所（嘉定元年，1208），使之成为与临川郡学并立的两所官学。黄榦生平讲学过的书院先后有建阳潭溪精舍、隆兴东湖书院、汉阳凤山书院、建阳考亭沧州（竹林）精舍、闽县高峰书院、江西白鹿洞书院、建阳环峰精舍七所书院；以及临川郡学、临川县学、新淦县学、汉阳军学、安庆府学等五所官办学校。留传下来的讲义有《临川郡学讲义》《隆兴东湖书院讲义》《新淦县学讲义》《竹林精舍祠堂讲义》《安庆郡学讲义》《南康白鹿洞书院讲义》《汉阳军学孟子讲义》等。教学内容广泛涉及《论语》《大学》《孟子》《中庸》，以及朱熹的《四书章句集注》《周易本义》等。

如嘉定二年（1209）在临川郡学讲论"四德四端之要"；五年（1212），在东湖书院讲论《中庸》第四章；八年（1215），在汉阳军讲论《孟子讲义》。政事之余，每逢一、六日，即每隔五日则到军学和凤山书院讲学。嘉定十年（1217）一月，在福州法云寓居，与门生订立《同志规约》，"以每日各读一经、一子、一史，而以《论语》《周易》《左传》为之首。日记所读多寡，所疑事目，并疏于簿。在郡者月一集；五十里外者，季一集；百里外者，岁一集；每集各以所记文字至，与师友讲明而问难之。大要欲明义利之分，谨言行之要，以共保先师遗训之意。"①

黄榦在各地讲学期间，撰写的记文有：嘉定七年（1214）十月，在汉阳军任上撰写了《徽州朱文公祠堂记》②，阐扬理学"道统之传历"；嘉定八年（1215）二月，撰《鄂州州学四贤堂记》③，阐明周（敦颐）、二程（程颢、程颐）和朱熹的学术渊源；嘉定九年（1216）正月，撰《汉阳军学五先生祠堂记》④，记叙周、二程、游（酢）、朱熹五先生的学术成就，使"此邦之士，知道统之有传，圣贤之可慕"；嘉定十年（1217）三月，撰《南康军新修白鹿洞

---

① 〔宋〕黄榦：《勉斋先生黄文肃公文集·年谱》，第 837 页。
② 〔宋〕黄榦：《勉斋先生黄文肃公文集》卷十七，第 491 页。
③ 〔宋〕黄榦：《勉斋先生黄文肃公文集》卷十八，第 494 页。
④ 〔宋〕黄榦：《勉斋先生黄文肃公文集》卷十八，第 493 页。

书院记》①，记叙朱熹、朱在父子相继修复白鹿洞书院的事迹。

2. 存统卫道，精撰《行状》

黄榦一生最主要的贡献，是论定了朱熹的道统地位，并使这种道统地位的观念逐渐从思想界走向政界，为以后的封建统治者所承认和接受。他在其主要于两次主管武夷山冲佑观期间撰成的《朱文公行状》中，高度概括了朱熹一生"自筮仕以至属纩五十年间，历事四朝，仕于外者仅九考，立于朝者四十日"的坎坷事迹；全面论述了朱熹的学术思想和人品道德，并给予朱熹以"绍道统，立人极，为万世宗师"的高度评价。

黄榦在《圣贤道统传授总叙说》② 一文中，进一步发挥了由唐代韩愈、李翱发明，并经北宋二程，南宋刘子翚、朱熹等所接受并进一步阐发的道统心传说，并由此论定了朱熹的儒家道统地位。韩愈在《原道》一文中认为，中国文化的根本传统是儒家传统。这个传统是尧开其端，后尧传舜、舜传禹、禹传汤、文王、周公，一直到孔子、孟子，史称"道统论"。刘子翚的《圣传论》则认为，这个道统的传承方法是"密契圣心，如相授受"的。而黄榦则将这个道统下延至周、张、二程和朱熹。他说：

> 道之正统待人而后传，至周以来，任传道之责，得统之正者不过数人，而能使斯道章章较著者，一二人而止耳。由孔子而后，曾子、子思继其微，至孟子而始著。由孟子而后，周、程、张继其绝，至熹而始著。③

道统的观念指的是圣人相传的谱系和儒家正统文化精粹的传承关系，这种传承并不一定是师徒之间的直接传授，也可以是跨越时代的密契心传。他说："先师之得其统于二程者也，圣贤相传，垂正立教，粲然明白，若天之垂

---

① 〔宋〕黄榦：《勉斋先生黄文肃公文集》卷十八，第 495 页。
② 〔宋〕黄榦：《勉斋先生黄文肃公文集》卷二十六，第 584 页。
③ 〔宋〕黄榦：《勉斋先生黄文肃公文集》卷三十四，第 705 页。

象，昭昭然而不可易也。"① 把道统的产生和发展，都归结为"天理"的必然。明代理学家陈献章有诗句说："往古来今几圣贤，都从心上契心传。"② 所言也是此意。黄榦还认为，圣人之间的心传，并非不可捉摸，其要旨有四。曰：

> 居敬以立其本，穷理以致其知，克己以灭其私，存诚以致其实。以是五（四）者而存诸心，则千圣万贤所以传道而教人者不越乎此矣。③

"居敬"是宋代理学家所提倡的道德修养方法，出自《论语·雍世》："居敬而行简"；"穷理"则是理学家的认识论原则，出自《易·说卦》："穷理尽性"。朱熹曾说："学者工夫，唯在居敬、穷理二事。此二事互相发。能穷理，则居敬工夫日益进；能居敬，则穷理工夫日益密。譬如人之两足，左足行，则右足止；右足行，则左足止。又如一物悬空中，右抑则左昂，左抑则右昂，其实只是一事。"④ "克己"也是儒家的修养方法，源于《论语·颜渊》："克己复礼为仁"。意为以仁德克制自己，使之合于礼义。朱熹在《论语集注》中注云："克者，胜也。己，谓身之私欲也。" "存诚"则源于《孟子·尽心上》："存其心，养其性，所以事天"。朱熹则认为"心若不存，一身便无所主宰"⑤。"存其心，则能养其性，正其情。"⑥

总而言之，居敬、穷理、克己、存诚是以朱熹为代表的宋代理学家所极力提倡的修养心性和认识外界事物的重要方法。黄榦认为"以是四者而存诸心，则千圣万贤所以传道而教人者不越乎此"，这就是在宣扬道统论的同时，又进一步阐扬了朱熹的理学思想。

---

① 〔宋〕黄榦：《勉斋先生黄文肃公文集》卷二十六《圣贤道统传授总叙说》，第585页。

② 〔明〕陈献章：《陈白沙集》卷六《次韵张廷实读〈伊洛渊源录〉》，《景印文渊阁四库全书》第1246册，第220页。

③ 〔宋〕黄榦：《勉斋先生黄文肃公文集》卷二十六《圣贤道统传授总叙说》，第585页。

④ 〔宋〕黎靖德编：《朱子语类》卷九，第150页。

⑤ 〔宋〕黎靖德编：《朱子语类》卷十二，第199页。

⑥ 〔宋〕黎靖德编：《朱子语类》卷六十，第1428页。

3. 朱学北传，厥功甚伟

黄榦的另一贡献是促进了朱熹理学的北传。《宋史·黄榦传》载其在各地讲学，"弟子日盛，巴蜀、江、湖之士皆来"。黄榦的著名弟子有何基、赵师恕、饶鲁、董梦程、蔡念成、叶士龙、熊刚大等数人。其中何基与其兄何南坡、叶由庚、方镕并称"北山四先生"。何基开创了金华北山学派。王柏、金履祥、许谦、揭傒斯、方逢辰等名学者均为这一学派的传人。黄榦任江西临川知县时，何基的父亲为县丞，何基因得以与其兄均从黄榦学。"勉斋告以必有真实心地，刻苦工夫而后可。先生（指何基）悚惕受命。于是砥精覃思，平心易气，以俟义理之自通。"① 清人全祖望认为："勉斋之传，得金华而益昌。说者谓北山（何基）绝似和靖（尹焞），鲁斋（王柏）绝似上蔡（谢良佐），而金文安公（金履祥）尤为明体达用之儒，浙学之中兴也！"②

黄榦的另一高弟饶鲁，开创了鄱阳双峰学派，门下弟子有程若庸，曾任武夷书院山长。此后著名学者吴澄、程钜夫、朱公迁、汪克宽、赵孟頫，均为这一学派的传人。清黄百家说：

> 黄勉斋榦得朱子之正统，其门人一传于金华何北山基，以递传之于王鲁斋柏、金仁山履祥、许白云谦，又于江右传饶双峰鲁，其后遂有吴草庐澄，上接朱子之经学，可谓盛矣！③

黄榦高弟董梦程，是黄榦学侣董铢之侄，"字万里，号介轩。鄱阳人，槃涧先生铢从子也。初学于槃涧与程正思，后学于勉斋。"④ 董梦程则开创了鄱阳介轩学派，胡方平、胡一桂、董鼎、董真卿、马端临等著名学者均为这一

---

① 〔清〕黄宗羲原著、全祖望补修：《宋元学案》卷八十二《北山四先生学案》第2726页。

② 〔清〕黄宗羲原著、全祖望补修：《宋元学案》卷八十二《北山四先生学案》，第2725页。

③ 〔清〕黄宗羲原著、全祖望补修：《宋元学案》卷八十三《双峰学案》，第2812页。

④ 〔清〕黄宗羲原著、全祖望补修：《宋元学案》卷八十九《介轩学案》，第2971页。

学派的传人。

为了加深理解黄榦促使朱熹理学北传的学术意义，在此有必要简要地回顾一下"理学南传"的历史背景。

众所周知，就中华文明总体发展而言，其源头在黄河流域的中原、北方一带，而南方相对开发较晚。这是因为福建僻处东南一隅，远离全国的政治、经济和文化中心，生产力发展总体水平落后于北方、中原地区。到了北宋时期，南方一些有志之士为扭转这种落后状况，纷纷投入倡道于河南洛阳的大儒程颢、程颐门下。其中最有名的是程门四大弟子之二的建阳游酢和将乐杨时，以及崇安胡安国等人。他们倡道东南，在武夷山阐扬理学。后经杨时传道延平罗从彦，罗从彦传延平李侗，李侗传朱熹，集其大成。程朱理学此后不久逐渐成为中国封建社会后期占统治地位的儒家学说。朱熹所创立的学派被称为"考亭学派"或"闽学"。作为中国传统文化主体的儒学，其重心最终由北方转向南方，由"北孔"而"南朱"，产生了理学的集大成者——朱熹。这便是理学南传的历史背景，武夷山因此有"道南理窟"的称誉。

两宋时期，理学入闽后，程朱理学在福建得到迅速发展；相反，由于与南宋对峙，在地处金朝统治下的北方却沉寂了下来。这与金朝统治者是少数民族，对代表汉民族文化的传统儒学不了解有关。而黄榦在临川、安庆，尤其是在地处宋金边界的汉阳讲学，开创书院，广招门人，这就为朱子学的北传打下了良好的基础。随着门人弟子的日渐增多和理学书籍的四处传播，以及此后门人弟子的代代相传，就为朱子学逐渐北传播撒下了生生不息的种子。一旦时机成熟，这些"种子"就会生根、发芽，长成参天大树，从而撑起一片理学的绿荫。果不其然，犹如游酢、杨时等人当年促使理学南传一样，黄榦之促使"理学北传"到了宋末元初终于得以最后完成。清人黄百家说：

> 自石晋燕、云十六州之割，北方之为异域也久矣，虽有宋诸儒叠出，声教不通。自赵江汉以南冠之囚，吾道入北，而姚枢、窦默、许衡、刘

因之徒，得闻程、朱之学以广其传，由是北方之学郁起。①

文中提到的赵江汉即宋末元初的著名理学家赵复。他是荆湖北路德安府人，端平二年（1235），蒙古军破德安，赵复欲以身殉国，被姚枢所救，礼送至燕京，讲授理学。后赵复在燕京建太极书院，许衡、刘因、郝经等一大批名儒均出于其门下。故后人评价说："当是时，南北不通，程、朱之书不及于北，自先生而发之。"②

对赵复的师从关系，一向缺考。《宋元学案·鲁斋学案》也仅称其为"程学朱学续传"。曾有人认为，赵复是南宋名儒真德秀的门人，③ 但无确切史料证明，记载真德秀学案的《宋元学案·西山真氏学案》中亦只字不提。可见，赵复与真德秀一样，都只能是朱熹的"私淑弟子"。

赵复的崛起，与黄榦当年在湖北传播理学有密不可分的关系。黄榦的讲学地汉阳军，治所在今湖北省武汉市汉阳区，赵复所在的德安府，治所原在安陆，从宋咸淳（1265－1274）以后曾徙治汉阳。安陆与汉阳，两地相隔不远，南宋时曾属同一地区。赵复与黄榦虽然没有直接师承关系，但从他接受程朱理学的思想，到创立自己的学派，均在黄榦当年在此地讲学之后不过 20 年而言，黄榦在汉阳军讲学为宋嘉定七至八年（1214－1215），而赵复被礼送至燕京，事在端平二年（1235），其学术渊源是很明显的。

无独有偶，元初与赵复齐名的理学家窦默，避兵南逃德安，孝感县令谢献之授之以"伊洛性理之书。先生（指窦默）自以为昔未尝学，而学自此始"④。窦默为河北肥乡（治所在今河北省邯郸市肥乡区）人。南宋时，河北为金朝统治之下，故生活于此的窦默"昔未尝学"程朱"性理之书"，后至黄

① 〔清〕黄宗羲原著、全祖望补修：《宋元学案》卷九十《鲁斋学案》，第 2995 页。

② 〔清〕黄宗羲原著、全祖望补修：《宋元学案》卷九十《鲁斋学案》，第 2994 页。

③ 乌兰察夫、段文明：《理学在元代的传播与发展》，载武夷山朱熹研究中心编：《朱子学新论——纪念朱熹诞辰 860 周年国际学术会议论文集》，上海三联书店 1991 年版，第 570 页。

④ 〔清〕黄宗羲原著、全祖望补修：《宋元学案》卷九十《鲁斋学案》，第 3004 页。

榦过化之乡德安，方得书而始学，并由此成为理学名家。后元军攻破德安，他也应召至大名，与姚枢、许衡等传播朱子理学。

赵复、窦默等理学家的相继入仕，成为黄榦之后促使程朱理学北传的后继者，他们与黄榦的另外一批活跃在南方的续传弟子如吴澄、胡方平、董鼎、金履祥等共同努力，为朱子学成为元朝的统治思想奠定了基础。元皇庆二年（1313），元朝廷还颁发政令，以朱熹的《周易本义》《诗集传》《四书章句集注》，建阳蔡沈的《书集传》，崇安胡安国的《春秋传》等书，作为科举考试的法定经本。而这一切，其起因，追溯源流，均与黄榦密切相关。故高令印教授称"黄干（榦）是朱子学盛行于元代全国之桥梁"①。

从杨时、游酢拜师二程门下，携河南洛学之火种南传，到黄榦继承朱熹的事业，携福建闽学之良种北播，体现了优秀的中华传统文化渊远流长、生生不息的顽强生命力。而黄榦促使理学北传的历史功绩，过去很少提及，罕为人知。故应大书特书，使之恢复应有的历史地位！

在学术思想上，黄榦在固守师说的同时，以更为通俗易懂的道理来阐发朱熹的思想。如他认为："道之在天下，一体一用而已。体则一本，用则万殊。一本者天命之性，万殊者率性之道。天命之性即大德之敦化，率性之道即小德之川流。惟其大德之敦化，所以语大莫能载；惟其小德之川流，所以语小莫能破。语大莫能载，是万物统体一太极也；语小莫能破，是一物各具一太极也。"② 这就将朱熹的"理一分殊"思想，发展成为黄榦的有体有用论，而其大旨，最终又归结到朱熹的"理"——以太极为世界本原的理学思想体系之中。

对黄榦在阐扬朱熹学术思想方面的贡献，时人及后人对其均评价颇高。王遂说："公（指黄榦）游文公之门，为后进领袖。讲说著述，世多传诵。人以为学明东南，文公之功为大，公之力居多。"③ 真德秀在《勉斋先生祝文》

① 高令印、陈其芳：《福建朱子学》，福建人民出版社 1986 年版，第 86 页。
② 〔宋〕黄榦：《勉斋先生黄文肃公文集》卷六《复叶味道》，第 374—375 页。
③ 〔宋〕黄榦：《勉斋先生黄文肃公文集》附集《覆谥》，第 856 页。

中说："惟公之在考亭，犹颜、曾之在洙泗。发幽阐微，既有补于学者；继志述事，又有功于师门。"[①] 清全祖望认为，"嘉定而后，足以光其师传，为有体有用之儒者，……勉斋一人而已。"[②]

（本文系 2000 年 10 月武夷山"朱子学与 21 世纪国际学术研讨会"参会论文，收入武夷山朱熹研究中心编：《朱子学与 21 世纪国际学术研讨会论文集》，三秦出版社 2001 年版）

---

① 〔清〕黄作宾等重修：《敕建潭溪书院黄氏世谱》，清光绪印本。
② 〔清〕黄宗羲原著、全祖望补修：《宋元学案》卷六十三《勉斋学案》，第 2020 页。

勉斋先生黄榦门人考

作为后朱熹时代考亭学派中最有成就的理学家和教育家，勉斋先生黄榦的及门弟子也和朱熹一样，遍布东南各地。《宋史·黄榦传》载其晚年回到福州讲学，"弟子日盛，巴蜀、江、湖之士皆来，编《礼》著书，日不暇给。"①《勉斋年谱》（以下简称《年谱》）载其逝世，"门人弟子执绋者二百余人。"②此虽为一约数，但已大体反映出其及门弟子之多。若加上外地门人而来不及赴闽吊唁者，则应不下于三百人。

在理学传播史上，对勉斋门人的研究，是一个明显的不足。所知，仅有清初黄宗羲《宋元学案·勉斋学案》（以下简称《勉斋学案》）罗列了勉斋门人何基、何南坡、饶鲁、方暹、张元简、赵师恕、董梦程、蔡念成、刘玠、吴泳、吴昌裔、黄师雍、黄振龙、陈如晦、梁祖康、曾成叔、陈象祖、方来、郑鼎新、李鉴、薛师邵、叶士龙、陈伦、熊刚大、家摭、李武伯、李晦、方丕父、袁俊明、叶真、赵必愿和宋斌共 32 人，其后李清馥《闽中理学渊源考》只有黄师雍、郑鼎新、陈如晦、李鉴、叶真和叶士龙 6 人，且均已出现在《勉斋学案》中。应该说，32 这个数字与史实相差甚远，因此，从相关史籍中搜寻，钩沉索隐，甚至是繁琐的考证，是扩展这项研究成果必不可少的工夫。从史料的角度来看，《勉斋学案》所列 32 位门人，其资料以《勉斋集》

---

① 〔元〕脱脱等：《宋史》卷四百三十《黄榦传》，第 12782 页。

② 〔宋〕陈义和：《勉斋先生黄文肃公年谱》，《勉斋先生黄文肃公文集》，《北京图书馆古籍珍本丛刊》本，第 845 页。

为主，对勉斋师友门人的文集，以及相关的地方文献缺少必要的采撷和考证，诸如对各门人从学时间与地点的考证，以及对诸多门人的事迹的考证与辑补，等等。按说，李清馥《闽中理学渊源考》较《宋元学案》后出，不应只引用其中6位门人，而将其余众多门人略而不谈，可能正是出于对《宋元学案》的史料性、考证性不足的考量。

本文除了《勉斋黄文肃公文集》（以下简称《勉斋集》）和《勉斋学案》外，还尽可能地搜集朱熹学派师友门人的相关文集，以及各有关地方志书的记载，索得黄榦64位门人的事迹，且对《宋元学案》中的史料，漏者补之，误者正之，且尽力考证出各门人从学的时间与地点等，以期从中得以窥见黄榦门人的全貌。因此，本文不是仅仅针对《宋元学案》所遗门人的增补，而是对我们今天所能知道的黄榦所有门人的一次全面考证和全新审视。

笔者所作《黄榦与南宋福州书院教育》[①]，主要从黄榦与南宋福州书院、黄榦在福州的教学实践和黄榦在福州讲学的影响三个方面加以阐述，而对其门人的行实，只是略有提及而未能展开。作为后朱熹时代的朱门领袖，促进朱子理学在福州的传播和促进朱子理学的北传，是黄榦非常突出的两个历史贡献与此相应，故本文将其门人分为在福州从学的门人、在外地从学的门人和从学地点不明者此三类来加以考察。其中在福州的门人中，也有少数几位是从学于福建其他地区的门人，因数量很少，为避免过于琐碎，合在福州门人中一并介绍。

一、在福州从学的门人

1. 朱在

朱在（1169—1239），字叔敬，一字敬之，朱熹第三子，以父荫补承务郎。嘉定初，除籍田令，迁将作监主簿，累迁大理寺正，知南康军等职。

朱在是黄榦教学生涯中的第一位弟子。淳熙十三年（1186），黄榦仲兄黄

---

① 参拙文《黄榦与南宋福州书院教育》，《闽江学院学报》2012年第6期。

东官沙县丞，奉其母于官邸，黄榦因从武夷赴沙邑侍母。次年，朱熹命朱在到沙县从学于黄榦，见《年谱》本年所载。① 宋端仪《考亭渊源录》载朱在"既受教家庭，又从黄榦学"②。

2. 林学蒙

林学蒙，一名羽，字正卿，号梅坞，永福（治所在今福建省永泰县）人，绍熙二年（1191）春从学于黄榦。其时，朱熹在漳州知州任上。春正月，黄榦从漳州回到闽县城东新河旧居，林羽即从学于此时。《年谱》载"梅坞林羽"所记云："初见先生于新河，家徒四壁，日特蔬食以对宾客，端坐讲论至达旦不寐。"③《年谱》还记载林羽所录若干条。《勉斋集》卷十有《复林正卿》书一通。

绍熙四年（1193）和庆元三、四年（1197－1198）间，林羽经黄榦引荐曾两至建阳考亭向朱熹问学。④《道南源委》载其事迹云："初从朱子游，后卒业于黄勉斋。伪学禁起，筑室龙门庵下，讲明性命之旨。陈师复守延平，作道南书院，聘为堂长。朔望设讲席，执经帖然。座下者常百余人。……著《梅坞集》。弟学履，字安卿，亦朱子门人。"⑤

从其经历看，应初从黄榦学，后从学于朱熹。朱熹逝世后，复卒业于黄榦。其名字，在朱门，多以林学蒙字正卿出现，如《朱文公文集》卷五九有《答林正卿》书四通，《朱子语类》卷首所载《朱子语录姓氏》有"林学蒙录"；在黄榦门下，则多称"梅坞林羽"，见于《勉斋集》及《年谱》，若不加辨析，极易误为两人。

《勉斋集》卷三十五有《林处士墓志铭》。据此铭，林羽之兄林仁泽，字德俊，亦朱熹门人。

---

① 〔宋〕陈义和：《勉斋先生黄文肃公年谱》，《勉斋先生黄文肃公文集》，第816页。

② 〔明〕宋端仪、薛应旂：《考亭渊源录》卷十六，《四库全书存目丛书》第88册，齐鲁书社1997年版，第749页。

③ 〔宋〕陈义和：《勉斋先生黄文肃公年谱》，《勉斋先生黄文肃公文集》，第817页。

④ 参拙著《朱熹书院与门人考》，第195页。

⑤ 〔清〕张伯行：《道南源委》卷三，《四库全书存目丛书》第125册，第57页。

3. 郑文遹

郑文遹，一名遹，字成叔，号庸斋，闽县（治所在今福建省福州市）象山人。嘉泰四年（1204）贡士，系黄榦的挚友兼门人。《勉斋集》卷七有《与郑成叔书》二十九通，内容涉及问答、学事、家事等。《年谱》记嘉泰二年（1202）九月，黄榦在福州乌山修《礼书》，"先生董之，同门友刘砺用之，门人郑宗亮惟忠、潘儆茂修，与郑文遹成叔分任其事。"① 其从学，始于绍熙二年（1191）春，地点在福州登瀛馆和叶氏悦乐堂，见《年谱》本年所载。

据宋端仪《考亭渊源录》、张伯行《道南源委》诸书，郑文遹又因黄榦的荐引，得以从朱熹学，地点在建阳考亭。时间则与林学蒙同时，即绍熙四年和庆元三至四年。故朱熹逝世，黄榦在建阳写信给闽县诸学友，信中提到郑成叔也应即赴考亭吊丧。② 盖郑亦朱子门人，理应如此之故。

对郑文遹的从学经历，《道南源委》记载："闻勉斋得朱子之学，往师之。即与俱登朱子之门。朱子命编次《丧礼》。观周子《太极图》，而悟性善之旨。著有《易学启蒙或问》《春秋集解》《丧礼长编》《庸斋集》等书。"③

《勉斋集》卷三十五有《郑处士墓志铭》，④ 乃黄榦应郑文遹之请为其父郑伦所作，文中称郑伦有四子，分别名"遹、适、迈、适"。由此可知，郑文遹，又名郑遹。

4. 赵汝腾

赵汝腾（？—1261），字茂实，号庸斋，宋太宗七世孙，居福州。绍熙四年（1193）春，黄榦从建阳回到福州，汝腾父赵善绰，字友裕，延请黄榦为诸子师，居福州钟山赵氏馆内。⑤ 汝腾即从学于此时。

赵汝腾于宝庆二年（1226）举进士，历官江东提刑、礼部尚书兼给事中，以龙图阁学士出知绍兴府等。传载《宋史》卷四百二十四。"史称其守正不挠，

---

① 〔宋〕陈义和：《勉斋先生黄文肃公年谱》，《勉斋先生黄文肃公文集》，第823页。
② 〔宋〕黄榦：《勉斋先生黄文肃公文集》卷十二，第430页。
③ 〔清〕张伯行：《道南源委》卷三，第67页。
④ 〔宋〕黄榦：《勉斋先生黄文肃公文集》卷三十五，第707页。
⑤ 〔宋〕陈义和：《勉斋先生黄文肃公年谱》，《勉斋先生黄文肃公文集》，第818页。

其为礼部尚书兼给事中时，上疏极论奸谀兴利之臣戕损国脉，而规切理宗之私惠群小。……是其气节岳岳，真不愧是朱子之徒，非假借门墙者可比。"① 陈荣捷《朱子门人》据此推断其为朱熹私淑弟子，② 不确，实应为黄榦门人。

5—6. 林学之、林行之

林学之，字伯明；林行之，字仲强，为兄弟二人，福州人，乃黄榦友人林仲则之子。学之原名庚，行之原名武，庆元四年（1198）黄榦因治母叶夫人之丧，居住在怀安县（治所在今福建省福州市仓山区）长箕山，林氏昆仲即于此时从学，并应其父之请为之易名和字，见《林仲则二子名字序》。③

7. 郑适

郑适，字周父，郑遹季弟。黄榦《与郑成叔书》七云："承许下访，兼闻昆仲偕来，慰幸之甚。"末有小字注云："己未春，成叔遣其季弟周父来从先生学。"④ 则郑周父从学是在庆元五年（1199）。

8—9. 朱钜、朱钧

朱钜，字子大，朱钧，字子衡，均朱熹之孙，朱塾之子。朱钧后更名为铨。⑤ 兄弟二人均从学于姑丈黄榦。朱熹在写给黄榦的信中说："钜、钧到彼，烦直卿钤束之，勿令私自出入及请谒知旧。有合去处，亦须令随行，不可令自去。早晚在斋随众读书供课之外，更烦时与提撕，痛加镌戒，勿令怠惰放逸，乃幸之甚。"⑥ 书五二又云："二孙随众读书供课，早晚教诲之为幸。"⑦

---

① 〔清〕永瑢等：《四库全书总目》卷一百六十四《庸斋集提要》，第1402页。

② 陈荣捷：《朱子门人》，台北学生书局1982年版，第291页。

③ 〔宋〕黄榦：《勉斋先生黄文肃公文集》卷十九，第504页。

④ 〔宋〕黄榦：《勉斋先生黄文肃公文集》卷七，第380页。

⑤ 庆元五年，朱熹撰《皇考吏部朱公行状》作"钧"，《朱子全书》第25册，第4516页；嘉定十四年黄榦撰《朱文公行状》作"铨"，《勉斋先生黄文肃公文集》卷三十四，第704页。

⑥ 〔宋〕朱熹：《晦庵先生朱文公续集》卷一《答黄直卿》，《朱子全书》第25册，第4667页。

⑦ 〔宋〕朱熹：《晦庵先生朱文公续集》卷一《答黄直卿》，《朱子全书》第25册，第4661页。

朱钜、朱钧从学地点在闽县新河旧居和怀安栗山草堂，时间分别在庆元五年（1199）和嘉泰元年（1201）。据《年谱》载："五年己未，诸生从学于新河旧居。文公遣其诸孙来执经。……嘉泰元年辛酉（1201）正月，先生告辞文公几筵，护乐安之丧归于三山。诸生从学于栗山草堂，文公诸孙在焉。"①

10. 郑师孟

郑师孟，字齐卿，号存斋，宁德人。庆元三年（1197），从学朱熹于建阳考亭，《朱子语类》中有其问疑三则。② 约在庆元五年（1199），又从黄榦学，证据有二：

一是《朱文公续集》卷一《答黄直卿》书中提及此事。书五二云："二孙随众读书供课，早晚教诲为之幸。郑齐卿亦要去相从，渠此几日却稍得。然以病倦，不能听其讲解。念其志趣坚苦，亦不易得。可因其资而善道之，度却不枉费人心力也。"③ 据《年谱》，朱熹二孙朱钜、朱钧从学黄榦于闽县，始于庆元五年（1199）。此时，郑齐卿因朱熹病弱，无力教诲，故亦欲从学于黄榦，文中"亦要去相从"即指此而言。

二是庆元六年（1200）二月，黄榦执教于闽县学。三月九日，朱熹逝世，黄榦赴建阳奔丧，作《与闽县学诸友书》，信中有"家中床榻之属，欲烦齐卿、季亨收拾送七家兄处"④，此可作为郑齐卿从学黄榦于闽县县学之证据。

又据黄仲昭《八闽通志》载，郑师孟后来还成了黄榦的女婿。文曰："郑师孟，字齐卿，宁德人。家贫力学，六经注疏，手自抄录，受业于朱文公之门。勉斋黄榦嘉其志，遂妻以女。尝著《洪范讲义》，以发明文公《皇极辨》之蕴。"⑤

---

① 〔宋〕陈义和：《勉斋先生黄文肃公年谱》，《勉斋先生黄文肃公文集》，第 821 页。
② 参拙著《朱熹书院与门人考》，第 209 页。
③ 〔宋〕朱熹：《晦庵先生朱文公续集》卷一《答黄直卿》，《朱子全书》第 25 册，第 4661 页。
④ 〔宋〕黄榦：《勉斋先生黄文肃公文集》卷十二，第 430 页。
⑤ 〔明〕黄仲昭：《八闽通志》卷七十二，福建人民出版社 1991 年版，第 726 页。

11. 杨复

杨复，字志仁，一字茂才，号信斋，福安人。《道南源委》载其为"朱子门人，后又受业于黄勉斋。劲特通敏，考索最精，见者无不叹服"①。杨复从学于朱熹，时在绍熙四年（1193），地点在建阳考亭（见拙著《朱熹考亭精舍门人考》）。朱熹逝世后，又从黄榦学，《勉斋集》卷十一有《复杨志仁》书十三通，内容以论学为主，间及政事。

杨复是黄榦编纂《礼书》的得力助手。朱熹晚年，将丧、祭二礼委托给黄榦编纂，庆元三年（1197），黄榦写出初稿，得到朱熹的认可。但《丧礼》部分最终完成于嘉定十三年（1220），而《祭礼》的最终完稿者，则是其门人杨复。此即南宋赵希弁《郡斋读书附志》著录《仪礼经传通解续纂祭礼》十四卷。文称"右朱文公编集，而丧、祭二礼未成，属之勉斋先生。勉斋既成《丧礼》，而《祭礼》未就，又属之信斋。信斋据二先生稿本参以旧闻，定为十四卷，为门八十一"②。此书之外，杨复还有《仪礼图解》十七卷、《家礼杂说附注》二卷等著作。

12—13. 林子牧、林子敫

林子牧、林子敫，兄弟二人，其父林端仲为黄榦友人。黄榦曾于嘉泰二年（1202）为撰《林端仲墓志铭》，文中曰："其子子牧与其子子敫之为兄后者，尝以公之志气从学于予。予又尝假馆于其里，乐其山川之胜。"③ 指的应是嘉泰元年（1201）黄榦在栗山草堂执教，兄弟二人前来从学。

14—15. 郑忠亮、潘微

郑忠亮，字惟忠，一作维忠；潘微，字茂修，均闽县人。嘉泰二年（1202）九月，黄榦先后在福州城南乌石山神光寺、仁王寺设书局修《礼书》，招同门学友长乐刘砺，及门人郑惟忠、潘微、郑文通分任其事，见《年谱》

① 〔清〕张伯行：《道南源委》卷三，第57页。

② 〔宋〕赵希弁：《郡斋读书附志》卷五上，《中国历代书目丛刊》第一辑（下），第822页。

③ 〔宋〕黄榦：《勉斋先生黄文肃公文集》卷三十五，第711页。

记载。^①《勉斋集》卷一又有《寄郑维忠、叶云叟诸友诗并序》。

16. 陈义和

陈义和，字子绍，号乌山，侯官人，嘉定七年（1214）进士。因表叔潘柄与黄榦为密友，故弱冠即从黄榦学。嘉泰三年（1203）冬，黄榦赴官石门酒库，陈义和侍行，有"朝夕侍侧，听先生教诲，为最亲"^②的记载。曾历官常德府学教授、国子监主簿、邵武军通判等，以朝奉郎直秘阁致仕。徐元杰《应诏荐士状》："臣伏见承议郎新通判邵武军陈义和，奋由学校见位典刑。顷分教泉南，……作邑晋江。廉靖公恕，士民歌之。"^③景定五年（1264），他将郑元肃所录《年谱》一卷，补充删录，重编为《勉斋先生黄文肃公年谱》。

今鼓山灵源洞石磴路边，有题刻云："乌山陈义和、芳洲黄洪同游，观天风海涛之胜。……宝祐丙辰九日。"^④

17. 郑元肃

郑元肃，郑文遹之子。嘉定九年（1216）十一月，于福州法云寓舍从学于黄榦。《勉斋集》卷七均为《与郑成叔书》，其中仅有与郑元肃书一通。略云："榦一去乡井十有五年，投老来归，百事非旧。……近得法云寺居之。僻寂，正拙者所宜，新正能下访否？"^⑤现有《年谱》初稿即郑元肃所编。

18. 家揆

家揆，字本仲，四川眉山人。嘉定九年（1216）冬，在福州从学于黄榦。黄榦《与李敬子司直》书二六云："昨得李武伯在此讲切。武伯去，蜀人家本仲来，又得一月相聚。多读书，尚气节，立志甚笃。赵季仁以为其人异日所到，当不在李贯之之下，亦各有所长，然亦真不凡也。"^⑥嘉定十一年（1218）十一月，又从学于城东张氏南园，见《年谱》所记。嘉定四年（1211），黄榦

---

① 〔宋〕陈义和：《勉斋先生黄文肃公年谱》，《勉斋先生黄文肃公文集》，第849页。
② 〔宋〕陈义和：《勉斋先生黄文肃公年谱》，《勉斋先生黄文肃公文集》，第849页。
③ 〔宋〕徐元杰：《楳埜集》卷六，《景印文渊阁四库全书》第1181册，第673页。
④ 黄荣春：《福州摩崖石刻》，福建美术出版社1999年版，第251页。
⑤ 〔宋〕黄榦：《勉斋先生黄文肃公文集》卷七，第385页。
⑥ 〔宋〕黄榦：《勉斋先生黄文肃公文集》卷三，第349页。

曾应其兄家抑之请，为撰《家恭伯重斋记》① 一文。嘉定十年（1216）春，又为其撰《家本仲无欲斋记》。②

19. 叶士龙

叶士龙，字云叟，号淡轩，浙江丽水人。曾任考亭书院堂长，编有《晦庵先生语录类要》十八卷。此书元大德壬寅（1302）刻本有武夷詹天祥跋云："右文公《语录类要》十八卷，故考亭书院堂长澹轩叶氏手编之书也。堂长讳士龙，字云叟，弱冠由括苍来考亭从勉斋游，因家焉。"③《勉斋集》有《与叶云叟书》六通。书五云："忍贫读书，切己进学为祝。老病日甚，恐未必复相见。若稍健，则来秋当一至唐石也。蔡一哥相见为致意。"④ 因书中提到"唐石"地名，《勉斋学案》因此误以为叶士龙"迁居长乐之唐石"⑤，实际上，此唐石即今建阳黄坑，因朱熹墓在此，黄榦欲来秋赴此祭扫恩师墓。"蔡一哥"即蔡元定长子蔡渊，建阳人。

《勉斋集》卷十九又有《叶云叟子名序》，写于嘉定九年（1216）黄榦离汉阳知军任，以提举武夷山冲佑观而闲居建阳考亭之时。⑥ 文曰："云叟奉母自括苍来居于此，种学甚力，持身甚谨，此乡之人皆敬爱之，今遂娶妇生子矣……"考黄榦《吴节推墓志铭》，⑦ 叶士龙乃娶建阳考亭吴居仁之孙女，吴从周之女，结合上下文，则叶士龙定居在建阳考亭应无疑义。

刘克庄有《送叶士龙归竹枝精舍》诗："侍讲开甥馆，三间不至奢。少曾居北面，老只住东家。野笋庖尤美，深衣衮未华。何时寻旧路，去谒玉川茶。"后有小注云："勉斋依文公以居，云叟，勉斋高弟也。"⑧

---

① 〔宋〕黄榦：《勉斋先生黄文肃公文集》卷十七，第 486 页。
② 〔宋〕黄榦：《勉斋先生黄文肃公文集》卷十八，第 497 页。
③ 〔清〕杨绍和：《楹书隅录》初编卷三，《清人书目题跋丛刊》（三），中华书局1990 年版，第 480 页。
④ 〔宋〕黄榦：《勉斋先生黄文肃公文集》卷十六，第 472 页。
⑤ 〔清〕黄宗羲原著、全祖望补修：《宋元学案·勉斋学案》，第 2048 页。
⑥ 参拙著《武夷山冲佑观》，鹭江出版社 1996 年版，第 204 页。
⑦ 〔宋〕黄榦：《勉斋先生黄文肃公文集》卷三十五，第 716—717 页。
⑧ 〔宋〕刘克庄：《后村集》卷十六，《景印文渊阁四库全书》第 1180 册，第 158 页。

20. 赵师恕

赵师恕,字季仁,福州人。曾从学于朱熹,复从黄榦学。嘉泰元年（1201）官广东潮阳尉,嘉定九年（1216）官浙江余杭令,嘉熙间,官湖南安抚使。据《年谱》,嘉定十三年五月,"门人赵师恕率乡党朋友习乡饮酒仪于补山,先生（黄榦）以上僎（馔）临之。"① 黄榦对其有"宦不达而忘其贫,今不合而志于古"② 的评价。

刘克庄对其评价甚高,有"峻特而洁清,沈（沉）潜而刚毅。生长古灵之里,甚似前修;从游勉斋之门,见称嫡子。真吾徒之畏友,亦近世之名卿。清标洗五岭之贪风,妙算扫重湖之妖祲。集衿佩于凋零之后,多所讲明,营金汤于谈笑之间,一何神速。方名垂于竹帛,乃兴动于林泉"③ 之语。

21—22. 刘庶、刘度

刘庶、刘度兄弟,崇安（治所在今福建省武夷山市）五夫人。其父刘学雅,字正之,号遂初居士,刘子翚之孙,乃黄榦挚友。

嘉泰三年（1203）七月,黄榦应刘学雅之请,馆于刘氏家塾为二子之师,见《年谱》本年所载。④ 在此期间,黄榦撰有《刘正之遂初堂记》,⑤《答刘正之见招四绝》。⑥ 其一有"多谢刘郎能馆我,短檠疏雨听清规"句,所言正此次应邀时所赋。后刘正之逝世,又有《祭刘正之》一文,述其前后相交 30 多年之友情。

刘庶、刘度二人均以荫补承务郎,刘庶为五夫监镇,刘度为五夫监仓。

---

① 〔宋〕陈义和:《勉斋先生黄文肃公年谱》,《勉斋先生黄文肃公文集》,第 844 页。
② 〔宋〕黄榦:《勉斋先生黄文肃公文集》卷十九,第 508 页。
③ 〔宋〕刘克庄:《后村集》卷二十九《宴前湖南赵帅乐语》,第 309 页。按:《宋史全文》卷三十三载:（嘉熙元年）十一月丙辰,诏湖南帅臣赵师恕进两秩,以平衡州酃县寇故也。（《景印文渊阁四库全书》第 331 册,第 702 页。）
④ 〔宋〕陈义和:《勉斋先生黄文肃公年谱》,《勉斋先生黄文肃公文集》,第 824 页。
⑤ 〔宋〕黄榦:《勉斋先生黄文肃公文集》卷十七,第 485 页。
⑥ 〔宋〕黄榦:《勉斋先生黄文肃公文集》卷一,第 321 页。

23．陈象祖

陈象祖，字仪父，侯官（治所在今福建省福州市）人，黄榦学友陈孔硕的族侄。《勉斋语录》中有"晦甫、象祖问《太极图解》所乘之'机'字是如何"① 一条。从勉斋《与陈子华书》内容来考察，陈象祖从学，应在嘉定九年（1216）黄榦离汉阳知军之任奉祠回闽家居期间。文称"抵家两年，门无辙迹，去秋乃得盛族一二人，象祖与焉。不避劳苦，刻意讲习。他亦有一二后生皆可望者。私窃自喜，以为倘得十数人者，讲之精，行之果，皆如干将、莫邪，则立之而足以拥卫吾道，使外邪不能犯用之，而邪说诐行肝碎胆裂，庶几日月之明，犹未至于浮云之点翳也"②。

24．赵必愿

赵必愿，字立夫，江西余干人，赵汝愚之孙。初以恩荫补承务郎，嘉定七年（1214）进士，任崇安知县，以修学政、选善士、苏民困著称。其父赵崇宪，乃黄榦在武夷精舍时的同门学友，嘉定十二年（1219）不幸逝世。赵必愿居丧丁忧期间，从学于黄榦。黄榦有《复赵立夫》书云："读礼之暇，不废讲学，此正立身行道，以显扬其亲之大务。"授之为学之要，即"敬以直内，义以方外，博我以文，约我以礼"③ 四语，并为之撰《书赵华文（崇宪）行状》一文。④

此后，赵必愿历知全州，奏乞下道、江二州寻访周敦颐的后裔。知台州，立陈了翁祠，政教兼举。累迁至户部侍郎兼给事中权户部尚书，以言忤丞相史弥远而罢。淳祐五年（1245），起知福州兼福建安抚使，以平易近民、忠信厚俗、任贤士、裁僧寺而名载史册。

《宋史》本传、《勉斋学案》均将其列为黄榦门人。

---

① 〔宋〕黄榦：《勉斋先生黄文肃公文集·语录》，第 805 页。
② 〔宋〕黄榦：《勉斋先生黄文肃公文集》卷十五，第 460 页。
③ 〔宋〕黄榦：《勉斋先生黄文肃公文集》卷十五，第 466 页。
④ 〔宋〕黄榦：《勉斋先生黄文肃公文集》卷二十，第 516 页。

25. 方暹

方暹，字明甫（父），号莲云，湖南岳阳人。嘉定十二年（1219）冬至次年正月在福州从学于黄榦。《勉斋学案》云："师事李宏斋（燔），以宏斋之命，学于勉斋。时以饶伯舆、张元简、赵师恕与先生（方暹）称四子。"① 黄榦《与李敬子司业书》二七云："方明父远来相访，……志气甚笃，殊可爱敬，盖其源流固有自来也。老来只觉存养远索，不可偏废。世之学者，往往堕于一偏，是以空虚而卒无得也。得明甫辈十人，布在四方，吾道庶几矣。"②《复甘吉甫》书八云："方明甫来此相聚累月，其于义理大端讲之甚明，而志气高尚，尤切于义利取舍之辨，殊不易得，勉为不已。向来朋友，恐未易出其右也。"③《与郑成叔》书二七云："岳阳有一朋友在此，真能任道者，恐其正月末即归，早来听其议论，甚可壮也。"④ 嘉定十三年（1220）正月，方暹学成欲行，黄榦为之书写《送方明甫归岳阳序》，文见《勉斋集》卷十九。

对方暹此后的行迹，《勉斋学案》又有如下记载："淳祐中，湖南帅董槐、荆南帅孟珙并荐之。槐称其冰清玉洁，妙性命道德之原，珙称其脱去尘滓，游心高明之域，诏免文解一次，先生辞不受命。珙请如尹和靖例，加以处士之名，未报，而先生已卒。学者称为连云先生。先生言论宗旨不传，要当为勉斋门下第一。"⑤

其生平，详载景印文渊阁四库全书本《湖广通志》卷五十六。

26. 李晦

李晦，一作晦甫，字随甫（父），长乐（治所在今福建省福州市长乐区）人，约在嘉定十二年（1219）五月从学于黄榦。《勉斋集》卷十五有《复李随甫》书一通，内容为答其所呈《论语疑义》。《勉斋学案》据以引曰："'一去乡井十五年，投老归来，每兴索居之叹。承示《论语疑义》，用心甚苦，所谓

① 〔清〕黄宗羲原著、全祖望补修：《宋元学案·勉斋学案》，第 2043 页。
② 〔宋〕黄榦：《勉斋先生黄文肃公文集》卷三，第 349 页。
③ 〔宋〕黄榦：《勉斋先生黄文肃公文集》卷十一，第 429 页。
④ 〔宋〕黄榦：《勉斋先生黄文肃公文集》卷七，第 386 页。
⑤ 〔清〕黄宗羲原著、全祖望补修：《宋元学案·勉斋学案》，第 2043 页。

空谷足音也'。其后先生遂学于勉斋。"① 黄榦《与张敬父书》又云："归乡两年有余，遍阅朋友，无一人可意者。其可与语者，李随父、陈仪父耳。"②《勉斋集·语录》中曾成叔所录有"晦甫问"三条。③

27. 孙德舆

孙德舆，字行之，福清人。嘉定元年（1208）郑自诚榜榜眼，历馆阁校书、衡州知州、江西提刑等。事迹载《淳熙三山志》卷三十一、《南宋馆阁录续录》卷八、卷九。《年谱》于嘉定十四年（1221）"八月壬子朔，孺人朱氏卒"条下载："门人孙德舆曰：'夫人性行均淑，贤德著闻于中外。克相君子，终始俭勤'"④ 云云。

28. 陈宓

陈宓，字师复，号复斋，莆田人，乾道间丞相陈俊卿第四子。淳熙十年（1183）十月，朱熹因赴泉州吊友人傅自得之丧，归途曾馆次于陈氏仰止堂，陈宓因与其兄守、定于此时同学于朱熹。"长从黄勉斋游，称其胸怀坦然，无一毫私欲之累。"⑤

以父荫历泉州南安盐税，主管南外睦宗院，知安溪县。嘉定七年（1214），入监进奏院，迁军器监簿。上书直言"人生之德贵乎明，大臣之心贵乎公，台谏之言贵乎直"⑥，为时人所称道。《勉斋集》卷十三有《复陈师复》书八通，内容涉及论学与政事，附集中有陈宓所记《语录》，《读〈中庸〉纲领》下有小字注"分六段授陈师复"。陈宓的学业与政事，均为黄榦所赞许，在其暮年之时，认为"论当世志道之士，真西山、李贯之与先生（指陈宓）三人而已"⑦。在《复陈师复监簿》书一中说："忽闻执事志道之笃，立行

---

① 〔清〕黄宗羲原著、全祖望补修：《宋元学案·勉斋学案》，第 2049 页。
② 〔宋〕黄榦：《勉斋先生黄文肃公文集》卷十五，第 468 页。
③ 〔宋〕黄榦：《勉斋先生黄文肃公文集·语录》，第 805 页。
④ 〔宋〕陈义和：《勉斋先生黄文肃公年谱》，《勉斋先生黄文肃公文集》，第 845 页。
⑤ 〔清〕张伯行《道南源委》卷三，第 59 页。
⑥ 〔元〕脱脱等：《宋史》卷四百八《陈宓传》，第 12310 页。
⑦ 〔清〕黄宗羲原著、全祖望补修：《宋元学案·沧洲诸儒学案上》，第 2379 页。

之高乃如此，喜跃不能自胜。想先师九原之下，亦当为之击节，喜吾道之有传也。"①

29. 叶真

叶真，字号失考，建安（今建瓯）人。《勉斋学案》列为"勉斋弟子"。

林畊《尚书全解后序》称："向者麻沙之本自洛诰以后果伪矣，朋友转相借观以为得所未见。既而畊暂摄乡校，学录叶君真，里之耆儒，尝从勉斋游。其先世亦从拙斋学，与东莱同时，又出家藏写本林、李二先生《书解》，及《诗说》相示，较之首尾并同。盖得此本而益有证验矣。"②

30. 林垧

林垧，字号里籍失考。《勉斋集·附集》中有其所撰祭文一篇，署名"门人持服林垧"③。

31. 陈仍

陈仍，字号未详，闽县人。嘉定十三年（1220），黄榦在怀安县北山匏牺原建高峰书院时，陈仍为从学诸生之一。这年三月，陈仍在嘉福寺为其长子行古冠礼，黄榦与焉。《年谱》载："三月，门人陈仍以古冠礼冠其长子，请于先生，为之正其仪法，且涖其事。时，肄业于嘉福寺，遂即其地而行礼焉。陈君之兄伟为主人，杨信斋为宾，先生与赵季仁、张敬父诸君涖焉。"④

32. 熊刚大

熊刚大，号古溪，建阳（治所在今福建省南平市建阳区）人。嘉定七年（1214）进士，历官建安县儒学教授，兼建安书院山长。曾从学于蔡渊和黄榦，《宋元学案·西山蔡氏学案》称其为"勉斋、节斋弟子也"⑤。有《性理群书集解》行世。

---

① 〔宋〕黄榦：《勉斋先生黄文肃公文集》卷十三，第440页。
② 〔宋〕林畊：《尚书全解后序》，《尚书全解》卷首，《景印文渊阁四库全书》第55册，第5页。
③ 〔宋〕黄榦：《勉斋先生黄文肃公文集》附集，第864页。
④ 〔宋〕陈义和：《勉斋先生黄文肃公年谱》，《勉斋先生黄文肃公文集》，第843页。
⑤ 〔清〕黄宗羲原著、全祖望补修：《宋元学案·西山蔡氏学案》，第2014页。

33. 郑子羽

郑子羽，字号未详，闽县人。从黄榦学。黄榦有《答郑子羽书》云："足下吾乡之秀，不远数百里求同志而与之处，又不以仆为陋而辱顾焉。年少而才俊，志笃而业修，此因仆之所感叹于人物之盛，而资以为辅仁之益者也。"①

34. 张元简

张元简，字敬父，闽县人。嘉定七年（1214）进士，历官剑浦县尉、荆门知军，累迁宝章阁，权发遣鄂州沿江制置副使。

《勉斋集》中有《与张敬父书》两通。书二云："归乡两年有余，遍阅朋友，无一可人意者。……故每与相识言，且烦于乡里寻个张敬父样人，则久而无对。非敢为诮也，实是无第二人，然亦天资高耳，人之难得如此。"②《勉斋集·附集》中有其所撰《祭文》，称"门人修职郎南剑州剑浦县尉张元简"。其中自述从学经历云："某颛蒙乖僻，壮岁始得执弟子之礼。先生不鄙其拙陋而教之，期待之切，责诲之重，使得少知蹊径，以弗畔先圣先贤之教，其幸何如也！"③ 今福州乌石山观音岩亭有其开禧丁卯正月书大字榜书摩崖石刻"福"字。

35. 刘子玠

刘子玠，字君锡，号立斋，长乐人，黄榦学友刘砥之子。《勉斋学案》《道南源委》均列为黄榦门人。然所载事迹，均不出黄仲昭《八闽通志》卷六十二《刘子玠传》所载。其文略云："既长，从黄榦学。非名士不交，非义理之书不存。尝类列先贤矩范，参之己意，以教戒其子侄曰：'行好事，做好人足矣。侥求名利，非吾志也。'……一日，忽谓人曰：'吾梦与先君游于武夷九岗之上，吾其止于是乎？朝闻道，夕死可矣。'年四十八而卒。"④

---

① 〔宋〕黄榦：《勉斋先生黄文肃公文集》卷十四，第 457 页。
② 〔宋〕黄榦：《勉斋先生黄文肃公文集》卷十五，第 468 页。
③ 〔宋〕黄榦：《勉斋先生黄文肃公文集·附集》，第 865 页。
④ 〔明〕黄仲昭：《八闽通志》卷六十二，第 462 页。

36. 黄振龙

黄振龙（1169—1219），字仲玉，闽县人。《勉斋学案》载："得朱子端庄存养之说，默契于心，书之座隅。已从勉斋游，请所未悟。勉斋亟称之，谓其可与适道。以乡贡卒。"①《勉斋集》卷三十三有《贡士黄君仲玉行状》。

37. 郑鼎新

郑鼎新，字中实，一作仲实，仙游人。宋黄岩孙纂《仙溪志》卷二《进士题名》载其为嘉定十六年（1223）进士，曾历官处州通判。《勉斋学案》列为黄榦门人。《道南源委》卷四载其事迹较详，略云："知晋江县，建问政堂。辑《论语》书言政治者题于壁。建县学孔子庙，辟尊道堂。真西山守泉，殊敬重之。寻判处州，监右藏东库，迁国子书库，授都大提管。卒。公少受业黄勉斋之门，而与杨复游。尝考究《礼书》成编，名《礼学举要》，又撰《礼学从宜集》。其卒也，遗命治丧一以《仪礼》从事。"②

38. 陈如晦

陈如晦，字日昭，长乐人。《勉斋学案》列为门人。何乔远《闽书》卷七十七载其"从勉斋黄榦游。尝读西山真德秀《夜气箴》，……遂次其韵为《生意箴》。西山得之，亟加称赏。一时耆德钜公乐与为道德交。以赵汝腾荐充筵不果，授本州教授，卒。所著有《论语问答》及讲义、文集"③。

39. 黄师雍

黄师雍，字子敬，闽清人，宝庆二年（1226）进士。历官婺州教授、龙溪知县、邵武知军、监察御史、起居舍人兼侍讲等职。

黄仲昭《八闽通志·黄师雍传》称其"少从黄榦学"，赞其"简淡寡欲，靖厚有守，于邪正之辨甚明，视外物轻，甚爱护名节，无愧师友云"④。何乔远《闽书》（卷七十六）、《勉斋学案》、张伯行《道南源委》（卷三）从其说。

---

① 〔清〕黄宗羲原著、全祖望补修：《宋元学案·勉斋学案》第2046页。
② 〔清〕张伯行：《道南源委》卷四，第79页。
③ 〔明〕何乔远：《闽书》卷七十七，福建人民出版社1994年版，第2310页。
④ 〔明〕黄仲昭：《八闽通志》卷六十二，第449页。

40. 李鉴

李鉴，字汝明，号一斋，宁德人。嘉定元年（1208）进士，历官广东提举。曾先后从学于杨复和黄榦。勉斋有《复李汝明书》三通，内容为释敬义之旨及博学约礼，并有《问目》两卷，呈勉斋批点。书三称"足下年少才俊，于前修格言记诵如流，挥洒盈幅，盖有世俗老儒一生辛苦所莫能及者"①。

《勉斋学案》《道南源委》均列其为黄榦门人。黄仲昭《八闽通志·人物志》载其事迹云："尝从黄榦、杨复游，得闻敬义之旨。榦与之曰：'汝明资质如此，若志学不倦，异日当为伟器。归，与龚郯创六经讲社，推明师说，诱掖后进。居官为政，平易近民。'……及莅广东，值两浙大饥，舰运米千艘，全活甚众。所著有《鸣和集》。"②

41. 陈伦

陈伦，字泰之，长溪（治所在今福建省霞浦县）人。《勉斋集》有《答陈泰之书》四通，分别传授为学须立志、敬字工夫和致知入道之方。书一末称"足下居长溪之西偏，裹粮而趋，不五日而至武夷夫子之舍，望洋向若，以观世之大勇者"③。则陈伦原欲从学朱熹，而其时朱熹已逝世，故转投黄榦门下。

陈伦在师门曾记语录曰《师训》，《年谱》中有转引"门人陈伦《师训》曰"一则，见淳熙二年条下。④

二、在外地从学的门人

42. 林观过

林观过，字自知，号退斋，闽县人。嘉定十年（1217）进士，历官江西新昌知县。从学于嘉泰四年（1204）黄榦官石门酒库之时。勉斋《复林自知》书，内容为答其所问。略云："承下问以心无据依。顷于石门，与贤者语经

---

① 〔宋〕黄榦：《勉斋先生黄文肃公文集》卷十六，第470页。
② 〔明〕黄仲昭：《八闽通志》卷七十二，第726—727页。
③ 〔宋〕黄榦：《勉斋先生黄文肃公文集》卷十三，第449页。
④ 〔宋〕陈义和：《勉斋先生黄文肃公年谱》，《勉斋先生黄文肃公文集》，第814页。

句，月每见记诵甚富，辄以不是见答，似未以鄙见为然，今乃知其无所据依，足见高明进德之验。"①《勉斋集·附集》中有其所撰祭文，署名"门人迪功郎衡州常宁县主簿林观过"。文称"自石门之受教，越十有七年于兹"②。则此文撰于嘉定十四年（1221），亦其官常宁主簿之时。福州于山平远台有赵希章等题名摩崖石刻云："嘉定庚辰书云后三日，闽令赵希章率怀安簿赵汝黉，会三山同年，序拜于补山，遂登平远台。至者邓夔、王万、郑清卿、赵与玖、林观过、赵与琳、潘继伯、赵汝佩。"文中的"补山"，与上文赵师恕所提到的"补山"，应为同一处，即今于山"补山精舍"。林氏后于端平间历官新昌知县，累官分差粮料院。著作有《经说》一卷，见《宋史·艺文志一》。《江西通志·名宦志》："林观过，号退斋。端平间知新昌，性敏捷，有文声。聘饶双峰至县讲学，为邑士倡，士习为之一变。"③

43. 蔡念成

蔡念成，字元思，江西德安人，原为朱熹弟子。曾先后在南康白鹿洞书院、漳州和建阳考亭书院三次问学于朱熹。朱熹逝世后，持心丧三年。"又以事文公者事黄直卿而卒业焉。晚与同门数人，每季、月一集，以相切磋，如此者三十年，州间服行其化。"④ 由此时间推断，其从学黄榦，地点应不在福州。

陈宓官南剑知州时，曾聘蔡念成为延平书院山长。《勉斋集》中有其所记语录一条，内容为回答《中庸》"君子之道费而隐"，及《孟子》"浩然之气"等。《福建通志》卷三十一载其事迹云："蔡念成，九江人。嘉定初，长延平书院，学行精粹，学者倚为斯文桢干。真德秀授长沙帅未任，亦来预讲，冠

---

① 〔宋〕黄榦：《勉斋先生黄文肃公文集》卷十五，第 467 页。
② 〔宋〕黄榦：《勉斋先生黄文肃公文集》，第 866 页。
③ 〔清〕谢旻等：《江西通志》卷六十《名宦四》，《景印文渊阁四库全书》第 515 册，第 104 页。
④ 〔清〕黄宗羲原著、全祖望补修：《宋元学案》卷六十九《沧洲诸儒学案》，第 2312 页。

履趋跄，弦诵之声彻于朝夕。"①

44. 何基

何基（1188—1269），字子恭，号北山，浙江金华人。嘉定元年（1208），黄榦任临川知县时，何父何伯慧为县丞，何基因得以与其兄何南坡均从黄榦学。"榦告以必有真实心地、刻苦工夫而后可，基悚惕受命。于是随事诱掖，得闻渊源之懿。微辞奥义，研精覃思，平心易气，以俟其通。"②

何基开创了金华北山学派，王柏、金履祥、许谦、揭傒斯、方逢辰等均为这一学派的传人。黄宗羲认为"北山确守师说，可谓有汉儒之风"；全祖望则认为"勉斋之传，得金华而益昌"。③ 著作有《大学发挥》《中庸发挥》《易启蒙发挥》《近思录发挥》等。

45. 何南坡

何南坡（？—1269），何基之兄，号漕元居士。兄弟二人同时从学于黄榦。在学术上，与何基、叶由庚、方镕并称"北山四先生"。宋金履祥有《祭何南坡文（北山先生令兄）》曰："维咸淳五年岁次己巳二月丁丑朔越十有一日丁亥，后学金履祥偕张必大、童偕、金麟、余泽、童俱等，谨以清酌庶羞之奠，昭告于漕元居士南坡何公之灵：呜呼！考亭洙泗，勉斋曾颜，公与叔子俱亲其传，始侍宦游临川之浒，父师同寅，伯仲步武，终焉退老盘溪之滨。顾顾两公，翼翼典刑。勉斋遗言，被于后进。实公始传，叔子订定。……"④

46. 李武伯

李武伯，字号未详，抚州临川人。黄榦为临川令时（1208—1211）得以从学。嘉定九年（1216）三月，黄榦离汉阳知军任回闽，又随师至闽续学三月而归。此后，黄榦又嘱其复从李燔学。黄榦《与李敬子司直书》十九云："昨自临川，经从有李武伯者，旧亦尝得从游。见其志虑坚笃，因与之归此留

---

① 〔清〕郝玉麟：《福建通志》卷三十一，《景印文渊阁四库全书》第 528 册，第 506 页。
② 〔元〕脱脱等：《宋史》卷四百三十八《何基传》，第 12979 页。
③ 〔清〕黄宗羲原著、全祖望补修：《宋元学案·北山四先生学案》，第 2725 页。
④ 〔宋〕金履祥：《仁山文集》卷四，《景印文渊阁四库存全书》第 1189 册，第 822 页。

三阅月，嗜学不倦。岁晚言归，恐其荒怠，因勉其往承教诲，更望扶持之。"书二十六云："昨得李武伯在此讲切，武伯去，蜀人家本仲来，又得一月相聚。多读书尚气节，立志甚笃。"①

47. 黄义勇

黄义勇，字去私，临川人。约在淳熙十五至十六年（1188－1189）曾从学朱熹于武夷精舍，《朱子语类》卷十四有其问答两条。嘉定元年至四年（1208－1211）二月，黄榦为临川令时，又从学于黄榦。《年谱》有其所录黄榦事迹三条，称为"门人黄义勇"或"门人临川黄义勇"。宋端仪《考亭渊源录》卷十六载其事迹云："从文公游，而卒业于黄榦之门。著《屯田议》，执亲丧，敦行古礼。陈宓官南康军，辟为白鹿书院堂长。行谊志节，卓然为一时之冠。"②光绪《抚州府志》卷五十九《文苑传》载云："义勇尝留文公武夷精舍，宏斋李燔折辈行与交。执亲丧行古礼，为白鹿洞堂长。勉斋黄榦尝曰向来学之士，凋落殆尽，江西则甘吉甫、黄去私兄弟、张元德，不过数人耳。"③

48. 黄义明

黄义明，字景亮，号儆斋。黄义勇二弟。光绪《抚州府志》载其"师勉斋。孝友慈祥，待人如一。……尝语学者曰'体认使识趣真，提撕使志气强，涵容使精神聚。'是可观所学矣。自号儆斋，有《诗文讲义》"④。黄义明有《临川县学勉斋祠记》一文，记黄榦在临川的政绩和教绩甚详，末署"淳祐初元秋七月既望门人盱江黄义明记"⑤。从记文内容推断，黄义明从学勉斋，应在勉斋官临川县令之时。

---

① 〔宋〕黄榦：《勉斋先生黄文肃公文集》卷三，第347－349页。
② 〔明〕宋端仪：《考亭渊源录》，《四库全书存目丛书》第88册，第702页。
③ 〔清〕许应鑅等：光绪《抚州府志》卷五十九《文苑传》，清光绪二年（1876）刊本。
④ 〔清〕许应鑅等：光绪《抚州府志》卷五十九《文苑传》，清光绪二年（1876）刊本。
⑤ 〔宋〕黄义明：《临川县学勉斋祠记》，载康熙《抚州府志》卷三十《艺文志》，清康熙刊本。

49. 黄伯新

黄伯新，字号未详，临川人。黄榦官临川时及门弟子，官汉阳时又跟随从学。黄榦《与李敬子司直书》十一云："正以无朋友讲习为苦，忽桑、胡、谭三兄偕来，黄伯新亦继至，朝夕得以讲贯，此天授，非人力也。已相约编《礼书·王朝礼》十篇，仍日温《论语集注》以相磨切。"文中"胡"指胡伯量，"谭"指谭君，均黄榦从学于朱熹时的同门学友，[①]"桑"则未详所指。又《与李敬子司直书》一云："《西铭》今看了，三十年来血脉文理终不能得通贯，近因道间与黄伯新商量，方觉有归着，异日须作一段说破，录以请教也。"[②]《勉斋集》卷十六有《答黄伯新》书一通，内容为劝其应自身上下用功，需"勇猛精进，若只说过，不济事也"[③]，并劝其就近不妨往黄榦学友李燔处多多请教。

50. 李修

李修，字号未详。江西临川人，黄榦官临川令时，李修从之学。李韶《南溪书院记》云："修于韶为从父弟，幼同家塾已久，知其志向。从父分阃江右，勉斋黄公时为临川令，修得从之游，笃信力行。"[④] 嘉熙元年（1237），李修任尤溪知县，认为"今文公殁三十八年矣，凡畴昔游历之所，缙绅之士，诵其书，想其人，鲜不像而祠之"。于是，在朱熹的诞生地创建了二朱先生祠（南溪书院的前身）。《福建通志·名宦志》载："李修，临川人。尝从黄榦游，笃信力行。嘉禧（熙）间知尤溪，建义廪，新学宫，创南溪书院，俾士知所崇尚。邑称良吏。"[⑤]

---

① 参拙著《朱熹书院与门人考》，第 214 页、178 页。

② 〔宋〕黄榦：《勉斋先生黄文肃公文集》卷三，第 339 页。

③ 〔宋〕黄榦：《勉斋先生黄文肃公文集》卷十六，第 474 页。

④ 〔清〕杨毓健等：《南溪书院志》卷四，赵所生等主编：《中国历代书院志》第 10 册，江苏教育出版社 1995 年版，第 740 页。

⑤ 〔清〕郝玉麟等：《福建通志》卷三十一，《景印文渊阁四库全书》第 528 册，第 507 页。

51. 郭圣与

郭圣与，字号不详，江西新淦人。嘉定五年（1212），黄榦官新淦令时，得以从学。嘉定十年（1217），郭圣与在家乡建郭氏叙谱堂，黄榦为之撰《书新淦郭氏叙谱堂记》，文中曰："予尝为邑于新淦，而圣与尝问于予，闻其事而嘉其志，为是说而广之。"①

宋戴复古诗《船过桐江怀郭圣与》云："只言君在桐江住，及到桐江不见君。日莫空山独惆恨，不知又隔几重云。"②

52. 方来

方来，字齐英，浙江永嘉人，本叶适弟子。开禧间（1205－1207）举进士，教授安丰军时，"黄榦为通守，又师事焉。"③ 黄榦为安丰通判，时在嘉定六年（1213）九月至次年二月，此即方来从学之时。

方来后历官吴江知县，以荐除监察御史，迁左司谏。除起居郎，擢权兵部侍郎，知漳州。在漳州龙江书院侧建道源堂祀朱熹，而以陈淳配祀。

53. 吴泳

吴泳，字叔永。潼川（治所在今四川省三台县）人。嘉定二年（1209）进士。《勉斋学案》"吴昌裔传"云"与兄泳师事黄勉斋"。④

吴泳曾历官著作郎，兼权直舍人院，轮对时认为谋国之上策，为内修政事，主张内修外攘为一事。迁权吏部侍郎，兼学士院，上疏言谨政体、正道揆、厉臣节、综军务四事。累官权刑部侍郎出知温州、泉州，复以言罢。著作有《鹤林集》，传载《宋史》卷四百二十三。

54. 吴昌裔

吴昌裔，字季永，吴泳弟。"蚤孤，与兄泳痛自植立，不肯逐时好，得程颐、张载、朱熹诸书，辄研绎不倦。嘉定七年（1214）举进士，闻汉阳守黄

---

① 〔宋〕黄榦：《勉斋先生黄文肃公文集》卷二十，第 515 页。
② 〔宋〕戴复古：《石屏诗集》卷六，《景印文渊阁四库全书》第 1165 册，第 650 页。
③ 〔清〕黄宗羲原著、全祖望补修：《宋元学案·水心学案》，第 1808 页。
④ 〔清〕黄宗羲原著、全祖望补修：《宋元学案·勉斋学案》，第 2044 页。

榦得熹之学，往从之。"① 黄榦知汉阳，时在嘉定七至八年（1214－1215），此应即为吴昌裔兄弟从学之时。

吴昌裔曾历官眉州教授。眉州崇尚苏学，吴昌裔教授眉州，取朱子理学著作为之讲说，行《白鹿洞书院学规》，仿岳麓书院释奠仪，祀周、张、程、朱五贤，士风因此为之一变。端平元年（1234）入朝，历军器、将作二簿，改吴益王府教授。轮对时上言六事，称"天理未纯，天德未健，天命未敕，天工未亮，天职未治，天讨未公"②。拜监察御史，以宝章阁待制致仕。卒谥忠肃，著作有《储鉴》《蜀鉴》《四书讲义》等。

55. 方丕父

方丕父，字号未详，莆田人。黄榦学友方士繇（伯谟）之子。嘉定十年（1217）四月，黄榦任安庆知府时，从学于黄榦。

勉斋《与李贯之兵部书》三云："此间亦有十数士友相从，大抵皆故人之子弟。有杨志仁，识趣端正。方伯谟之子丕父，刚毅不苟，可为领袖。公事之暇，亦不落寞也。"③

56. 饶鲁

饶鲁，一名师鲁④，字伯舆，一字仲元，号双峰。江西余干县人。约在嘉定十二年（1219）前从学于黄榦，又曾问学于李燔。"髫龄有志于学，稍长，从黄勉斋榦、李宏斋燔学。"⑤ 黄榦对其甚为器重，寄予厚望，在《复饶伯舆》书中说："足下与明父当任此责，使（朱）先生之道将微而复振。"⑥《勉斋集》卷十五有《复饶伯舆》书四通，内容涉及答为学之方、《西铭》之义、《中庸》之旨及一本万殊等。

---

① 〔元〕脱脱等：《宋史》卷四百八《吴昌裔传》，第 12301 页。
② 〔元〕脱脱等：《宋史》卷四百八《吴昌裔传》，第 12302 页。
③ 〔宋〕黄榦：《勉斋先生黄文肃公文集》卷十四，第 542 页。
④ 〔宋〕黄榦：《复饶伯舆》书二："后来者习闻其说，亦未有卓然兴起者，故所望于师鲁、明父者不啻饥渴也。"（《勉斋集》卷十五，第 465 页。）
⑤ 〔清〕黄宗羲原著、全祖望补修：《宋元学案·双峰学案》，第 2812 页。
⑥ 〔宋〕黄榦：《勉斋先生黄文肃公文集》卷十五，第 466 页。

饶鲁青年时曾应试科举，落第后遂专意教授乡间。又建石洞书院，及门弟子众多。他开创了双峰学派，程若庸、吴澄、程钜夫、朱公迁、汪克宽、赵孟頫均为这一学派的传人。清人黄百家说："黄勉斋榦得朱子之正统。……于江右传饶双峰鲁，其后遂有吴草庐澄，上接朱子之经学。可谓盛矣。"①

57. 薛师邵

薛师邵，字希贤，江西抚州人。《勉斋学案》列为门人，并称"勉斋官临川，从之游，谓其超然独得，皆自胸中流出，无蹈袭语"。语见《勉斋集》卷十五《复薛希贤书》，并望其"少抑高明之见，俯循学问之实，以圣道不明为己忧，毋以吾心所见为已足"②。

三、从学地点不明者

58. 董梦程

董梦程，字万里，号介轩，江西德兴人，黄榦学友董铢的侄子。"初学于槃涧（董铢）与程正思（程端蒙），其后学于勉斋。"③ 开禧间（1205－1207）举进士，历官钦州通判。董梦程开创了介轩学派，著名学者胡方平、胡一桂、董鼎、董真卿、马端临均为这一学派的传人。

59. 袁俊明

袁俊明，字稼学，里籍失考。《勉斋学案》载其为"勉斋黄氏弟子也。《勉斋讲录》二十余卷，旧本散逸，先生重裒辑而行之。"④

60. 宋斌

宋斌，江西袁州（治所在今江西省宜春市袁州区）人。《勉斋学案》列为黄榦门人。事迹载于《沧州诸儒学案》："少从黄勉斋、李宏斋登朱子之门。学禁方严，羁旅困沮。年且八十，赵清敏与欢延之，事以父行，奏乞用旌礼

---

① 〔清〕黄宗羲原著、全祖望补修：《宋元学案·双峰学案》，第 2812 页。
② 〔宋〕黄榦：《勉斋先生黄文肃公文集》卷十五，第 463 页。
③ 〔清〕黄宗羲原著、全祖望补修：《宋元学案·勉斋学案》，第 2050 页。
④ 〔清〕黄宗羲原著、全祖望补修：《宋元学案·介轩学案》，第 2917 页。

布衣故事。卒，葬西湖上，岁一祭之，则其贤可知矣。"①

61. 曾成叔

曾成叔，字号里籍失考。《勉斋集·语录》中有曾成叔录。《勉斋集》卷十五《答梁宁翁书》中有"华峰朋友中，深爱贤者，与曾成叔之沉静缜密，可与共学"② 数语。《勉斋学案》列为门人。

62. 梁祖康

梁祖康，字宁翁，里籍失考。《勉斋集·语录》题"门人承务郎致仕林圆记录、门人梁祖康校正"。曾成叔录又有"宁翁问忠恕一贯，如何？"一条。③集中有《答梁宁翁书（祖康）》一通，见载卷十五。《勉斋学案》据此称："先生亦勉斋所称许弟子也。"④

63. 林圆

林圆，字号生平均失考。仅《勉斋集·语录》首行题"门人承务郎致仕林圆记录"⑤。

64. 周锡

周锡，号主一，里籍缺考。赵汝腾《经筵讲义跋》云："主一周君锡既刊予《鳌峰讲义》于家，又索予顷在经筵日讲'说命'至'旅獒'十三篇并刊。主一为考亭勉斋之学者也，故于义理之文拳拳然如此，而予不足以称。然其请之力而不得以辞，遂发箧以授之。"⑥

四、简短的结语

以上所列 64 位勉斋弟子，大致分为 41 位从学于福州，16 位从学于外地，7 位从学地点不明的门人。其中约三分之二为福建人士，约三分之一来自四川

---

① 〔清〕黄宗羲原著、全祖望补修：《宋元学案·沧州诸儒学案》，第 2267 页。
② 〔宋〕黄榦：《勉斋先生黄文肃公文集》卷十五，第 469 页。
③ 〔宋〕黄榦：《勉斋先生黄文肃公文集·语录》，第 797 页。
④ 〔清〕黄宗羲原著、全祖望补修：《宋元学案·勉斋学案》，第 2046 页。
⑤ 〔宋〕黄榦：《勉斋先生黄文肃公文集·语录》，第 789 页。
⑥ 〔宋〕赵汝腾：《庸斋集》卷五，《景印文渊阁四库全书本》第 1181 册，第 288 页。

眉山、潼川，湖南岳阳，浙江括苍、婺州和江西余干等地，此或即《宋史·黄榦传》所说的"巴蜀江湖之士"。而在外地从学的门人中，其地点大体分布为石门、临川、新淦、安丰、汉阳和安庆，正好与黄榦曾经担任过的石门酒监、临川知县、新淦知县、安丰通判、汉阳知军和安庆知府的宦迹相契。这些门人如董梦程、何基、饶鲁等，把朱子学传播到全国各地，做出了重要贡献；①而在福州从学的门人，则是黄榦长期在福州各大小书院、官学甚至是民居中坚持从事讲学的主要教学对象，也是后朱熹时代以福州为中心的，以黄榦为朱门领袖的福建朱子学派的主要力量，对福州乃至全闽的理学传播和书院教育的发展起到了重要的推动作用。

（本文载《闽江学院学报》2015 年第 6 期，收入赵麟斌主编：《闽文化的时代传承》，同济大学出版社 2016 年版）

---

① 参拙文《朱门颜曾——黄榦》中"朱学北传"一节，载武夷山朱熹研究中心编：《朱子学与 21 世纪国际学术研讨会论文集》，第 446－447 页。

勉斋先生黄榦世系源流考述

在中华姓氏中，黄氏无疑是其中的显姓之一。借鉴近年来姓氏文化的研究成果，追溯黄氏的历史渊源，对理清其世系源流，了解著名理学家黄榦的生平，以及黄氏家族先辈中的杰出人物和家庭成员对其成长过程中所产生的影响，均不无裨益。

对黄氏的源流，黄榦后裔、清代建阳廪生黄兆麟曾有如下断言：

> 黄氏本出高阳之子，曰卷章。章生（重）黎及吾（吴）回，兄弟相继为帝喾火正，命曰祝融。吾（吴）回生陆终，终之后受封黄，因氏焉。后传至周上党令南陆公生二子，长名渊，春秋时仕至中州舍人。战国有春申君歇，相楚，却秦兵，归太子，名闻诸侯。历汉、晋、隋、唐，名儒硕彦，光耀史册。后先相望，亦不能更仆数。其由江夏迁邵武膺公发祥，相传至今约纪数十世，支分派别，瓜瓞绵绵，嗣是详明。昭穆胪列次序，俟亢宗之子默识而光大之。①

这篇题为《黄氏姓源》的短文，虽然述而不考，但却言之有据。其内容涉及黄氏源流的三个要点，即黄氏溯源、江夏黄氏、黄氏入闽，如加上黄榦家世，就是本文所要加以探讨的四个问题。

一、黄氏溯源

远古时期，姓氏有别。姓起源于母系氏族社会，氏是姓的分支，起源于

---

① 〔清〕黄兆麟：《黄氏姓源》，载〔清〕黄作宾等重修：《敕建潭溪书院黄氏世谱》卷一，清光绪印本。

父系氏族社会。郑樵《通志·氏族略序》称："三代之前，姓氏分而为二，男子称氏，妇人称姓。"表现在氏族部落中，姓是大的氏族部落的称号，氏是一个姓所分出的小的氏族支系的称号。

黄氏本为嬴姓，《史记·秦本纪》记载："秦之先为嬴姓。其后分封，以国为姓。"此次分封"以国为姓"的有十四氏，黄氏乃其中之一。上引黄兆麟所说的"黄氏本出高阳……"，指的是黄帝之孙颛顼，号高阳。他是我国上古"三皇五帝"传说中的五帝之一。《史记·五帝本纪》称他"静渊以有谋，疏通而知事；养材以任地，载时以象天，依鬼神以制义，治气以教化，絜诚以祭祀"。他是一位很了不起的具有圣人风度的部落首领。

颛顼的曾孙陆终，从鬼方部落取女嬇为妻，生有六子，其后裔分成许多氏，黄氏便是其中之一。郑樵《通志·氏族略二》[1] 记载："黄氏，嬴姓，陆终之后，受封于黄。今光州定城西十二里，有黄国故城，在楚与国也。僖十二年为楚所灭，子孙以国为氏，亦嬴姓十四氏之一也。"前引黄兆麟文中提到的春申君黄歇，《史记》中有《春申君列传》。记其为战国时楚国大臣，楚顷襄王以黄歇出使秦国，他上书秦王，有效地阻止了秦国欲合韩、魏之力共同伐楚的计划。又设计使留在秦为人质的太子安全回国。太子继位即考烈王，拜黄歇为相，封春申君。他前后相楚二十五年，功勋卓著。与齐国孟尝君、赵国平原君、魏国信陵君齐名，有"战国四公子"之誉。关于黄歇与古黄国及楚国的关系，今黄氏后人黄永融先生说："古黄国是楚国势力范围内的小国，它灭亡后归并于楚。但黄国的后人以国为氏的仍不断蕃衍。邓名世说：'楚灭黄，其族遂仕楚，春申君黄歇即其后。'"[2] 所言与史相符。

对黄氏得姓之源，黄氏后人多深信不疑。今存建阳《潭溪书院黄氏宗谱》有宋末元初抗元兵败寓居建阳的著名学者谢枋得《题跋》云："黄氏本颛顼曾孙陆终之后。"福州《江夏黄氏宗谱》有清康熙四十六年（1707）吏部尚书安

---

① 〔宋〕郑樵：《通志》卷二十六《氏族略二》，中华书局 1987 年版，志四五二。

② 福建姓氏源流研究会黄氏委员会编印：《黄勉斋学术研究文集》，2000 年 12 月铅印本，第 120 页。

溪李光地跋云："江夏黄氏，以国为姓。自唐宋迄今，族大蕃衍，积善余庆，延世久矣。"长乐《重修青山黄氏世谱》有 1919 年海军上将萨镇冰序云："考黄氏世系，乃黄帝六世孙，陆终之后。"黄氏后人对此理出了一条比较清晰的历史线索，他们认为：

> 黄姓是我国一个十分古老的姓氏。我国上古有三皇五帝的传说，五帝之一的颛顼与后来的黄姓有直接的血源关系。颛顼实际上是上古的一个部落首领，号高阳氏。……颛顼的曾孙陆终娶鬼方之女，生六子。其后裔分成了许多氏。……其中之一即黄姓（氏）。黄姓始自黄帝第六世孙陆终之后，受封于黄国（即今河南潢川县），是黄氏得姓的开始，迄今已有五千年的历史了。[①]

二、江夏黄氏

今存建阳《敕建潭溪书院黄氏宗谱》，其扉页又作《钦建潭溪书院新编江夏黄氏宗谱》。其中的"江夏"，显而易见是一个地名，但不是黄氏的现居地，而是黄氏祖先的"郡望"之名。

何谓"郡望"？郡，是春秋至隋唐时地方行政区划名。秦始皇统一中国后，在全国设 36 郡，下设县，成为中央集权政权组织的一部分。郡望则指的是世居某郡，德行声名均为当地所仰望的名家世族。东汉时期，黄氏在江夏郡就是这样一个大族，其后裔子孙，虽然随着时代的变迁，有的早已迁往各地，但均以江夏黄氏自称，以此缅怀先祖功业，并作为辨识家族血统源流的标志。

江夏黄氏均尊东汉黄香为其始祖。黄香，字文强，江夏安陆人，生年约在汉建武二十六年（50），卒年约在永建五年（130）。黄香从小就以孝行闻名于时。侍其父母，夏扇枕席，冬则以身温被。《三字经》中有"香九龄，能温

---

① 江夏入闽始祖黄膺公宗史研究会：《正本清源，光辉历史》，2002 年铅印本，第 27 页。

席，孝于亲，所当执"，所说的就是他的这一孝行。后不幸母丧，因哀伤思念而日见憔悴。十二岁时，江夏太守刘护听说此事，特地召见他，并题字"门下孝子"赠之。黄香因此名入中国历史上著名的"二十四孝"之列。黄香不仅以孝行知名于世，他还是一位勤奋向学、博通经史、文名卓著的神童。他的名气流传到京城，人称"天下无双，江夏黄童"。由于文名卓著，黄香年满二十岁，即被任以郎中之职。元和元年（84），汉章帝诏其入东观（皇家图书馆），得以尽读罕见之书。此后先后历官尚书郎，升左丞，累迁尚书令，政绩显著。延平元年（106），黄香外任魏郡太守，遇水灾年饥，黄香拿出自己的俸禄和皇家所赐救济贫苦百姓。在他的义举感召之下，郡内富室纷纷捐粮，帮助官府赈灾。黄香的著作有《赋》《奏》《秦》《书》《令》五篇。今存《九宫赋》《天子冠颂》《责髯奴辞》三篇。生平事迹，载《后汉书·文苑列传》。今人陆侃如编有《黄香文学系年》，见《中古文学系年》卷二至卷三。

黄香三子黄琼（86—164），字世英。初以父任为太子舍人，辞病不就。父亲去世后，连年不应征诏。汉顺帝永建年间（126—131），名公巨卿纷纷举荐。名士李固对他说："若当辅政济民，今其时也。自生民以来，善政少而乱俗多，必待尧舜之君，此为志士终无时矣。常闻语曰：'峣峣者易缺，皦皦者易污'。阳春之曲，和者必寡，盛名之下，其实难副。……是故俗论皆言处士纯盗虚声。愿先生弘此远谟，令众人叹服，一雪此言耳。"[①] 黄琼听从了李固的劝告，赴京任议郎，不久即升任尚书仆射。黄琼为人正直，处事练达。即位之时，就逢连年灾荒，他上疏皇帝，主张兴修水利，以减轻和预防灾害，罢黜贪官庸员，举荐贤才黄错等六人，一一得以施行。此后，黄琼先后历任尚书令、魏郡太守、司空、太仆、司徒、太尉等要职。率赠车骑将军，谥忠侯，生平事迹载《后汉书》卷六十一。黄琼之孙黄琬（141—192），字子琰。年幼丧父，由祖父黄琼抚养成人，自幼聪敏。年七岁时就以才思敏捷而闻名京师。入仕后，官五官中郎将时，因与光禄勋陈蕃一起主张起用一批德才兼

---

① 〔宋〕范晔撰，〔唐〕李贤等注：《后汉书》卷六十一《黄琼传》，中华书局1965年版，第2032页。

备，但出身寒微的人才，由此得罪权贵，被免职近二十年。汉灵帝光和末年（183），太尉杨赐上书荐其有拨乱之才，由此官拜议郎，任青州刺史，升侍中。后又历任将作大匠、少府、太仆、豫州太守等职。董卓专权时，因黄琬是名臣，便升他为司徒、太尉，封阳泉乡侯。后董卓挟汉献帝迁都长安，黄琬等坚决反对董守专权，与司徒王允合谋诛杀了董卓。不久，董卓部将攻陷长安，将黄琬杀害，时年五十二岁。生平事迹，见载《后汉书·黄琼》传后。

黄琬之后，江夏黄氏子孙纷纷散居各地，其中有一支徙居至河南固始。

三、黄氏入闽

南宋绍熙年间（1190—1194），黄榦因修纂家谱，曾邀请他所敬重的学兄、建阳蔡元定为其撰序。蔡元定为之撰写了《题东阳黄氏世家宗谱序》。序称：

> 畏友黄君仁卿，世系始于唐太宰讳迁，世居河南。五代末厥祖讳膺，随王审知入闽，居邵武仁泽乡。生茂材，拜秘书郎，生子男四人：曰宾、曰推、曰愢、曰鸣凤。宾为古田令，兼知长乐事，侨居青山下……①

在此，需略加说明的是，蔡元定在序中提到黄仁卿（名东，黄榦仲兄）之名，但此序实际上是他应黄榦之请而撰。何以知之？此谱即冠名为"东阳黄氏"，则应编纂在建阳。因"东阳"系建阳别称，其名源于宋政和间建溪水驿更名东阳水驿。② 而与建阳关系密切的是黄榦而非其兄黄东，因为在绍熙五年（1194）蔡氏撰序之时居住在"东阳"即建阳的是黄榦。再从黄氏后人来考察，今建阳黄氏均黄榦后裔而无黄东后裔也可证明这一点。蔡元定在序中称黄东而不言黄榦，实际上是顺从黄榦尊重兄长之意，体现了黄榦的孝悌精神。但一个"东阳"地名，却无意中透露了《东阳黄氏世家宗谱》实际上是黄榦所编。其时，朱熹已在建阳考亭竹林精舍定居了三年，黄榦则在精舍中担任

---

① 〔清〕黄作宾等重修：《敕建潭溪书院黄氏世谱》卷二，清光绪印本。

② 参拙文《宋代建本地名考释》"东阳崇川"一节，《福建史志》1987 年第 6 期。

部分教学工作，也有随师相与在此定居之意，故将谱名称为"东阳黄氏"而不是"长乐黄氏"或"闽县黄氏"。由此可以看出，蔡元定序中所言，实际上是黄榦提供的史料，故其可靠性勿庸置疑。

蔡序中提到的黄迁，字长兴，唐初为湖州刺史，卒赠左仆射，封固始郡公。他是黄榦修谱时认可，也为其后人所公认的黄氏固始一世祖。

黄氏入闽祖黄膺（850—928），字世铭，唐僖宗光启元年（885）随王审知入闽，寓居建州邵武县仁泽乡。其孙黄宾（895—974），字观光，号同庆。后唐时任古田县令，兼知长乐县事，遂侨居长乐青山下，为长乐青山派始祖，今存《青山黄氏世谱》。此为今人称黄榦祖籍长乐之由来。

那么，黄榦的先世，何时又从长乐迁至闽县？朱熹在为黄榦父亲黄瑀所撰的《墓志铭》中称"其先世居福州长乐县青山下，后乃徙家郡城之东，为闽县人，六世矣！"[1] 也就是说，到黄榦止，黄氏迁徙福州闽县已经六代人。这在真德秀的《题黄氏世家宗谱序》中更有明晰的表述：

> 建阳黄氏，吴（吾）闽记载十一著姓之一也。谨按，其先光州固始人，始祖讳膺，五代时避地闽中，家于邵武。传三世讳宾者，受古田令兼知长乐，侨居青山下。至高祖讳诏，徙三山城东，复为闽县人。……[2]

由此可知，从长乐青山徙居闽县的是黄榦的高祖黄诏，到黄榦正好是六世（诏→徽→时→南仲→瑀→榦）。这一点，我们从黄榦自己的有关文章中也可以得到旁证。他说：

> 黄氏居福州城东三百年，厘而为三派而为六，后有他徙者。自同庆

---

① 〔宋〕朱熹：《晦庵先生朱文公文集》卷九十三《朝散黄公墓志铭》，《朱子全书》第 25 册，第 4284 页。

② 〔清〕黄作宾等重修：《敕建潭溪书院黄氏世谱》卷二，清光绪印本。

而下，子孙存者，无虑四十人。挟策为儒者，累累不绝。①

　　榦世居福州东门外，所居之旁百余步有同庆僧寺。……以世数考之，今三百余年矣。先君察院尝即寺之廊屋为书院。②

考黄榦撰此二文时，均在其晚年（约 1220 年），以上推三百年，时应在北宋初。

若从黄诏的生平来考察，则可以得出一个相对比较准确的时限。建阳《潭溪书院黄氏宗谱》载："第九世：诏，字廷宣，生于祥符七年（1014）甲寅十月初一日。先世居长乐县青山下。早孤，母林氏亦早逝，倚舅氏林仁夫，徙居福州城东闽县，遂为闽（县）人。"文中既称"早孤"，应不晚于十岁以前，如此，则其徙居福州城东时约在天圣元年（1023）。下距黄榦之时，应为两百多年。

四、黄榦家世

黄榦的父亲黄瑀（1109－1168），字德藻，绍兴八年（1138）进士。先后历官饶州司户、湖北转运司主管帐司、永春县令、两湖转运司干办、华亭县令、监察御史等职。为官清廉自守、关心民瘼，不畏权奸，所至皆有政声。官永春县时，以"敦礼义、厚风俗、戢吏奸，恤民隐"而著称。在华亭县遇灾荒，他请求常平使发仓廪以赈，常平使以等待上奏报批来为难他。他说："民命在朝夕，苟可以生之，虽重得罪不悔"，即发常平廪粟救济县民，救活数万老百姓。在任监察御史时得了重病，当时以廉洁著称的临安知府赵子潚奉命前来探视，见其家中"箧椟萧然，衣无兼副"，对其清贫廉介的高风亮节钦佩不已。朱熹对其有"为吏一心营职，其清苦之操非人所堪；而聪明仁爱

---

　　① 〔宋〕黄榦：《勉斋先生黄文肃公文集》卷三十五《族叔处士墓志铭》，《北京图书馆古籍珍本丛刊》本，第 727 页。
　　② 〔宋〕黄榦：《勉斋先生黄文肃公文集》卷二十九《与西外知宗诉同庆坟地并事目》，第 626 页。

259

所以惠于民者，亦非人之所能及也"① 的评价。黄瑀的事迹，对黄榦的成长产生十分重要的影响。数十年后，黄榦在各地担任地方官，"谨守父兄廉勤之训"，成了他时刻不忘的座右铭。

黄榦的母亲名叶清，字雪兰，为叶大任次女，生于政和元年（1111），卒于庆元三年（1197），享年八十七岁。性婉慧，精通《孝经》和《论语》。淳熙二年（1175），黄榦得清江刘清之荐。黄榦禀其母后，命其即行，次日踏雪前往崇安五夫，从此得以从朱熹学。后黄榦每与其门人言及此事，认为"此吾母之明且决也"。其门人则认为"先生得斯道之传，虽其天资绝人，亦察院刚明风烈，叶夫人懿行远识之所助云"②。察院，即其父黄瑀，曾官监察御史，故有此称。

黄榦有兄弟五人，姐妹二人。

长兄黄杲（1140－1179），字升卿，又字教卿。绍兴三十年（1160）进士，官至宣教郎，曾历任湖北漕司、江西提刑司检法官。居家孝友，从政廉洁，"挺挺有父风。"③

仲兄黄东（1143－1200），字仁卿。以父遗泽补将仕郎，监吉州酒务。后历任全州法曹、沙县丞、衢州税监、抚州乐安知县。庆元六年（1200）五月卒于抚州郡学之官舍。对其为人，黄榦有如下评价："天资警敏而简默迟重""居乡，亲故事有难理者必即君谋之。及当官，虽笾库之微，而部使者、郡太守民讼难剖者悉以委君，同僚联事者文书行，非君莫敢决。……君之所涖辄有称，而即去无不思者。廉介之行，人所难及。常俸之外，凡以例得者皆却不受"④。黄东去世后，时任抚州教授的建阳人刘填⑤检其行箧，竟没有一件值钱的东西，于是发动同官捐助。当时，从监司到州郡，从乐安到邻县的官

---

① 〔宋〕朱熹：《晦庵先生朱文公文集》卷九十三《朝散黄公墓志铭》，《朱子全书》第 25 册，第 4288 页。

② 〔宋〕陈义和：《勉斋先生黄文肃公年谱》，《勉斋先生黄文肃公文集》，第 814 页。

③ 〔宋〕黄榦：《勉斋先生黄文肃公文集》卷三十五《族叔处士墓志铭》，第 727 页。

④ 〔宋〕黄榦：《勉斋先生黄文肃公文集》卷三十五《仲兄知县墓表》，第 730 页。

⑤ 刘填，字仲抚。其父刘炳，亦朱子门人，黄榦、黄东学友。

员无不纷纷解囊，退隐在家乡庐陵的宰相周必大听说此事，也为之动容，捐钱以助，由刘填负责买棺置衣将其收敛。讣闻，黄榦疾赴抚州，徒步迎丧回闽。言及父兄，黄榦曾不无自豪地说："吾家自御史公以刚方洁廉、慈爱惠利著闻当世，号称名卿。伯兄呆亦以才气超逸克世其家，今君（指仲兄黄乐）所自，植立又如此。"① 因此，黄榦后来在居官从政期间，能够时刻以父兄为楷模，"以著吾家世济之美，而昭先训于无穷也。"② 既以此自励，也以此训教子孙。黄东也是朱子门人，曾先后从学朱熹于武夷精舍和考亭沧洲精舍。③《朱文公文集》中有《答黄仁卿书》四通，《朱子语类》中有问答之语。三兄黄查（1147－?），字明甫，未仕。晚年由黄榦奉养。嘉定十三年（1220）九月，黄榦《辞知潮州复郑知院》书中云："家兄见存者，年七十有五，饥穷至骨。向来从官，分俸以养。"（《勉斋集》卷十）黄榦排行第四。五弟黄柯（1155－1169），字良卿，少年睿智。惜因病早逝，年方十五。

　　黄榦有姐妹二人。姐名宜春，嫁任文茂。任文茂曾官湖广总领司干办。黄榦《祭任舶并女兄》云："昔我先人，峻节山崎，始奇女兄，不与凡子。君来登门，二姓咸喜。义忘我贫，德不以齿。……自榦之迁，武夷之址，效官荆吴，一别半纪。……云胡相继，一疾不起，病不及知，敛不及视。捧书长号，欲忘暂止，终天之恨，有泪如此。"④ 由此可知，夫妇二人，先于黄榦而卒。妹曰赛春，嫁余元一。余氏仙游人，字景思，淳熙五年（1178）进士，历官同安县令，池州通判。曾为朱熹武夷精舍门人。⑤

　　黄榦出生的地点在福州城东。《勉斋年谱》开篇即云："高宗绍兴三十二年（1152）壬申六月壬申亥时，先生生于三山城东故居。"与前引黄榦自述"榦世居福州东门外，所居之旁百余步有同庆僧寺"相合。今黄氏后人又有一

---

① 〔宋〕黄榦：《勉斋先生黄文肃公文集》卷三十五《仲兄知县墓表》，第 730 页。
② 〔宋〕黄榦：《勉斋先生黄文肃公文集》卷三十五《仲兄知县墓表》，第 730 页。
③ 参拙著《朱熹书院与门人考》，第 105 页。
④ 〔宋〕黄榦：《勉斋先生黄文肃公文集》卷三十六，第 736－737 页。
⑤ 参拙著《朱熹书院与门人考》，第 127 页。

说，认为黄榦"出生在长乐青山下"①。"七岁时离开祖居地长乐青山随父迁居福州城东。"② 此处似有否定黄榦门人所编《年谱》而另倡一说之嫌，但证据显然不足。

黄榦之妻朱兑（1156—1221），字淑贞，朱熹次女。淳熙九年（1182）嫁给黄榦，馆于五夫紫阳书堂。时黄榦已三十岁，从学朱熹已七年。朱熹在写给黄榦的书信中说："此女得归德门，事贤者，固为甚幸。但早年失母，阙于礼教，而贫家资遣不能丰备，深用愧恨。想太夫人慈念，必能阔略。然妇礼不可缺者，亦更赖直卿早晚详细与说。……"③ 朱兑在清贫之中，相夫教子，抚育众多子女成人，甚为不易。清道光《福建通志》总卷四十五对她有"守儒风，明妇道。环堵一屋，夫妇相敬如宾，训子有方"的褒词。《宗谱》中则有"寒暑补缀，针线未尝释手。遇羹则分肉以饲诸子，每持空羹以对饭"④ 的记载。黄榦逝世后，因悲哀过度，一百三十天后亦不幸逝世。卒后，封孺人。

黄榦生有四子六女。嘉定十七年（1208）其《与胡伯量书》二云："儿女十人，一儿一女已婚嫁，次女亦已许人，今秋可了。更四男子，次子辅年已二十三矣。"⑤ 黄榦在与友人谈及家事时，每以"二百指"代称这十个儿女及家中人口之众，如"朝廷优容，有陟无黜。家本穷空，孥累猥众，二百余指不至饿死……"⑥ 但据《敕建潭溪书院黄氏宗谱·黄榦传》载仅有四子三女，未详孰是。

黄榦长子黄辂（1184—1238），字廷资，号子木。幼时甚为外公朱熹疼爱，曾对黄榦说："辂孙骨相精神，长当有立。""辂孙不知记得外翁否？渠爱

---

① 江夏入闽始祖黄膺公宗史研究会：《正本清源，光辉历史》，2002年铅印本，第221页。

② 江夏入闽始祖黄膺公宗史研究会：《正本清源，光辉历史》，2002年铅印本，第44页。

③ 〔宋〕朱熹：《晦庵先生朱文公续集》卷一《答黄直卿》，《朱子全书》第25册，第4656页。

④ 〔清〕黄作宾等重修：《敕建潭溪书院黄氏宗谱·黄榦传》，清光绪印本。

⑤ 〔宋〕黄榦：《勉斋先生黄文肃公文集》卷六，第369页。

⑥ 〔宋〕黄榦：《勉斋先生黄文肃公文集》卷二十九《与□□辞依旧知安庆府》，第624页。

壁间狮子，今画一本与之，可背起与看，勿令揉坏却也。此是陆探微画，《东坡集》中有赞。愿他以此狮子，奋迅哮吼，令百兽脑裂也。"① 真德秀《跋画师帖》云："子木之幼也，晦庵已深期之。今其问学日进，而志气日强，盖庶乎不负先生之期许者。"② 黄辂以父恩荫补官，初任信州架阁，后任江西贵溪县令。黄辂娶舅父朱埜（朱熹次子）次女为妻。黄榦在《大儿娶舅氏女婚书》中云："师门教育之勤，恩均父子；甥馆追随之乐，情等弟兄。感积年辱爱之怀，起再世为婚之念。"③ 又在《祭朱文之（埜）》文中称："榦之从游余三十四年，四海兄弟，两世姻娅，于君亲，知君之贤。"④ 黄辂资质温厚，恪守家学。在任地方官时，剖繁治剧，政善民安，有乃父遗风，后遵父命，定居于建阳环峰精舍。后子孙繁衍，成为建阳的一个大族。

次子黄辅（1185－1244），字廷佐，号信斋。少静重而喜读书，深得外祖朱熹疼爱。有书云"辅亦渐觉长进，可好看之"⑤。二十三岁时，曾先后从学于临川余道夫和建昌胡泳（字伯量）。黄榦《复余道夫》书云："两小儿甚荷教诲，平生所见小子之师，未有如此之勤且切者，亦此子之幸也。"⑥《与胡伯量书》二云："次子辅年已二十三矣。……深以未得师为念。今乃闻契兄寓筠阳，去此十舍而近。敬遣之趋函丈，望借一寺舍僧房，近郡治者与之处。诲之以所当读之书，每四五日一呼而教之，为之点检课程，不惟使之识义理，不为小人之归，亦望之使之多闻博识，进而以应举，退可以为书会，以不失其衣食之计。"⑦ 黄辅娶潘植（字立之，黄榦学友、朱熹门人）之女为妻。黄榦《仲子娶潘氏女婚书》云："言念父兄，尝偕拙斋之席，岂期子弟，复同升

---

① 〔宋〕朱熹：《晦庵先生朱文公续集》卷一《答黄直卿》，《朱子全书》第 25 册，第 4658 页。

② 〔清〕黄宗羲原著、全祖望补修：《宋元学案》卷六十三《勉斋学案》，第 2042 页。

③ 〔宋〕黄榦：《勉斋先生黄文肃公文集》卷二十二，第 532 页。

④ 〔宋〕黄榦：《勉斋先生黄文肃公文集》卷三十六，第 736 页。

⑤ 〔宋〕朱熹：《晦庵先生朱文公续集》卷一《答黄直卿》，《朱子全书》第 25 册，第 4656 页。

⑥ 〔清〕黄作宾等重修：《敕建潭溪书院黄氏宗谱·黄榦传》，清光绪印本。

⑦ 〔宋〕黄榦：《勉斋先生黄文肃公文集》卷六《与胡伯量书》二，第 369 页。

云谷之堂。载联二姓之姻，实笃三生之契。"（《勉斋集》卷二十二）又在《处士潘君立之行状》云："榦之兄弟尝受教于贡士公，于君之兄弟交游者，非一日也。生同里，学同师，今又缔姻于君家。"① 黄辅后由太学上舍出身，官至泗州通判。

三子黄輹（1192－1264），字廷舆。少年时，与兄辅同学于临川余道夫。后以荫补官，任都督府主管机宜文字。娶福州林周卿之孙女、林宗鲁之女为妻，见黄榦《通直郎致仕林公行状》所载。② 黄榦称其为"亲家"。黄輹性刚介，承父遗志，善文词。凡有关身心者，皆体验之。以忠厚传家，常游云谷、西山、五夫等先辈遗址。先从兄辂居于建阳环峰，后定居于建阳莒口潭溪精舍，今建阳黄氏，也有一部分是其后裔。

四子黄轧（1202－1253），字廷式，隐居不仕，自号散翁，不以功名利禄为念。娶妻赵氏，见黄榦《季子娶赵氏婚书》。③ 世居福州怀安县。今建阳黄氏，也有一支系其后裔。

黄榦的六个女儿，今所知甚少。结合《潭溪黄氏宗谱》所载，仅知其长女名淳女，嫁高氏，《勉斋集》卷二十二有《长女嫁高氏婚书》；三女名淑女，嫁陈氏；《勉斋集》同卷有《叔女嫁陈氏婚书》；四女名漳女，嫁赵氏。其余均缺考。

黄榦有孙子五人。分别是黄绍（辂子）、黄兴（辅子）、黄选（輹子）、黄迈和黄远（轧子），而以黄兴居长，出生于嘉定十一年（1218）。《勉斋年谱》有其纪年云：嘉定十一年"八月，长孙兴公生"。他是诸孙在《年谱》中唯一有记载者，故其余诸孙疑均出生在黄榦去世之后。

（本文载《闽学研究》2017 年第 4 期）

---

① 〔宋〕黄榦：《勉斋先生黄文肃公文集》卷三十三《处士潘君立之行状》，第 677 页。

② 〔宋〕黄榦：《勉斋先生黄文肃公文集》卷三十三《通直郎致仕林公行状》，第 678 页；卷十二《与林宗鲁司业》书一，第 431 页。

③ 〔宋〕黄榦：《勉斋先生黄文肃公文集》卷二十二，第 532 页。

弘扬师说的"紫阳别宗"——陈淳

陈淳（1159—1223），字安卿，号北溪。漳州龙溪县（治所在今福建省漳州市芗城区）人，早年在乡村从事童蒙教育活动。师从龙溪林宗臣（1133—1189，字实夫）。林宗臣是乾道二年（1166）进士，是名儒高登的门人，"受业高东溪登之门，官至主簿。一见陈安卿淳，心异之。谓曰'子所习科举耳，圣贤大业，则不在是'。因授以朱文公所编《近思录》。安卿卒为儒宗，实夫启之也。"① 据陈淳《初见晦庵先生书》自述，这一年他二十二岁。他说：

> 某穷乡晚生，愚鲁迟钝，居于僻左，无明师良友，不耋闻儒先君子之名。自儿童执卷，而世儒俗学已蛊其中，穷年兀兀，初不识圣贤门户为何如。年至二十有二矣，始得先生所集《近思录》读之，始知有濂溪、有明道、有伊川，为近世大儒，而于今有先生，然犹未详也。自是稍稍访寻其书，间一二年、三四年，又得《语孟精义》《河南遗书》，及《文集》《易传》《通书》，与夫先生所著定《语》《孟》《中庸》《大学》《太极》《西铭》等传，吟哦讽诵，反诸身验诸心，于是始慨然敬叹。②

---

① 〔清〕李清馥：《闽中理学渊源考》卷十四，《景印文渊阁四库全书》第460册，第221页。

② 〔宋〕陈淳：《北溪大全集》卷五《初见晦庵先生书》，《景印文渊阁四库全书》第1168册，第535—536页。

1. 临漳建阳，两度问学

绍熙元年（1190）四月，朱熹至漳州任知州，给久读其书而向往已久的陈淳提供了一个难得的师从机会。然而，一直到十一月，在陈淳打消了"先生，郡侯也；某，郡之一贱氓也。贵贱之分有等"的顾虑之后，在"见贤者之心，油然动于中，终有不容遏"的驱使之下，方以"旧日自警之章为贽"①。朱熹接到陈淳的求见信，次日就在郡斋接见他，从而使陈淳"十年愿见而不可得"的夙愿，成为"今乃得亲睹仪形于州间之近"的现实。

《朱子语类》详细记录陈淳初次问学的情形：

> 淳冬至以书及自警诗为贽见。翌日入郡斋，问功夫大要。……先生娓娓言曰："凡看道理，须要穷个根源来处。如为人父，如何便止于慈？为人子，如何便止于孝？为人君，为人臣，如何便止于仁，止于敬？如论孝，须穷个孝根原来处；论慈，须穷个慈根原来处。仁敬亦然。凡道理皆从根原处来穷究，方见得确定，不可只道我操修践履便了。多见士人有谨守资质好者，此固是好。及到讲论义理，便偏执己见，自立一般门户，移转不得，又大可虑。道理要见得真，须是表里首末，极其透彻，无有不尽；真见得是如此，决然不可移易，始得不可只窥见一班半点，便以为是。"②

关于穷究根源的教导，对陈淳影响很大。从此，他开始注重义理的辨析，以穷究根源作为上达的工夫。为此，他还撰写了《孝根原》《君臣夫妇兄弟朋友根原》《事物根原》等文。朱熹对陈淳极为赞赏，"数语人以'南来，吾道喜得陈淳'，门人有疑问不合者，则称淳善问。"③ 离漳州任后，陈淳还不断地向朱熹书信请益。《朱文公文集》卷五十七中有《答陈安卿》书信六通，书

---

① 〔宋〕陈淳：《北溪大全集》卷五《初见晦庵先生书》，第 537 页。
② 〔宋〕黎靖德编：《朱子语类》卷一百一十七，第 2814－2815 页。
③ 〔元〕脱脱等：《宋史》卷四百三十《陈淳传》，第 12788 页。

二、书三甚至长达万言。《北溪大全集》卷六至八有陈淳向朱熹请益的"问目"三十六通,内容涉及朱子理学诸多方面。

庆元五年(1199)十一月,陈淳与其岳父李唐咨一同来到建阳考亭。这是漳州阔别十年之后的第二次面向朱熹问学。当时,朱熹已犯病在床,故朱熹每在病床上指点陈淳的学问。陈淳自记这一过程说:

> 十一月中澣到先生之居,即拜见于书楼下之阁内,甚觉体貌大减,襄日脚力已阻于步履,而精神声音则如故也。晚过竹林精舍止宿,与宜春胡叔器、临川黄毅然二友会。而先生日常寝疾十剧九癔,每入卧内听教,而谆谆警策,无非直指病痛所在,以为所欠者下学,惟当专致其下学之功而已。[①]

这便是《宋史·陈淳传》所说的"时熹已寝疾,语之曰:'如公所学,已见本原,所阙者下学之功尔'"的文献来源。

陈淳前后两次从师虽然时间都不长,第一次朱熹教之"以穷究根源做为上达的工夫",第二次授其以"下学工夫",对其思想形成与发展均产生重大影响。就在陈淳与其岳父抵达建阳考亭的当天晚上,陈淳又到朱熹的卧房内,向朱熹表示:"适间蒙先生痛切之诲,退而思之,大要下学而上达。"朱熹教导说:"圣贤教人,多说下学事,少说上达事。……须事事理会过,将来也要知个贯通处。"[②]"事事理会",这是下学的工夫,是上达的基础,没有这个基础,上达就成了无源之水,无本之木,故朱熹对此时"所阙者下学之功"的陈淳一再强调下学之功,就是为了"将来"他能达到融会贯通的本末一贯之道,即所谓上达之功。

陈淳对"下学"的理解,最主要的就是致知与力行。"所谓致知,必一一平实,循序而进,而无一物之不格;所谓力行,亦必一一平实,循序而进,

---

① 〔宋〕陈淳:《北溪大全集》卷十《竹林精舍录后序》,第 575 页。
② 〔宋〕黎靖德编:《朱子语类》卷一百一十七,第 2821—2822 页。

而无一物之不周。要如颜子之博约，毋遽求颜子之卓尔；要如曾子之所以为贯，毋遽求曾子之所以为一。"这一见解，伴随陈淳终身，他在晚年严陵讲学中，将此说写进《用功节目》中，向其后学广泛传播。其中，最能完整而简捷地表达这一思想的是《与姚安道》书中所说的：

圣门工夫，自有次序，非如释氏妄以一超直入之说，欺愚惑众。须从下学，方可上达，格物致知，然后动容周旋无阻。陆学厌繁就简，忽下趋高，阴窃释氏之旨，阳托圣人之传，最是大病。[①]

陈淳的两次问学皆有记录，漳州所学名为《郡斋录》，考亭所学称《竹林精舍录》，但原文今均不存。《北溪大全集》中仅有《郡斋录后序》《竹林精舍录后序》两篇序文。《朱子语类姓氏》录其庚戌（1190）、己未（1199）所闻，分别为绍熙元年（1190）在漳州、庆元五年（1199）在建阳考亭两次从学时所录，其原始文献应即出自《郡斋录》和《竹林精舍录》。

2. 严陵讲学，弘扬师说

陈淳早年在漳州从事乡村塾师之业，主要是为了养家糊口，故其时他在学界几乎没有什么影响。所以，朱熹在其赴考亭二次问学时，劝说"安卿更须出来行一遭。村里坐，不觉坏了人"[②]。他以下棋为例，劝诱陈淳，即便棋艺甚高，"其高着已尽识之矣。但低着未曾识，教之随行，亦要都经历一过。"[③] 朱熹逝世后，为继承和弘扬师说，也为了经历先师所说的"要都经历一过"的游学和讲学实践，陈淳开始了从训童向成人讲学的变化，在家乡闽南漳州、莆田、仙游等地，以及江浙一带从事讲学，广招门徒。其中最著名的事例是严陵讲学。

---

① 〔清〕黄宗羲原著、全祖望补修：《宋元学案》卷六十八《北溪学案》，第2230—2231页。

② 〔宋〕黎靖德编：《朱子语类》卷一百一十七，第2832页。

③ 〔宋〕黎靖德编：《朱子语类》卷一百一十七，第2832页。

嘉定十年（1217）五月，陈淳至临安应试，应同出朱门的学友赵师恕（季仁）等人之邀，在书院讲学近三个月。同年八月，应严陵知府郑之悌等人之邀，于郡庠讲学约两个月。①

陈淳的严陵之行，面对的是在"庆元党禁"之后，朱子学备受打击和摧残，两浙的学术空间弥漫着陆九渊的学说，而朱子的学说却几乎没有立足之地的严峻现实。陈淳将此描述为"大抵世上一派禅学年来颇旺于江浙间，士大夫之有志者多堕其中，而严（陵）尤甚"②。"江西禅学一派，苗脉颇张旺于此山峡之间，指人心为道心，使人终日默坐以想像形气之虚灵知觉者，以为大本，而不复致道问学一段工夫，以求理气之实。"③ 为传播朱子学，陈淳在严陵郡庠讲授朱熹思想，讲学的内容就是《严陵讲义》。他认为，陆学取消道问学的工夫，"指人心为道心，使人终日默坐以想像形气之虚灵知觉者，以为大本"，有严重的阳儒阴释禅学倾向，"不止是窃禅家一二，乃全用禅家意旨，与孔孟殊宗。"④ 他指出，当时的学术界有两种不良倾向：

> 求道过高者，宗师佛学，陵蔑经典，以为明心见性，不必读书，而荡学者于空无之境。立论过卑者，又崇奖汉、唐，比附三代，以为经世济物，不必修德，而陷学者于功利之域。⑤

《严陵讲义》分为《道学体统》《师友渊源》《用功节目》《读书次序》四章，内容是对朱子学的性理体系做提纲挈领的阐述。

在《道学体统》中，陈淳阐述了朱子"道原于天命之奥，而实行乎日用之间"的"一本万殊"的理学思想。他说：

---

① 〔宋〕陈淳：《北溪大全集》卷二十三《与黄寺丞直卿》，第 681 页。
② 〔宋〕陈淳：《北溪大全集》卷二十三《与黄寺丞直卿》，第 681 页。
③ 〔宋〕陈淳：《北溪大全集》卷二十四《答赵司直季仁一》，第 689 页。
④ 〔宋〕陈淳：《北溪大全集》卷二十四《与郑寺丞》二，第 692 页。
⑤ 〔清〕黄宗羲原著、全祖望补修：《宋元学案》卷六十八《北溪学案》，第 2223－2224 页。

　　圣贤所谓道学者，初非有至幽难穷之理，甚高难行之事也，亦不外乎人生日用之常耳。①

无论是对个体而言，内在如心，"则其体有仁义礼智之性，其用有恻隐、羞恶、是非之情"，外在如身，"则其所具有耳目口鼻四支（肢）之用，其所与有君臣、父子、朋友、夫妇、兄弟之伦"；还是对人事而言，"处而修身齐家，应事接物；出而莅官理国，牧民御众；微而起居言动，衣服饮食，大而礼乐刑政，财赋军师，凡千条万绪，莫不各有当然一定不易之则，皆天理自然流行着见，而非人之所强为者。"② 这就是朱熹的体用一原、显微无间的"一本万殊"思想。

　　《师友渊源》的主旨是重申道统学说，阐明儒家圣贤之学的递相授受的传承关系。他强调朱熹承接儒家道统的重要地位，是在伏羲"首阐浑沦"，周敦颐"再辟浑沦"之后，"即其微言遗旨，益精明而莹白之，上以达群圣之心，下以统百家而会于一。盖所谓集诸儒之大成，而嗣周程之嫡统，粹乎洙泗濂洛之渊源者也。"他最后的结论是：

　　学者不欲学圣则已，如学圣人而考论师友渊源，必以是为迷途之指南，庶乎有所取正而不差。苟或舍是而他求，则茫无定准，终不得其门而入矣。既不由是门而入，而曰吾能真有得乎圣人心传之正，万无是理也。③

　　在《用功节目》中，陈淳阐述了朱熹"格物致知"的认识论思想，强调学者须以"格物致知"为先，诚意、正心、修身继其后，要博学、审问、谨

---

　　① 〔宋〕陈淳：《北溪大全集》卷十五《道学体统》，第 614 页。
　　② 〔宋〕陈淳：《北溪大全集》卷十五《道学体统》，第 614 页。
　　③ 〔宋〕陈淳：《北溪大全集》卷十五《师友渊源》，第 616 页。

思、明辨而笃行之。陈淳认为,"圣门用工节目,其大要亦不过曰致知力行而已"。他说:

> 致者,推之而至其极之谓;致其知者,所以明万理于心,而使之无所疑也。力者,勉焉而不敢怠之谓,力其行者,所以复万善于己,而使之无不备也。①

在《读书次第》中,陈淳阐述了朱熹关于"四书"的进学次序,认为,"书所以载道,固不可以不读,而圣贤所以垂训者不一,又自有先后缓急之序,而不容以躐进。"《大学》是"初学入德之门",故需先读,其次是《论语》《孟子》。学者必由是而学焉,则庶乎其不差矣。《大学》"规模广大而本末不遗,节目详明而始终不紊,实群经之纲领,而学者所当最先讲明者也"。《大学》《论》《孟》之既通,然后才可以读《中庸》,因为"不先诸《大学》,则无以提挈纲领,而尽《论》《孟》之精微;不参诸《论》《孟》,则无以发挥蕴奥,而极《中庸》之归趣;若不会其极于《中庸》,则又何以建立天下之大本,而经纶天下之大经哉?"

陈淳的严陵讲学,在当地产生了重大影响。两个月的讲学时间很快就过去了,当地学者一再挽留,希望他能够继续讲学。陈淳在《寓严陵学和邓学录相留韵》一诗中对严陵之行作了一个小结,也寄托了他对当地学者的厚望:

> 道为贤侯讲泮宫,渊源程子及周翁。
> 路开正脉同归极,川障狂澜浪驾空。
> 珍重前廊浑气合,督提后进要心通。
> 圣门相与从容入,矩步规行不用匆。②

---

① 〔宋〕陈淳:《北溪大全集》卷十五《用功节目》,第 616 页。
② 〔宋〕陈淳:《北溪大全集》卷三,第 529 页。

陈淳的严陵讲学，与黄榦在临川、汉阳、安庆等地相呼应，在朱熹逝世后，共同将朱子学发扬光大，在闽学发展史和传播史上意义重大。

3. 训童雅言，性理入门

朱熹是历代儒家学者中最重视童蒙教育的理学家和教育家。他认为，幼儿教育"必使其讲而习之于幼稚之时，使其习与知长，化与心成，而无扞格不胜之患也"①。又说："自其孩幼而教之以孝悌诚敬之实。及其少长，而博之以诗书礼乐之文，皆所以使之即夫一事一物之间，各有以知其义理之所在而致涵养践履之功也。"② 这就是朱熹培根固本、童蒙养正的婴幼儿教育思想，为此，他还编写了《小学》和《训蒙斋规》《童蒙须知》《训蒙绝句》等。

陈淳继承了朱熹童蒙养正的教育思想，并结合其早年在乡村长期从事童蒙教育活动的实践，也编写了诸多这一方面的教材。他认为，"人自婴孩，圣人之质已具，皆可以为尧舜。如其禁之以豫，而养之以正，无交俚谈邪语，日专以格言至论薰聒于前，使盈耳充腹，久焉安习，自与中情融贯，若固有之，则所主定而发不差，何患圣途之不可适乎？"③ 为此，他根据儒家经典，编纂了适合儿童阅读的《启蒙初诵》《训蒙雅言》等诸多教材。而直接促成其编写这些启蒙读物的原因则是，庆元五年（1199），其子三岁，牙牙学语之时，却没有合适的读物，于是就有了《启蒙初诵》《训蒙雅言》的问世。

《启蒙初诵》，篇名为《训童雅言》，全篇四字一句，四句一章，辑录的主要是《易》《书》《诗》《礼》《语》《孟》《孝经》等儒家经典中的语句，但都经过了作者的改编和提炼，如述及孔孟的"仁之四端"：

> 仁义礼智，良能良知，非由外铄，我固有之。
> 天叙有典，天秩有礼，有是四端，犹其四体。
> 孩提之童，可知可能，无不爱亲，无不敬兄。

---

① 〔宋〕朱熹：《朱熹集》卷七十六《题小学》，第 3991 页。
② 〔宋〕朱熹：《朱熹集》卷四十二《答吴晦叔》，第 1970 页。
③ 〔宋〕陈淳：《北溪大全集》卷十六《启蒙初诵》，第 624 页。

维此圣人，先知先觉，从容中道，与天地合。

进退可度，德义可尊，中天下立，作师作君。①

《训童雅言》编成之后，作者又觉得四字一句对幼儿来说语句偏长，又改为三字一句，名为《启蒙初诵》。全文不长，共 19 章，仅 228 字，"盖圣学始终大略见于此矣。"② 原文如下：

天地性	人为贵	无不善	万物备
仁义实	礼智端	圣与我	心同然
性相近	道不远	君子儒	必自反
学为己	明人伦	君臣义	父子亲
夫妇别	男女正	长幼序	朋友信
日孜孜	敏以求	愤忘食	乐忘忧
讷于言	敏于行	言忠信	行笃敬
思无邪	居处恭	执事敬	与人忠
入则孝	出则弟	敬无失	恭有礼
足容重	手容恭	目容端	色容庄
口容止	头容直	气容肃	立容德
视思明	听思聪	色思温	貌思恭
正衣冠	尊瞻视	坐毋箕	立毋跂
恶旨酒	好善言	食无饱	居无安
进以礼	退以义	不声色	不货利
信道笃	执德弘	见不善	如探汤
祖尧舜	宪文武	如周公	学孔子
礼三百	仪三千	温而厉	恭而安

---

① 〔宋〕陈淳：《北溪大全集》卷十六《启蒙初诵》，第 625 页。

② 〔宋〕陈淳：《北溪大全集》卷十六《启蒙初诵》，第 624 页。

存其心　尽其性　终始一　睿作圣[①]

全文以"天地性"开篇，以"存其心，尽其性"结尾，从而将幼儿洒扫应对等外部行为规范，与儒家性理之学、道德伦理的内在修为的培养互为表里，融为一体，对后来启蒙读物的产生起到了重要示范作用，被称为"《三字经》的前驱"[②]。

陈淳的重要著作还有《北溪字义》，是陈淳门人王隽根据陈淳晚年讲学笔记整理而成的理学入门书。

《北溪字义》上下二卷，从《四书》中择取二十六个范畴条目，每拈一字，详论原委始末。卷上为《命》《性》《心》《情》《才》《志》《意》《仁义礼智信》《忠信》《忠恕》《一贯》《诚》《敬》《恭敬》，共十四条目；卷下是《道》《理》《德》《太极》《皇极》《中和》《中庸》《礼乐》《经权》《义利》《鬼神》《佛老》，共十二条目。由于对条目的构成和分卷标准，陈淳或王隽均没有作出说明，这就为后人探讨其用意留下了空间。

如有的学者认为，此书上卷着重论人，下卷着重论理，[③] 也有认为这二十六个范畴中，大部分是主体心性范畴和主体道德修养范畴。即使是客体范畴，不仅指客体或对象自身，而且也包含主体所赋予的各种属性，成为主体化或对象化了的客体。同时，主体范畴也不仅是主体自身，而且往往演化成客体化了的主体。[④]

还有学者认为，该书卷上为内圣之学，卷下为外王之学。卷上又可分为前后两部分：前半部分为心性论，后半部分为道德论或功夫论。卷下实际上可分为三个部分：第一部分为理本论，阐明外王之学的根据，包括道、理、

---

① 〔宋〕陈淳：《北溪大全集》卷十六《启蒙初诵》，第 624—625 页。

② 刘子健：《比〈三字经〉更早的南宋启蒙书》，载《文史》第 21 辑，1983 年。

③ 邱汉生：《宋明理学史》卷上，人民出版社 1984 年版，第 500 页。

④ 张立文：《中国哲学范畴发展史·天道篇》，中国人民大学出版社 1995 年版，第 22 页。

德、太极、皇极；第二部分为教化论，包括中和、中庸、礼乐、经权；第三部分批判异端，包括批判流俗"鬼神"迷信和"佛老"空无之学。①

也有学者认为，对《北溪字义》的认识，不能只是就《北溪字义》理学范畴内容所论所发，还应该关注到这是陈淳讲学时所述内容的讲稿，这是陈淳为学多年的自我总结，所以其书中内容必然与陈淳的为学经历与为学认识有关。陈淳为学是先从"根原"处着手，后"下学上达"，所以在《北溪字义》中陈淳在上下两卷对理学范畴的阐述都是从"根原"处开始，然后再推论到各"根原"处的上达工夫。②

总体而言，陈淳选取朱子理学体系中的重要范畴，以字义研究的方式，结合自身的学习体会深入浅出地诠释朱子学理论的范畴和内涵，是其终身服膺和实践朱熹的"事事理会""下学上达"，从而达到融会贯通的本末一贯之道之后，对朱子学的一个极其重要的贡献。后学视为入道的门户。

此书被视为朱子性理之学的入门书，对明代胡广所编《性理大全》、清戴震《孟子字义疏证》等均产生了一定影响。此书传播海外，特别是日本，对日本的朱子学发展也起到了重要的推动作用。

4. 北溪学派，紫阳别宗

陈淳晚年频繁的讲学活动，吸引了各地，主要是漳、泉、莆田一带的学者如陈沂、杨昭复、王昭、苏思恭、黄必昌、黄以翼、卓琮、梁集、王隽、郑思忱、郑思永、王次传、江与权、叶采、邵甲、王震、张应霆、朱右、郑闻等投身帐下，在闽南培养了一批朱子学者，形成了朱子学的北溪学派。

清全祖望认为，"沧洲诸子，以北溪陈文安公为晚出。其卫师门甚力，多所发明。"③ 四库馆臣评价说："淳于朱门弟子之中，最为笃实，故发为文章，亦多质朴真挚，无所修饰。元王环翁序以为，读其文者，当如布帛菽粟可以

————————

① 张加才：《诠释与建构——陈淳与朱子学》，人民出版社 2004 年版，第 142 页。

② 毛凯：《浅析〈北溪字义〉"根原"范畴所存在的差别》，《魅力中国》2010 年 7 月第 3 期。

③〔清〕黄宗羲原著、全祖望补修：《宋元学案》卷六十八《北溪学案》，第 3219 页。

济平人之饥寒，苟律以古文律度，联篇累牍，风形露状，能切日用乎否云云。是虽矫枉过直之词，要之，儒家实有此一派不能废也。"①

作为朱门四大弟子之一，陈淳学术醇正，造诣精深，无论是阐发师说或义理，均能博采众说，融会贯通，得朱熹之真传。清人李清馥评价说："泉南人文之盛，自紫阳文公倡兴同安，继以白石蔡先生（和），北溪陈先生（淳）宗主文公家法，而士习翕然向风，由是濂洛关闽之书，家弦户诵，号为紫阳别宗。"②

所谓"别宗"，是相对于"正统"而言，由于在朱门中，黄榦一向被视为得朱子之正统，故陈淳一系被视为"别宗"。要之，陈淳与黄榦，作为朱子门人中最杰出的代表，他们从各自不同的角度，对继承、捍卫、深化和弘扬朱子学方面都作出了各自重要的贡献。他们的学术成就，都是朱子学不可或缺的重要组成部分，所谓"正统"与"别宗"，不过只是前人的一家之言而已。

（本文系第四届海峡论坛"朱熹与陈淳"学术研讨会参会论文，收入陈支平主编：《朱熹陈淳研究》，厦门大学出版社 2014 年版）

---

① 〔清〕永瑢等：《四库全书总目》卷一百六十一，第 1386 页。
② 〔清〕李清馥：《闽中理学渊源考》卷二十七，《景印文渊阁四库全书》第 460 册，第 347 页。

真德秀《政经》及其廉政思想的影响

真德秀（1178-1235），字实夫，改字景元、希元，号西山，建宁府浦城县人。庆元五年（1199）进士。历官江东转运副使，知泉州、福州、潭州，礼部侍郎、参知政事等。师事詹体仁，为朱熹再传。学术上，被誉为"西山之望直继晦翁"①。"庆元党禁"后，为朱学的复盛出力尤多。著有《四书集编》《大学衍义》《西山先生真文忠公文集》等。传见《宋史》卷四百三十七。

一、《政经》的内容与版本源流

《政经》一卷，宋真德秀撰。《四库全书总目》著录："采典籍中论政之言列于前，而以行政之迹列于后。题曰'传'以别之，末附当时近事六条，谓之附录。其后载德秀《帅长沙咨呈》，及知泉州军事时《劝谕文》，帅长沙时《劝民间置义仓文》，帅福州《晓谕文》诸篇，盖后人所益。如《心经》之引《读书记》耳。德秀虽自命大儒，断不敢以己之条教题曰经也。按《宋史·道学传》，德秀任湖南安抚使知潭州，以廉、仁、公、勤四字厉僚属，复立惠民仓置社仓。其知福州，戒所部无滥刑横敛，无徇私黩货，盖德秀立朝日浅，其政绩多在居外任时。故留心民瘼，著为此编。其门人王迈序谓先生再守温陵日著《政经》。考德秀再守泉州在理宗绍定五年，盖晚年之作。迈又言赵时棣为法曹，朝夕相与，遂得此《经》实在四方门人之先，而四方门人亦未必

① 〔清〕黄宗羲原著、全祖望补修：《宋元学案》卷八十一《西山真氏学案》，第2695页。

尽见之。《书录解题》载《心经》而不及此书，岂《心经》行世早而此书晚出欤？抑或德秀名重好事者依托之也？真伪既不可诘，而其言能不悖于儒者，故姑与《心经》并存焉。"①

四库馆臣所言，可分为三个层次。一是阐述《政经》的内容，认为此书是由前后两部分组成。前半部分为采集儒家典籍中有关治政的言论，后半部分则辑录前人有关国家和社会治理的史实，而以"传"字作为前后区分。其后附以当时发生的六则治政事例，作为附录。附录之后则载真德秀《帅长沙咨呈》、知泉州军事时《劝谕文》、帅长沙时《劝民间置义仓文》、帅福州《晓谕文》等。这些篇章，为后人所增。二是此书名。馆臣认为真德秀虽自命大儒，断不敢将己之条教题名为"经"，因此此书有可能是"好事者依托"。三是尽管此书真伪之不可辨，但此书的言论并不违背儒学大义，所以，将此书姑且"与《心经》并存焉"。对馆臣这三点看法，有所争议的，主要在第二点上。其一，说真德秀"断不敢以之条教题曰经"，似是而非。根据现有资料推断，此书真德秀在世时，只编了正文前后两个部分，其主体部分来自先贤的儒学典籍。名之为"经"，并无不妥。其二，说此书可能是"好事者依托"，更没有道理。在《政经》卷首有真德秀门人王迈序称：

> 今所谓《政经》者，乃先生再守温陵时所著。迈时分教睢邸，乡友赵时棣宗华为法曹，朝夕相与、亲炙琴瑟、书册之侧，遂得此经，实在四方门人之先，而四方门人亦未必尽见之。宗华令大庾，锓梓县斋，以一帙见畀，序于帙端。迈窃谓天下之书多矣，然有之无所补，无之靡所缺者亦多。先生所著之书，凿凿乎桑麻谷粟之不可缺者也。惟《心经》所以为开天理、迪民彝之大本，惟《政经》所以为续天命、救民穷之实用。《心经》可以接伊、洛之正传，衍朱、张之遗学。②

----

① 〔清〕永瑢等：《四库全书总目》卷九十二，第786页。

② 〔宋〕王迈：《真文忠公政经序》，《中华再造善本·真文忠公政经》卷首，北京图书馆出版社2006年版，叶1A—B。

"睢邸"为南外睦宗院，原在睢水之滨（地处河南开封），故曰"睢邸"，南宋时已移司泉州，故王迈与赵时棣能与其师"朝夕相与，亲炙琴瑟、书册之侧"。

王迈（1184－1248），字实之，一作贯之，自号臞轩居士。仙游人。嘉定十年（1217）进士，历任南外睦宗院教授、漳州通判等职。淳祐中，知邵武军。著作有《臞轩集》十六卷，今存《四库全书》本。传载《宋史》卷四百二十三、乾隆《福建通志》卷三十二等。端平元年（1234），王迈在泉州南外睦宗院编辑并刻印其师真德秀《真西山集》二十卷。

赵时棣，字宗华，莆田人，嘉定十三年（1220）进士。历官泉州法曹（司法官员）时，适逢著名学者真德秀官泉州知州，因而成为真氏门人。淳祐二年（1242），赵时棣官大庾（治所在今江西省大余县）知县时，将其师所著《政经》一卷、《心经》一卷合刊，时真德秀已逝世七年。

陆心源《仪顾堂题跋》卷六有《宋槧〈政经〉跋》："《真文忠公政经》一卷，宋真德秀撰，宋刊本。每叶二十行，每行十八字，版心有刊工姓名，前有淳祐二年（1242）王迈序。《宋史艺文志》《文献通考》《书录解题》皆无其书，明《文渊阁书目》始著于录。案，是书为西山守泉州日所著，门人赵时棣宗华为大庾令梓于县斋。"①

宋淳祐二年（1242）赵时棣大庾县斋刊本《心经》一卷、《政经》一卷，今海峡两岸均有存本。2006 年北京图书馆出版社曾以国家图书馆所存宋刊本为底本，收入《中华再造善本》唐宋编中。《政经》宋刻本的原名为《真文忠公政经》。行格均为每半叶十行十八字。

明清时期，《政经》屡经后人手抄、重刻，前后有二十多种版本行世。其中，既有手抄本，也有单刊本或丛书本等。此书流传到海外，在日本、朝鲜半岛也有不少翻刻本行世。其中流行最广的，应是以现代影印技术推行的影

① 〔清〕陆心源：《仪顾堂题跋》卷六，《续修四库全书》史部第 930 册，第 74 页。

印《四库全书》本。

二、《政经》"四事箴"及其影响

通过前面的介绍，我们知道，在《政经》中，真德秀本人所著是作为附录出现的。按照通常的思维，一本书的主体部分是主要的，附录是次要的。但是，如果这样来看待《政经》，那就大错特错了。为什么？因为，此书最出彩的部分，也是最为后人所津津乐道的，恰恰就在附录的"四事箴"！

所谓四事箴，即廉、仁、公、勤四事箴，是真德秀在各地任地方官时，身体力行并积极向同僚和下属谆谆告诫、广泛推行的从政纲领，最早来源于他任潭州知州兼湖南安抚使时。这四个字，后经他的学生王迈的进一步阐述，扩展为十六字："律己以廉，抚民以仁，存心以公，涖事以勤。"朱子门人莆田陈宓（字师复，号复斋）对此四事箴高度赞赏，为此挥毫书写大字，揭之于壁；真德秀为此写了一道跋文，说：

> 余在星沙，以廉、仁、公、勤四事勉僚属，王实之作此箴遗予，尝揭之幕府之壁，与同僚共警焉。今复斋陈公师复又为大书此本，实之之箴，明厉峻切，读者已知悚畏，复斋之字，森严清劲，见者便如端人正士之在前，尤当凛然兴敬也。①

此后，真德秀又将此通俗易懂的四事箴讲解给他在长沙的下属们知晓，原文收入真氏《政经》一书的附录中。原文为：

> 某愿与同僚各以四事自勉，而为民去其十害。何谓四事？曰律己以廉：凡名士大夫者，万分廉洁，止（只）是小善；一点贪污，便为大恶。不廉之吏，如蒙不洁，虽有他美，莫能自赎，故此以为四事之首。

---

① 〔宋〕真德秀：《西山文集》卷三十四《跋陈复斋为王实之书四事箴》，《景印文渊阁四库全书》第 1174 册，第 533 页。

抚民以仁：为政者当体天地生万物之心，与父母保赤子之心，有一毫之惨刻，非仁也，有一毫之忿疾，非仁也。

存心以公：《传》曰公生明，私意一萌，则是非易位，欲事之当，理不可得也。

为事以勤是也：当官者一日不勤，下必有受其弊者。古之圣贤犹且日昃不食，坐以待旦，况其余乎？今之世有勤于吏事者，反以鄙俗目之，而诗酒游宴则谓之风流娴雅，此政之所以多疵，民之所以受害也，不可不戒。①

绍定五年（1232），真德秀再知泉州之时，作《再守泉州劝谕文》《泉州劝孝文》《谕州县官属》（见文集卷四十）。其中，《谕州县官属》在《政经》中题为《谕州县官僚》，文末最后一段为：

廉、仁、公、勤四者，乃为政之纲领。而崇风教、清狱犴、平赋税、禁苛扰，乃其条目。当职于此，不敢不勉，亦愿诸县知佐以前四事，及今四条揭之座右，务在力行，勿为文具。其逐县公吏，有犯上项约束，致招民词，当择其尤者惩治一二。外余并许之自新，人户亦不必论愬。自今约束下日为始，少有分毫违背，断不兼容，黥流断刺，必无轻恕。帖诸县知、佐，石井监镇，知委井榜本州及七县市曹晓示。②

真德秀的"四事箴"，在当时社会已引起了不小的反响。与真德秀在学术上齐名的魏了翁对此有一评价："西山所书'廉仁公勤说'，可以想见其谨独畏知功夫。今安得斯人邪？跋语足以翊诂训而觉世迷。本无可议，第熟观来书春谷之谕，方谓春贯四时，仁包四端云云，今乃以仁字与廉、公、勤三字

① 〔宋〕真德秀：《西山帅长沙咨目呈两通判及职曹官》，《西山真文忠公政经》，《中华再造善本》唐宋编，叶23A—B。

② 〔宋〕真德秀：《宋真文忠公政经》，《中华再造善本》唐宋编，叶48A。

等而为四，此已是纲领上有病，且断之曰'廉则不受欺，仁则不忍欺，公与勤则无任欺，无敢欺'。据某愚见，识得仁字分晓，则廉、公、勤在其中，安有仁人而不廉、不公、不勤者乎？况如来教，四'欺'字上一言，如'受'如'忍'之类，皆未甚精密，更惟思之。"① 一方面，魏了翁对真德秀"律己以廉"的谨独畏知功夫高度赞赏，另一方面，又认为以"仁字与廉、公、勤三字等而为四"，这是在"纲领上有病"，认为这与先儒的"仁包四端"之说不合。

魏了翁（1178－1237），字华父，号鹤山，四川蒲江人。后人对他的评价，往往与真德秀相提并论，"为鸟之双翼，车之双轮，不独举也。"② 但恰恰就是这位与真德秀关系密切的魏了翁，却对他的"四事箴"提出了质疑，认为"仁字与廉、公、勤三字等而为四"是纲领上有病。"病"在以先圣先贤的"仁包四端"之说裁度，"仁字分晓，则廉、公、勤"应已在其中。换句话来说，廉、公、勤怎么能和仁并列，且"等而为四"？在此，魏了翁似乎忘记了，朱子的"仁包四德"，包的是仁义礼智这四德。

"四端"之说，来源于《孟子·公孙丑上》："恻隐之心，仁之端也；羞恶之心，义之端也；辞让之心，礼之端也；是非之心，智之端也。"孟子认为恻隐、羞恶、辞让、是非四种情感是仁义礼智的萌芽，仁义礼智发端于这四种情感，故称四端。从魏了翁的上下文来看，他所说的"仁包四端"，其实说的应是朱熹的"仁包四德"。朱子说：

> 孟子论"四端"自首章至"孺子入井"，皆只是发明不忍之心一端而已，初无义、礼、智之心也。至其下文，乃云"无四者之心非人也"。此可见不忍之心足以包夫四端矣。盖仁包四德，故其用亦如此。前说之失，但不曾分得体用。③

---

① 〔宋〕魏了翁：《鹤山集》卷三十七《宁国赵书记》，《四部丛刊》本，叶 13A－B。
② 〔清〕黄宗羲原著、全祖望补修：《宋元学案》卷八十一《西山真氏学案》，第 2696 页。
③ 〔宋〕朱熹：《晦庵先生朱文公文集》卷三十二《答张钦夫论仁说》，《朱子全书》第 21 册，第 1409 页。

　　盖仁、义、礼、智四者，仁足以包之。①

　　四德之元，专言之则全体生生之理也，故足以包四者；偏言之则指万物发生之端而已，故止于一事。②

　　所以，朱熹的"仁包四德"，仁字有两种涵义。一是仁包四德之"仁"，为形而上的本体之仁，即朱熹所说的"专言之"；二是被形上本体之仁所统摄的"仁义礼智"四德，即与义礼智并举的"仁"，即朱熹所说的"偏言之"。此第二义的"仁"是可以与廉、公、勤"等而为四"的。这在朱熹的著作中，也可以找出许多例证。

　　比如，朱熹说仁与公："公不可谓之仁，但公而无私便是仁。"③"或问仁与公之别。曰'仁在内，公在外'。又曰'惟仁然后能公'。又曰'仁是本有之理，公是克己工夫极至处。故惟仁，然后能公'。"④"仁是爱底道理，公是仁底道理。故公则仁，仁则爱。"⑤

　　说公与廉、公与勤，礼义与廉耻，等等。"大抵守官，只要律己公廉，执事勤谨，昼夜孜孜，如临渊谷，便自无他患害。"⑥"所谓廉者，为是分得那义利去处。"⑦"人须是有廉耻。孟子曰：'耻之于人大矣！'耻便是羞恶之心。人有耻，则能有所不为。今有一样人不能安贫，其气销屈，以至立脚不住，不知廉耻，亦何所不至！"⑧

　　公、廉、勤、谨（公平公正，廉政勤政，谦恭谨慎），此即朱熹制定的为

<hr>

①〔宋〕黎靖德编：《朱子语类》卷六，第114页。

②〔宋〕朱熹：《晦庵先生朱文公文集》卷三十九《答范伯崇》，《朱子全书》第22册，第1775页。

③〔宋〕黎靖德编：《朱子语类》卷六，第117页。

④〔宋〕黎靖德编：《朱子语类》卷六，第116页。

⑤〔宋〕黎靖德编：《朱子语类》卷六，第116页。

⑥〔宋〕朱熹：《晦庵先生朱文公文集》卷六十四《答吴尉》，《朱子全书》第23册，第3118页。

⑦〔宋〕黎靖德编：《朱子语类》卷四十七，第1188页。

⑧〔宋〕黎靖德编：《晦庵先生朱文公文集》卷十三，第241页。

官基本守则。其中的"廉"字，他认为是对士人最基本的要求。他说："士人先要识个廉退之节。礼义廉耻，是谓四维。若寡廉鲜耻，虽能文要何用！"①

在给弟子传授为宦之道时，朱熹强调"当官廉谨，是吾辈本分事。……（故须）事上以礼，接物以诚，临民以宽，御吏以法"②。为"仕宦只是廉勤自守，进退迟速自有时节，切不可起妄念也"③。他还说："官无大小，凡事只是一个公。若公时，做得来也精采。便若小官，人也望风畏服。若不公，便是宰相，做来做去，也只得个没下梢。"④ 真德秀的"律己以廉、抚民以仁、存心以公、为事以勤"四事箴，就来源于朱子的这些思想。

大体来说，仁、义、礼、智是一种普遍性的道德要求，针对的是普天之下每一行为个体，而廉、仁、公、勤，则是对从政者这一特殊群体的基本要求。正如明张悦在《政训后序》中所说："夫所谓政者，非徒事乎法度禁令而已，要在夫推吾心之所以正者，以正人心也。"⑤ 而表现在治政领域，衡量"吾心"是否"正"，以民为本，仁民爱物、廉政、勤政，公平公正公开等等，是其中最重要的标尺。所以，也可以说，真德秀的"四事箴"是对朱子"四德说"在治政领域的深入和具体化。

三、《政经》与"四事箴"在后世的流传

《政书》问世后，即被各种书籍所摘抄、转载。其中转载率最高的是"真文忠公四事箴"。大体而言，有以下三种类型。

1. 经历代著名学者的宣传

如宋刘克庄《后村大全集》、元胡炳文《云峰集》、明宋濂《文宪集》、黄

① 〔宋〕黎靖德编：《晦庵先生朱子语类》卷一百六，第 2646 页。

② 〔宋〕朱熹：《晦庵先生朱文公文集》卷三十九《答范伯崇》，《朱子全书》第 22 册，第 1784 页。

③ 〔宋〕朱熹：《晦庵先生朱文公文集》卷六十四《答吴尉》，《朱子全书》第 23 册，第 3118 页。

④ 〔宋〕黎靖德编：《朱子语类》卷一百一十二，第 2735 页。

⑤ 〔明〕张悦：《政训后序》，《四库全书存目丛书》子部第 121 册，第 730 页。

佐撰《泰泉乡礼》和清宫梦仁《读书纪数略》等诸多典籍的宣传，而广泛为世人所知。其中，勉励赴任官员要认真效法真德秀的《政书》"四事箴"，践履斯言，是其中最主要的内容。如元胡炳文《送知州范朝列序》，文中提到，"昔西山真氏以廉、仁、公、勤四字为官箴，世道不古，吏习益偷，能践斯言几何人哉？乃今于太守范公子诚见之。公初以真定儒选，历仕守台之黄岩，毁淫祠，摧豪富，恤孤穷。政声甲江左。……今官无长贰，咸钦其能，得齐氓之心者，莫谐巨室之意。今民无富贫，咸德其惠，考绩三载者，或无可书。今六、七十日间，而五万人家已蔼然有春意，凡此皆廉、仁、公、勤之效也。"①

明林文俊《送郑君日进守嘉兴序》："真文忠公再守温陵，甚有美政，其始终自励及以勉其僚属，不过廉、仁、公、勤四者而已。公去温陵十四五年，及其再至，老稚填聚欢迎如见父母，盖圣贤之泽入民之深，又非汉唐以来循吏所及也。"为此，他劝试说："日进之为郡也，倘不以公为师，则亦何以言语慕公为哉？"②

2. 地方志的表彰

如《湖广通志》卷二十五《祀典志》："真西山祠，在大西门内。宋嘉定中，真德秀出知潭州，以廉、仁、公、勤谕属，以周、胡、朱、张之学训士。后人建祠祀之。"③此外，《泉州府志》《史传三编》等均有相应的内容。

3. 被收入当时传播速度最快，读者面最广的类书

如晚宋王应麟编纂的《小学绀珠》（卷八）、叶某纂《爱日斋丛钞》（卷四），明彭大翼《山堂肆考》（卷六八）、明代建本类书《居家必用事类全集》（丙集）等书之中。其中，尤以《爱日斋丛钞》所载为详，其中的文字，与现

---

① 〔元〕胡炳文：《云峰集》卷三《送知州范朝列序》，《景印文渊阁四库全书》第1199册，第766页。

② 〔明〕林文俊：《方斋存稿》卷五《送郑君日进守嘉兴序》，《景印文渊阁四库全书》第1271册，第767页。

③ 〔清〕迈柱、夏力恕等：《湖广通志》卷二十五《祀典志》，《景印文渊阁四库全书》第532册，第61页。

存宋本《政经》略有小异，可起到互校的作用。移录于次：

> 真希元参政帅长沙，以廉、仁、公、勤四言勉僚吏。晚再守泉南，又绎四者之义加详，王宣之迈以南外宗教为之箴：
>
> 律己以廉，曰惟士之廉，犹女之洁。苟一毫之点污，为终身之玷缺。毋谓暗室，昭昭四知；汝不自爱，心之神明，其可欺？黄金五六驼，胡椒八百斛，生不足以为荣，千载之后有余戮。彼美君子，一鹤一琴，望之凛然，清风古今。
>
> 抚民以仁，曰古者于民，饥渴犹己。心诚求之，如保赤子。于戏，入室笑语，饮酏啖肥，出行敲朴，曾痛痒之。不知人心不仁，一至于斯，淑问之泽，百世犹祀。酷吏之后，今其余几，谁甘小人，而不为君子？
>
> 存心以公，曰厚姻娅，近小人，尹氏所以不平于秉钧；开诚心，布公道，武侯所以独优于王佐。故曰本心日月，利欲食之，大道康庄，偏见窒之。听信偏，则枉直而惠奸，喜怒偏，则赏僭而刑滥。惟公生明，偏则伤暗。
>
> 莅事以勤，曰尔服之华，尔馔之丰，凡缕丝而颗粟，皆民力乎尔。供仕焉而旷，厥官食焉而怠，其事稍有人心，胡不自愧？昔者君子，靡素其飱，炎汗浃背，日不辞艰，警枕计功，夜不遑安。谁为我师，一范一韩。初，真公有言，廉者士之美节，士之不廉，犹女之不洁，不洁之女，虽功容绝人，不足自赎。不廉之士，纵有他美，何足道哉！又谓况为命吏所受者，朝廷之爵位，所享者，下民之膏脂。一或不勤，则职业隳弛，岂不上辜朝寄，而下负民望乎？实之概用公文告之词，及得于游从者，以成四箴。①

---

① 〔宋〕叶□：《爱日斋丛钞》卷四，《景印文渊阁四库全书》第 854 册，第 677—678 页。

明莆田彭昭编纂《西山政训》，将真德秀"帅湖南，守温陵，于寮属吏民"[1] 谕教之文汇为一编，与《朱文公政训》并行于世。明汀州杨昱撰《牧鉴》，亦仿真德秀《政经》"以经史百家之言有关政治者裒辑成帙"[2]。

即使在当代，此四事箴在领导干部廉政建设和公务员职业道德建设中，也是被人们引用频率最高，警醒世人的至理名言。尤其是真德秀解释"律己以廉"四字时所说的"万分廉洁，只是小善；一点贪污，便为大恶"，可谓振聋发聩，对当今的反腐倡廉建设，具有重要价值，此即优秀的传统文化所独具的穿越时空的现代意义和借鉴价值。

（本文载《朱子文化》2019 年第 1 期）

---

[1] 〔明〕彭昭：《政训前序》，《四库全书存目丛书》子部第 121 册，第 700 页。
[2] 〔清〕永瑢等：《四库全书总目》卷一百三十一，第 1120 页。

元代名儒熊禾

　　熊禾（1247－1312），字去非，号勿轩。入元后，改号退斋。他是元代福建朱子学的主要代表人物，建阳熊氏入闽始祖唐代熊秘的十七世孙。自幼聪敏颖悟，有志于濂、洛、关、闽之学，遂师从朱熹弟子辅广的门人刘敬堂。南宋咸淳十年（1274）举进士，曾被命为汀州司户参军。熊禾一生六十五年，可分为前后两个时期。前期三十年生活于南宋末，后期三十五年生活于元初。故在有的书上，也称他为宋末理学家。实际上，以熊禾成名于元代，以及他的创建书院广招弟子、著书立说传播理学等一系列活动均在后期而论，比较准确地说，熊禾应为元初理学家。

熊禾像，选自《潭阳熊氏宗谱》卷首

　　建阳历史上有"七贤过化之乡"的美称，熊禾位七贤之列。其余六贤，分别为朱熹、游酢、黄榦、蔡元定、刘爚和蔡沈。除游酢为北宋名儒外，其余四贤均为南宋理学家朱熹的高弟，得朱子亲炙而成名贤。唯有熊禾，以宋末元初理学中心已逐渐北移之后，仍以个人的勤奋和不懈追求，以及在理学研究中所取得较高成就而跻身名贤之列，尤为难能可贵。熊禾之"贤"，主要体现在以下几个方面。

一、具有崇高的民族气节

南宋景炎元年（1276）十一月，元军挥师南下，占领福建，攻克建宁府、邵武军。这一年，熊禾三十岁，距其中进士不过两年而已。对此，前人叹曰：先生"宋度宗咸淳十年甲戌登第，授宁武州参军，而值宋亡，故不及大用，先生之才不阐，道不行于世，惜哉！"① 故在这一年，熊禾改号"退斋"，以明其从此退隐山林，誓不仕元的心志。

至元年间（1279—1294），元朝当局闻熊禾之名，曾多次辟请其到州府中任职，熊禾均以身体不适为由拒绝招聘。此后在元朝生活的三十五年中，熊禾始终批元褒宋，特别是不遗余力地表彰以朱熹为首的一大批宋儒，并自称"宋之义士，元之顽民"②，体现了崇高的民族气节。

至元二十二年（1285），南宋抗元英雄、爱国遗民、诗人谢枋得（1226—1289）抗元兵败后，从江西流亡到福建，避地至建阳，闻熊禾之名，专程到熊禾武夷洪源书堂拜访。二人相见恨晚，"共诉宋亡之恨，因相与抱持而哭。既而曰：'今天下皆贼也，所不为贼者，惟足下与我耳'！"二人道义相合，相与研讨朱熹的性理之学。二人相聚，长达数月而不忍遽别。时已年届六旬的谢枋得，与年仅三十八岁的熊禾成了莫逆之交。

二、在学术上阐明了朱子学的历史作用和地位，为朱子学成为中国封建社会后期的官方哲学奠定了基础

南宋宝庆二年（1226），刘克庄任建阳知县时，在考亭书院内始创"朱文公祠"。在文公祠落成的《祝文》中，他宣称"巍巍文公，宋之夫子，翼翼考

---

① 〔明〕冯继科等：嘉靖《建阳县志》卷六《勿轩熊先生传》，《天一阁藏明代方志选刊》本，上海古籍书店 1962 年版，叶 109A。据〔清〕陆心源：《宋史翼》卷三十四《熊禾传》"宁武州参军"作"汀州司户参军"，中华书局 1991 年版，第 369 页。

② 此言最早见于高令印、陈其芳：《福建朱子学》，文中未注出处，福建人民出版社 1986 年版，第 179 页。

亭，建之阙里"①。首次把朱熹比作南宋的孔夫子，把建阳考亭书院与孔子的故乡山东曲阜阙里街相提并论。刘克庄的这一提法，为历史上逐渐形成的"北孔南朱"之说奠定了基础。但刘克庄只是一位著名的诗人，在理学上成就不高，能够在学术思想上阐明朱子学的历史地位，进而为此后历代封建统治者所接受者，则非熊禾莫属。

熊禾竭力推崇朱熹，认为朱子即当代的孔夫子，是孔子之后的第一人。在其著述中，曾在各种可能的场合反复阐明这一观点。他说："朱文公，百世之师，即今夫子；徽国公千年之墓视昔孔林。公之文，如日丽天；公之神，如水行地。"② 他在所撰《考亭书院记》中开篇即言："周东迁而夫子出，宋南渡而文公生。世运升降之会，天必拟大圣大贤以当之者，三纲五常之道所寄也。……微夫子六经，则五帝三王之道不传；微文公四书，则夫子之道不著，人心无所主，利欲持世，庸有极乎?"③ 此文首联一句骈语，破空而来，旗帜鲜明地提出了作者的观点，即生于南宋的朱熹应与出于东周的孔子居于同等的崇高地位。接着便提出了所以会有这种观点的理由。因为朱熹的学术思想是维护封建社会"三纲五常之道"的；他和孔子一样是产生于社会动荡时期的"大圣大贤"；他的思想与孔子一样，关系到"世运升降"和国家兴衰。曾有人请元代的著名学者抚州崇仁的吴澄，希望他也为考亭书院写一篇记，吴澄找来了熊禾的记文，仅读完开篇这几句，就连连惊呼："江南有人矣，予不敢复赘!"就此搁笔。

原为朱熹创建的武夷书院在元代重修落成时，也请熊禾作文以纪念之。他开篇写道："宇宙间三十六名山，地未有如武夷之胜；孔孟后千五百余载，道未有如文公之尊。"④ 此联流传至今，成为武夷书院的第一名联。

---

① 〔宋〕刘克庄：《后村先生大全集》卷一百三十五《文公丙戌春祀祝文》，《宋集珍本丛刊》第 82 册，线装书局 2004 年版，第 369 页。

② 〔元〕熊禾：《勿轩集》卷四《重建文公神道门疏》，《景印文渊阁四库全书》第 1188 册，第 802 页。

③ 〔元〕熊禾：《勿轩集》卷二《考亭书院记》，第 777 页。

④ 〔元〕熊禾：《勿轩集》卷四《重修武夷书院疏》，第 800 页。

三、继承了朱熹书院讲学的传统，是朱熹学派在元代最重要的
理学家和教育家

至元十九年（1282），熊禾从建阳来到武夷山，在武夷五曲晚对峰建洪源
书堂，在此读书、著述和讲学，前后达 12 年之久。其时，从各地前来从学的
门人众多，"远近翕然宗之"（董天工《武夷山志》卷十六）。熊禾自述其盛
况："隐屏之下，曲溪之滨，岁岁作赠语，饯友朋。散在郡邑，盖不少矣。"①
元史药房《送熊退斋归武夷序》称："君家近武夷，自其幼时，往来文公精
舍，已慨然有求道之志。……居无何，适丁世变之会，物换星移，无所售其
初意，乃束书入山中，筑洪源书堂于五曲晚对峰之左，与朋友讲习旧业。其
徒数十人，粝食涧饮于寂寞之滨，大肆其力于六经，日以周公、孔子之说相
磨砻。于文公诸书是信是行，如《易》《诗》《书》《春秋》皆为之集疏，复为
《〈四书〉〈小学〉集疏》，以羽翼之，释回增美之功极矣。"② 故熊禾的洪源书
堂虽名为书堂，而实为书院，是其传播朱子理学和培养理学人才的教育基地。

至元二十六年（1289），徽州婺源学者胡一桂（庭芳）来武夷拜访熊禾，
携来其父胡方平的《易学启蒙通释》，与熊禾在武夷、建阳云谷等处讲学。熊
禾则将胡方平的著作刻印于武夷洪源书堂。通过讲学，胡一桂深感自己的学
问不如熊禾，从此开始从学于熊禾，前后时间陆续长达 17 年。胡一桂的父亲
胡方平本是董梦程的弟子，董梦程是黄榦弟子；而熊禾之学则源于辅广，出
于黄榦；黄榦则是朱熹高弟和女婿。因此，胡一桂之从学熊禾，可视为是元
代建阳、鄱阳两系的理学家在学术上的交流与融合，而通过这种交流与融合，
又进一步扩大了朱子学的影响。

晚年，熊禾回到了建阳梓里，修复了其祖上遗留的鳌峰书院，在此继续
讲授朱子理学。从学门人，安徽、江西一带远道而来者有之。大德九年

① 〔元〕熊禾：《勿轩集》卷一《送詹君履学正序》，第 773 页。
② 〔清〕董天工：《武夷山志》卷十一，清道光九年（1829）五夫尺木轩刊本，叶
34A－B。

（1305），胡一桂携带弟子董真卿来访，命其从学于熊禾。董真卿后来成为一位知名学者，著有《周易会通》一书。

在鳌峰讲学期间，熊禾曾应朱熹玄孙朱春等人之请，先后在考亭书院和武夷精舍任教，主讲朱熹的《大学章句》。其著名的《考亭书院记》一文即撰写于考亭讲学之时。

熊禾在入元后，绝不仕元，但为了维系儒学的道脉，为了朱子理学的传播，他与建宁路通判四川人氏毋逢辰成了关系十分密切的好朋友。其原因也在于毋逢辰是一位思想上崇尚理学的官员，受熊禾的影响，曾先后修复了宋末毁于战火中的闽中七所书院，被熊禾称为"其仕闽以化为政，道南七书院皆其再造也"①。其中，就有朱熹的武夷精舍和考亭书院，即便是远在云谷山中的晦庵草堂，"亦为之起废"，即为之重修。此外，还有顺昌的双峰书院，也是毋逢辰为之修葺一新。他还将考亭书院原有学田 90 余亩增至 500 多亩，此举得到熊禾的高度赞赏，在为其所撰《重建武夷精舍疏》中，称他为"以蜀西之珍，负道南之望"。

四、以朱子学说阐释儒家经典，著述宏富

以理学思想来重新诠释和整理儒家经典，是朱子理学思想体系得以成功建立的关键，熊禾对此有相当清醒的认识。他说："秦汉以下天下所以无善治者，儒者无正学也；儒者所以无正学者，六经无完书也。六经无完书，则学不可得而讲矣；儒者无正学，则道不可得而明矣。"② 又说："道之兴废，莫大于文献。……六经、四子，与夫十七史等幸赖伊洛、考亭诸大儒参互讨论已一，当吾世不亟刊定，何以质往圣不谬、启百世以后来哲不惑？"③

正因为熊禾充分认识到儒家经典文献对社会治乱的重要作用，故他在武

---

① 〔元〕熊禾：《考亭书院记》，嘉靖《建阳县志》卷六，《天一阁藏明代方志选刊》，叶 31A。

② 〔元〕熊禾：《勿轩集》卷一《送胡庭芳后序》，第 771 页。

③ 〔元〕熊禾：《勿轩集》卷三《闲乐堂记》，第 792 页。

夷、鳌峰讲学时，尤其注重著书立说，用朱熹的理学思想来阐释儒家经典。史载，熊禾著述极为丰富，"所解自《易》《诗》《书》《春秋》《孝经》《四书》《小学》外，其他农、礼、兵、刑皆有撰述。感世俗葬祭者多为异端所蛊，正以圣道，勒成一帙解其惑。晚年更修《三礼通解》，未及脱稿而卒。"① 熊禾的著作今存《勿轩集》八卷、《易学图传》二卷、《勿轩易学启蒙图传通义》七卷等。

对熊禾的理学成就，与他同时代的大儒许衡认为，熊勿轩"先生生文公考亭阙里，虽未及门受业，其真才实学、著书立言，实有功于文公也"②。

（本文载《朱子文化》（创刊号）2006 年第 1 期）

---

① 〔清〕陆心源：《宋史翼》卷三十四《熊禾传》，第 369 页。

② 〔元〕许衡：《熊勿轩先生文集序》，《熊勿轩先生文集》卷首，《丛书集成初编》第2407 册，第 1 页。

在武夷山阐扬朱子学的元代名儒陈普

陈普是与元代福建名儒熊禾（1247－1312，字去非，号勿轩）齐名的福建理学家。清何瀚《武夷山志序》说："崇（安）为宋名贤大儒钟灵之处，历代讲学传道于九曲中者，绵绵绳绳，……迄朱文公开紫阳书院，四方向道者云集，诸贤儒相继星拱，……终宋之世，诸名贤之行藏出处，皆名山所托重者也！后乎宋者，元则有杜清碧于平川结思学斋、怀友轩，授徒讲学，名闻朝野。时有陈霍童居武夷修明朱子之学，从游者数百人，称石堂先生。"① 其中，杜清碧指的元代隐居在武夷山的杜本（1276－1350，字伯原，号清碧，江西清江人，寓居武夷，元代文学家）；而"居武夷修明朱子之学""称石堂先生"的"陈霍童"，即陈普。比较而言，杜本的成就主要侧重在文学上，在理学方面，几无著作传世，而陈普的成就则主要在理学上，故二者不具有可比性。在福建理学发展史上，杜本可略而不提，而陈普则不容忽视。

陈普（1244－1315），字尚德，号惧斋，又号石堂，福建宁德人。宁德有"天下第一洞天"之誉的霍童山，故又称"陈霍童"。陈普师承韩翼甫（恂斋），韩是朱熹高弟辅广的学生。入元后，陈普成了朱熹学派在元朝福建最重要的代表人物。他在元朝生活了四十六年，元朝政府曾三次请他出山做官，他坚拒不受，并在讲学的书院中高悬"志不仕元"的横匾以明志，坚守民族气节，为后人所传颂。陈普三次拒绝元朝政府的任命，即使是官学教授这样

---

① 〔清〕董天工：《武夷山志》卷首，清道光九年（1829）五夫尺木轩刻本，叶 1B－2A。

的职务也予以回绝，但却十分乐意在各地私立书院中担任教职。他最早曾应建阳刘熙（纯父）之聘在刘氏云庄书院任教，后又应熊禾之邀在建阳鳌峰书院担任教职。在此期间，他还在武夷精舍、考亭书院等著名书院为诸生讲明朱子理学。之后，又赴江西德兴，在初庵书院执教。晚年在莆田各大书院讲学十八年，每年登门求教的弟子多达数百人。

陈普在建阳、武夷讲学，能以通俗易懂的语言讲说朱子理学，在普及与传播朱子学方面有重大贡献。如对朱子学的历史功绩，他以描述武夷美景为喻说：

> 虹桥一断几千龄，亲手文公再造成。
>
> 何事游人尚迷路？乱寻无楫渡船撑。

下有小注云"首句言道丧千载，二句言文公续之，末言百家昧之"[①]。一首七言绝句，把朱子继绝续断、继往开来的历史功绩，以及世人对此仍然迷茫且表示不可理解之意，表述得十分明白。

再如"太极理"，是朱子学的一个难点。太极和理是什么关系？太极和无极又是什么关系？这在朱子理学思想体系中，是一个不容易把握的重点，也是一个难点，陈普用几句话就把这些深奥的道理阐释得明白无误。他说：

> 太极，道也。以其无形之可见，无声之可闻，故谓之无极。周敦颐先生怕人将太极为块气看，故以太极之妙示人，加此二字于太极之上，不过谓其无而实有，有而复无形声之可闻，故曰"无极而太极"。太极本无极，盖文理当然，非太极之上又别有一个无极也。太极即道也，可以心见，而不可以目见，可以心闻，而不可以耳闻，故谓无极。[②]

---

① 〔元〕陈普：《石堂先生遗集》卷十八《武夷一曲》，《续修四库全书》集部第 1321 册，第 540 页。

② 〔元〕陈普：《石堂先生遗集》卷九《无极》，第 415 页。

这段话的大意是，所谓太极理，太极就是"理"，是形而上的"道"，因其看不见（无形），听不见（无声），故又称"无极"。周敦颐为了使学者不要把太极误以为是某一种具体的物体（块气），故以无极来解释太极，以此来解说太极说其"无""而实有"，说其"有""而复无"（无形声之可闻）的特性。所以，太极就是形而上的道，眼睛看不见，可以用"心"来见，耳朵听不见，可以用"心"来听，所以又称为"无极"。这与其在《答谢子祥无极太极书》中所说"无极太极，只是一个，非有二也。有物必有则，有形必有性；则各有所至，性各有所极"① 是完全吻合的。

又如，孔孟传统儒学讲"仁"讲"礼"，程朱新儒学讲"理一分殊"，能把二者结合起来传授给书院诸生的，在元代儒者中，应该说，并不多见，而陈普则是其中难得的一位。他说：

> 晦翁、黄、杨三礼之书，士无习者，而去非独能以此为先务，而游息其间，所以为仁，孰要于此。六经、四书可讲明者何限，而仁者万殊之总会，礼者，万理之节文。事事穷其节文，则其总会处可以渐而融贯，故礼明则无不明矣，礼得则无不得矣。②

"晦翁、黄、杨三礼之书"，指的是由朱熹所撰，而由其高弟黄榦和杨复续成的《仪礼经传通解》。在朱熹所有著述中，此书较为晚出，故在宋末元初的知识界中，研习者不多。在晚宋，可书者为黄榦及其弟子赵师恕（季仁）。其特点表现为将朱熹的礼经学说从书本走向生活，向形态化的社会文化转型。而赵师恕则是这一理念的重要实践者。他在任余杭令时，就曾以朱熹的礼学来移风易俗。嘉定十三年（1220）五月，又在福州"率乡党朋友习乡饮酒仪于补山，先生（黄榦）以上僎临之"。故黄榦又于其年六月有《赵季仁习乡饮

---

① 〔元〕陈普：《石堂先生遗集》卷十二《答谢子祥无极太极书》，第457页。
② 〔元〕陈普：《石堂先生遗集》卷十三《鳌峰求仁课会题目序》，第474页。

酒仪序》一文。赵师恕将高奥艰深的朱子学说与民众日常生活习俗相结合，以此向民间普及，故其师黄榦对他有"宦不达而忘其贫，今不合而志于古"①的评价。文中的补山，即福州于山的补山精舍，本为佛家接待达官贵人、迎来送往的场所。赵师恕邀请黄榦率门人在此讲学，又率门人、乡党友人在此习乡饮酒仪，实为黄榦为修《礼书》的一次演习，也是其以古礼来移易民俗的一次尝试。

而在元初的福建朱子学派中，熊禾继承了黄榦的礼经学思想，在其重建的建阳鳌峰书院中，教导诸生以此书为课本，由习礼而识仁，以求"所以为仁"之理，因此得到陈普的肯定，赞其"独能以此为先务，而游息其间"。

朱熹说："此孔门之学，所以必以求仁为先，盖此万理之原，万事之本，且要先识认得，先存养得，方有下手立脚处。"②"如《大学》致知、格物，所以求仁也；《中庸》博学、审问、慎思、明辨、力行，亦所以求仁也。"③"万理之原，万事之本"，此为朱熹释仁的重要观点。朱熹释礼则说："礼者，天理之节文，人事之仪则也。"（《论语集注·学而》）了解了朱子的观点，再来看陈普的解说，就知道陈普之说，已将识礼求仁，"事事穷其节文"的礼学实践视为"万理之节文"，与"万殊之总会"的仁，构成了理一分殊的关系。这一点，在其以《礼乐》为题的诗句中也可得到印证。他说："礼只是制度，乐只是和顺；礼只是序，乐只是和。故曰天高地下，万物散殊，而礼制行矣。合同而化，而乐兴焉。"④"天高地下，万物散殊，而礼制行矣"，说的就是以仁为本的众礼与仁所构成的"一本"与"万殊"的关系。

又如，"不远复"是绍兴十七年（1147）十二月，刘子翚临终之前，向朱熹传授的"《易》为入德之门"，而"不远复"三字符又为修身之要的重要学术观点。朱熹在《屏山先生刘公墓表》中记刘师教导说：

① 〔宋〕黄榦：《勉斋先生黄文肃公文集》卷十九《赵季仁习乡饮酒仪序》，第508页。
② 〔宋〕朱熹：《晦庵先生朱文公文集》卷五十九《答李元翰》，《朱子全书》第23册，第2816页。
③ 〔宋〕黎靖德编：《朱子语类》卷六，《朱子全书》第14册，第255页。
④ 〔元〕陈普：《石堂先生遗集》卷九《礼乐》，第427页。

"……抑吾于《易》得入德之门焉。所谓'不远复'者，则吾之三字符也。佩服周旋，罔敢失坠。于是尝作《复斋铭》《圣传论》，以见吾志。然吾忘吾言久矣，今乃相为言之，汝勉哉。"熹顿首受教。居两日，而先生没。①

在《易经》中，复卦为上经第二十四卦。其初九为"不远复，无祗悔，元吉"。《象》曰又云："不远之复，以修身也"。对此，北宋理学家程颐的解释是，"惟失之不远而复，则不至于悔，大善而吉也"②，"不远而复者，君子所以修其身之道也。学问之道无他也，唯其知不善则速改以从善而已。"③ 而刘子翚则认为：

易固多术，或尚其辞，或尚其变，或尚其象，或尚其占，皆用也。尽其本，则用自应。何谓本，复是已。尝窃为之说曰：学《易》者，必有门户，复卦，《易》之门户也。入室者必自复始，学《易》者必自复始得是者，其惟颜子乎，不远而复称为庶几，盖本夫子尝以复礼为仁之说告之矣。颜子躬行允蹈，遂臻其极，一已既克天下归仁，复之之功至矣。④

在如上引文中，程颐只是把复卦视为修身的方法之一，刘子翚则不仅将其作为修身的方法，而且提而升之，将其视为《易》学的根本，而其核心则是"复性"，此复性即孔子所提倡而由颜子所身体力行的"克己复礼"。故刘子翚在《跋浩然子》一文中又进一步指出：

---

① 〔宋〕朱熹：《晦庵先生朱文公文集》卷九十，《朱子全书》第 24 册，第 4169 页。
② 〔宋〕程颐：《周易程氏传》，《二程集》，第 819 页。
③ 〔宋〕程颐：《周易程氏传》，《二程集》，第 820 页。
④ 〔宋〕刘子翚：《屏山集》卷一《颜子》，明正德七年（1512）刊本，叶 15B—16A。

学《易》者必有门户，复卦，《易》之门户也。入室者当自户始，学《易》者当自复始。克己复礼，颜子之复也。……是知复之一义，为闻道之要言，进德之捷径。①

陈普对此复卦有其独到的体会，他在以"复"为题的诗句中说："人心已纵而复收，道心已失而复还"②，所言可谓简洁明了，而又准确无误。

陈普在武夷山泛舟九曲之后，对朱熹的《九曲棹歌》有了自己与众不同的体会，他把这种体会撰成《武夷棹歌注》一卷。他认为，朱熹的《九曲棹歌》并非只是写景，而"纯是一条进道次序，其立意固不苟，不但为武夷山水也"。故陈普从朱熹的九曲诗中，力图寻找和辨析他的理学思想，是陈普编注此文的主旨。陈普的这一观点，后来流传到朝鲜，在朝鲜的学术界产生了一定影响。

据韩国"韩国学中央研究院研究员"尹轸暎先生介绍，他珍藏了一幅《武夷九曲图》，不是自然景观图，而是概念化的表现道学阶段性特性的示意图。"在这幅《武夷九曲图》中，将第一曲到第九曲依路径进行了图式构造。在上段有记录教训内容的《训蒙绝句》，在中段像迷宫一样

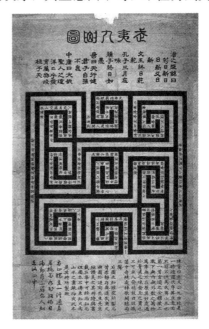

《武夷九曲图》，17世纪，纸本·墨，97×45cm，韩国尹轸暎珍藏

---

① 〔宋〕刘子翚：《屏山集》卷六《跋浩然子》，明正德七年（1512）刊本，叶4A。

② 〔元〕陈普：《石堂先生遗集》卷九《复》，第427页。

的图案，是从一曲到九曲以横竖勾勒出的三段式图案。进入图案画面，一边节节读阅朱子的武夷棹歌十首，便会被一曲到九曲的美景吸引身临其境。武夷九曲图如果和道学的理解相互结合，比起描绘自然之美则更能很好的表现图式的形式特点。"① 很明显，此图的作者，实际上是受了元代朱子学家陈普的影响。陈普有编注《武夷棹歌》一卷，今存《西京清麓丛书续编》本、《丛书集成新编》本。陈普认为，朱熹的《九曲棹歌》，"纯是一条进道次序，其立意固不苟，不但为武夷山水也。"② 从朱熹的诗中，寻找和辨析他的理学思想，是陈普编注此文的主旨。这幅产生于朝鲜的反映入道次第的《武夷九曲图》，把陈普的观点从文字变成了图谱，以此为陈普的观点张目。由此可知，陈普的理学思想对朝鲜朱子学的发展，也产生了影响。

（本文载《朱子文化》2015 年第 4 期）

---

① （韩）尹轸暎：《16 世纪武夷九曲图的传入和性格》，《朱子文化》2011 年第 2 期。
② 〔元〕陈普：《武夷棹歌》，《丛书集成新编》第 71 册，台湾新文丰出版公司 1985 年版，第 148 页。

朱子理学徽系与闽系探源

作为区域文化的典型代表，徽州文化与武夷文化都是我国优秀传统文化的重要组成部分。在漫长的历史发展进程中，徽州文化与武夷文化在传统理学、书院文化、图书出版、版刻技艺、商业交往、传统医学等诸多领域均有千丝万缕的联系。

时值世纪之交，地处徽州的黄山和地处闽北的武夷山先后荣登联合国教科文组织世界自然和文化双遗产名录，使两地各具特色的历史文化传统和令人叹为观止的优美自然风光双双走向世界，引起世人的广泛关注。本文侧重从代表两地传统文化的核心内容——朱子理学的徽系与闽系，探考两地文化的渊源关系。

徽州自古就有"程朱阙里"之称，其主要原因是因为"洛学"的创始人二程（程颢、程颐）和"闽学"的创始人朱熹，其祖籍均为徽州的缘故。明人赵滂编有《程朱阙里志》，所述徽州程朱理学人物的事迹盖缘于此。

程朱理学在徽州得以产生广泛影响，则源于理学的集大成者朱熹本人两次入徽传播。南宋绍兴二十年（1150）和淳熙三年（1176），朱熹曾先后两次回祖籍探亲和扫墓，每次逗留数月。借此良机，他在故里婺源、歙县一带聚众讲学、广招弟子，传播理学理想。据笔者所撰《朱熹书院与门人考》，[①] 婺源李氏钟山书院、晦庵书院、歙县紫阳书院等均留下了他的足迹和琅琅书声。

---

① 方彦寿：《朱熹书院与门人考》，第 11 页、19 页、18 页。

其时，先后从学于朱熹的徽州弟子就有婺源的李季札、汪清卿、程洵、程榑、滕璘、滕琪、李季札、程永奇、祝穆、祝癸，他们还先后赴闽至朱熹亲手创建的武夷精舍和考亭沧洲精舍从学，成为朱子理学徽系的骨干力量。

至于福建的武夷山和建阳两地，自古以来就分别有"道南理窟"和"南闽阙里"之称，这是因为朱熹生平数十年生活在闽北武夷山和建阳一带，在此讲学和著书立说。他生平创造的四所书院——寒泉精舍、云谷晦庵草堂、武夷精舍、考亭沧洲精舍都在此两地。这里，既是北宋时杨时、游酢、胡安国等大儒促使理学重心南移的中转站，又是南宋时集大成的朱子理学诞生、发展和成熟的大本营。

武夷精舍建成于淳熙十年（1183）四月，慕名求学者纷至沓来，闽浙赣湘皖，以及许多徽州籍的学者如滕璘、滕琪、程端蒙等亦来从学。滕氏兄弟与程端蒙都是朱熹在淳熙三年（1176）第二次回婺源省墓之时的及门弟子。据笔者考证，滕璘、程端蒙赴武夷从学均在淳熙十四年（1187）[①]，而吸引他们千里迢迢赴闽求学的原因，当然是朱熹高深的学问、崇高的人格力量。这位祖籍徽州的理学集大成者，曾在一封书信中自称与滕璘来自同一块"土壤"[②]，他殚精竭虑创建的理学思想体系无疑是包括其故里在内的门人弟子们心驰神往的精神殿堂。他们与朱熹学派的许多中坚人物都聚集在武夷山下，在物质生活极其困乏的条件下坚持刻苦钻研，长期潜修。这里成了朱熹学派的学者们开展学术研究活动的重要场所，也是徽系学者与闽系学者开展学术交流的重要阵地。朱熹之后，一批理学名家相继在武夷山下、九曲溪畔择地筑室，创建书院，以继承朱熹的理学道统为己任，从而使武夷山在南宋时成为一座理学名山，后人誉之为"道南理窟"。

绍熙三年（1192），朱熹定居建阳，创建考亭竹林精舍（后更名沧洲精舍），在此著述和讲学。一批门人弟子，又聚集于考亭。据笔者考证，至今仍

---

① 方彦寿：《朱熹书院与门人考》，第 70—72 页。
② 〔宋〕朱熹：《朱熹集》卷四十九《答滕德粹》书一，第 2387 页。

有姓名、生平仕履可考的考亭朱门弟子尚有 200 多人。[①] 其中闽籍弟子有蔡元定、蔡沈、黄榦、廖德明、李方子等，徽籍弟子有滕璘、李季札、程永奇、祝穆等。在考亭，他们研经读史，探讨社会人生，寻找济世良方，穷究理学奥秘，积极开展各种学术文化活动，使当时的建阳成为继承和发展孔孟原始儒学，开创朱子新儒学的大舞台。中国理学史上著名的"考亭学派'，由此形成，并走向成熟。以朱熹为代表的"考亭学派"及其创立的理学思想体系，致广大，尽精微，综罗百代，并从此影响中国封建社会数百年，在中国哲学史、思想史、教育史上树立起一座巍峨的丰碑。

南宋宝庆元年（1225）秋，著名爱国诗人刘克庄任建阳知县，在考亭沧洲精舍内建文公祠，次年落成。祠中主祀朱熹，而以门人黄榦配祀。刘克庄在书院落成的《祝文》中写道："巍巍文公，宋之夫子，翼翼考亭，建之阙里。"[②] 文中"夫子"即孔夫子，儒学开山祖师；"阙里"是孔子故里，即山东曲阜。刘氏在此把理学的集大成者称为南宋的孔夫子，把建阳考亭与山东曲阜相提并论，这就为此后逐渐形成的"北孔南朱"奠定了基础，为建阳日后逐渐被称为"南闽阙里"留下了伏笔。

从徽州被誉为"程朱阙里"，到建阳被称为"南闽阙里"，这为两地的理学发展乃同出一源留下了一个最好的历史标记。

朱熹逝世后，其各地门人弟子为捍卫和阐扬朱子学进行了不懈努力，由此而形成了不同地域的各个支脉或不同学派。其中最为突出的就是徽系和闽系两支。徽系的学派宋代有鄱阳饶鲁的双峰学派和董梦程的介轩学派，元代有歙县郑玉的师山学派等；闽系则有蔡元定的西山学派、蔡沈的九峰学派、黄榦的勉斋学派、陈淳的北溪学派和真德秀的西山学派等。徽系双峰学派的开创者饶鲁、介轩学派的开创者董梦程虽不直接师从朱熹，但他们都是朱熹高弟、闽系学者勉斋黄榦的门人。元代的著名学者吴澄、程钜夫、朱公迁、

---

① 方彦寿：《朱熹书院与门人考·朱熹考亭沧洲精舍门人考》，第 133—224 页。
② 〔宋〕刘克庄：《后村集》卷三十六，《景印文渊阁四库全书》本，叶 2A。

汪克宽、赵孟頫，均为这一学派的传人。开创介轩学派的董梦程，是黄榦同门学友董铢之侄，其后继有胡方平、胡一桂、董鼎、董真卿、马端临等著名学者。

由宋至明，徽系和闽系的理学家们并没有因为地域的隔阂和学派的分支而中断了学术交流，同出一源、亲密无间的学术渊源仍然是维系两地学者的一种精神纽带。如饶鲁的及门弟子程若庸，字逢原，徽州休宁人。淳祐间（1241－1252）曾被聘为湖州安定书院讲席和抚州临汝书院山长。咸淳四年（1268）登进士，被授为朱熹当年亲手创建的武夷书院的山长①，从游者甚众，学者称为徽庵先生。著有《性理字训讲义》《太极洪范图说》诸书。朱子门人黄榦为江西新淦县令时，饶鲁从其学。此后，程若庸与吴澄等则从饶鲁学。元代著名学者揭溪斯、赵孟頫、林梦正等均为程若庸门人，由此形成朱子学鄱阳双峰学系。程若庸入主武夷书院设帐授徒，是在黄榦促使闽学北传，逐渐走向全国时，又由徽系学者回传至福建、回传至武夷山的一个例证。

朱熹讲学之地建阳，在宋、元、明三代，是我国历史上著名的出版中心，素有"图书之府"之誉。为了出版自己的研究成果，传播其学术思想，朱熹在建阳时曾经开办过刻书作坊，进行学术研究和经商活动相结合的实践。② 在他的影响下，其闽籍弟子如蔡元定、蔡渊、黄榦、郑性之、廖德明、詹体仁，徽籍弟子如滕珙、祝穆等均参与刻书实践。③ 尤其是祝穆，在刻书活动中，在遇到其书版被建阳等地不法书商盗印的情况下，奋起反击，从而促使我国最早的版权观念的形成。

祝穆（？－1256），字伯和，一字和甫，晚号樟隐，祖籍徽州歙县。其父祝康国，是朱熹的表弟，随朱熹定居武夷山。祝穆因得以先后从学朱熹于武夷山和建阳，晚年在建阳麻沙水南建"樟隐楼"，定居于此。在此，他编撰并

---

① 〔清〕黄宗羲原著、全祖望补修：《宋元学案》卷八十三《双峰学案》，第 2817 页。

② 参拙文《朱熹刻书事迹考》，载武夷山朱熹研究中心编：《海峡两岸论朱熹》，厦门大学出版社 1998 年版。

③ 参拙文《朱子门人刻书考》，《朱子研究》1995 年第 1 期。

刊刻了引起当地轰动的两部巨帙——《方舆胜览》和《四六宝苑》，遭到了周边各地不法书商的竞相盗版。歙县祝氏，是著名的新安士族、南宋徽商的典型代表。朱熹在提到母亲一族时，曾自称"外家新安祝氏世以赀力顺善闻于州乡，其邸肆生业几有郡城之半，因号'半州'"①。由于祝穆从小随学于朱熹，耳濡目染，言传身教，加上其家族所遗传的徽商特有的"贾而好儒"的潜质，使其对盗版行为能够采取较为强硬的态度。祝穆借助当地政府的力量，于南宋嘉熙二年（1238）由两浙转运司和福建转运司颁布了禁止各地书坊翻刻二书的榜文，四处张贴。这是我国也是世界上第一份具有法律效力的版权文告，为我国古代版权观念的形成树立起一座丰碑。在徽、闽两地的理学史、出版史上都留下了极其重要的一笔。关于祝穆其人其事，详情请参阅拙文《朱熹学派刻书与版权观念的形成》。②

元明时期，徽系与闽系学者仍然相互往来交流，他们虽不直接师承朱熹，但多为其再传、续传，其学术思想均源于考亭一脉，因建阳乃考亭故居，故两地学者往往在此相互研讨、订正其著作，而建阳书坊为传播他们的学术成果提供了印刷的方便，是他们进行学术交流的重要渠道。如婺源胡一桂（庭芳）就曾于至元二十六年（1289）"挟策来闽"③，带着其父胡方平的《易学启蒙通释》，与建阳理学家熊禾（勿轩）在武夷、云谷等处讲学。熊禾则将胡方平的著作刻印于武夷洪源书堂。胡方平是董梦程弟子，董梦程是黄榦弟子；而熊禾之学也源于辅广，出于黄榦。黄榦则是朱熹的高弟、女婿，因此熊禾刊刻此书，实际上是一次元代建阳、鄱阳两系的理学家在学术上的交流。这种既为朝拜"南闽阙里"，又为出版其学术著作而来的新安、鄱阳等地的学者，在元明两代还有董真卿、胡炳文、倪士毅、王逢、何英等人。董真卿于元大德间随胡一桂到云谷访熊禾，带来了其父董鼎的《孝经大义》《书集传辑

---

① 〔宋〕朱熹：《朱熹集》卷九十八《外大父祝公遗事》，第 5045 页。

② 《文献》2000 年第 1 期。

③ 〔元〕胡一桂：《麻沙刘氏族谱序》，建阳《贞房刘氏宗谱》卷一，民国九年（1920）刘氏忠贤堂活字印本。

录纂注》《朱子说书纲领辑录》书稿。《孝经大义》一卷，熊禾嘱其族兄熊敬为之刊；《书集传辑录纂注》六卷（又一卷）、《朱子说书纲领》一卷，则于延祐五年（1318）由建阳名肆余氏勤有堂刻印，今中国国家图书馆有原刊本。熊禾在为《孝经大义》写的序中说：

> 余友人新安胡庭芳，挈其高弟鄱阳董真卿，访余云谷（一作武夷）山中。手携父书，有《孝经大义》者，取而阅之，则其家君深山先生董君亨父所辑也。其书为初学设，故其词皆明白易晓。熟玩之，则其间义趣精深，又有非浅见谫闻所能窥者。①

董真卿之子董僎，则于元天历元年（1328）将真卿所著《周易经传集程朱解附录纂注》（又名《周易会通》）十四卷刻印于建阳书坊，为此书初刻本，有"笔画清劲，雅近颜柳，元刊中致佳本也"② 之称誉。

胡一桂所纂《诗集传附录纂疏》二十卷、《诗序附录纂疏》一卷、《诗传纲领附录纂疏》一卷、《语录辑要》一卷，则于泰定四年（1327）交由建阳理学家熊禾友人刘君佐翠岩精舍刻印，后附王应麟《韩鲁齐三家诗考》。《诗传纲领》篇目后有行书刊记7行：

> 文场取士，诗以朱子集传为主，明经也；新安胡氏编入附录纂疏，羽翼朱传也。

此刊记虽为书坊图书广告，但也在某种程度上揭示了新安后学与朱子理学的渊源关系。正如四库馆臣在著录胡一桂撰《易本义附录纂疏》所言："宋末元

---

① 〔元〕熊禾：《熊勿轩先生集》卷一《孝经大义序》，《丛书集成初编》第 2407 册，第 2 页。

② 〔清〕瞿镛：《铁琴铜剑楼藏书目录》卷一，中华书局 1990 年版，第 31 页。

初讲学者门户最严，而新安诸儒于授受源流辨别尤甚。"①

元代理学家陈栎撰《尚书集传纂疏》六卷，纂辑诸家之说，以疏通宋儒建阳蔡沈的《书集传》，"于蔡传有所增补，无所驳正。"② 此书以及他的史学著作《历代通略》，元明间建阳也有刊本。陈栎，字寿翁，号定宇，徽州休宁人，其学为朱子门人婺源滕珙续传。③

此外，婺源胡炳文的《四书通》二十六卷，乃建阳名肆余氏勤有堂天历二年（1329）刻印，此书的编辑，是自称"新安后学张存中编"。此书泰定三年（1326）发刊，天历二年（1329）刻成，前后历时四年。在编辑过程中，张存中认为胡氏所撰，详义理而略名物，因排纂旧说，编成《四书集注通证》六卷，附于此书之后④，同时刻印于余氏勤有堂。

元代建阳有一位叫刘锦文的刻书名家，其书堂名"日新书堂"，有许多徽系理学家的著作都是由他刻印出版的。如歙县倪士毅的《四书辑释大成》三十六卷，元至正二年（1342）即交由刘氏印行。数年后，此书又由倪氏加以重修，订为二十卷，仍交给刘锦文改刻⑤。至正三年（1343），刘锦文还刻印了休宁赵汸的《春秋金锁匙》一书；至正八年（1348），又刻印祁门汪克宽《春秋胡氏传纂疏》⑥。汪克宽、倪士毅、赵汸三人均为元末理学家，当时学术界有"新安三有道"⑦ 的称誉，指的就是他们三人。他们的书稿都交由建阳书坊刻印，除了表明当时建阳刻书业比较发达之外，另外一个重要原因就是，建阳是朱子理学的发祥地，这些阐扬朱子理学的著作在这里出版，要比在其他地方出版更有意义。

---

① 〔清〕永瑢等：《四库全书总目》卷四，第 22 页。
② 〔清〕永瑢等：《四库全书总目》卷十二，第 96 页。
③ 〔清〕黄宗羲原著、全祖望补修：《宋元学案》卷七十《沧洲诸儒学案下》，第 2354 页。
④ 张元济：《涵芬楼烬余书录·经部》，商务印书馆 1951 年版。
⑤ 〔清〕永瑢等：《四库全书总目》卷三十七，第 308－309 页。
⑥ 傅增湘：《藏园群书经眼录》卷一，中华书局 1983 年版，第 85 页。
⑦ 〔清〕黄宗羲原著、全祖望补修：《宋元学案》卷七十《沧洲诸儒学案下》，第 2359 页。

明代，徽、闽二系的学者仍继承了宋元理学家的传统相互交流。如鄱阳学者王逢，字原夫，号松坞，是徽系饶鲁双峰学派的传人，师从朱公迁高弟洪初①，曾于正统年间携门人何英同至建阳，与当地学者相互交流。建阳刘剡，是朱熹门人刘崇之的后人，为王逢的渊博学识所折服，师从于王逢，从此自称"松坞门人"。此为南宋朱子学，经黄榦北传后，于明代又经徽系学者回传至建阳的一个例证。由鄱阳朱公迁撰、王逢辑录、何英增释的《诗经疏义会通》二十卷，则由刘剡交付建阳书坊叶氏广勤堂刻印，为此书初刻。王逢撰《资治通鉴外纪增义》也于此时刊刻于建阳。由于刘剡与新安、鄱阳一带学者关系密切，而他的名字又往往在他们的著述中出现，故后人往往将他误为这一带的人。如《四库全书总目》卷三十七在著录刘剡撰《四书通义》二十卷时，因此书乃继胡炳文《四书通》、陈栎《重订四书通》、倪士毅《四书辑释》之后而作，而上列诸人均徽州人氏，故馆臣将他误为"休宁人"，《休宁县志》也因此有了刘剡此书之名。此虽为前人无意间的一个错误，但由此可证两地学者的密切关系。

以上对朱子理学徽系与闽系的渊源关系在宋明时期的具体表现作了初步探考。由于前人对此课题几乎没有什么论述，可借鉴的参考资料不多，故本文所涉还是十分粗略和肤浅的。希望能抛砖引玉，为弘扬徽闽两地优秀的文化学术传统，加强两地当今学者的学术交流提供有益的借鉴。

（本文系 2001 年"国际儒学研讨会"参会论文，收入陶新民、解光宇主编：《中华儒学》第 1 辑，时代文艺出版社 2001 年版）

---

① 〔清〕黄宗羲原著、全祖望补修：《宋元学案》卷八十三《双峰学案》，第 3836 页。

黄道周"明诚"论的哲学意蕴

明末爱国英雄黄道周是一位集易学家、理学家和书画家于一身的著名大师。他在理学方面的成就，被前人誉为"明代闽学之殿将，影响后学甚大"①。但从 1949 年以来，研究黄道周的理学思想的成果并不多，除了一些宋明理学的专著用了很少的篇幅作了一些简要介绍之外，单篇论文已难得一见，更遑论专门论述黄道周理学思想的专著了。故在这一方面亟须加强，使这位"闽学殿将"在宋明理学方面的贡献能广泛地被今人所知，以便古为今用。

举凡宋明理学大师，都有一个共同特点，即既是理学家，同时也是教育家。黄道周也不例外。他曾先后在福州、余杭大涤山和漳浦等地讲学，四方学者云集。黄道周最著名的讲学处有余杭大涤书院、漳浦县城东郊的明诚堂（又称明诚书院、文明书院）和漳州郏侯山的郏山书院等。明诚堂原名东皋书舍，是黄道周于万历三十七年（1509）从漳浦铜山迁往县城的新居。崇祯十六年（1643），黄道周在他的门人和朋友资助下，将书舍改建为明诚堂，于崇祯十七年（1644）三月落成。黄道周于三月十日起在明诚堂主持有数百人参加的讲学大会。遗憾的是，就在黄道周大张旗鼓讲学之时，明崇祯皇帝已于三月十九日败亡。直到五月二十七日，黄道周和学子们才得知这一消息。黄道周讲学之事，就此戛然而止，同时也为明代福建理学家在书院的讲学画上了一个句号。黄道周以一代大儒的身份，肩负起了匡扶明室、募兵抗清的重

---

① 李兆民：《明清福建理学家之概况》，《福建文化》第四卷二十四期。

任，不幸于隆武元年（1645）十二月在江西婺源战败被俘，翌年三月五日就义于南京。

黄道周的"明诚"论就是他在明诚堂讲学之时提出的。据洪思《黄子年谱》载，崇祯十七年（1644）黄道周六十岁，这年春三月，明诚堂落成。在祀奉先圣先贤礼毕后，由黄道周为诸生开讲，话题就从堂名"明诚"开始。有学生问"今日'明诚'二字，的从《中庸》里来，是可为良知、主敬别下针药?"黄道周回答说：

> 良知、主敬，只是"明诚"注子。从诚生明是良知，从明归诚是主敬。先后贤初无两路，亦自不用针药。①

又说：

> 圣人言诚，要与天地合德；言明，要与日月合明。此理实是探讨不得。周公于此仰思，颜回于此竭才，难道仲尼撒手拾得? 圣人于此，都有一番沤心黜体工夫，难为大家诵说耳。做圣贤人，不吃便饭。②

"明诚"二字，最早见于儒家经典的，是《中庸》所说的"自诚明，谓之性。自明诚，谓之教。诚则明矣，明则诚矣"。在《中庸》一书中，子思是把"诚"作为万物由此派生的世界的本体，即天道；同时，"诚"又是人所应遵循和追求的道德伦理范畴，即人道。他说："诚者，天之道也；诚之者，人之道也。"故诚既是宇宙万物的本体，又是沟通天人关系的道德伦理。孟子则将此改动一字，成为"诚者，天之道也；思诚者，人之道也"③。一个"思"字，

---

① 侯真平、娄曾泉点校：《黄道周年谱》，福建人民出版社 1999 年版，第 23—24 页。
② 侯真平、娄曾泉点校：《黄道周年谱》，第 23—24 页。
③ 〔宋〕朱熹：《孟子集注》卷七《离娄章句上》，《四书章句集注》，第 282 页。

突出了道德主体的主动性追求。宋儒朱熹则将"诚"解释为"真实无妄之谓"①，特指诚实可信的道德品质，将"诚意"列为儒家学者的主要修身方法（如格物、致知、诚意、正心）之一。有时，他也将"诚"与"理"结合起来，说："诚是理。""诚者，实有此理。"② "诚字在道，为实有之理。在人，则为实然之心。"③

从以上分析可见，黄道周的"明诚"论乃直承子思而来，故当有学生问，"明诚"二字，"是可为良知、主敬别下针药？"黄答以"良知、主敬，只是'明诚'注子。从诚生明是良知，从明归诚是主敬。先后贤初无两路，亦自不用针药"。"先后贤初无两路"，是说从子思、孟子，一直到朱熹、王阳明，在"明诚"这一道德理念上，没有什么矛盾之处，这是黄道周杂糅朱熹理学与王阳明心学的表现之一。

良知最早来源于孟子的"良能良知"说。他说："人之所不学而能者，其良能也；所不虑而知者，其良知也。"（《孟子·尽心上》）他认为，仁、义、礼、智四种"善端"，是人先天与生俱来，而不用后天学习就已经具备的。明代王阳明发展了这种观点，提出了"致良知"之说。致是扩充、达到的意思，即通过扩充"良知"，达到对封建伦理道德原则的认识与实行。

主敬，则是朱熹所主张的道德涵养工夫。他说："敬字工夫，乃圣门第一义，彻头彻尾，不可顷刻间断。"④ "涵养须用敬，进学则在致知"本为程颐的理论，朱熹将其作为其主敬致知、修养心性的"学问大旨"，其后朱熹又将此进一步明确为"主敬以立其本，穷理以进其知"，简称"居敬穷理"，成为此后历代儒家学者修养心性和认识事物的方法和原则。上文在引用朱熹的"诚字在道，为实有之理。在人，则为实然之心"之后，还有一段话是：

---

① 〔宋〕朱熹：《中庸章句》，《四书章句集注》，第 25 页。
② 〔宋〕黎靖德编：《朱子语类》卷六，第 102 页。
③ 〔宋〕朱熹：《朱熹集》卷四十六《答曾致虚》，第 2214 页。
④ 〔宋〕黎靖德编：《朱子语类》卷十二，第 210 页。

而其维持主宰，全在敬字。……若不以敬为事而徒曰诚，则所谓诚者不知其将何所错（措）。①

又说："诚只是一个实，敬只是一个畏"②，故"主一之谓敬，一者之谓诚"。对道德主体而言，敬是通往"诚"这一实然之理的主要修养工夫。由此可见，在黄道周之前，朱熹本人也是将"敬"作为"诚"的"注子"的。黄道周一方面吸收了朱熹的主敬说，一方面又将王阳明的"致良知"和朱熹的"主敬"一起作为其"明诚"的"注子"，即注解，这实际上是他杂糅朱、王理学与心学这一倾向的又一表现。他曾经说过："用子静以救晦翁，用晦翁以剂子静，使子静不失于高明，晦翁不滞于沈潜，虽思、孟复生，何间之有？"③子静即陆九渊，南宋理学中"心学"的主要代表，世人将后起的王阳明与之并提，称"陆王心学"。

黄道周虽主张以王阳明的"良知说"作为其明诚论的"注子"之一，但他的良知又与王阳明，甚至与孟子的"良知"均有所不同。他认为"良知"也须培养、浇灌，无"落地光明"即与生俱来之良知。所以，他认为学者要保持此良知，就必须如提灯一样，"灯亮时自谓眼力甚明，灯灭时，虽一身手足亦不能自信也。要须学得此光与日月同体，低头内照不失眉毛。"④"提灯"之说，实际上是黄道周对其"明诚"论的"明"一字的形象化说明。"明"为彰显之意，学者"要须学得此光与日月同体"，就必须时时"提灯"，意即道德涵养之功不可松懈，须时时着紧用力。

此说与朱熹的说法基本上是一致的。朱熹在建阳考亭书院讲学之时，也曾以"举烛"为喻来解说致知与诚意的关系。他说：

---

① 〔宋〕朱熹：《朱熹集》卷四十六《答曾致虚》，第 2214 页。
② 〔宋〕黎靖德编：《朱子语类》卷六，第 103 页。
③ 〔清〕陈寿祺编：《黄漳浦集》卷三十《朱陆刊疑》，清道光刊本，叶三十 A。
④ 〔清〕黄宗羲：《明儒学案》卷五十六，中华书局 1985 年版，第 1343－1344 页。

　　知至而后意诚，须是真知了，方能诚意。知苟未至，虽欲诚意，固不得其门而入矣。……因指烛曰："如点一条蜡烛在中间，光明洞达，无处不照，虽欲将不好物事来，亦没安顿处，自然著它不得。若是知未至，譬如一盏灯，用罩子盖住，则光之所及固可见，光之所不及则皆黑暗无所见，虽有不好物事安顿在后面，固不得而知也。"①

　　黄道周以"提灯"喻涵养良知之说，与朱熹的"举烛"喻致知之说，不仅在形式上相似，在内容上也基本相同，只不过黄道周在此乃借用了王阳明的"良知"一词。但从黄道周的讲学中可以看出，他的所谓良知，已不是王氏所说的先天所具有的本来良知，而是后天学而习之的致知。

　　通过以上分析可以看出，黄道周的"明诚"论，既是他以"诚"为宇宙天地万物本源的天道，同时也是他所主张的合圣贤之德的人道。诚指的是宇宙万物的本体，同时又是"与天地合德"的道德伦理；从诚生明，"谓之性"，可视为被黄道周改造过的不同于王阳明所说的"良知"；从明归诚，"谓之教"，可视为是朱熹所主张的"主敬"。此为黄道周明诚论的第一层哲学意蕴。

　　对黄道周"明诚"论是道德伦理学说的哲学意蕴把握得比较准确的，有清康熙间任漳浦知县的陈汝咸，他在《明诚书院记》一文中说：

　　明诚书院者，石斋黄先生讲学处也。昔子思子以"自明诚"为教，……盖性本于天命，无妄流行，诚则真实无妄，复于性之本体；然非有明善之功，断无由尽性以达天，是乃圣门之学也。明时正、嘉而后，士大夫讲学，每好语自然。若曰"汝耳自聪，汝目自明，无事穷理致知，以求反躬实践"，是趋简旷，乐闲便，不免流为异学，亦大异于"明诚"之旨矣。先生天姿高明，平时深辨宋儒气质之性之非，直提"性善"，有似《孟子》七篇，乃其讲学之堂独以"明诚"名，何与？盖性之善，虽

---

① 〔宋〕黎靖德编：《朱子语类》卷十五，第302页。

非气质所得而杂，而学问思辨以穷理致知，是圣学之不可阙者；不如是，则所谓真实无妄，皆入于窈冥昏默，不但学知利行以下者无措以入道，将并生知安行者而诬之矣。先生故以是名堂，其为世道虑，不甚深且远乎？①

黄道周"明诚"论的第二层哲学意蕴，是他的致知止善的认识论意义。他认为，千古圣贤学问，只是致知，知即知止，止即至善。"凡意不诚，总由他不格物，不格物所以不格理，谓万物可以意造，万理可以知破，如到不造不破去处，生成一个龙蟠虎踞，不得支离，渐渐自露性地，所以说是物格知至。"②"所谓知至，知至便是明诚。"③

在《大学章句·格物致知补传》中，朱熹论"格物致知"，分为格物穷理和格物致知两个阶段。所谓格物穷理，就是通过对宇宙、自然、社会、人生和道德规范等事事物物的探究，达到对内在世界、外部世界等的道理和规律的认知，故其中包括向内寻求和向外寻求两条路径。所谓格物致知，则是将通过格物得来的已有知识加以类推，"因其已知之理而益穷之，以求至乎其极"。黄道周继承和发展了朱熹的格物穷理的思想。他认为，格物穷理有两条途径，他称为"路头"。一是"从克己处入手，于形色看到天性上，是直捷路头"，二是"从博文处入手，于理义看到至命上，是渐次路头"。④ 从以上言论中可以看出，黄道周的认识论无论是"从克己处入手"，还是"从博文处入手"，其向内寻求的功夫多于向外寻求的功夫，这就使其格物致知的认识论往往与道德认知纠缠在一起，表现为从格物→克己（或博文）→知至→止善→明诚。有见于此，故笔者将黄道周的认识论不称为"格物致知"，而称为"致知止善"。以下这一段话典型地表现了黄道周"知止至善"的认知意蕴：

---

① 〔清〕陈汝咸：康熙《漳浦县志》卷十八《艺文下》，清康熙刻本。
② 〔清〕黄宗羲：《明儒学案·榕坛问业》，第 1347 页。
③ 〔清〕黄宗羲：《明儒学案·榕坛问业》，第 1347 页。
④ 〔清〕黄宗羲：《明儒学案·榕坛问业》，第 1355 页。

至善说不得物，毕竟在人身中，继天成性，包裹天下，共明共性，不说物不得。此物粹精，周流时乘，在吾身中，独觉独知，是心是意。在吾身对照过，共知共觉，是家国天下。……以此心意，彻地光明，才有动处，更无邪曲，如是月一般，故曰明明德于天下。……自宇宙内外，有形有声，至声臭断处，都是此物贯彻，如南北极，作定盘针，不由人安排得住，继之成之，诚之明之，择之执之，都是此物指明出来，则直曰性，……此是古今第一本义，舍是本义，更无要说，亦更不消读书做文章也。①

此物究竟是何物？在这段话中，始终未见明示，但联系上下文，很容易得出结论——此物非"物"，而是他一再强调的"古今第一本义"的"诚"，故其知止至善的最高境界就是"明诚"。这就是他所说的"所谓知至，知至便是明诚"的含义。

高令印教授认为："对黄道周的学术特点，其学生洪思谓'黄子学善朱子，素不善文成良知之说'（《王文成公集序》，《黄漳浦集》卷二十一）。其实，黄道周受王学的较大影响，亦有象数思想，其朱子学思想是不纯正的。"②高教授在此所说的"不纯正"，是说其受到王阳明心学思想的影响较大；但从上文的分析来看，我们也可以认为，黄道周的王学思想也是"不纯正"的，其主要表现当然是他和会朱、陆，杂糅朱、王的缘故。而恰恰是这种和会和杂糅，却显示出了黄道周的理学思想，彰显出与以往福建学者大不相同的特色。

王阳明反对朱熹将天理视为伦理（社会的道德准则）与物理（自然界万事万物的规律）相统一的思想，而宣称"吾心即是宇宙，宇宙即是吾心"，主张心即理，良知即天理，从而提出了"圣人之道，惟在心中自得"的"致良知""知行合一"的心学思想。明中叶王学初兴之时，学界对王氏之说多视为

① 〔清〕黄宗羲：《明儒学案·榕坛问业》，第 1335—1336 页。
② 高令印：《闽学概论》，香港易通出版社 1990 年版，第 123—124 页。

异端邪说，是公然对朱子理学的严重挑衅。为了回应王学的"挑衅"，福建特别是闽南则有一批朱子理学的后继者，如张岳、王慎中、林希元、何乔远、陈琛对此作出积极的回应，以抵制和消除王学的影响。其中，惠安的张岳（1492—1552，字维岳，号净峰），"不喜王守仁，学以程朱为宗。"曾建净峰草堂，授徒讲学，力辟王学之非。他还曾赴浙与王阳明辩论"明德亲民之旨"，与"持敬""知行"之义。前后三日，王阳明"终不能屈之"。正因如此，有明一代，阳明学在福建的影响并不大，即使是阳明讲学之风甚劲，弟子半天下之时，他在福建的弟子除了一些外地赴闽为宦者之外，闽籍的学者却不多。清黄宗羲《明儒学案·粤闽王门学案》只列有阳明在闽中的弟子莆田马明衡一人，就是明证。

由上述可知，在黄道周之前，福建的理学基本是朱子学的一统天下。当元明时期安徽和江西的一批学者在辨析朱、陆异同，倡导"和会朱陆"之时，福建几乎没有学者对此作出反映。而从晚明开始，这种局面终于被打破，福建作为朱子理学的大本营，也开始有了和合朱陆、杂糅朱王，以求相互融合、取长补短的理学大家。此人就是黄道周。

黄道周的"明诚"论形成于崇祯十七年（1644）他六十岁在明诚堂讲学之时。两个月后，他就肩负起了匡扶明室、募兵抗清的重任；两年后，他英勇就义于南京。天崩地裂的时代，充满血腥的历史，没有给黄道周提供更多充足的时间，让他将此论加以周密的思考和论证，使其趋于更加精密和完善，以致我们今天读起来感觉有一些费解和疏漏。但他的明诚论，还是引起了后来的一些理学家的较大关注，尤其是对开启清初王夫之的哲学思维，产生了重要作用。王夫之的"诚气"论，与黄道周的明诚论，二者之间，就具有一脉相承的关系。

（本文系 2006 年 11 月漳州"黄道周学术研讨会"参会论文，收入《黄道周学术研讨会论文集》，崇文书局 2006 年版）

书院论

朱熹的道统论与建本类书中的先贤形象

一、朱熹道统论与书院祭祀

道统，即传道之统。朱熹的道统论，即朱熹上承孟子、韩愈的道统说，并加以综合创新的一种新儒学"传道正统"的理念。

孟轲在《孟子·尽心下》中首倡由尧、舜、禹、汤而至孔子的传承系统，并以此传承为己任。唐代韩愈则在《原道》一文中重申了孟子之旨，认为中国文化的根本传统是儒家传统。这个传统是尧开其端，后尧传舜，舜传禹，禹传汤、文王、周公，一直到孔子、孟子，从而确立了孟子的道统地位。韩愈的这个理论，开南宋朱熹道统学说之先河，史称"道统论"。"道"，是从儒学的核心思想——伦理纲常而言；"统"则指的是圣人相传的谱系和儒家正统文化精粹的传承关系。这种传承并不一定是师徒之间的直接传授，也可以是跨越时代的密契心传，故又称"道统心传说"。朱熹在成书于淳熙十六年（1189）的《中庸章句序》中，首次使用了"道统"一词。他说：

> 盖自上古圣神继天立极，而道统之传有自来矣。其见于经，则"允执厥中"者，尧之所以授舜也；"人心惟危，道心惟微，惟精惟一，允执厥中"者，舜之所以授禹也。①

---

① 〔宋〕朱熹：《中庸章句序》，《四书章句集注》，第14页。

"人心惟危，道心惟微，惟精惟一，允执厥中"，此即儒家道统学说的十六字心传，出自伪《古文尚书·大禹谟》。据传，这十六个字源于尧、舜、禹禅让的故事。当尧把帝位传给舜时，将"允执厥中"四字传授给舜；舜把帝位传给禹的时候，又在此四字之前加上十二个字，这代代相传的十六个字至此定形。后来，禹又传给汤，汤传给文、武、周公，文、武、周公又传给孔子，孔子又下传给颜子、曾子、子思，子思传给孟子。据说，这个传承过程是一个"密契圣心，如相授受"的过程，与后来佛教禅宗的"以心传心""自悟自解"的法统相似，故被后儒称为"十六字心传"，被视为是传统儒学，乃至中华文化传统中著名的传心要诀。

朱熹把这十六字作为解读《中庸》的钥匙。他认为子思之所以撰《中庸》，是因为其担心这种传承时间"愈久而愈失其真也，于是推本尧舜以来相传之意，质以平日所闻父师之言，更互演绎，作为此书，以诏后之学者"①。通过朱熹的章句，《中庸》这一儒家经典就成了阐释"十六字心传"的重要典籍。在十六字心传的代代传承中，很自然地又和儒学的传道之统联系在一起。

朱熹在《中庸章句序》中说："……则'允执厥中'者，尧之所以授舜也；'人心惟危，道心惟微，惟精惟一，允执厥中'者，舜之所以授禹也。尧之一言，至矣，尽矣！而舜复益之以三言者，则所以明夫尧之一言，必如是而后可庶几也。"②

按朱熹的解释，舜后补益的"三言"，是为了阐明"尧之一言"的，故此十六字的关键，仍在后四字上。"允"，朱熹解释为"信也，是真个执得"③。"厥"，在此为虚词，故关键为"执中"。朱熹引程颐的话说："不偏之谓中，不易之谓庸。中者，天下之正道。庸者，天下之正理。"故执中，就是行"天下之正道"；"允执厥中"，就是坚定不移地行"天下之正道"。为何要行正道？原因就在于"人心惟危，道心惟微"。

---

① 〔宋〕朱熹：《中庸章句序》，《四书章句集注》，第 15 页。
② 〔宋〕朱熹：《中庸章句序》，《四书章句集注》，第 14 页。
③ 〔宋〕黎靖德编：《朱子语类》卷七十八，第 2016 页。

何谓"人心"？"人心"何以"惟危"？朱熹认为，人心出之于"形气之私"。"心者，人之知觉主于身而应事物者也。指其生于形气之私者而言，则谓之人心。……人心易动而难反，故危而不安。"①

何谓道心？"道心"何以"惟微"？朱熹认为，道心出于天理或"性命之正"。"发于义理之公者而言，则谓之道心。"② 他说："道心者，天理也，微者，精微也。"③ 正因为人心危殆不安，正因为道心精微难辨，故"惟精惟一"就显得非常必要，这是实现"允执厥中"的前提。故朱熹说："道心天理，故精微。惟精以致之，惟一以守之，如此方能执中。"所谓"精"，就是"察夫二者之间而不杂也"，就是精微地辨析道心与人心、天理与人欲的区别而不混杂；所谓"一"，就是"守其本心之正而不离也"，即坚守本心之正而抵御外界物欲的诱惑和困扰。

大体来说，道心与人心，在朱子理学中是一对相互对立的范畴。道心出于天理，得性命之正，为圣人所具有，是至善之心，为天命之性；人心大体可视为人欲，出于形气之私，为气质之性。故言"人心者，人欲也，危者，危殆也"④。从道德修养来说，就是"必使道心常为一心之主，而人心每听命焉"。只有这样，"则危者安，微者著。"危者才能转危为安，精微的儒学道义才能得以彰显。

"道"，指的就是朱熹的理学核心思想——"存天理，灭人欲"，也就是封建伦理纲常。他说："孔子所谓'克己复礼'，《中庸》所谓'致中和''尊德性''道问学'，《大学》所谓'明明德'，《书》曰'人心惟危，道心惟微，惟精惟一，允执厥中'，圣人千言万语，只是教人'存天理，灭人欲'。"⑤ "统"

---

① 〔宋〕朱熹：《晦庵先生朱文公文集》卷六十五《尚书·大禹谟》，《朱子全书》第23册，第3180页。

② 〔宋〕朱熹：《晦庵先生朱文公文集》卷六十五《尚书·大禹谟》，《朱子全书》第23册，第3180页。

③ 〔宋〕黎靖德编：《朱子语类》卷七十八，第2017页。

④ 〔宋〕黎靖德编：《朱子语类》卷七十八，第2017页。

⑤ 〔宋〕黎靖德编：《朱子语类》卷十二，第207页。

则指的是圣人相传的谱系和儒家正统文化精粹的传承关系。陈荣捷先生说："道统之绪，在基本上乃为哲学性之统系而非历史性或经籍上之系列。"① 也就是说，"道统"的提出，与是否符合历史真实无关。其要点在于"哲学性"，即对"道"的内涵的阐述，思想的继承方面是否有"授受"关系，并以此为标准对道统的谱系人物进行选择。在《中庸章句序》中，朱熹提出的道统自尧、舜、禹传至孔子，中经颜、曾、思、孟发扬光大，后孟子"没（殁）而遂失其传"，一直到二程兄弟出，才"续夫千载不传之绪"，道统得以重续，从而构成了一个完整的上承孟子，下延至二程兄弟的承传谱系。

在此必须指出，朱熹的道统论的提出，是与他在各地书院讲学实践紧密联系在一起的。淳熙二年（1175），朱熹在建阳（治所在今福建省南平市建阳区）建成云谷晦庵草堂时，曾有过在此书院祭祀孔圣，而以颜子、子思、曾子、孟子配祀的想法，后因故而未果。他后来回忆说："配享只当论传道，合以颜子、曾子、子思、孟子配。尝欲于云谷左立先圣四贤配，右立二程诸先生，后不曾及。"② 此后不久，淳熙六年（1179），他在任南康知军时，在江州（治所在今江西省九江市）立濂溪祠于军学，主祀周敦颐，而以二程配祀，此为全国祭祀学派先贤的创举。绍熙五年（1194），朱熹又将此作法引入他所创建的建阳考亭沧洲精舍。这年十二月，竹林精舍经扩建后，改名为沧洲精舍。借此良机，朱熹举行了一次规模较大的祭祀先圣的仪式。他采用了释菜古礼，撰写了具体操作祭祀仪式的《沧洲精舍释菜仪》以及《沧洲精舍告先圣文》。主祀孔圣，而以颜渊、曾参、子思、孟子配祀，此为全国书院祭祀孔圣，而以四位门人配祀的创举。而真正由皇家封赠配祀，曾子和子思均是在宋理宗咸淳三年（1267），③ 晚于朱熹考亭崇祀 70 多年。

除祭祀孔圣和四配之外，朱熹认为，周、张、二程等继承了孟子的道统，

---

① 陈荣捷：《朱熹集新儒学之大成》，《朱学论集》，台北学生书局 1982 年版，第 17 页。

② 〔宋〕黎靖德编：《朱子语类》卷九十，第 2294－2295 页。

③ 〔元〕脱脱等：《宋史》卷四十六《度宗纪》记载："（咸淳）三年春正月……戊申，帝诣太学谒孔子，行舍菜礼，以颜渊、曾参、孔伋、孟轲配享，颛孙师升十哲，邵雍、司马光升列从祀，雍封新安伯。"（中华书局 1977 年版，第 897 页。）

因此在书院中祭祀这些先贤也是理所应当的。他在《沧洲精舍告先圣文》中说："恭惟道统，远自羲轩。集厥大成，允属元圣。述古垂训，万世作程。三千其徒，化若时雨。惟颜曾氏，传得其宗。逮思及舆，益以光大。自时厥后，口耳失真。千有余年，乃曰有继。周程授受，万理一原。曰邵曰张，爰及司马。学虽殊辙，道则同归。"①

此文与《中庸章句序》中提出的道统谱系不同之处有三。一是在孔圣之前，增加了一个"羲轩"；二是在二程之前增入周敦颐，并强调"周程授受"的关系；三是把"学虽殊辙"的邵雍、张载和司马光，也纳入其道统谱系之中。陈荣捷先生在阐释前两个不同时，认为朱熹的"道统之哲学性，不止基于《书》之十六字诀，而亦基于《易》之太极"。"朱子因须厘清理与气之关系，不得不采用太极阴阳之说。又因二程不言太极，不能不取周子之《太极图》而表彰之。"② 由此可知，前设"羲轩"，实为在二程之前增入周敦颐张目，强调的是周敦颐的《太极图说》与伏羲《易》之间的内在联系。此亦即朱熹所说"不繇师传，默契道体"中的"默契"。在此，陈荣捷先生实际上已经揭示了朱熹道统论的建构，是与其理学思想体系的建构互为表里、相辅相成的。

何俊先生认为，二程的格物致知之学入手的"途径不外有三：一是反身而诚，取内倾的路子；二是于日用中求，取外向的路子；三是从历史的经验中求"③。这第三条途径，正是朱熹为何会编纂《资治通鉴纲目》《八朝名臣言行录》等史学著作的原因；同时也是为何在沧洲精舍祭祀先贤的名单中，会出现以史学见长的司马光之名的原因。

大体而言，《中庸章句序》里的道统谱系，乃是朱熹为阐述《中庸》何为而作时顺带提出，并非专门叙述，故其中沿袭前人的成分居多，而《沧洲精舍告先圣文》里的道统谱系则充分展示了朱熹综合创新的新儒学道统观念。

---

① 〔宋〕朱熹：《晦庵先生朱文公文集》卷八十六，《朱子全书》第 24 册，第 4050 页。
② 陈荣捷：《朱子新探索》，华东师范大学出版社 2007 年版，第 289 页。
③ 何俊：《南宋儒学建构》，上海人民出版社 2004 年版，第 114 页。

从淳熙十六年（1189）序《中庸章句》到绍熙五年（1194）撰《沧洲精舍告先圣文》，虽然不过是短短的五年时间，而朱熹的道统学说至此实际上已经走向全面成熟。

朱熹通过书院的祭祀活动，其目的在于，把圣人相传的谱系和儒家正统文化精粹的传承关系演示给及门弟子，并进而在他们心中扎下根来。

朱熹道统论的创立，以及他在书院讲学过程中努力将此与教学实践相结合，使他的这个理论得到了广泛的传播，并且在其逝世以后，逐渐为当权者所认可，从思想界走向政界。这其中，他的学生黄榦作出了重要贡献。黄榦在《朱文公行状》中，全面论述了朱熹的学术思想和人品道德，并给予朱熹以"绍道统，立人极，为万世宗师"的高度评价。他在《圣贤道统传授总叙说》[①] 一文中进一步发挥了朱熹等的道统论，并由此论定了朱熹的儒家道统地位。他在《朱文公行状》中写道："道之正统待人而后传，至周以来，任传道之责，得统之正者不过数人，而能使斯道章章较著者，一二人而止耳。由孔子而后，曾子、子思继其微，至孟子而始著。由孟子而后，周、程、张继其绝，至先生而始著。"[②] 又说："先师之得其统于二程者，圣贤相传，垂正立教，灿然明白，若天之垂象，昭昭然而不可易也。"[③] 把道统的产生和发展，都归结为"天理"的必然。黄榦还认为，圣人之间的心传，并非不可捉摸，其要旨有四，曰："居敬以立其本，穷理以致其知，克己以灭其私，存诚以致其实。以是四者而存诸心，则千圣万贤所以传道而教人者不越乎此矣。"[④] 居敬、穷理、克己、存诚是以朱熹为代表的宋代理学家所极力提倡的修养心性和认识外界事物的重要方法。黄榦认为"以是四者而存诸心，则千圣万贤所以传道而教人者不越乎此"，这就是在宣扬道统论的同时，又进一步阐扬了朱熹的理学思想。

---

① 〔宋〕黄榦：《勉斋先生黄文肃公文集》卷二十六，第 584 页。
② 〔宋〕黄榦：《勉斋先生黄文肃公文集》卷三十四《朝奉大夫华文阁待制赠宝谟阁直学士通议大夫谥文朱先生行状》，第 705 页。
③ 〔宋〕黄榦：《勉斋先生黄文肃公文集》卷二十六《圣贤道统传授总叙说》，第 585 页。
④ 〔宋〕黄榦：《勉斋先生黄文肃公文集》卷二十六《圣贤道统传授总叙说》，第 585 页。

二、朱熹道统论与建本类书

从以上粗略的介绍中可以看出，朱熹的道统论是和他在各地书院讲学的实践密切联系在一起的，也就是说，书院讲学是其传播道统论的主要传播途径之一。在此之所以用"之一"，是因为朱熹道统论和他的理学思想还有一重要的传播媒介，这便是宋元时期建阳的雕版印刷业。对此，笔者曾有《建本对闽学发展的贡献》①、《建阳刻书及其对武夷文化的传播》② 等文，在此不作详述，而仅择其一端，即宋元时期建本类书中的先贤形象来加以考量。

何谓类书？类书是辑录史籍中史实典故、名物制度、诗赋文章、丽词骈语等，按类或按韵编排，以便查询和检索的工具书，是我国古代百科全书式的资料汇编。由于类书荟群书之萃，既博且精，又通俗易懂，使读者翻阅起来有事半功倍之效，因此，闽北许多学者也动手编纂，且多在建阳刻印。其中最为著名的有朱熹门人祝穆编纂的《事文类聚》、建安谢维新编纂的《古今合璧事类备要》，以及建阳陈元靓编纂的《事林广记》等。

《事林广记》，全称《新编纂图增类群书类要事林广记》，共四十二卷。宋建阳人陈元靓编。陈元靓，号广寒仙裔，著有《博闻录》《岁时广记》及此书。其行实，据建阳刘纯作《岁时广记引》，称"鳌峰之麓，梅溪之湾，有隐君子广寒之孙，涕唾功名，金玉篇籍，采九流之芳润，撷百氏之英华。……穷力积稔，萃成一书，目曰《岁时广记》"③。可见是一位隐居山林的饱学之士。在刘纯《岁时广记引》之后，又有理学家朱熹之孙朱鉴所作序。而刘纯则是朱熹学生刘爚之孙。由此可知，陈元靓与建阳当地的理学人物有密切的关系。

---

① 方彦寿：《建本对闽学发展的贡献》，《福建论坛（文史哲版）》1995 年第 6 期。

② 方彦寿：《建阳刻书及其对武夷文化的传播》，载福建省炎黄文化研究会、中共南平市委宣传部编：《武夷文化研究》，海峡文艺出版社 2003 年版。

③ 〔宋〕刘纯：《岁时广记引》，载《岁时广记》卷首，见《续修四库全书》第 885 册，上海古籍出版社 2002 年版，第 141 页。

图 1　夫子杏坛之图

　　陈元靓所编《事林广记》约成书于宋理宗端平间，是现存最早的百科全书式的民间日用类书，开后来建阳书坊刻印日用类书之先河。《事林广记》的宋刻本今已不存，现存的最早刻本是元至顺间（1330－1333 年）建安椿庄书院刻本。椿庄书院之名，在闽北的有关地方志书中不见记载，可能只是一个名为书院实为书堂的刻书作坊。1963 年中华书局曾据此元刻本影印出版。书中续集卷四《文艺类·琴》中有"夫子杏坛之图"（图 1），表现的是孔子率门弟子"莫春者，春服既成。冠者五六人，童子六七人，浴乎沂，风乎舞雩，咏而归"（《论语·先进》）的情景。卷五《先贤类》有周敦颐、二程（图 2）、张载、邵雍、司马光、朱熹（图 3）等人的全身像。除此之外，书中还以示意图的方式列出了周、程和延平四贤，以及朱门中 44 位主要弟子的传承关系，基本上体现出了朱熹考亭学派的主要阵容（图 4）。

图 2 周敦颐、二程图像

图 3　张载、邵雍、司马光、朱熹图像

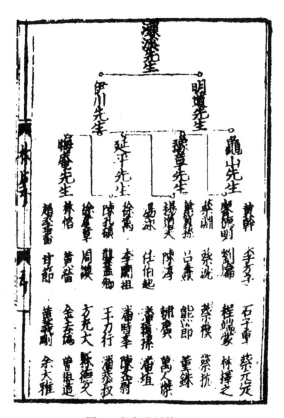

图4 考亭学派传承图

将书中的《先贤图》和示意图所列人物同朱熹的道统论相对照,可以看出,该书的编者受到朱熹的影响很深,而且主要是受到了朱熹《沧洲精舍告先圣文》的影响。因为在朱熹此文中,提出了"恭惟道统,远自羲轩。……周程授受,万理一原。曰邵曰张,爰及司马。学虽殊辙,道则同归。……濂溪周先生、明道程先生、伊川程先生、康节邵先生、横渠张先生、温国司马文正公、延平李先生从祀"①的观点。而《先贤图》所列七位先贤,除朱熹外,正是周、二程、张载、邵雍和司马光,即所谓"北宋六子"。

在此,还必须特别指出,学界有一种从海外流传进来的观点,认为在朱

————

① 〔宋〕朱熹:《晦庵先生朱文公文集》卷八十六《沧洲精舍告先圣文》,《朱子全书》第24册,第4050—4051页。

熹以前，北宋道学谱系承认的先驱者有司马光，而自朱熹之后，才出现"北宋五子"，即周、张、二程和邵雍，而将司马光排除在外。其根据是，在朱熹所编的《伊洛渊源录》一书中只有五子，而无司马光的言行事迹。这个说法难以自圆其说的地方在于，既然朱熹在成书于南宋乾道九年（1173）的《伊洛渊源录》中只承认五子，为何会在二十多年之后的绍熙五年（1194），在他所创建的建阳考亭沧洲精舍举行的有全体及门弟子参加的祭祀先圣的仪式中，提出了"周程授受，万理一原。曰邵曰张，爰及司马"这一观点呢？

除《沧洲精舍告先圣文》之外，朱熹还为"六子"各书写了一篇像赞，总名为《六先生像赞》。其中写司马光《涑水先生像赞》云："笃学力行，清修苦节。有德有言，有功有烈。深衣大带，张拱徐趋。遗象凛然，可肃薄夫。"[1]他对司马光的评价有"先正温国文正公，以盛德大业为百世师。所著《资治通鉴》等书，尤有补于学者。……诸君盖亦读其书而闻其风矣。自今年内以往，傥能深察愚言，于圣贤大学有用力处，则凡所见闻，寸长片善，皆可师法，而况于其乡之先达与当世贤人君子之道义风节乎？"[2]而据朱门高弟黄榦在《圣贤道统传授总叙说》一文的观点，乃"先师之得其统于二程者也，圣贤相传，垂世立教，粲然明白，若天之垂象，昭昭然而不可易也"[3]。黄榦所提出的朱熹直继二程的观点，没有被《事林广记》编者所接受，其原因，与朱熹讲学的地点就在考亭书院，而书院的所在地，就在建本的故乡——建阳，有着密切的关系；而黄榦的讲学地点，则主要在福州等地，他在建阳的影响，尤其是对建阳刻书业的影响，则远不如朱熹。

此外，南宋理宗淳祐元年（1241）下诏："朕惟孔子之道，自孟轲后不得其传，至我朝周敦颐、张载、程颢、程颐，真见力践，深探圣域，千载绝学，始有指归。中兴以来，又有朱熹，精思明辨，表里浑融，使《中庸》《大学》

---

① 〔宋〕朱熹：《晦庵先生朱文公文集》卷八十五《六先生像赞·涑水先生像赞》，《朱子全书》第 24 册，第 4003 页。

② 〔宋〕朱熹：《晦庵先生朱文公文集》卷七十四《玉山讲义》，《朱子全书》第 24 册，第 3592 页。

③ 〔宋〕黄榦：《勉斋先生黄文肃公文集》卷二十六《圣贤道统传授总叙说》，第 585 页。

《语》《孟》之书，本末洞澈，孔子之道，益以大明于世。朕每观五臣论著，启沃良多。其令学宫列诸从祀，以示崇奖之意。"① 同时，又下诏朱熹与周、张、二程从祀孔庙。这既是对宋代"五大道统圣人"地位的确立，同时也是官方对朱熹道统论的认同和肯定。宋建本《事林广记》之成书，正此时也。然而，奇怪的是，编者没有采用官方的五大道统圣人之说，而是仍然沿用朱熹的考亭沧洲精舍之说，由此可见，编者受朱熹影响之深。

据朱门弟子叶贺孙所记载的朱熹在考亭沧洲精舍祭祀先圣先贤的全过程，由于条件所限，书院"堂狭地润"②，所祭先贤，孔圣之外，其余均以纸牌子代替而非塑像或图像，而建本类书中的《先贤图》则有效地弥补了朱熹当年的这一缺憾，为朱熹道统思想的传播和普及提供了一个立体且直观的效应。

《事林广记》于宋理宗端平年间（1234－1236 年）印行之后，广为传播。元明间在建阳书坊曾被多次翻刻，内容则经过后人的不断删改或增补。在编撰体例和内容上，此书开了元明间建阳书坊编撰、刻印民间日用类书的先河。

《事林广记》的建阳刻本还有元顺帝至元六年（1340）建安郑氏积诚堂刻本、元建阳余氏西园精舍刻本、明永乐十六年（1418）建阳刘氏翠岩精舍刻本、明弘治九年（1496）建阳詹氏进德精舍刻本等。这些刻本的卷数多经后人增删或合并，多少不尽相同。有的刻本则增加了一部分元明间民间日常生活的内容。此书东传日本后，曾被日本人多次翻刻，称为"和刻本"。其中首次翻刻此书的是日本京都山冈市兵卫，时在日本元禄十二年（1699），所据底本为元泰定二年（1325）建阳书坊刻本。之所以要将《事林广记》的众多版本在此加以介绍，是为了说明：其一，在时间上，此书从宋代开始流行，一直延续到元明时期，这就为朱熹的道统观做了旷日持久的且跨越三个朝代的宣传。其二，由于版本众多，其读者和受众当然也就越多，也就为朱熹的道统学说向民间普及提供了更加广阔的空间。其三，作为民间日用之书，《事林广记》的读者主要是普通百姓，这就为朱熹的道统论从书院崇祀仅限于儒家

---

① 〔清〕毕沅：《续资治通鉴》卷一百七十，岳麓书社 1992 年版，第 374 页。
② 〔宋〕黎靖德编：《朱子语类》卷九十，第 2297 页。

学者的层面，转而向普通百姓传播提供了有力的媒介，为书院崇祀向民间信仰转化提供了某种可能。

必须指出，朱熹与周、张、二程并列，取得五大道统传人的地位而从祀学宫，是在淳祐元年（1241）宋理宗下诏，称颂朱熹使"孔子之道，益以大明于世"，令从祀庙堂。其后，各地书院纷纷祭祀朱子。宋宝庆二年（1226），刘克庄任建阳知县时，于考亭书院内辟文公祠以崇祀朱熹，以黄榦配祀，真德秀为记。淳祐六年（1246），临漳郡守方来在龙江书院讲堂之东建朱子祠以祀朱熹，以门人陈淳、黄榦配祀。宋嘉熙二年（1238），福建建宁知府王埜创立建安书院祠朱子，而以真德秀配享。自此，各地书院崇祀朱熹者渐多，难以胜计。毫无疑问，这是借助于官方的力量才得以实现的，与此形成呼应之势的，是出自民间的日用类书《事林广记》，竟是在宋理宗端平年间（1234—1236 年）编印成书，在时间上竟然早于宋理宗所下的诏书若干年！

一部民间日用类书，在普及朱熹的道统论，从书院到书本，从书院崇祀到民间信仰的进程中究竟起到了多大作用？以闽北为例，在元明以后的各地地方志书中，我们可以读到诸如"延平四贤""建阳七贤""建阳蔡氏九儒""光泽乌洲李氏七贤"等一系列与朱子理学学派人物有关的记载。这种现象的产生，与这部建版的畅销书中的道统意识的宣传必有某种内在的联系。

还必须指出，从宋淳祐元年（1241）正月诏从祀孔庙，朱熹取得与周、张、二程并列的五大道统圣人的地位。[①] 到元皇庆二年（1313）六月，诏朱熹等宋儒从祀孔庙，以程、朱之书为科考法定经本。[②] 其间经历了约 72 年，在这一特殊历史时期中，走向衰败的晚宋和步入强盛的蒙元居然对朱子学几乎采用了同样的措施。然而，当我们刻意去追寻在这一时期有关朱子学的相关历史文献时，就会发现，这一时期相关历史文献可谓少之又少。而一部来自民间的"非主流媒体"的日用类书，则为我们弥补了这一方面的若干缺憾。

"由于朱熹长期生活在闽北建阳、武夷山一带，在此讲学和著书立说，晚

---

① 〔元〕脱脱等：《宋史·理宗纪》，第 821 页。
② 〔明〕宋濂等：《元史·仁宗纪》《元史·选举志一》，第 557 页、2019 页。

年定居建阳考亭，因此，以其为代表的考亭学派对南宋建阳的刻书业的发展起到了巨大的推动作用。而建阳刻书业的繁荣为闽学的兴起同样产生了巨大的推动作用。"① 这是笔者《建本对闽学发展的贡献》一文的主要观点。当我们认真分析建本类书中的《先贤图》和朱熹的道统论二者之间的关系时，这一观点，无疑从另一个侧面又再一次得到印证。

在此值得顺便一提的是，此建本类书《先贤图》中的朱熹像，其底本，即来自朱熹在建阳考亭的自画像，说明此书所画之先贤像均有所本，而非凭空想象。通常认为，朱熹自画像现存最早的版本是原立于考亭书院集成殿内的朱熹自画像明代石碑（此石刻现存南平市建阳区博物馆），但与此元代建本版画相比，时间上又晚了数百年。此建本类书虽非专门的圣贤画传，且《先贤图》只是该书的一小部分，但对开启后来出现的诸如明佚名氏《孔门儒教列传》、明吕维祺《圣贤像赞》，以及清代著名画家上官周的《晚笑堂画传》中的圣贤图像，均产生了重要的影响。

（本文系 2010 年 10 月"朱子学国际学术研讨会暨朱子诞辰 880 周年纪念会"参会论文，载《孔子研究》2011 年第 5 期，收入陈来、朱杰人主编：《人文与价值：朱子学国际学术研讨会暨朱子诞辰 880 周年纪念会论文集》，华东师范大学出版社 2011 年版）

---

① 方彦寿：《建本对闽学发展的贡献》，《福建论坛（文史哲版）》1995 年第 6 期。

闽学与福州书院考述

我国的书院制度滥觞于唐代，确立和发展于宋代。隋唐以前，福建被视为未开化的蛮荒之地，教育事业落后于全国。但在书院的发展上，却与全国各地处于同一起跑线上。宋代，特别是南宋，由于以朱熹为代表的闽学的崛起，福建书院发展迅猛，教育事业的发展也以"闽学"的特色而独树一帜，而福州的书院就是其中的重要组成部分。

一

福州最早的书院，是福清陈灿于唐代所创的闻读书院。地点在福清城东福唐里小隐岩，距城约 30 里，因陈灿于此读书而后其地更名为"闻读山"。①据传，南宋时朱熹过此，曾提笔大书"闻读"二字。②陈灿，字德宣，曾历官水部郎中，因厌倦仕宦生涯而归隐，读书山中。此书院的具体创建年代，因史籍缺载而难以详考。

长乐林慎思（844—880），字虔中，自号伸蒙子。咸通十年（869）进士，官校书郎至水部郎中。僖宗时因直谏被贬为万年令。著有《续孟子》二卷、《伸蒙子》三卷。他提倡教化，为政主德刑兼施，持论醇正，为闽中早期儒家

---

① 〔明〕何乔远：《闽书》，福建人民出版社 1994 年版，卷三十二《建置志》，第 812页；卷七十九《英旧志》，第 2384 页；卷六《方域志》，第 139 页。
② 〔清〕饶安鼎等修：(乾隆)《福清县志》卷二《地舆志》，上海书店出版社 2000 年版，第 67 页。

学者中的佼佼者。林慎思在长乐城北德成岩建有德成草堂,① 讲道论学其中。后朱熹至此,有留题曰:"德成于慎思。"② 宋人改名为"德成书院"③。

福州属邑古田,则有余仁椿于南唐保大元年(943)创建的蓝田书院。④ 余仁椿,古田杉洋人,南唐时以员外郎官永贞(治所在今福建省罗源县)县令。退休后在杉洋建此书院,"捐田建学,以训乡族。"⑤ 后人作记云:"三阳余氏,乃青田巨族,人物济济,风俗为尤盛。昔员外公,相地宜创学馆,背乾向巽。萃山川之秀,额以'蓝田'。二百年间,簪缨间出,子孙显荣,皆由此地始。"⑥

从以上粗略的介绍中可以看出,福州早期的书院,或受隐士文化的影响,为儒者隐居读书之所;或从本家庭的"子孙显荣"这一利益出发而创"学馆",相当于家塾。其性质,与宋代闽学者创建书院,广招天下门徒,动辄数以百人,既属私家办学,又带有广泛社会性的培育人才的教育机构略有不同。而其相同之处则在于,一是均为私家所创;二是均为传播儒学文化的阵地;三是地点也多设在人迹罕至而又风光优美即所谓"群山之间峰峦叠秀"⑦ 之处。因此,这些早期书院,可视为福州书院教育制度的萌芽。

二

两宋时期,福州书院比唐、五代时期有了很大的发展。其原因与"闽学"的兴起有重要的关系。所谓闽学,指的是以理学的集大成者朱熹为代表的理学思想体系;又指以朱熹为代表的,包括其弟子以及再传、续传在内的学术

---

① 〔明〕黄仲昭:《八闽通志》卷四《地理志·山川》,福建人民出版社 2006 年版,第 108 页。

② 〔明〕何乔远:《闽书》卷三十二《建置志》,第 98 页。

③ 参拙著《朱熹书院与门人考》,第 17 页"蓝田书院"。

④ 〔明〕何乔远:《闽书》卷七十六《英旧志》,第 2274 页。

⑤ 〔宋〕郭能:《余氏重修蓝田书院记》,古田《余氏总谱志》卷上,1993 年铅印本。

⑥ 〔宋〕郭能:《余氏重修蓝田书院记》,古田《余氏总谱志》卷上,1993 年铅印本。

⑦ 〔明〕黄仲昭:《八闽通志》卷四《地理志·山川》描绘林慎思稠岩月楼语,第 108 页。

派别。本文所说的闽学，主要侧重于后一意义即学派而言。而追溯其源，闽学的早期代表人物则有北宋的侯官人氏陈襄。

陈襄（1017—1080），字述古，号古灵。他是早期福建理学的先驱者，有宋代闽中"理学倡道第一人"之誉，被清人全祖望赞为"其倡道之功，则固安定（胡瑗）、泰山（孙复）之亚，较之程（二程）、张（载），为前矛焉"①。陈襄创建了古灵书院，地点在侯官城西南约 60 里的古灵溪之滨。② 周围有古灵山，峰名文笔峰，峻特峭拔。关于古灵书院，地方志书多为三言两语，故其重要意义，也一向为学界所忽视。

首先，古灵书院不仅是福州，也是全闽第一所在真正意义上由福建本土著名教育家创办的书院。它绝对不是后来一些方志中所说，仅仅是"宋儒陈襄的读书处"那么简单。据《宋元学案·古灵四先生学案》记载：

> 闽海古灵先生于安定（胡瑗）辈盖稍后，其孜孜讲道，则与之相埒。安定之门，先后至一千七百余弟子，泰山（孙复）弗逮也。而古灵亦过千人。安定之门如孙莘老（觉）、管卧云（师复）辈，皆兼师古灵者也。③

一个有弟子逾千人的著名教育家，他所创建的书院岂能只顾自己"读书"而不讲学？此无论于情于理都说不通。虽然陈襄后在浦城、仙居、河阳、常州、杭州等地为官，均致力于兴学教化，其及门弟子有一部分在这些地方从学，但其在福州的弟子还有张谔、刘淮夫，莆仙有黄颖、傅楫等人可考；其学友则有同乡郑穆、陈烈、周希孟（与陈襄并称"海滨四先生"）和刘彝等。全祖望在《宋元学案·古灵四先生学案》卷首第一句就说：

---

① 〔清〕黄宗羲原著、全祖望补修：《宋元学案》卷五《古灵四先生学案》，第 228 页。
② 〔明〕黄仲昭：《八闽通志》卷四十四《学校志》，第 4 页。
③ 〔清〕黄宗羲原著、全祖望补修：《宋元学案》卷五《古灵四先生学案》，第 228 页。

安定、泰山并起之时，闽中四先生亦讲学海上。①

"海上"是什么地方？难道真的以一叶扁舟漂泊在海上讲学不成？此"海上"不过是从福州濒临东海的地理位置而言，其确切地点，就是陈襄创建的古灵书院！

其次，古灵书院也是福建第一所由著名理学家创建的书院，开了书院这一个教育机构在福建与理学联姻的先河。由于宋代重文轻武，科举是读书人入仕的捷径，在书院教学中，要把当时与科考没有多少关系的理学列为书院的主要课程是很难的，而陈襄却成功地做到了这一点。故黄宗羲这样评价他：

> 是时，学者方溺于雕篆之文，相高以词华；所谓知天尽性之说，皆指以为迂阔，而士亦莫之讲也。先生独有志于传道，与同里陈烈、郑穆、周希孟者为友，气古行高，以天下之重为己任。闻者始皆笑之，先生不为动，躬行益笃，学者亦稍稍化之，多从之游，而闽海间遂有"四先生"之目，……已而四先生之名闻于天下，有从远方来受学者。②

"知天尽性之说"即孔孟儒家学说。"知天"为对宇宙天地的探考和觉解，"尽性"是对人生境界即道德修养的提升。作为宋明新儒学在闽中的开拓者，陈襄的学术思想及其讲学内容，已基本涉及后来被朱熹等闽学者所广泛关注的"理""诚""性""情""中""道"等理学范畴。这些在当时热衷于科举的福州士人眼中，只不过是"迂阔"之论。而陈襄和他的三位志同道合的友人，却以大辂先轮的勇气，"躬行益笃"，将理学引入福州的书院，辛勤地耕耘，终于使当时的东南沿海理学荒漠地带出现了第一片绿洲！陈襄之后，一直到北宋后期，才有理学家游酢、杨时等在闽北创建书院，传道讲学。此后，随

---

① 〔清〕黄宗羲原著、全祖望补修：《宋元学案》卷五《古灵四先生学案》，第225页。
② 〔清〕黄宗羲原著、全祖望补修：《宋元学案》卷五《古灵四先生学案》，第225页。

着南宋朱熹学派的兴起，闽中书院如武夷精舍、考亭书院方能在全国产生巨大影响。从这个意义上来说，陈襄所创建的古灵书院，在福建书院史和闽学发展史上均有开拓之功，其意义之重大，不言而喻。

陈襄的教育思想也颇具特色。他认为，"学校之设，非以教人为辞章取禄利而已，必将风之以德行道艺之术，使人陶成君子之器，而以兴治美俗也"①。提倡学校教育以道德教化为先，使学生成为仁人君子，进而推广到全社会，达到"兴治美俗"的作用，而他所反对的"为辞章取禄利"的思想则开了后来朱熹书院教育反科举的先河。

北宋时期的福州书院，还有地处福清海口镇龙山北麓的龙江书院，始创年代缺考。北宋宣和六年（1124），镇官陈麟措资 30 万重修，"为秀民讲学之地。"②

三

南宋是福州书院发展的繁荣时期。其原因，我在《朱子学与闽北书院考述》③ 一文中提出三点。因福州与闽北处于同一行政区域，且同处于南宋这一时代背景之下，故其原因应是相同的。简要言之，一是南宋偏安一隅的局势，使地处东南的福建，在社会政治、经济、文化等方面都获得了一个前所未有的发展契机，为福建书院文化的发展提供了必要的文化基础和物质条件。二是官学的腐败和衰落从反面刺激了书院的勃兴。朱熹曾以福州府学为例说："福州之学，在东南为最盛，弟子员常数百人。比年以来，教养无法，师生相视，漠然如路人。以故风俗日衰，士气不作，长老忧之而不能有以救也。"④

---

① 〔宋〕陈襄：《古灵集》卷十九《杭州劝学文》，《景印文渊阁四库全书》第 1093 册，第 654 页。

② 〔清〕饶鼎安等修：（乾隆）《福清县志》卷五《学校志·书院》，上海书店出版社 2000 年版，第 136 页。

③ 《朱子研究》2002 年第 1 期。

④ 〔宋〕朱熹：《晦庵先生朱文公文集》卷八十《福州州学经史阁记》，《朱子全书》第 24 册，第 3812—3813 页。

师道不立，官学失教使其日渐衰落，却促成了南宋私学的主要形式——书院的兴盛。三是理学发展到了朱熹的时代，走向了全面鼎盛。相应地，以朱子闽学为教学基本内容的闽中书院也必然要随着闽学的发展而发展。

南宋时期，福州府城及属县所创建的书院达16所（参下列《南宋福州书院一览表》）。这个数字，略少于闽北的建宁府（22所），而多于延平府和邵武军（各6所）。①

附表：南宋福州书院一览表

名称	创建者	时间	地点	出处
拙斋书院	林之奇	绍兴间	福州	《八闽通志》卷四十四
蓝田书院	陈坦然	绍兴间	长乐	民国《福建通志·学校志》一
瓜山精舍	潘柄	淳熙间	福州	民国《福建通志·名胜志》一
龙峰书院	刘砥、刘砺	庆元间	长乐	《闽书》卷三十二
龙门精舍	林学蒙	庆元间	闽清	民国《福建通志·名胜志》九
浣溪书院	不详	庆元间	古田	《八闽通志》卷四十四
嵩高书院	不详	宋	古田	《八闽通志》卷四十四
螺峰书院	不详	宋	古田	《八闽通志》卷四十四
魁龙书院	不详	宋	古田	《八闽通志》卷四十四
东华精舍	不详	宋	古田	《八闽通志》卷四十四
栗山草堂	林宪卿	嘉泰元年	福州城北	《勉斋年谱》
云谷书楼	黄榦	嘉定十二年	福州乌山	《勉斋年谱》
高峰书院	黄榦	嘉定十三年	福州怀安县	《勉斋年谱》
鳌峰精舍	潘柄等	宝庆三年	福州于山	李燔《鳌峰精舍》记
三山书院	王泌	宝祐三年	福州西湖	《八闽通志》卷四十四
石塘书院	林公遇	景定四年	福清	《八闽通志》卷四十四

① 参拙文《朱子学与闽北书院考述》，《朱子研究》2002年第1期。

南宋时期福州书院的数量少于闽北，其原因与书院文化的特性有关。就性质而言，南宋及此前的书院，大多为私学；从文化的角度来看，书院文化带有浓厚的"山林文化"特色。通常均由较有名望的学者"择胜地，立精舍，以为群居讲习之所"①，"儒生往往依山林，即间旷以讲授，大率多至数十百人。"② 因此，名山大川、风景名胜之处往往也是书院文化教育发达的地区。闽北由于是山区，境内有著名的武夷山而得到许多学者的青睐，而福州作为省会城市，都市文化特色更为浓厚，以山林文化为特色的书院文化相对较弱也就不足为奇了。这也是南宋时期福州书院多设在周围属县，而府城内仅有于山、乌山偶有创建的内在原因。

南宋时期福州的书院与闽学的发展关系密切，创建者或讲学者多为当时知名的理学家。如创建拙斋书院的林之奇，字少颖，侯官人。曾从名儒"大东莱"吕本中学，后本中之侄"小东莱"吕祖谦入闽师从林之奇，就在拙斋书院从学。据《宋元学案·紫微学案》记载，当时林之奇门下弟子达"数百人"。而创栗山草堂的林宪卿，创龙峰书院的刘砥、刘砺兄弟，创云谷书楼和高峰书院的黄榦，创鳌峰精舍的潘柄、杨复、陈宓，创龙门精舍的林学蒙等均为朱熹的高弟。即使创建者姓名缺考的古田的几所书院，也与闽学有密切关系。如螺峰书院，据载有"朱晦翁与黄勉斋讲学于此"③。而魁龙书院则与朱熹在古田的弟子林择之、林扩之兄弟有关，朱熹曾在此讲学。④ 创建于北宋的福清龙江书院，到南宋也相继有福清王苹、莆田林光朝、福清林亦之、陈藻等名儒先后在此讲学。⑤

---

① 〔宋〕朱熹：《晦庵先生朱文公文集》卷七十九《衡州石鼓书院记》，《朱子全书》第 24 册，第 3783 页。

② 〔宋〕吕祖谦：《白鹿洞书院记》，李梦阳《白鹿洞书院志》卷六，《白鹿洞书院古志五种》本中华书局 1995 年版。

③ 〔清〕辛竟可：(乾隆)《古田县志》卷四《学校志》，台北成文出版社 1967 年版，第 125 页。

④ 林其将：《魁龙书院》，《朱子研究》1995 年 3、4 期。

⑤ 〔明〕黄仲昭：《八闽通志》卷四十四《学校志》，下册，第 7 页。

在南宋福州从事书院教育的闽学者中，应加以特别关注的是黄榦。这不仅因为他是朱熹的高弟和女婿，朱子门人中最有成就的教育家，还因为黄榦在福州从事书院教育的事迹在相关地方史志中罕见记载，以至长期以来，不为人们所知。

黄榦（1152—1221），字直卿，号勉斋，闽县人，从学朱熹前后达 25 年之久。朱熹的学术成就和他在各地书院的讲学实践密不可分。而黄榦的传道卫统的历史功绩，也与他在各地创建书院，执教讲学生涯息息相关。

安贫乐道，是宋代理学家们所共同遵守的信条。到了黄榦，则可以说发挥到了极致。他毕生谨守父兄廉勤之训，坚持"但能守箪瓢，何事不可为"的信念，即使从任汉阳知军、安庆知府等职归来，因家贫无屋可居，借破庙以栖身之时，仍坚持办学，教授生徒。黄榦在福州、汉阳、建阳等地创建的书院有六所，并先后在十所书院、六所官办儒学授课。仅在福州，他就创建了云谷书楼和高峰书院，并在栗山草堂、鳌峰精舍、闽县县学，以及于山、乌山等地的民居、寺庙讲过学。栗山草堂在福州怀安县栗山，嘉泰元年（1202），黄榦应林宪卿之邀，在此讲学，及门弟子有朱熹的孙子朱钜、朱钧，以及栗山林氏的一批子弟。云谷书楼在福州乌山法云寺旁，黄榦建于嘉定十二年（1219）五月。此前，黄榦从汉阳归，因无屋可居，乃假城南乌山法云寺而居，有联自嘲云"投老无家依宝刹，为贫窃粟奉琳宫"。门人弟子毕集于此，乃创云谷书楼讲学，并重修《礼书》。高峰书院在怀安长箕山（即今黄榦墓傍），建于嘉定十三年（1220）。据载，书院建成，"一向深入学者，赍粮从于山间云。"① 黄榦的弟子，仅在福州及邻府邑的就有 200 多人，笔者撰有《勉斋门人考》一文，收录了迄今有姓名事迹的黄榦弟子 61 人。由此可见，《宋史·黄榦传》载其晚年回到福州讲学，"弟子日盛，巴蜀、江、湖之士皆来"并非虚妄之词。可以说，黄榦在福州的书院教学实践，为闽学的传播和弘扬，培养了大批人才。

---

① 〔宋〕陈义和：《勉斋先生黄文肃公年谱》，《勉斋先生黄文肃公文集》，第 843 页。

在教学实践中，黄榦除了将朱熹考亭书院成功的教学经验如崇祀学派先贤、教学与研究相结合、知志行结合等方法引入福州书院外，还着重强调学者要以立志为先，认为"学道如登山"，不可"半途而遂废"，教导弟子应"循序而渐进，自强而不息"。①

四

从南宋开始，福州书院逐渐脱离私家办学的轨道，走向官学化的历史进程。宝祐二年（1254），福建提刑王泌在西湖创建三山书院，此为福州官办书院之始。元至正十九年（1359），为纪念名儒黄榦，在于山其讲学旧址上新建的勉斋书院，由官府出资，拨学田 150 亩以供赡养，任命儒士张理为山长。②此为福州书院由官府任命学官的较早记载。

明代，福州新建书院 19 所，其中仅明初永乐年间，相传为福州三才子林岊等所建的观澜书院系私学外，③ 其余 18 所全部由各级地方官如巡抚、提学、知府、知县等所建，④ 且创建时间多集中在明中叶。明前期福州书院沉寂的原因，一是官府只重视官办学校的建设而不重视书院建设，二是规定非学校出身不能参加科举应试，使书院的生源得不到保证。明中叶以后，王阳明学派兴起，讲学之风重开。其"良知即天理"的心学思想对闽学者而言，是一种挑战；而对书院建设来说，则是一种机遇。明代福州 18 所书院中，大部分都建于正德、嘉靖间，其主因就在于此。但从根本上说，书院的活力在于自由讲学，开展学术研究，以及不同学派的学术论辩，而官办书院则大多沿袭官办儒学僵化陈旧的管理模式，大多有书院之名而无书院之实，最终与官办儒学一样，沦为科举的附庸。这种情况，到了清代才有所改变。

---

① 〔宋〕黄榦：《勉斋先生黄文肃公文集》卷十八《陈师复仰止堂记》，《北京图书馆古籍珍本丛刊》本，第 497 页。

② 〔元〕贡师泰：《勉斋书院记》，载弘治《八闽通志》卷八十二，第 1313 页。

③ 此书院不见于史志记载，仅见于季啸风主编：《中国书院史辞典》，浙江教育出版社 1996 年版，第 97 页。

④ 统计数字以民国《福建通志·学校志》为主，参考福州各属县地方志。清代亦同。

清代，福州新建书院 36 所，比闽北延平、邵武、建宁三府新创书院的总和还多出 3 所。① 这说明，清代的福州已经后来居上，成为全省书院文化发展的中心。其原因，仍与书院官学化趋向密切相关。宋代的书院多为私学，创建者往往多把书院建在山野林壑，使书院带有一种浓厚的山林文化教育的色彩。但这仅仅是一种习惯，并没有什么强制性的理由。随着书院官学化的加速，后来这些书院的创建者多为地方行政长官，他们为了便于从政和兼顾讲学，当然不可能也不愿意去服从过去的所谓习惯。因此，在车马喧嚣的市井之中也就有了众多的官办书院。

清代福州最有名的当属四大书院，即鳌峰书院、凤池书院（嘉庆二十二年－1817 年，汪志伊等建）、正谊书院（同治五年－1866 年左宗棠建）和致用书院（同治十二年－1873 年王凯运建）。四大书院创建时间先后不一，其共同特点均为名宦倡建、官方出资，属于全省性的高等学府。其中最具闽学特色的是鳌峰书院。

鳌峰书院始创于康熙四十六年（1707），创建者为仪封（今河南兰考）人氏张伯行。张伯行（1652－1725），字孝先，号敬庵。康熙二十四年（1685）进士，四十六至四十八年（1707－1709）任福建巡抚。他是清初著名的理学家、教育家和出版家，所创鳌峰书院以复兴闽学和振兴书院教育为宗旨。仿效朱熹考亭书院崇先贤之例，在书院内辟五子祠，奉祀宋代理学家周敦颐、二程、张载，以明学统；以朱熹《四书章句集注》《近思录》等理学著作为教材；编《学规类编》二十七卷，将朱熹《白鹿洞书院揭示》列在首卷，作为书院的学规。藏书和刻书是宋、元以来福建书院的传统，但清以前的福州书院却很少有这方面的记载。而鳌峰书院则有"建藏书楼，先后积数万卷"②，以四部分类法收藏，编《鳌峰书院藏书目录》四卷。张伯行还在鳌峰书院刊刻出版了大量的闽学文献。他曾到宋以来的刻书中心建阳，寻访宋元闽学诸

---

① 参拙文《朱子学与闽北书院考述》，《朱子研究》2002 年第 1 期。
② 陈衍等：民国《福建通志·名宦传》卷二十六《张伯行传》，1938 年刊本。

子的著作，"购求宋儒遗书，手为评释、授梓。"① 由他主持编纂的《正谊堂全书》55 种，后有同治五年左宗棠重编本增至 63 种，另有杨浚续刻 5 种，共 68 种 526 卷。其中所收多为朱熹、杨时、罗从彦、李侗、黄榦、真德秀、熊禾、吴海、陈真晟等闽学先贤的著作。张伯行自己编撰的《濂洛关闽书》《学规类编》等 13 种亦收录其中。以篇幅而论，在历代福建书院刻本中，《正谊堂全书》堪称此中之冠，是一部集大成的闽学文献丛书。

鳌峰书院的首任山长蔡璧，是漳浦籍的一位名儒，为弘扬闽学而不遗余力，教导诸生谆谆善诱。后任历届山长诸如蔡世远（璧子）、陈正朔、林枝春、朱仕琇、孟超然、陈寿祺、张甄陶、郑光策、林春溥、郭柏荫等也多为硕学之士。先生为百里挑一，学生也是择优录取。雍正十一年（1733），清世宗下谕令督抚在各省"省城设立书院，各赐帑千两为营建之费"。其中福建唯一得此殊荣的书院就是鳌峰书院。② 谕文还规定：

> 建立书院，择一省文行兼优之士读书其中，使之朝夕讲诵，整躬励行，有所成就，俾远近士子观感奋发，亦兴贤育才之一道也。③

由于鳌峰书院的生源于全省各地择优录取，故其学生也多为品学兼优之士，后来还出现了像童能灵、雷鋐、陈庚焕、林则徐、梁章钜等杰出人物。

清世宗的谕文，使鳌峰书院在福建官学中的地位得以迅速提高，实际上成了当时省内的最高学府。当时与福州鳌峰书院同时得到"赐帑千两"的书院在外省还有 22 所。④ 而与建阳考亭书院一样久负盛名的湖南岳麓、庐山白鹿洞等书院，由于地处偏远，均不在其列。

---

① 陈衍等：民国《福建通志·名宦传》卷二十六《张伯行传》，1938 年刊本。
② 陈衍等：民国《福建通志·学校志》卷一，1938 年刊本。
③ 〔清〕高宗敕撰：《清朝文献通考》卷七十《学校考八》，《万有文库》本，商务印书馆 1936 年版，第 5504 页。
④ 李国钧主编：《中国书院史》，湖南教育出版社 1998 年版，第 781 页。

由此可知，在书院由私学向官学转化的同时，以山林文化为特色的书院文化，其重心也在向都市文化转移。鳌峰书院的崛起，及其在全省最高学府地位的确立，既是福建书院文化的重心向都市转移得以确立的标志，也是历代闽学重镇均在闽北，至清初终于向省会福州转移的标志。

乾嘉时期，自诩为"汉学"的考据学派兴起，其领军人物阮元标榜"崇宋学之性道，而以汉儒经义充之"。① 福州则有其门人陈寿祺与之相呼应。陈寿祺本主宋学，因受恩师阮元的影响而转向汉学。乾嘉学派虽在学界有一定影响，但对崇奉朱子闽学的福州书院冲击并不大。一直到清末废科举，福州的书院方被新式学堂所取代。

（本文载福建省炎黄文化研究会、中共福州市委宣传部编：《闽都文化研究》，海峡文艺出版社 2006 年版）

---

① 〔清〕阮元：《揅经室集》一集卷二《拟国史儒林传序》，中华书局 1993 年版，第 37 页。

黄榦与南宋福州书院文化教育

南宋时期，在福州从事书院教育的学者中，最有成就的是黄榦（1152—1221）。他是朱子的嫡传弟子和一代宗师，长期在福州各大小书院、官学甚至是民居中坚持从事讲学，从而将最准确、最正宗的朱子理学传播到福州，使福州成为后朱熹时代继闽北武夷精舍、建阳考亭之后又一理学中心，并为清前期福州成为全省的书院文化教育中心打下了良好的基础。

一、黄榦与南宋福州书院

无论是家居讲学，还是从政期间，黄榦均能因地制宜，因陋就简，创造条件兴学授徒。故其办学，不拘一格，经济条件许可，就兴官学、创书院；经济匮乏，就建草屋、借民居，作为教学场所。即使从任汉阳知军、安庆知府等职归来，因家贫而借破庙以栖身之时，仍坚持办学，教授生徒，以至"弟子日盛，巴蜀、江、湖之士皆来"[①]，为朱子理学的传播和弘扬，培养了大批人才。

以下将黄榦在福州讲学地点分为书院、官学、民居作一考证。

（一）黄榦在福州创建的书院

据史料记载，黄榦在福州创建了竹林精舍、云谷书楼和高峰书院这三所规模不大的书院。

---

① 〔元〕脱脱等：《宋史》卷四百三十《黄榦传》，第 12782 页。

1. 竹林精舍

庆元二年（1196），黄榦建于福州城东故居。据《勉斋先生黄文肃公文集》后所附《勉斋年谱》（以下简称《勉斋年谱》）引《黄氏世系》云："所居在城东里余，三昧、崇寿两寺之间。"①《黄文肃公世家宗谱》载："竹林精舍，在福州东门外，今浦下村，是勉斋公出生地；勉斋公入闽始祖黄膺公之长子孙都察院三世祖黄宾故居是也。靠近晋安河，门前河边其祖南仲种植六月麻竹。庆元二年丙辰（1196）文公避难于此，讲学于城东故居，门前麻竹高耸，文公故书曰'竹林精舍'。"② 按，此地今仍名浦下。

2. 云谷书楼

在福州乌山法云寺旁，黄榦建于嘉定十二年（1219）五月。嘉定九年（1216）十一月，黄榦从汉阳归，曾假城南乌山法云寺而居。有联自嘲云："投老无家依宝刹，为贫窃粟奉琳宫。"次年春，门人弟子"毕集于法云寓居""为立《同志规约》以示学者"。③ 嘉定十一年（1218）十一月，从安庆归，复寓居于此，并置书局于寓舍，重修《礼书》。次年五月，在法云寓舍之右建书楼，榜曰"云谷"，"以示毋忘文公之训。"④

云谷晦庵草堂，乃朱熹创建于淳熙二年（1175）七月，地点在建阳崇泰里云谷山。黄榦以此命名，是为了时刻不忘先师的教诲，由此也可见二者之间一脉相承的关系。

3. 高峰书院

嘉定十三年（1220）建。在福州怀安县长箕山匏牺原（今晋安区岭头镇江南竺），即今黄勉斋墓旁。黄榦《复黄会卿》书云："去城四十里，入深山中得一埋骨之所。方遣学生辈茸数椽小楼。楼成即移居其中，以待尽耳。"⑤即写于此时。

---

① 〔宋〕陈义和：《勉斋先生黄文肃公年谱》，《勉斋先生黄文肃公文集》，第813页。
② 〔元〕黄少川、〔明〕黄应钦等：《黄文肃公世家宗谱》，志坚堂手稿本。
③ 〔宋〕陈义和：《勉斋先生黄文肃公年谱》，《勉斋先生黄文肃公文集》，第837页。
④ 〔宋〕陈义和：《勉斋先生黄文肃公年谱》，《勉斋先生黄文肃公文集》，第843页。
⑤ 〔宋〕黄榦：《勉斋先生黄文肃公文集》卷十五，第462页。

《勉斋年谱》载："（嘉定）十三年庚辰春，先生躬相丘宅于北山匏牺原，结庐其旁，榜曰'高峰书院'，诸生从学于山间。地在怀安县灵山乡遵化里林洋寺。是年陈师复、潘谦之自莆来会山间，题名在焉。初，先生有意卜居北郊，以近父兄坟墓为安。既得吉兆，喜甚。庐成，名其亭曰'求得正'，阁曰'老益壮'，其轩曰'笑不答'，其泉曰'逝如斯'，安处其中。州郡屡延请讲书，辞不就。一向深入学者，赍粮从于山间云。"而在此之前，因在庆元三年（1197）七月其母叶氏卒，黄榦已在箕山庐居守墓。次年，"诸生从学于箕山庐居。"朱熹《与黄直卿》书四三有"居庐读《礼》，学者自来"[1] 诸语，指的就是黄榦在此时的讲学经历。

（二）黄榦在福州讲学的书院

所谓讲学的书院，指的是这些书院虽非黄榦所创建，但却在其中讲过学，在外地有建阳考亭竹林精舍、白鹿洞书院和东湖书院，在福州则有栗山草堂。

栗山草堂，又名栗山书社，在福州怀安县栗山。庆元五年（1199）冬，黄榦曾至栗山访学友林宪卿（公度）、吴必大等。嘉泰元年（1201）正月，又应林宪卿之邀，在此讲学。黄榦《祭林存斋》云："君与予交最善，又尝致予于其里，以教其族子弟。"[2]《勉斋年谱》记云："诸生从学于栗山草堂，文公诸孙在焉。"[3]"文公诸孙"指的是朱熹的孙子朱钜、朱钧，此外还有栗山林氏的一批子弟。《勉斋文集》卷二十二有《栗山书社祭神文》。

栗山地点何在？黄榦《与郑成叔书》十四云："（榦）决意就栗山之招，然栗山去箕山与城中正相等……"[4] 又《林端仲墓志铭》云："有隐君子曰林公某，字端仲，福州怀安县栗山人。州之山，自北而来者曰雪峰、曰居儒、曰芙蓉，寿山、九峰皆岩谷，嵌牙巅崖，崒律山可喜可愕，栗山当其中。"[5] 由"当""自北而来者"的"州之山"之中可知，栗山应在福州城北。

---

① 〔宋〕朱熹：《晦庵先生朱文公续集》卷一，《四部丛刊》本，商务印书馆1922年版。

② 〔宋〕黄榦：《勉斋先生黄文肃公文集》卷三十六，第740页。

③ 〔宋〕陈义和：《勉斋先生黄文肃公年谱》，《勉斋先生黄文肃公文集》，第823页。

④ 〔宋〕黄榦：《勉斋先生黄文肃公文集》卷七，第384页。

⑤ 〔宋〕黄榦：《勉斋先生黄文肃公文集》卷三十五，第710页。

（三）官学、民居与佛寺

黄榦在各地任地方官时，在政事之暇，注重讲学，做到政教并举。其讲学地点，书院之外，就是各地的州府县学。在福州，则有地处九仙山之麓的闽县县学。闽县县学初建于北宋庆历间（1041－1048）。庆元六年（1200）二月，黄榦从建阳考亭回到福州。"诸生从学于闽县学"，[①] 本月二十一日，率诸生行释菜礼，有《闽县学谒告先圣文》。[②] 三月一日，立定课程读书。不幸的是，三月九日朱熹逝世，噩耗传来，黄榦疾赴建阳奔丧。至建阳即作《与闽县学诸友书》，安排此后之教务。

受资金、场所等条件的困扰，书院、官学之外，黄榦还经常利用民间的一些闲空居所，如斋堂馆舍，乃至佛寺聚徒讲学。据考证，主要有以下几处。

1. 福州登瀛馆、叶氏悦乐堂

绍熙二年（1191）春，黄榦从漳州（时朱熹知漳州）归，时赵汝愚帅闽，将登瀛馆借给黄榦居住，诸生从学于此。不久，即迁至叶氏家塾，黄榦取其堂名"悦乐"。从学门人有林羽、郑成叔等人。见《勉斋年谱》所载。

2. 福州城东寺

绍熙三年（1192）春，诸生从学于此，见《勉斋年谱》所载。城东古寺，又名肖寺，黄榦《与郑成叔书》一云："榦同朋友寓肖寺，终日无来人，乃知山居之乐如此。入城千万枉道下访也。"[③]

3. 福州钟山赵氏馆

绍熙四年（1193）春，黄榦从建阳回到福州，宋宗室赵善绰延聘黄榦为诸子师，馆居于钟山赵氏馆。赵汝腾即此时从学于黄榦。

4. 城南僧舍（神光寺、仁王寺）

庆元二年（1196），诸生从学于此。

庆元五年（1199）七月，又在此教学。《勉斋年谱》载："七月免丧（按：

---

① 〔宋〕陈义和：《勉斋先生黄文肃公年谱》，《勉斋先生黄文肃公文集》，第 822 页。
② 〔宋〕黄榦：《勉斋先生黄文肃公文集》卷二十二，第 534 页。
③ 〔宋〕黄榦：《勉斋先生黄文肃公文集》卷七，第 379 页。

指其母丧），遂迁朋友于城南。八月朔日始课诸生，日讲《易》一卦，《孟子》两版。休日毕集于僧舍，设汤饼供迭请，五六人复讲，不通者，罚。从容终日而罢。"①

嘉泰二年（1202）九月，在城南乌石山寺讲学，并尝修《仪礼》。《勉斋年谱》载："先创书局于神光寺，又移仁王寺，皆李筠翁先生寓居也。先生以书招郑文通入书局。"② 其时，读书修礼之人有友人刘砺、门人郑维忠、潘微茂、郑成叔等。据弘治《八闽通志》卷七五载，神光寺在乌石山之麓。始建于唐大历三年（768），原名金光明院。大中三年（849），监军孟彪构亭凿池其间，号南庄。五年（851），唐宣宗赐额"神光寺"。仁王寺则在神光寺之右，建于五代晋天福三年（938）。

5. 箕山庐居

庆元三年（1197）七月，其母叶夫人卒，葬于福州怀安县长箕山，与其父合葬。黄榦因在墓侧结庐守孝。次年，诸生纷纷来此从学。林仲则二子即于此时从学。《林仲则二子名字序》云："庆元戊午，予屏居箕山，林仲则二子曰武曰庚，自栗山来从予游。"③

6. 新河旧居

在今福州朱紫坊、花园弄。绍熙二年（1191）春，黄榦从漳州归，《勉斋年谱》已有"朋友生徒会于新河旧居"④ 的记载。在庆元五年（1199）条下，又云："诸生从学于新河所居。文公遣其诸孙来执经。"⑤ 按，此地于明代为叶向高之宅，现为叶向高故居。

7. 福州城南法云僧舍、城东张氏南园

嘉定九年（1216）十一月，黄榦从汉阳归，因求学之士甚多，家居狭窄，曾借于山法云寺僧舍三间作学舍，撰联自嘲云："投老无家依宝刹，为贫窃粟

---

① 〔宋〕陈义和：《勉斋先生黄文肃公年谱》，《勉斋先生黄文肃公文集》，第822页。
② 〔宋〕陈义和：《勉斋先生黄文肃公年谱》，《勉斋先生黄文肃公文集》，第823页。
③ 〔宋〕黄榦：《勉斋先生黄文肃公文集》卷十九，第504页。
④ 〔宋〕陈义和：《勉斋先生黄文肃公年谱》，《勉斋先生黄文肃公文集》，第817页。
⑤ 〔宋〕陈义和：《勉斋先生黄文肃公年谱》，《勉斋先生黄文肃公文集》，第821页。

奉琳宫。"意思是年老还乡无家可居借住在佛寺中，家贫而到庙宇之中偷一把米。

《勉斋年谱》云："时参政卫公泾帅闽，龙图陈公孔硕为参议官，知先生无家，帖法云西庑数间，权为居止。义和与今知院陈公共相经理。"① 黄榦《答林公度》书十二云：

> 榦以先间为侄辈占住，无所栖息，偶帅参相会，以南法云僧堂见遗。见障织居，止其前有园可以开门，从大路出入，不与髡徒相干涉。其侧即万岁诸刹，幽静，最摈弃者所宜处也。②

《与郑成叔》二十二云："榦投老来归，先庐无可栖宿之地，得法云寺僧庐数间，葺治居之，今已安如山矣。"③ 次年春"朋旧生徒毕集于法云寓居。先生为立《同志规约》，以示学者"④。

法云寺，又名南法云寺，在闽县九仙山。始建于五代后唐清泰元年（934），原名地藏通文寺。北宋大中祥符间（1008－1015）宋真宗赐额"南法云寺"。其侧有万岁寺。见弘治《八闽通志》卷七五《寺观志》所载。嘉定十一年（1218）九月，黄榦从安庆归，复寓于法云僧舍。"重修《仪礼经传续卷》，置局于寓舍之书室，及城东张氏南园，四方生徒会聚讲学。"⑤

8. 补山精舍

在福州于山，建于北宋时期，是佛家接待达官贵人、迎来送往的场所。嘉定十三年（1220），黄榦曾率门人赵师恕等在此讲学，又率门人、乡党友人在此习乡饮酒仪。此为黄榦为修《礼书》的一次演习，也是他以古礼来移易

---

① 〔宋〕陈义和：《勉斋先生黄文肃公年谱》，《勉斋先生黄文肃公文集》，第836－837页。
② 〔宋〕黄榦：《勉斋先生黄文肃公文集》卷十二，第439页。
③ 〔宋〕黄榦：《勉斋先生黄文肃公文集》卷七，第385页。
④ 〔宋〕陈义和：《勉斋先生黄文肃公年谱》，《勉斋先生黄文肃公文集》，第837页。
⑤ 〔宋〕陈义和：《勉斋先生黄文肃公年谱》，《勉斋先生黄文肃公文集》，第842页。

民俗的一次尝试。黄榦《文集》中，有《赵季仁（师恕）习乡饮酒仪序》，即为此而作。

9. 福州于山嘉福僧舍

嘉定十二年（1219），从法云寺寓舍移居此地。《年谱》载："先生以法云寓居迫狭，无以容朋友，更辟草舍三间于门侧。先生坐卧寝食其间。至是诸生来者寖多，又不能容。乃假嘉福寺居之。"[①] 按，嘉福寺，建于北宋大中祥符四年（1011），见弘治《八闽通志》卷七五《寺观》所载。

（四）黄榦后学在福州创建的书院

黄榦去世后，其后学在他曾经讲学过的地方创建书院，用以教育诸生，纪念黄榦。仅在福州，就有竹林精舍、鳌峰精舍、勉斋书院等若干处。

1. 竹林精舍

在长乐县十一都青山村，此为黄榦祖居之地。此精舍创建年代不详，民国《福建通志·名胜志》卷三上载为"宋黄寺丞榦讲学处，朱子书额"。[②] 但不见《勉斋文集》和《年谱》记载，应亦后人为纪念黄榦而建。

2. 鳌峰精舍

在福州于山，由黄榦门人建于宝庆三年（1227），因黄榦福州城东故居有鳌峰而得名。嘉定十二年（1219），黄榦曾借于山嘉福寺以课诸生。黄榦逝世后，其弟子建此以祀先生。《勉斋年谱》载："理宗宝庆三年丁亥（1227），诸生祠先生于鳌峰精舍。即嘉福僧舍旧日从游之地。瓜山潘柄与门人杨复、陈宓等众议，儒释难与共处，遂卜其地于鳌峰之趾不远，先生平日读书息游之所，诸生捐金，得提干李氏之旧宅，东至龟石祠，西至池南至妙严，北至陈给事（宅）。规模形胜，仿佛武夷、白鹿之意存焉。"[③] 黄榦学友建昌李燔为撰《鳌峰精舍祠堂记》，文载《勉斋集·附集》。

---

① 〔宋〕陈义和：《勉斋先生黄文肃公年谱》，《勉斋先生黄文肃公文集》，第 842 页。
② 沈瑜庆、陈衍：《福建通志·名胜志》卷三，1938 年刻本。
③ 〔宋〕陈义和：《勉斋先生黄文肃公年谱》，《勉斋先生黄文肃公文集》，第 864 页。

3. 勉斋书院

在福州于山，元至正十九年（1359）始建，次年八月建成。民国《福建通志·学校志》卷一载：

> 勉斋书院，在鳌峰麓，归为勉斋先生黄榦宅，门人学士赵师恕即其故居拓为精舍。元至正十九年建为书院。堂曰"道源阁"，曰"云章堂"。后叠石为山，曰"小鳌峰"。贡师泰有记。[①]

按，贡师泰记文名《勉斋书院记》，文载贡师泰《玩斋集》卷七，又见弘治《八闽通志》卷八十二。据记文所载，书院建筑应为道源堂、云章阁，以皇太子直金手书"麟凤龟龙"四大字刻置其上。有凝道、尊德二舍，"栖士有舍，待宾有馆，燕休有室，更衣有次，庖湢库庾，各有其所"[②]，另拨学田150亩以供赡养，命儒士张理为山长。

4. 勉斋书院

在福州城南乌石山，明洪武八年（1375）建。宋庆元二年至嘉泰二年（1196－1202），黄榦曾数度在乌石山讲学，并借此山僧舍修《礼书》。后人即其旧址建勉斋书院。民国《福建通志·名胜志》卷二上云："黄幹（榦）修三礼处，在乌石山西麓。中有黄榦手书'修三礼处'石刻。明洪武八年即其地建为勉斋书院。见《乌石山志》。"[③]

二、黄榦在福州的门人与教学实践

作为朱熹逝世后考亭学派中最有成就的教育家，黄榦的门人弟子也同朱熹一样，遍布东南各地。其门人陈宓说："（先生）晚岁得闲归三山，生徒云

---

① 沈瑜庆、陈衍：《福建通志·名胜志》卷一，1938年刻本。
② 〔元〕贡师泰：《玩斋集》卷七，《景印文渊阁四库全书》第1215册，第616页。
③ 沈瑜庆、陈衍：《福建通志·名胜志》卷二，1938年刻本。

集。"①《宋史·黄榦传》载其晚年归里讲学，"弟子日盛，巴蜀、江、湖之士皆来，编《礼》著书，日不暇给。"②《勉斋年谱》载其逝世，"门人弟子执绋者二百余人。"③ 此虽为一约数，但已大体反映了其及门弟子之多。若加上黄榦在外省宦游之时及门从学而不及赴闽吊丧者，则应不下于三百人。

据《勉斋集》所载，参以《宋元学案·勉斋学案》以及各有关地方志书的记载，迄今有姓名可考的，从学黄榦于福州的门人，福州籍的有永福林学蒙、闽县郑文通、赵汝腾、郑忠亮、潘徽、黄振龙、林观过、郑元肃、赵师恕、陈仍、张元简、郑适、林子牧、林子敿，怀安林学之、林行之，侯官陈义和、陈象祖，长乐陈如晦、李晦，闽清黄师雍等；外地的有建阳有朱钜、朱钧，宁德郑师孟、福安杨复；外省有四川眉山李武伯、家摘，湖南岳阳方暹等。

黄榦在福州的书院教学实践，为闽学的传播和弘扬，培养了大批人才，也为宋末元初朱子理学的北传奠定了坚实的基础。

黄榦授徒，其指导思想极为明确，一为传道，二为卫道。

所谓传道，即传播和继承孔孟儒学和程朱理学思想，以期发扬光大。他对那些从学名师，仅为沽名钓誉者深恶痛绝，故常对门人说：

> 先生弃诸生，微言不绝者如线。向来从游之士，一旦失所畏慕，则汩没于利欲海中，鲜有能自拔者。④
>
> 盖有同堂合席终日问酬，退而茫然者多矣。仆固不肖，窃诚痛之。⑤

所以，寻找"真能任道者"就成了黄榦在各地讲学时念念不忘的要务。一旦

---

① 〔宋〕陈义和：《勉斋先生黄文肃公年谱》，《勉斋先生黄文肃公文集》，第 843 页。
② 〔元〕脱脱：《宋史》卷四百三十《黄榦传》卷四百三十，第 12782 页。
③ 〔宋〕陈义和：《勉斋先生黄文肃公年谱》，《勉斋先生黄文肃公文集》，第 845 页。
④ 〔宋〕黄榦：《勉斋先生黄文肃公文集》卷十五《复饶伯舆》书二，第 465 页。
⑤ 〔宋〕黄榦：《勉斋先生黄文肃公文集》卷十五《复林自知》，第 467 页。

遇到他所认可的可造之才，往往掩盖不住他的喜悦之情而大加赞赏。福安杨复、岳阳方遖、眉山李武伯、家摭、余干饶鲁、莆田陈宓等，都是他生平最得意的弟子。

所谓卫道，即捍卫孔孟、程朱的儒学传统。"庆元党禁"的凄风苦雨，给考亭学派的传人留下了沉重的创伤，也在黄榦的心中留下了挥之不去的阴影。"辂孙不知记得外翁否？……愿他似此狮子，奋起哮吼，令百兽脑裂也。"① 这是朱熹写给黄榦的一封书信中所言，也寄托了朱熹希望后来者能够具备"令百兽脑裂"的勇猛的卫道精神。故黄榦在各地招收弟子，是否具备卫道精神也是他的重要标准之一。他说：

> 自先师梦奠以来，向日从游之士，识见之偏，义利之交战，而又自以无闻为耻，言论纷然，诳惑斯世。又有后生好怪之徒，敢于立言，无复忌惮，盖不徒七十子尽没，而大义已乖矣。由是私窃惧焉，故愿得强毅有立，趋死不顾利害之人相与出力而维护之。……倘得十数人者，讲之精，行之果，皆如干将莫邪，则立之而足以拥卫吾道，使外邪不能犯用之，而邪说诐行肝碎胆裂，庶几日月之明，犹未至于浮云之点翳也。②

这是他对同道陈韡在一封书信中吐露的心迹。所以，他对真德秀、陈宓等不畏强权，敢于秉书直言的作风大为赞赏，认为"此二公异日所就，又当卓然，真护法大神也。先师没，今赖有此者，可喜可喜"③。

在教学实践中，黄榦除了将朱熹在建阳考亭书院成功的教学经验如崇祀学派先贤、教学与研究相结合、知志行结合等方法引入福州书院外，还着重强调学者要以立志为先，认为"学道如登山"，不可"半途而遂废"，教导弟

---

① 〔宋〕朱熹：《晦庵先生朱文公文集·续集》卷一《答黄直卿》，《四部丛刊》本。
② 〔宋〕黄榦：《勉斋先生黄文肃公文集》卷十五《与子华书》，第460页。
③ 〔宋〕黄榦：《勉斋先生黄文肃公文集》卷三《与李敬子》书二六，第349页。

子应"循序而渐进，自强而不息"。①

同时，他还根据弟子居住地的不同长短距离，制定《同志斋规》。《勉斋年谱》嘉定十年（1217）条下载：

> 春，朋旧生徒毕集于法云寓居，先生为立《同志规约》以示学者。《同志规约》以每日告读一经一子一史，而以《论语》《周易》《左传》为之首。日记所读多寡，所疑事目，并疏于簿。在郡者月一集，五十里外者季一集，百里外者乡一集。每集告以所记文字，至与师友讲明而问难之。大要欲明义利之分，谨言行之要，以共保先师遗训之意。②

由此文可知，黄榦在福州的弟子，既有"在郡者"即福州城内，也有"五十里外"，甚至"百里"之外，依据这样的距离大约可知，其弟子应遍布福州辖区内外的近郊各县。《规约》约定在不同时期、不同课程的合理安排，这就在教学方法、组织方法上，对朱熹所传既有所继承，又有新的发展。

三、黄榦在福州讲学的影响

黄榦在各地讲学，影响最大的一是推动了朱子理学的北传，二是论定了朱子的道统地位。笔者在《朱门颜曾——黄榦》一文早有论述（见前），在此略过不表，而是仅就对福州地区的影响作一阐述。

黄榦在福州讲学，将最准确、最正宗的朱子学传播到福州，使福州成为在朱熹身后继武夷精舍、建阳考亭之后又一理学中心，为清前期福州成为全省的书院文化教育中心打下了良好的基础。

众所周知，最能代表朱熹理学思想的著作是《四书章句集注》，朱熹逝世后，为便于后学正确理解这部经典，黄榦在福州除了撰写《论语通释》，取朱

---

① 〔宋〕黄榦：《勉斋先生黄文肃公文集》卷十八《陈师复仰止堂记》，第497页。
② 〔宋〕陈义和：《勉斋先生黄文肃公年谱》，《勉斋先生黄文肃公文集》，第837页。

熹的《论语集注》《论语集义》《论语或问》三书所注，对未尽之处加以阐发之外，还对《四书章句集注》进行断句，即所谓"句读"；为了将《集注》中的重点显示给读者，他还把文中的重点语句进行划线，在古籍版本中，称为"点抹"或"标抹"。

元程端礼《读书分年日程》载：

> 师授本日正书，假令授读大学正文、章句、或问共约六七百字或一千字，须多授一二十行，以备次日。或有故及生徒众，不得即授书，可先自读，免致妨功。先计字数，画定大段，师记号起止于簿，预令其套端礼所参馆阁校勘法，<u>黄勉斋、何北山、王鲁斋、张导江及诸先生所点抹四书例</u>，及故王鲁斋《正始音》等书点定本，点定句读圈发，假借字音，令面读子细正过，于内分作细段，随文义可断处，多不过十句，少约五六句，大段约千字，分作十段或十一二段，用朱点记于簿。①

明杨士奇《东里续集》卷十七有两则《四书集注》的跋文，其一说：

> 右《四书集注》，其句读、旁抹之法，兼取勉斋黄氏、北山何氏、鲁斋王氏、导江张氏诸本之长。宣城张师曾为之参校，加以音考，盖今最善本也。

其二曰：

> 右《四书集注》三册，刻板在鄞。句读一用黄勉斋法，又有熊勿斋标题，便于学者，盖善本也。②

---

① 〔元〕程端礼：《读书分年日程》卷一，《景印文渊阁四库全书》第 709 册，第 472 页。
② 〔明〕杨士奇：《东里续集》卷十七，《景印文渊阁四库全书》第 1238 册，第 584 页。

文中何北山即何基，王鲁斋即王柏，张导江是张颖。何北山为勉斋弟子，王鲁斋为北山弟子，导江则出自鲁斋门下。四人为一脉相承的师承关系。

黄榦在跟随朱熹"日侍左右"的数十年中，对《四书集注》的"纂集考订之功居多"①。正如他的弟子陈宓所说："先生弱冠从文公游者三十余年，未尝不执经在左右，其去取之论，无不与闻。"② 由他来对这部经典进行"句读"和"标抹"，无疑是最合适的人选。标抹注释之法，据称是始于南宋著名学者吕祖谦。据陈振孙著录："《古文关键》二卷，吕祖谦所取韩、柳、欧、苏、曾诸家文，标抹注释以教初学。"③ 实际上，朱熹对此方法更有自己的体会，他说：

> 某少时为学，十六岁便好理学，十七岁便有如今学者见识。后得谢显道《论语》，甚喜，乃熟读。先将朱笔抹出语意好处；又熟读得趣，觉见朱抹处太烦，再用墨抹出；又熟读得趣，别用青笔抹出；又熟读得其要领，乃用黄笔抹出。至此，自见所得处甚约，只是一两句上。却日夜就此一两句上用意玩味，胸中自是洒落。④

谢显道即上蔡谢良佐（1050—1103），与游酢、吕大临、杨时号称程门四先生。他的《论语说》对青年朱熹曾有过重要影响。在上文中，朱熹向他的学生传授了以有色笔标抹图书，以"得其要领"的方法。

正如朱熹将"标抹"之法用在谢显道的《论语说》上，黄榦则将此法应用在朱熹的《四书集注》中，目的显然也是为了方便初学者，能抓住要点、重点，以"得其要领"。

黄榦在福州讲学，推动了福州书院的发展，也为福州的儒学教育培养了

---

① 〔宋〕朱熹：《晦庵先生朱文公续集》卷一，《四部丛刊》本。
② 〔宋〕黄榦：《勉斋先生黄文肃公年谱》，《勉斋先生黄文肃公文集》，第843页。
③ 〔宋〕陈振孙：《直斋书录解题》卷十五，徐小蛮等点校，中华书局1987年版，第451页。
④ 〔宋〕黎靖德编：《朱子语类》卷一百一十五，第2783页。

一批在当时最有影响的学者，如杨复、赵师恕等。

杨复，字志仁，一字茂才，号信斋，福安人。明朱衡《道南源委》卷三载其为"朱子门人，后又受业于黄勉斋。劲特通敏，考索最精"。杨复从学于朱熹，时在绍熙四年（1193），地点在建阳考亭，见拙文《朱熹考亭沧洲精舍门人考》。①朱熹逝世后，又从黄榦学，《勉斋集》卷十一有《复杨志仁》书十三通，内容以论学为主，间及政事。

杨复是黄榦编纂《礼书》的得力助手。朱熹晚年，将丧、祭二礼委托给黄榦编纂，庆元三年（1197），黄榦写出初稿，得到朱熹的认可和赞许。但《丧礼》部分最终完成于嘉定十三年（1220），而《祭》礼的最终完稿者，则是其门人杨复。此即南宋赵希弁《郡斋读书附志》著录的《仪礼经传通解续纂祭礼》十四卷。文称"右朱文公编集，而丧、祭二礼未成，属之勉斋先生。勉斋既成《丧》礼，而《祭礼》未就，又属之信斋。信斋据二先生稿本参以旧闻，定为十四卷，为门八十一"②。此书之外，杨复还有《仪礼图解》十七卷、《家礼杂说附注》二卷等著作。

赵师恕，字季仁，闽县人，宋太祖赵匡胤第九世孙。嘉定八年（1215）官浙江余杭令，绍定五年（1232）知袁州事，端平元年（1234）以朝请大夫、直徽猷阁知南外宗正司事，主管外居泉州宋宗室宗子的属籍、教育、赏罚等事。他曾从学于朱熹，后复从黄榦学。

赵师恕在黄榦的指导下，为传播朱熹的思想做出了贡献。嘉泰元年（1201），他在官广东潮阳尉时，就曾刻印朱熹的《大学章句》，黄榦为之写序，题为《书晦庵先生正本〈大学〉》③。所谓"正本"，是说此书乃朱熹晚年的定本，与早年未定之本有别。嘉定九年（1216），官浙江余杭令时，又刻印朱熹的《家礼》一书，黄榦又为之撰《书晦庵先生〈家礼〉》④一文。

---

① 方彦寿：《朱熹书院与门人考》，第190—191页。

② 〔宋〕赵希弁：《郡斋读书附记》卷五（上），《四部丛刊三编》，商务印书馆1936年版。

③ 〔宋〕黄榦：《勉斋先生黄文肃公文集》卷二十，第510页。

④ 〔宋〕黄榦：《勉斋先生黄文肃公文集》卷二十，第513页。

将朱子的学说从书本向生活转化，向形态化的社会文化转型，是黄榦传播朱子学的特点，当然，也是他在福州讲学的重要特点。赵师恕则是这一理念的重要实践者。他在任余杭令时，就曾以朱子的礼学来移风易俗。嘉定十三年（1220）五月，又在福州"率乡党朋友习乡饮酒仪于补山，先生（黄榦）以上僎临之"①。故黄榦又于其年六月有《赵季仁习乡饮酒仪序》一文。他将高奥艰深的朱子学说，与民众日常生活习俗相结合，以此向民间普及，故其师黄榦对他有"宦不达而忘其贫，今不合而志于古"②的评价。文中的补山，即福州于山的补山精舍，本为佛家接待达官贵人、迎来送往的场所。赵师恕邀请黄榦率门人在此讲学，又率门人、乡党友人在此习乡饮酒仪，实为黄榦为修《礼书》的一次演习，也是其以古礼来移易民俗的一次尝试。而将补山精舍作为讲学之所，则又是朱学门人继承朱熹在理论上的"斥佛老、一天人"，并将此转化为在物质形态上的与佛教争夺教学阵地的一种尝试。

黄榦逝世后，在赵师恕的倡议下，与其同门师友杨复、陈宓，黄榦之子黄辂等择地在于山鳌峰之麓，在黄榦平日读书讲学之处重建扩修鳌峰精舍。此为福州历代以"鳌峰"命名的书院中，第一所真正意义上广招弟子、从事理学教育的书院，开清代张伯行建鳌峰书院之先河。

四、结语

不管是在朱熹，还是在黄榦生活的年代，书院教育都没有被列入官学的教育体系之中，而是以与官学相抗衡的私学形态活跃在民间。本来，黄榦在从安庆知府任上退休回到福州后，他的退休金应可以支持他安享晚年，然而，为了将朱子学发扬光大，他选择了一条充满艰难困苦的道路，即便在"先闾为侄辈占住，无所栖息"的困境下，"投老无家依宝刹"，居古寺，借民居，建精舍，于是，福州城东寺、城南僧舍、补山精舍、于山嘉福僧舍等寺宇，叶氏悦乐堂、登瀛馆、箕山庐居、新河旧居和钟山赵氏馆等民居，就成了黄

---

① 〔宋〕陈义和：《勉斋先生黄文肃公年谱》，《勉斋先生黄文肃公文集》，第 844 页。
② 〔宋〕黄榦：《勉斋先生黄文肃公文集》卷十九，第 508 页。

榦师生传道授业的课堂。正是在这一点上，我们甚至可以说，黄榦的福州书院教学实践和他对朱子学的执着传播，可以说是前无古人，在后来者中，也是不多见的。也正因如此，清雍正二年（1724），黄榦入祀孔庙，成为福州历史上唯一获此殊荣的理学家。

黄榦在福州各大小书院、官学甚至是民居中坚持讲学，从而将最准确、最正宗的朱子理学传播到福州，使福州成为后朱熹时代继闽北武夷精舍、建阳考亭之后又一理学中心，并为清前期福州成为全省的书院文化教育中心打下了良好的基础。

南宋后期，福建书院逐渐脱离私家办学的轨道，走向官学化的历史进程。这实际上是以朱熹为代表的理学家为之长期奋斗而追求的目标。宋端平年间（1234－1236），福州邻郡南剑州的延平书院获宋理宗赐额，成为福建第一所皇家承认，并予以坚决支持的官办书院。这所书院虽然不在福州，但这所书院的创建者，就是黄榦的弟子陈宓。历经元明两代，入清以后，在黄榦讲学的鳌峰精舍旧址上，重新崛起了鳌峰书院，福州一跃而成为全省书院文化教育的中心。这其中，与福州书院的先行者黄榦披荆斩棘的历史功绩，及其所奠定的基础应该是密不可分的。

（本文系 2012 年 6 月"闽都教育与福州发展"学术研讨会参会论文，载《闽江学院学报》2012 年第 6 期；赵麟斌主编：《闽文化的精神解构》选载，上海交通大学出版社 2015 年版）

黄榦讲学地点考

在朱子门人中，黄榦是朱熹之后最有成就的教育家。无论是家居讲学，还是从政期间，黄榦均能因地制宜，因陋就简，创造条件兴学授徒。故其办学，不拘一格，经济条件许可，就创书院、兴官学；经济匮乏，就建草屋，借民居，甚至破庙，作为教学场所。安贫乐道，是宋代理学家们所共同遵守的信条。到了黄榦，则可以说是发挥到了极致。他毕生谨守父兄廉勤之训，坚持"但能守箪瓢，何事不可为"的信念，即使从任安庆知府等职归来，因家贫无屋可居，借破庙以栖身之时，仍坚持办学，教授生徒，以至"弟子日盛，巴蜀、江、湖之士皆来"①，为朱子理学的传播和弘扬，培养了大批人才。

本文拟对黄榦的讲学作一较为全面、细致的考证，主要分为书院、官学、民居三个部分。

一、书院

这一部分主要包括黄榦创建的书院、讲学的书院，以及在其讲学之地后人所建的书院三个方面。

（一）黄榦创建的书院

1. 潭溪精舍

庆元二年（1196），黄榦建于建阳崇泰里莒潭河坝。嘉靖《建阳县志·学

---

① 〔元〕脱脱等：《宋史》卷四百三十《黄榦传》，第 12782 页。

362

校志》载："潭溪书院在崇泰里。黄勉斋从朱子读书潭溪，构草堂曰精舍。嘉靖八年（1529）知县薛宗铠改为书院。"文中对书院创建的具体年代缺乏记载。明末著名学者晋江何乔远曾于崇祯四年（1631）到建阳潭溪书院，写下了《潭溪书院记》一文。文称"祠创于宋宁宗庆元二年。曩朱子往来云谷，先生构草堂为憩息之所，文公扁曰'潭溪精舍'，盖此地名也"①。

2. 竹林精舍（参本书《黄榦与南宋福州书院文化教育》一文，此略。）

3. 峨峰书院

嘉定元年到四年（1208－1211）二月，黄榦任临川知县时所建。光绪《抚州府志》卷三十三《学校志》载："峨峰书院，在府城之南，青云峰之左。宋嘉定间参政李璧捐俸，同知县黄榦建。以讲堂面峨峰，故名。即铜山，唐天宝中赐名'峨峰'者是也。"②南宋翰林学士王克勤曾为撰记。元末毁于兵火，莽为邱墟。③

4. 凤山书院

嘉定八年（1215），黄榦任湖北汉阳知军时所创，建成于本年十一月，地点在汉阳军学之后凤栖山。同时建成的，还有五先生祠，祀奉周敦颐、二程、游酢和朱熹，并撰《汉阳军学五先生祠堂记》。明提学副使陈凤梧有记文说："（勉斋先生）暇则亲诣于庠，为诸生讲论，有《孟子要旨》二十条，皆示人以为学之关键。又于凤栖山为屋，以馆四方之士。立周、程、游、朱四先生祠，以风励之。"④《勉斋年谱》记其在汉阳"五日一下学，劝课诸生，讲诵躬督教之"。又云："某行且一考，秋间方整顿学校。遇一、六日下学，与士友讲说，且课其读《论语》，使之自讲大义。湖外士子却质直可喜。且开其路，

---

① 〔明〕何乔远：《潭溪书院原记》，《敕建潭溪书院黄氏宗谱》，清光绪元年（1875）印本，叶2A。

② 〔清〕许应鑅等：光绪《抚州府志》卷三十三之二，台北成文出版社1975年版，第540页。

③ 李国钧等：《中国书院史》，湖南教育出版社1998年版，第223页。

④ 〔明〕戴金、朱衣等：嘉靖《汉阳府志》卷四《庙祀志》，《天一阁藏明代方志丛刊》，叶2B。此将二程误为一人，故称"四先生祠"。

异日亦当有兴起者耳。"①《勉斋集》中所载，有《跋南康胡氏乡约》，文末署"嘉定乙亥四月晦日书于凤阳书院"；有《书东莱吕先生寄李文简手帖》，末署"嘉定乙亥长至后一日后学黄榦敬书于凤山书院"。

5. 环峰精舍

原在建阳考亭书院黄榦寓舍旁，草创于嘉定九年（1216）。《勉斋年谱》载："嘉定九年闰七月，新作草堂三间于考亭之寓舍，名以'环峰'，以毋忘御史之遗训。"此精舍在当地又被称为"勉斋草堂"。嘉靖《建阳县志》卷七《古迹》载："勉斋草堂，在三贵里考亭之西。宋庆元六年朱熹卒，门人勉斋黄榦率诸生建草堂服丧，废址犹存。"②嘉熙年间（1237－1240），宋理宗为表彰理学，敕令中书舍人李忠转谕建安令邓质择地重建。于是，环峰精舍从考亭迁至县坊西清巷。淳祐四年（1244），新书院落成，宋理宗御书匾额为"环峰书院"。元至正二十二年（1362），环峰书院毁于兵火。明正德十六年（1521），经黄榦裔孙黄瀄等提请，福建提学胡铎等批准，次年由建阳知县邵豳主持书院重建事宜。此时，因西清巷的书院旧址已建县署，故又将新址改在水东妙高峰。③

6. 云谷书楼（参本书《黄榦与南宋福州书院文化教育》一文，此略。）

7. 高峰书院（参本书《黄榦与南宋福州书院文化教育》一文，此略。）

（二）黄榦讲学的书院

所谓讲学的书院，指的是这些书院虽非黄榦所创建，但却在其中讲过学，计有建阳考亭竹林精舍、白鹿洞书院、东湖书院、栗山草堂四所书院。

1. 建阳考亭竹林精舍

朱熹于绍熙三年（1192）创建的书院，后更名为沧洲精舍。庆元三年

---

① 〔宋〕陈义和：《勉斋先生黄文肃公年谱》，《勉斋先生黄文肃公文集》附录，《北京图书馆古籍珍本丛刊》本，第835页。

② 〔明〕冯继科、朱凌：嘉靖《建阳县志》卷七《古迹》，《天一阁藏明代方志丛刊》本，上海古籍书店1962年版，叶1B。

③ 〔明〕毛宪：嘉靖《建阳县志》卷六《环峰书院记》，《天一阁藏明代方志丛刊》本，叶45A—47A。

（1197），朱熹曾为黄榦"筑室于考亭新居之旁"。庆元五年（1199）十一月，黄榦携妻小迁居于此。朱熹在世时，已有请黄榦在此"挂牌秉拂"之意。绍熙四年（1193），黄榦就曾在书院代师授课，为南城包扬等生徒十四人宣讲《论语·有子》章。① 嘉定九年（1216）四月，黄榦从汉阳归，诸生云集于此听黄榦讲学。有《竹林精舍祠堂讲义》，见《勉斋集》卷二四。这年六月，为考亭陈履道《先坟庵额大字》《辩诬卷》作跋，文末分别署"嘉定丙子六月既望长乐黄榦书于竹林精舍"和"嘉定丙子六月既望里人黄榦书于竹林精舍"。②

2. 隆兴东湖书院

嘉定五年（1212）五月，黄榦任江西新淦县令。时学友杨楫任江西运判，延请黄榦讲学于隆兴（治所在今江西省南昌市）东湖书院。黄榦为诸生讲解《中庸》第四章。有《隆兴东湖书院讲义》，见载《勉斋集》卷二十四。文中对江西二陆提倡不读书，"学可以不讲而一蹴可以至于圣贤之域"提出了尖锐批评，认为近年士风之陋与此有关。

3. 南康白鹿洞书院

南宋四大书院之一。淳熙六年（1179），朱熹知南康军时修复，执教其中。嘉定十一年（1218）六月，黄榦从安庆归，途次庐山，寓居栖贤寺，在此撰写了《中庸总论》一文。③ 又至书院讲学，有《南康白鹿书院讲义》④《庐山问答》（疑佚）等。而在此前（嘉定十年，1217），因朱熹三子朱在以大理寺正知南康，又重修了白鹿洞书院，黄榦曾为之撰写《南康军新修白鹿书院记》。⑤

4. 栗山草堂（参本书《黄榦与南宋福州书院文化教育》一文，此略。）

（三）后人所建的书院

这一部分所录，指的是后人在黄榦讲学过的地方创建书院，用以教育诸

---

① 〔宋〕黎靖德编：《朱子语类》卷一百一十九，第2867页。
② 〔宋〕黄榦：《勉斋先生黄文肃公文集》卷二十，第514页。
③ 〔宋〕黄榦：《勉斋先生黄文肃公文集》卷二十三，第548页。
④ 〔宋〕黄榦：《勉斋先生黄文肃公文集》卷二十四，第560页。
⑤ 〔宋〕黄榦：《勉斋先生黄文肃公文集》卷十八，第495页。

生、纪念黄榦。

1. 竹林精舍（参本书《黄榦与南宋福州书院文化教育》一文，此略。）

2. 鳌峰精舍（参本书《黄榦与南宋福州书院文化教育》一文，此略。）

3. 高峰书院

在临江军新淦县城东。同治《临江府志》卷六《坛庙志》载："（新淦）黄勉斋祠。祀宋县令黄幹（榦）。旧在治东门外，即高峰书院。屡经迁建，今在尊经阁左。"[①] 此仅言迁建而不提原建，殆原建者及年代不明之故。《江西通志》卷二十一载："高峰书院，在新淦县治东，宋县令黄勉斋建。明嘉靖元年知县田邦杰重修。知府徐问有记。"[②] 此则明确提出系黄榦所建。李国钧先生主编的《中国书院史》认为系黄榦于嘉定六年（1213）官新淦令时所建。[③] 按，此高峰书院实际上并非黄榦创建，而是宋咸淳间（1265－1274）县令程西渠飞卿为纪念黄榦的历史功绩而建。元程钜夫《雪楼集》卷十一有《高峰书院记》载此甚详，节略于后：

> 高峰者，勉斋黄先生晚年所以名斋也。宋嘉定癸酉（1211），勉斋宰新淦，六十年间，流风未泯也。咸淳癸酉（1273），先叔父西渠公实来为政，一以勉斋为法，致其尊慕，以示风厉。于是捐俸钱三百缗，市曾氏宅一区为高峰书院。墍屋壁建门庑，堂设勉斋像。朱子而上，别有祠。岁十一月，合九乡之士行乡饮酒礼，至者二百七十有五人。延致徽庵程先生若庸为诸生讲说。一时文物之盛，观听之新，远近相传，以为希阔殊尤之举。……[④]

---

① 〔清〕德馨、朱孙诒等：同治《临江府志》卷六《坛庙志》，台北成文出版社 1970 年版，第 84 页。

② 〔清〕谢旻等：雍正《江西通志》卷二十一，《景印文渊阁四库全书》第 513 册，第 700 页。

③ 李国钧等：《中国书院史》，第 223 页。

④ 〔元〕程钜夫：《雪楼集》卷十一《高峰书院记》，《景印文渊阁四库全书》第 1202 册，第 140 页。

4. 勉斋书院（在福州于山，参本书《黄榦与南宋福州书院文化教育》一文，此略。）

5. 勉斋书院（在福州城南乌石山，参本书《黄榦与南宋福州书院文化教育》一文，此略。）

6. 皖山书院

在安徽潜山县（安庆附廓之县），建于明嘉靖间（1522－1566）。光绪《安徽通志》卷九十二《学校志·书院》载："潜山县皖山书院，在舒王台上，即天宁寺故址。中为明诚堂，东西皆为书舍。明嘉靖间知府胡缵宗、知县尹许岩建。以程、朱二子皆尝至潜，游酢、黄榦皆有治绩于潜，遂撤寺建书院，祀程、朱，以游、黄配。"①

7. 开文书院

在浙江石门县（治所在今浙江省桐乡市）玉溪镇。南宋时，此地为嘉兴府崇德县石门镇。黄榦在此主管石门酒库，曾与学友辅广、门人陈义和等在此论学。清咸丰元年（1851），石门县令张家绅建开文书院于运河东岸，前为讲堂，后有楼祀宋儒黄勉斋先生。见载于光绪《石门县志》卷四《学署志·书院》。

二、官学

黄榦在各地任地方官时，在政事之暇，注重讲学，做到政教并举。其讲学地点，书院之外，就是各地的州府县学。

1. 闽县县学

闽县县学在九仙山之麓，初建于北宋庆历间（1041－1048）。庆元六年（1200）二月，黄榦从建阳考亭回到福州。"诸生从学于闽县学"，② 本月二十

---

① 〔清〕沈葆桢、何绍基等：光绪《安徽通志》卷九十二《学校志·书院》，光绪四年（1878）刊本，叶6A。

② 〔宋〕陈义和：《勉斋先生黄文肃公年谱》，《勉斋先生黄文肃公文集》，第822页。

一日，率诸生行释菜礼，有《闽县学谒告先圣文》。^① 三月一日，立定课程读书。不幸的是，三月九日朱熹逝世，噩耗传来，黄榦疾赴建阳奔丧。至建阳即作《与闽县学诸友书》，安排此后之教务。

2. 抚州郡学

嘉定二年（1209）春正月，黄榦在临川知县任上，郡守以礼来请黄榦到郡庠讲学。黄榦为诸生讲解《易·文言》及《孟子》"四德四端之要"。《勉斋集》卷二十四有《临川郡学讲义》，即其时的讲稿。因临川为抚州属邑，临川郡学即抚州郡学。

3. 临川县学

临川县学始建于北宋咸平三年（1000），南宋隆兴甲申（1164）曾经重修。但到黄榦知临川时，五十多年未经修葺，早就破弊不堪，久已不闻读书之声。嘉定二年（1209）三月，黄榦将县学修葺一新，又"建咏仁堂于明伦堂北，……以朱子之学教临川之士"^②。黄榦《复杨信斋书》云："县学落成，不以试选，而以公选。肯来读书者则容之，颇成伦叙，但未有毅然任道者耳。"^③ 即写于此时。

4. 新淦县学

嘉定五年（1212）五月，黄榦任新淦县令，曾多次至县学讲学，有《新淦县学讲义》。内容以解说《论语》《孟子》《大学》诸书的若干章节为主。末有自跋云"榦备员于此，甫及期月。……日游乡校，以听诸贤然否之议，以其鄙见更相往复，而为理义之归"^④ 云云。

5. 汉阳军学

嘉定八年（1215），黄榦在汉阳知军任上，在处理完抗旱赈灾等政务之

---

① 〔宋〕黄榦：《勉斋先生黄文肃公文集》卷二十二，第 534 页。
② 〔元〕吴澄：《修临川县学记》，光绪《抚州府志》卷三十二《学宫》，台北成文出版社 1975 年版，第 504 页。
③ 〔宋〕陈义和：《勉斋先生黄文肃公年谱》，《勉斋先生黄文肃公文集》，第 827 页。
④ 〔宋〕黄榦：《勉斋先生黄文肃公文集》卷二十四，第 555 页。

后，曾至此讲学。《勉斋年谱》载："秋，始治学政，五日一下学，劝课诸生，讲诵躬督教之。"《与杨信斋书》云："某行且一考，秋间方整顿学校。遇一、六日下学，与士友讲说。且课其读《论语》，使之自讲大义。湖外士子却质直可喜，且开其路，异日亦当有兴趣者耳。"① 有《汉阳军学〈孟子〉二十章讲义》，见载于《勉斋集》卷二十五。

6. 安庆府学

嘉定十年（1217）四月，黄榦任安庆知府。在筑城备战，"治府事，理民讼，接宾客，阅士卒，会僚佐，究边防利病"② 等繁冗的政事之余，晚则至安庆府学与诸生讲学。有《安庆郡学讲义》，见载《勉斋集》卷二十四。

三、民居

书院、官学之外，受资金、场所等条件的困扰，黄榦还经常利用民间的一些闲置居所，如斋堂馆舍，乃至僧寺进行聚徒讲学。

此举最早始于淳熙十四年（1187），讲学地点在沙县黄东寓所。淳熙十三年（1186），仲兄黄东官沙县丞，奉其母于官邸，黄榦因从武夷精舍赴沙县侍母。次年，朱熹命其子朱在到此从学于黄榦。《勉斋年谱》载："淳熙十四年丁未，文公命季子在从学于沙邑。"③

除此之外，黄榦在民间讲学的地点主要集中在福州。主要处所有福州登瀛馆、叶氏悦乐堂、福州城东古寺、福州钟山赵氏馆、城南僧舍（神光寺、仁王寺）、箕山庐居、新河旧居、福州城南法云僧舍、城东张氏南园和福州于山嘉福僧舍。

（本文载《朱子学刊》2009 年第 1 辑）

---

① 〔宋〕陈义和：《勉斋先生黄文肃公年谱》，《勉斋先生黄文肃公文集》，第 835 页。
② 〔清〕沈葆桢、何绍基等：《重修安徽通志》卷一百四十一《名宦·黄榦传》，光绪四年（1878）刊本，叶 3B。
③ 〔宋〕陈义和：《勉斋先生黄文肃公年谱》，《勉斋先生黄文肃公文集》，第 816 页。

关注民生与书院建设的朱门弟子陈宓

陈宓（1171－1230），字师复，号复斋，莆田人，乾道间丞相陈俊卿第四子。淳熙十年（1183）十月，朱熹因赴泉州吊友人傅自得之丧，归途曾馆次于陈氏仰止堂，陈宓因与其兄守、定于此时同学于朱熹。[①] 嘉定初，以父荫历泉州南安盐税，主管南外睦宗院，知安溪县。嘉定七年（1214），入监进奏院，迁军器监簿，上言三事："一宫闱仪范未正，二朝廷权柄分夺，三政令刑赏舛逆。"且直言："人主之德贵乎明，大臣之心贵乎公，台谏之言贵乎直。"[②] 为时人所称道。

嘉靖《延平府志》卷九《官师志·名宦》有陈宓的传记资料说："陈宓，字师复。莆田人，丞相俊卿之子。嘉定间知州事。时大旱疫，蠲逋数十万，且驰新输三之一。躬率僚属，持钱粟药饵户给之。仿白鹿洞规制，创延平书院，延明（名）儒主教事，置田以赡生徒。（其）他善政尤多。"寥寥不足百字的一段文字，实不足以阐明陈宓的历史功绩。以下仅从民生和书院建设这两个方面，做一阐述。

---

① 〔宋〕陈宓：《黄勉斋先生云谷堂记》云："某少时侍先公正献，每令诵文公朱先生书。淳熙间先生来访先公，于敝庐今仰止堂即其寓馆。某时与弟宿立侍，未有知也。厥后思见先生而不可得，闻勉斋黄先生尽得其道，宦游江浙又不可得见。嘉定丙子岁，某自外府丞丐外，得垒南康道，出建阳，拜朱先生像于考亭精舍，遂获拜黄先生师焉。"（《复斋先生龙图陈公文集》卷九，《续修四库全书》第 1319 册，第 344 页。）

② 〔元〕脱脱等：《宋史》卷四百八《陈宓传》，第 12310 页。

一、以民为本，爱民如子

陈宓继承了朱熹以民为本的思想，他在各地担任地方官，就有了将这种思想付诸实践的机会。历史有惊人的巧合，嘉定九年（1216），陈宓出任江西南康知军，与朱熹当年任南康军相似，陈宓也遇上了大灾荒，从而使他在南康的治绩，几乎就是朱熹在南康的重演或再现。

陈宓在《初到南康示诸邑令》诗中说："田里三年两旱干，茅檐十室九饥寒。殷勤此日无他事，好把斯民子样看。"① "好把斯民子样看"，说的就是要爱护当地民众，要爱民如子。《宋史·陈宓传》记载说："（南康）岁大侵，奏蠲其赋十之九。会流民群集，宓就役之，筑江堤，而给其食。时造白鹿洞，与诸生讨论。"《宋元学案·沧洲诸儒学案》也载："出知南康军，岁大祲，奏蠲其赋十九，令流民群集就役，以筑江隄，给食活之。与诸生讲论白鹿书院。"而减轻徭赋，以工代赈修建江堤，重开白鹿洞书院，与诸生讲学等，正是朱熹知南康的主要政绩。

嘉定十四年（1221），陈宓从南康改任南剑知州，到任伊始，就召集属下的各县长官，宣布他的施政纲领，就是"以民为本，爱民如子"。这表现在其《初到延平会四邑宰》的三首七言绝句中：

> 经岁旱荒仍疾疠，字子职业合何如？
> 去年欠负都蠲了，好把新租议减除！

> 郡县本来同一体，何须催赋属州家？
> 如今已许从民便，升斗须防颗粒加。

> 是邦凋瘵古来无，只为从前有美馀。

---

① 〔宋〕陈宓：《复斋先生龙图陈公文集》卷五，第305页。

第一切须除此弊，庶几民力少能舒。①

四邑，指的是南剑州属下的将乐、顺昌、尤溪、沙县四县。邑宰，即知县。这三首诗，第一首是说由于连年旱灾，加上疾病流行，作为地方长官，应如何抚字百姓呢？首先要从减轻赋税开始，先把去年的欠负都减免了，再说如何减除今年的新赋。第二首强调"从民便"，不得滥收多收钱粮；第三首讲革除积弊，以舒民力。这三首诗读来感觉全是大白话，谈不上有何艺术性，但却颇具性格，尤其是第一首"去年欠负都蠲了，好把新租议减除！"明白如话，而斩钉截铁，显示了陈宓作为州长官，在处理事关民众利益的政务时所独具的魄力和果敢作风。

为了减轻旱荒的影响，陈宓曾率僚属赴延平溪源庵祈雨。他有《往溪源祈雨赓李司法鉴韵》二首，其二云：

> 一春雨脉发清泉，何以平畴旱欲燃？
> 太守自惭无善铃，政齐朝夕谩祈天。②

《延平六月祈雨感应赓林堂长韵》：

> 唤起神龙百里来，中肠一夜九萦回。
> 天心自为民心动，多谢诸贤举贺杯。③

对陈宓在南剑州的治绩，弘治《八闽通志》卷三十八《秩官志·名宦》有如下揭示："时大旱疫，蠲逋赋十数万，且驰新输三之一，躬率僚吏持钱粟药饵，户给之。仿白鹿洞规制刱延平书院，延明儒主教事，置田以赡生徒，

---

① 〔宋〕陈宓：《复斋先生龙图陈公文集》卷五，第308页。
② 〔宋〕陈宓：《复斋先生龙图陈公文集》卷五，第308页。
③ 〔宋〕陈宓：《复斋先生龙图陈公文集》卷五，第308页。

其他善政尤多。"

　　陈宓之关注民生，在以朱熹为首的考亭学派中并非个别现象，而是这个学派的一个优良传统。

　　为维护封建王朝的长治久安，朱熹针对封建统治阶级在赋税方面的各种弊端，曾尖锐地指出，儒家"民为邦本"的学说不明于时，"天下事决无可为之理。"① 为此，他提出了一系列补偏救弊的主张和措施。如主张"薄赋""省赋"，反对重敛，努力杜绝各种不合理的"杂派"，等等。

　　作为一个教育家，朱熹的以民为本思想，也充分体现在他的教育实践中。《朱子语类》记载他曾对学生说：南宋初有一个名臣叫王十朋，他在泉州任知州时，一到任，就把下属的七个县的县令请来，在劝酒的时候，写了一首诗：

　　　　九重天子爱民深，令尹宜怀恻怛心。

　　　　今日黄堂一杯酒，使君端为庶民斟！②

七个县的县令无不为之动容。王十朋为政甚严，而能以至诚感动人心，所以官吏和老百姓都非常敬重和爱戴他。离任的时候，来送他的父老乡亲成千上万，至今（朱熹讲这个故事的时候）泉州人仍怀念他如父母！朱熹讲这个故事，当然是希望他的学生，今后如果有从政的机会，能够以王十朋为榜样，做一个爱民的好官。

　　朱熹逝世八年之后，嘉定元年（1208）正月，他的学生黄榦赴临川任知县，遇上旱荒和蝗灾，民艰于食。黄榦为之平粮价，宽征敛，民赖以安。嘉定八年（1215），黄榦在汉阳知军任上，遇上大旱岁饥，他竭力为荒政，发常平以赈。旁郡饥民闻讯，辐凑而至者惠抚均一。嘉定十年（1217）四月，黄榦任安庆知府。为了御敌，顶住了来自各方的压力和攻击，动员安庆全城军

----

　　① 〔宋〕朱熹：《晦庵先生朱文公文集》卷四十三《答林择之》书一，《朱子全书》第22册，第1963页。

　　② 〔宋〕黎靖德编：《朱子语类》卷一百三十二，第3176页。

民同心协力共筑安庆新城。两年之后，金兵大举进攻，两淮一带的州县如光州、蕲州等均被攻破，唯安庆无恙。其后洪水又暴涨，城墙巍然屹立，全城百姓无一受损。安庆民众交口称颂："不残于寇，不蹈于水，生汝者，黄父也!"（《宋史·黄榦传》）在安庆，至今仍有《知府黄榦》黄梅戏在舞台上演出。

朱熹逝世二十三年后，即嘉定十六年（1223），他的私淑弟子真德秀被任命为湖南安抚使兼潭州知州。到任之初，即宴请属下 12 个县的邑宰于湘江亭，也作了一首诗：

> 从来守令与斯民，本是同胞一体亲。
> 岂有脂膏供尔禄，不思痛痒切吾身？
> 此邦祇似唐朝古，我辈当如汉吏循。
> 今夕湘亭一卮酒，重烦散作十分春。①

在诗中，真德秀提出了官与民是"同胞一体亲"的关系，而百姓又是以"脂膏供尔禄"的衣食父母，所以，他希望下属官员都能做一个关心民生疾苦、"痛痒切吾身"的"循吏"，也就是好官。

真德秀有一个学生，叫王遂，号实斋。他担任平江知府，一到任，效仿其师所为，也作了一首题为《会两倅六邑宰》的诗：

> 守令张官本为民，恫瘝无异切吾身。
> 但令六县皆朱邑，何必黄堂有信臣？
> 田里要须兴孝弟，闾阎谨勿致嚬呻。
> 与君共举一杯酒，化作人家点点春。②

---

① 〔宋〕真德秀：《政经·会集十二县知县议事以诗送》，《景印文渊阁四库全书》第706 册，第 456 页。

② 〔宋〕史绳祖：《学斋占毕》卷三《守令以爱民为心》，《景印文渊阁四库全书》第854 册，第 45—46 页。

在诗中，恫瘝是病痛，这里指人民的疾苦；朱邑是西汉中叶庐江舒城人，二十多岁时任桐乡的一个小官，掌管一乡的诉讼和赋税等。他处处秉公办事、不贪钱财，以仁义之心广施于民，深受吏民的爱戴和尊敬。间阎，是里巷内外的门，这里指民间；嚬呻，是痛苦的呻吟。"间阎谨勿致嚬呻"，是说民间没有痛苦的呻吟。他所期望的，当然是处处都有"化作人家点点春"的欢乐笑声！

这几首诗的主题非常明确，就是提倡执政者要爱护百姓，关注民生。由此，我们也可以知道，朱熹以民为本的爱民思想，就是这样，通过他的学生，一代一代地传承了下去。作为朱子理学的传人，陈宓在担任南康、延平地方官时的所作所为，正是朱熹民本思想的传承和落实。

之所以要在此详述朱子学派的民本思想和实践，是因为近现代以来，有一种很流行的观点，是说宋明理学家只会空谈心性，不能经世济民；更有甚者，竟然把中国从近代以来落后的原因全部归罪于程朱理学。这其实是有悖于，至少是部分有悖于史实的。

二、创建书院，传播理学

创建延平书院，是陈宓知南剑的重要政绩。他率先捐献了两个月的俸禄作为启动资金，"继节浮费，以落成之。"①

对这所书院的始建时间，嘉靖《延平府志》卷十二《学校志》记载说：

> 延平书院，在府城南九峰山之麓。中有祠，祀李文靖公。左右翼以廊庑，前而南有门。嘉定二年郡守陈宓以延平为杨时、罗从彦、李侗、朱熹四贤讲道之乡，因仿白鹿洞规式建书院为奉祠讲学之地。院有礼殿，以祀先圣先师，有祠堂，以祀四贤，又及周、张、二程，廖德明、黄榦诸贤……其后郡守傅康、陈韡又有建置。端平间，敕延平书院额，有阁

---

① 〔宋〕陈宓：《复斋先生龙图陈公文集》卷六《申请延平书院敕额札》，第327页。

有堂，斋有濯缨、闻偈、光风霁月亭，有风月桥，后圮坏。郡守董洪修复。元末毁于寇。国朝知府俞廷芳始建堂专祀李侗……①

在这段话中，"嘉定二年"的记载是错误的，理由有以下几点。一是据同一嘉靖《延平府志·官师志》的记载，嘉定间的十七年中（1208－1224）任南剑知州的共有11位，陈宓名列第九，以"嘉定二年"计，陈宓的前八任的任期就必须全部集中在嘉定元年（1208）这一年之中，显然，这是不可能的。

二是据《宋史·陈宓传》："嘉定七年，入监进奏院。……寻迁军器监簿。（嘉定）九年，转对言……归。在告日，擢太府丞，不拜，出知南康军。……改知南剑州。"这里出现了"嘉定七年"和"九年"两个纪年，由此可知，陈宓知南剑州必在嘉定九年（1216）知南康军之后。

明周伟《白鹿洞书院志》卷三载："陈宓，字师复，莆田人，丞相俊卿之子。少为文公门人。嘉定间知南康军，有政声。公暇即造白鹿洞，与诸生讲学。今洞中石刻多其余迹。"② 而据《白鹿洞书院新志》载，书院中有嘉定十一年（1218）陈宓所题"流芳桥记"摩崖石刻。流芳桥，又名濯缨桥。明李梦阳《白鹿洞书院新志》卷五《文志二》："流芳桥志：新安朱侯在郡，建桥白鹿之东南陬，面直五老，溪流绀洁，未之名。同游江西张琚、罗思、姚鹿卿，闽张绍燕、潘柄、郡人李燔、胡泳、缪惟一，会讲洞学毕，相与歌文公之赋，特名之'流芳'，既揭楣间，因纪岸左。嘉定戊寅（1218）四月丙午，莆阳陈宓书。"③ 同一志书又载："自洁亭志：朱文公尝书此以名洞之溪，今逸其迹。嘉定己卯（1219），莆田陈宓谨书。"④

以上仅是志书的记载，2011年10月19－20日，在庐山白鹿洞书院召开"哲学与时代——朱子学国际研讨会"期间，我寻找到文中提到的摩崖石刻，

---

① 〔明〕郑庆云等：嘉靖《延平府志》卷十二《学校志》，《天一阁藏明代方志选刊》（29），上海书店1961年影印本。

② 朱瑞熙主编：《白鹿洞书院志》五种，中华书局1995年版，第506页。

③ 朱瑞熙主编：《白鹿洞书院志》五种，第75页。

④ 朱瑞熙主编：《白鹿洞书院志》五种，第76页。

惜已被岁月磨蚀，青苔遮蔽，漶漫不清矣。会后，蒙江西社会科学院胡迎建研究员惠赐两方石刻拓片图像。一方书"流芳，嘉定戊寅重五日莆田陈宓书"（图1），一方书"新安朱侯在建桥白鹿洞之东南陬，面直五老，溪流绀洁，未之名。同游江西张琚、罗思、姚鹿卿、闽张绍燕、潘柄、郡人李燔、胡泳、缪惟一会讲洞学毕，相与歌吟文公之赋，得名流芳。既揭楣间，因纪岸左。嘉定戊寅四月丙午莆阳陈宓书"（图2）。

图1　　　　　　　　　　　　　　　图2

根据以上史料，特别是《白鹿洞书院志》和摩崖石刻拓片，可以推出陈宓知南剑州应在嘉定十二年（1219）之后的某一年，具体应是哪一年呢？这在南平志书中是找不到答案的。今南平市郊的石佛山中有一方陈宓游记石刻，约两百多字，可以帮助解决这一问题。石刻全文如下：

　　仆到郡几半载，捄（救）遇不给。闻延平山水之胜者，距城十五里，曰石佛之山。日与郡人罗自□知贵州、三山潘谦之、杨士训、赵季仁、乡人王子贤同游。……遂书于壁。嘉定壬午，莆田陈宓。知事懋功立。

壬午为嘉定十五年（1222），虽然此石刻署年而不署月，但从他的诗《延平六月祈雨感应赓林堂长韵》来看，此六月祈雨应是他在石刻中所说的"捄遇不给"所采取的救灾"措施"之一。由六月加上"几半载"，由此推断陈宓赴南剑任是在嘉定十四年（1221）六月左右。而在救灾之时，是无暇顾及书院建设的，故延平书院的创建，应在陈宓到任之后的第二年，即嘉定十五年（1222），而不是嘉靖《延平府志·学校志》中所说的嘉定二年（1209）。

陈宓于嘉定十五年（1222，朱熹逝世22年之后）在九峰山模仿白鹿洞书院的规制，创建了延平书院。据陈宓自述，书院建有"礼殿，旁祀杨时师生遗像，以慰往来士君子之思。分立四斋，以聚生员。薄储廪给，以侍读书修身，不屑课试之士"①，并仿照朱熹的《白鹿洞书院学规》以教诸生。在书院中祀奉延平四贤，并上溯到周、张、二程，下延至朱熹的学生廖德明、黄榦等。延聘朱熹考亭书院门人蔡念成为山长，李燔（弘斋）定学规，并购置学田，以赡生徒。

需要说明的是，很多志书记载延平书院与延平四贤有关，说延平四贤曾经在延平书院留下足迹，此说与史实不尽相符。因为陈宓创建书院时，四贤均已去世，就连四贤中年代最晚的朱熹也已去世22年之久。但延平书院的确又与延平四贤有着密切的关系。一是创建者陈宓就是四贤的嫡传，此书院就是为弘扬他们的理学思想而建，体现了杨、罗、李、朱道南一脉的传承，故书院又有"道南书院"之称。二是与李侗关系尤为密切。因为由此上溯50多年前，李侗曾经在九峰山创立过剑溪草堂，传播理学。因此延平书院之"延平"，乃是为纪念和弘扬"李延平"理学的书院，而非仅仅是因其地处"延平"之故。她与九峰山的理学文化存在深厚的渊源，陈宓创建延平书院，就是为了使儒家道统在延平的延续。

书院建成，陈宓写下了《延平书院落成柬诸友》绝句两首：

---

① 〔宋〕陈宓：《复斋先生龙图陈公文集》卷六《申请延平书院敕额札》，第327页。

当日二程门下士，独分此道过来南。

百年世事相传处，书院天生着剑镡。

群峰九叠势来雄，直作吾儒五亩宫。

隔断市计才一水，读书如坐万山中。①

前一首是说，游酢、杨时程门立雪，理学南传，在陈宓之前已有杨时、罗从彦、李侗、朱熹数代百年的传承，在南剑创建书院是"天生"，即天经地义的事。后一首描绘了延平书院的地理位置——与南平市延平区一水之隔，处于九峰山的怀抱之中，周围又有群山环抱。

在《次李弘斋韵送任宰一龙》诗中，陈宓说：

近日延平创小斋，四方佳友为朋来。

虽为书上究余味，更要心中绝尘埃。

健德千年期不已，高标万变讵能推？

直须义利途中辨，宁使饥肠屡隐雷。②

诗中表明了陈宓办学的宗旨，是要以朱熹的正心术，明义利，坚持存理灭欲的理学思想，以端正世风。

陈宓创建的延平书院，是闽北最早的以官方名义创建的书院。

有意思的是，朱熹当年重建白鹿洞书院，为了得到最高统治者政策的倾斜与支持，曾连续上札坚请宋孝宗御书赐额，陈宓则有意模仿其师所为，也上了《申请延平书院敕额札》。札文说：

窃谓事有关于斯文之统纪，风化之本原，守臣之所当上闻也。惟道

---

① 〔宋〕陈宓：《复斋先生龙图陈公文集》卷五，第310页。

② 〔宋〕陈宓：《复斋先生龙图陈公文集》卷五，第310页。

统之传，远自羲黄，迄于孔孟，秦汉以来，不绝如线。至皇朝之盛治，有濂溪周敦颐、明道程颢、伊川程颐相继挺出，而孔孟之统以续，二程传之杨时，杨时传之罗从彦，罗从彦传之李侗，李侗传之朱文公熹，而其益盛。①

作为朱子学的传人，陈宓在《申请延平书院赐额札》中揭示了杨、罗、李、朱道统相传的师承关系。在这篇奏札中，他还从四人的地域关系进一步揭示他们的道统之传。他说：

> 杨时、罗从彦实本郡将乐人（这里不准确，罗系沙县人）；李侗，剑浦人；朱熹虽居邻郡，亦生于本郡尤溪之寓舍。伏自汉唐以来，几二千年而未有与道统之传者，今以斗大之州，不数十年之内，出而宗主斯文者有四，岂惟一邦之创见，实皇朝之盛美也。

因此，他希望"朝廷特赐敷奏，乞赐延平书院四字为额"②。

延平书院，因杨时道南之传的关系，书院内设有"道南堂"；陈宓曾在堂中向学生阐释仁说，③ 故又名道南书院。元王恽《秋涧先生大全文集》卷三十有《李延平道南书院》七绝一首，描写的是诗人途次延平，访问延平书院的所见所闻与感想。诗云：

> 延平剑跃蛟龙窟，涪澹滩危滟滪堆。
> 二事听来皆野语，道南书院重徘徊。④

---

① 〔宋〕陈宓：《复斋先生龙图陈公文集》卷六《申请延平书院敕额札》，第327页。
② 〔宋〕陈宓：《复斋先生龙图陈公文集》卷六《申请延平书院敕额札》，第327页。
③ 〔宋〕陈宓：《复斋先生龙图陈公文集》卷七《南剑道南堂仁说》，第331页。
④ 〔元〕王恽：《秋涧集》卷三十，《景印文渊阁四库全书》第1200册，第383页。

刘克庄《赵教授墓志铭》载:"复斋陈公来守延平,作道南书院,聘梅坞林处士羽为堂长,湘泉命君往师焉,复斋于诸生中独喜君,清明秀敏,期之甚远。"① 由此可知,延平书院当时又有道南书院之称。梅坞林处士羽即林学蒙,一名羽,字正卿,号梅坞,福州永福(治所在今福建省永泰县)人。初从学于朱熹,卒业于黄榦。②《道南源委》卷三载其事迹云:"初从朱子游,后卒业于黄勉斋。伪学禁起,筑室龙门庵下,讲明性命之旨。陈师复守延平,作道南书院,聘为堂长。朔望设讲席,执经帖然,座下者常百余人。及师复去任,公亦浩然引归,诸生挽留之,不可。生平识趣高明,文足以发义理,行足以激贪懦。……著《梅坞集》。弟学履,字安卿,亦朱子门人。"

在延平书院任山长的,还有邓邦老、李燔、林羽、蔡念成、杨复、余道夫、李伯武、赵师恕等。《闽中理学渊源考》卷二十二"山长邓先生邦老"条下载:"邓邦老,以字行,将乐人。朱子门人陈宓守延日,以邦老道德隆重,而且耆年,延入书院与李燔、林羽、蔡念成、杨复、余道夫、李伯武、赵师恕为堂长。"③

此后,在延平书院任山长的,还有虞师宪和叶继与,虞师宪事迹难以详考。南宋诗人仇远有一首题为《送虞师宪赴延平书院山长》的五言诗,南平地方志书上失载,移录于下:

> 我师文靖公,一传子朱子。佩服中庸书,静中识根柢。
> 秋月湛冰壶,莹彻无瑕滓。延平建精舍,盛德宜世祀。
> 君往坐皋比,文行成粹美。秋风送书船,南上二千里。
> 讶君来何暮,衿佩争倒屣。鸣道铎方振,问字酒已俟。
> 九京如可作,文靖公亦喜。予友有黄功,昔分教于此。
> 颇知文风盛,十室九儒士。是行若登仙,剑气炯青紫。

---

① 〔宋〕刘克庄:《后村先生大全集》卷一百五十五,《四部丛刊》本。
② 参拙著《朱熹书院与门人考》"林学蒙"条,第195页。
③ 〔清〕李清馥:《闽中理学渊源考》,《景印文渊阁四库全书》第460册,第308页。

只恐席未温，思归慕园绮。①

诗中的"文靖公"，即"子朱子"的老师李侗，因后世谥其为"文靖"而得此称。叶继与，泰宁县人。其父名叶必茂，字君选，号此堂，官太学录。事迹见黄仲元《太学录此堂叶公墓铭》，文中提到叶氏有二子，"长继与，南剑路延平书院山长。"②

宋端平年间（1234—1236）延平书院获宋理宗赐额，成为福建第一所获此殊荣的书院。由是，延平书院成为福建历史上第一所皇家承认，并予以坚决支持的官办书院。很显然，他所聘请的山长蔡念成，也就成了福建历史上第一个由政府委派的学官。正因如此，嘉靖《延平府志》卷九《官师志·名宦志》中就有了蔡氏的生平小传，云："蔡念成，九江人。嘉定初（这个"初"字，不准确，理由与前述延平书院创建于"嘉定二年"之误相同）长延平书院。学博而精，行谊尤明粹，一时学者倚为斯文植杆。西山真德秀帅长沙，亦来预讲，冠履趋跄，弦诵洋洋闻朝夕。"

对陈宓的师从，《宋元学案》将他与其兄长陈守、陈定同置于《沧洲诸儒学案》中，在文中仅以"长从黄勉斋榦"一语带过，而在《勉斋学案》中，对其又只字未提。《道南源委》卷三中也只是说："长从黄勉斋游。称其胸怀坦然，无一毫私欲之累。"这就影响了今人对其为学的基本认识。

而在黄榦的《勉斋集》中，有不少文字，可以为我们增加这一方面的认识。《勉斋集》卷十三有《复陈师复》书八通，内容涉及论学与政事，附集中有陈宓记语录《读〈中庸〉纲领》，下有小字注"分六段授陈师复"。陈宓的学业与政事，均为黄榦所赞许，认为"论当世志道之士，真西山、李贯之与先生（指陈宓）三人而已"③。黄榦在《复陈师复监簿》书一中说：

---

① 〔元〕仇远：《金渊集》卷一，《景印文渊阁四库全书》第1198册，第7页。
② 〔宋〕黄仲元：《有宋福建莆阳黄仲元四如先生文稿》卷四，《四部丛刊三编》本。
③ 〔清〕黄宗羲原著、全祖望补修：《宋元学案》卷六十九《沧洲诸儒学案上》，第2279页。

忽闻执事志道之笃，立行之高，乃如此，喜跃不能自胜。想先师九原之下，亦当为之击节，喜吾道之有传也。①

这是对陈宓在嘉定七年（1214）入监进奏院，上封事慷慨尽言，抨击时政："大臣所用非亲即故，执政择易制之人，台谏用慎默之士，都司枢掾无非亲昵，贪吏靡不得志，廉士动招怨尤，此朝廷权柄有所分也"② 之论的褒扬。

在延平，陈宓政事之余，也每赴书院讲学，今存《南剑道南堂仁说》一篇。在文中，他提出了"学者朝夕所当讲论致知力行者，曰仁而已"，以此实践朱熹"仁者，心之德爱之理"的观点。他认为，"《论语》之所以言人者，虽若多端，而其要不出乎文公之六字。""不言心之德则无以知仁之为体所该者广，不言爱之理则无以知仁之所以得名之实。"③

陈宓在南剑，还有一事在此不能不提，据《勉斋先生黄文肃公年谱》，④陈宓于嘉定十三年（1220）在延平刻印黄榦《孝经本旨》一书。《年谱》载："初，文公（朱熹）尝欲掇次他书之言，可发明《孝经》之旨，别为外传而未暇，为今先生之为此书，盖成其志也。门人陈宓刊于延平。"此为陈宓在延平刊刻图书，传播朱子理学的惟一记载。但刊刻年代恐有误，应为嘉定十四年（1221）或十五年（1222），理由上文已明之。

陈宓共当了六年的延平知府，何以知之？有诗为证。其《掬水锡壶》诗说："昔在延平府，泉声日夜闻。六年归故里，一缕忆晴云。"⑤ 一句"六年归故里"，把陈宓在南剑的任职时间表露得明白无误。

南剑知州是陈宓的最后一个实职，此后不久，他上书请致仕，以直秘阁主管崇禧观卒。他的最著名的人生格言是"居官期如颜真卿，居家期如陶潜。

---

① 〔宋〕黄榦：《勉斋先生黄文肃公文集》卷十三，第440页。
② 〔元〕脱脱等：《宋史》卷四百八《陈宓传》，第12310页。
③ 〔宋〕陈宓：《复斋先生龙图陈公文集》卷七《南剑道南堂仁说》，第331页。
④ 〔宋〕黄榦：《勉斋先生黄文肃公文集》附，第845页。
⑤ 〔宋〕陈宓：《复斋先生龙图陈公文集》卷三，第280页。

又深爱诸葛亮'家无余财，库无余帛'，庶乎能蹈其语者"①。著作有《论语注义问答》《春秋三传钞》《续通鉴纲目》《唐史赘疣》等，现存《复斋先生龙图陈公文集》二十三卷、《附录》一卷。

（本文系 2011 年 11 月由中华朱子学会等在白鹿洞书院召开的"哲学与时代——朱子学国际学术研讨会"参会论文，收入陈来主编：《哲学与时代——朱子学国际学术研讨会论文集》，华东师范大学出版社 2012 年版）

---

① 〔清〕黄宗羲原著、全祖望补修：《宋元学案》卷六十九《沧洲诸儒学案上》，第 2278 页。

闽台书院文化与闽学重心的转移和跨越
——以考亭、鳌峰和海东三所书院为例

闽台书院的发展，从地域来说，经历了从闽北向闽都（省会福州）转移的过程；从文化形态来看，这一发展进程则表现为，早期的山林文化向都市文化的转移。清廷统一台湾后，为福建书院的发展拓展了新的空间，古老的书院又跨越海峡，由"海西"向"海东"挺进。从思想史发展的角度而言，书院的发展和理学的发展紧密相关；就福建而论，理学的主体为朱子理学，又称闽学，故闽台书院文化的转移与跨越，同时也是闽学重心的转移与跨越。在这一转移和跨越中，有三所书院最具代表性，它们分别是朱熹的考亭沧洲精舍、清代福州的鳌峰书院和台湾的海东书院。其中，考亭沧洲精舍可称为山林文化的代表，鳌峰书院是都市文化的代表，而海东书院，则是福建书院文化实现从"海西"向"海东"跨越，并得以成功实现的主要代表。

一、山林文化的代表——以闽北建阳考亭书院为中心

早期的书院，均为私家办学的性质。南宋理学家朱熹认为，由于"前代庠序之教不修，士病无所于学，往往相与择胜地，立精舍，以为群居讲习之所，而为政者乃或就而褒表之"①。这段话有这么几层含义：一是书院的起因，是由于庠序不修官学衰微，故书院的创建者多为士人而不是官方机构；二是书院多建置在山川名胜之中，而远离市井的喧嚣；三是这些书院往往命名为

---

① 〔宋〕朱熹：《晦庵先生朱文公文集》卷七十九《衡州石鼓书院记》，《朱子全书》第 24 册，第 3783 页。

"精舍"，而罕称书院。四是"群居讲习"，即聚众讲学，面向社会招生。应当说，早期书院都具有这几个特征。其实，朱熹在此使用"精舍"一词，而不称书院，还有其另外一层更深的用意所在。

作为伟大的教育家，朱熹对重振中国书院文化产生了巨大的作用。南宋时期各地兴建书院的热潮，就是由朱熹揭开序幕，并在他的推动下产生的。与朱熹生平有关的书院多达 60 多所。[①] 其中最重要的，在外地有经他修复的庐山白鹿洞和长沙岳麓书院；在福建，则有他亲手创建的建阳寒泉精舍、云谷晦庵草堂和考亭沧洲精舍，以及地处武夷隐屏峰下的武夷精舍。这四所书院没有一所以"书院"命名，这是为什么？实际上，在朱熹看来，书院应由官方来办，私家办学，往往在师资和财力方面均实力不足。退一步而言，由私家创办书院，官府也理应予以支持。所以他在《衡州石鼓书院记》所说"为政者乃或就而褒表之"，实际上是在借古讽今。但在其时，官方对此却完全缺位；而在各级官学中，具备了"养士"之资却引导士子热衷于搏取科举功名的"词章之学"，将士子引向急功近利的歧途，对坚持以民为本，强调诚意正心、格物致知、修身齐家治国平天下的儒家思想却毫无兴趣，这是极不应该的，也是亟须改变的。所以，希望其时的私家书院也能纳入官学系统之中，在体制、人员、经费等方面也取得与官学同等的待遇，从而以义理来抵制功利，以传播儒学的书院来与浸淫于科举的官学相抗衡，是朱熹梦寐以求的理想。当这种理想与现实发生冲突而不可能实现时，以朱熹之执着，他也会在自己的权力范围之内尝试着部分地予以实现。所以，当他一旦从家居奉祠转而从政，掌握了一些实权后，就会迫不及待地将这种想法付诸实践。淳熙六年（1179）朱熹任南康知军时，竭尽全力设法修复著名的白鹿洞书院；绍熙五年（1194）任湖南安抚使时，修复长沙岳麓书院，不过是牛刀小试而已。由于修复两书院的经费，使用的都是官帑，那是一定要叫"书院"，而万万不可名为带有私学色彩的"精舍"的。

---

① 参拙著《朱熹书院与门人考》之《朱熹及其相关的书院考述》，第 1—35 页。

在朱熹的倡导下，以闽学为旗帜的福建书院，以闽北为中心，向全闽各地幅射并迅速扩张，广泛兴建，成为朱子理学产生和广泛传播的大本营。

考亭沧洲精舍是朱熹晚年创建的最后一所书院。当时，来自南方各省的一大批门人弟子聚集于此，在导师朱熹的率领下，积极开展各种学术文化活动，使当时的考亭沧洲成为继承和发展孔孟原始儒学，开创朱子新儒学的大舞台。中国理学史上著名的"考亭学派"由此形成，并走向成熟。以朱熹为代表的"考亭学派"及其创立的理学思想体系，致广大，尽精微，综罗百代，并从此影响中国社会数百年，在中国思想史、教育史上树立起一座巍峨的丰碑。因此，朱熹所创建的书院，其意义影响已不仅限于闽北、福建，而是在全国都产生了重大影响，成为当时全国的闽学传播和教育中心。

朱熹还在福建各地如福州、泉州、漳州、延平、邵武、同安等府县讲过学。他所经履之地，后人纷纷创建书院，这就等于朱熹用他的足迹，为各地的书院建设广泛地播撒了良种。而来自南方各省区的朱门弟子学成返乡后，又在家乡创建书院，使南宋福建的书院建设很快传遍八闽各地，进而传遍全国。

书院建筑的发展是与书院教育的发展同步进行的。早期的书院，多为士人隐居读书之所，应其"隐"的追求，选址多在景色优美、清雅静谧的山林名胜之地。又因系私家办学，受财力所限，这些书院建筑大多也就比较简陋，茅庵草屋者有之。这也是这一时期的书院多被命名为"草堂""精舍"的原因之一。唐末至北宋时期的福建书院，多具有这一特点。

二、都市文化的代表——以省会福州鳌峰书院为中心

南宋后期，以私家办学为主的书院被纳入官学渠道，其中部分书院成为与州、府、县学同等待遇的官学，此即所谓的官学化，实际上也是以朱熹为代表的理学家为之长期追求的目标。

随着朱熹逝世数十年后多次敕封和政治地位的不断攀升，他的一批弟子创建的书院也得到了相应的荣耀，并逐渐被纳入官办儒学的系统之内。最早

获得此殊荣的，是莆田陈宓创建的延平书院。陈宓是孝宗朝左相陈俊卿四子，曾从学于朱熹。嘉定十五年（1222），陈宓官延平知府，在城南九峰山麓仿白鹿洞书院模式建延平书院，以祀"延平四贤"，延聘朱熹门人蔡念成为山长，由李燔定学规，并购置学田，以赡生徒。端平年间延平书院获宋理宗赐额，成为福建历史上第一所皇家承认的官办书院。其后，得到宋理宗赐额的福建书院，有建阳溪山、云庄、考亭、环峰等十几所。

从宋理宗到宋恭帝三朝，前后计50年是南宋王朝的末期，也是书院走向官学化最迅速、并得以确立的时期。这一时期的福建书院，在朝廷和地方官的全面支持下，发展迅猛，新建数量超过了此前任何时期。其重要特点是，由地方官创建的书院占了大多数，故这些书院，往往一产生就是官学，就有官府委派或聘任的山长。如在延平府，郡守徐景瞻于嘉定二年（1209）在沙县创谏议书院；嘉熙元年（1237）县令李修在尤溪创南溪书院；咸淳三年（1267）由尚书冯梦得奏准，县令黄去疾在将乐建龟山书院。在福州，有宝祐二年（1254）提刑王泌建三山书院。

南宋时期福建其他地区乃至福州的书院数量均大大少于闽北，其原因与早期书院的"山林文化"特性有关，"儒生往往依山林，即闲旷以讲授，大率多至数十百人"①。闽北由于是山区，境内名山大川众多而得到学者的青睐，而福州作为省会城市，以山林文化为特色的书院文化相对较弱也就不足为奇了。

元代蒙元政权为维护其统治，采取了汉化的文化政策，尊孔从儒，对书院采取保护政策，推行书院官学化，由此也推动了福建书院的建设。明初只重视官办儒学，非官学出身不得应试，使书院建设陷入低潮。明中叶以后，官学制度弊端日显，书院讲学之风又随着王（阳明）学的崛起而悄然升温，福建书院的建设又呈高潮之势。

清代福建书院最显著的特点，是在书院由私学向官学转化的同时，早期

---

① 〔宋〕吕祖谦：《白鹿洞书院记》，李梦阳《白鹿洞书院志》卷六，《白鹿洞书院古志五种》本，第88页。

学者所推崇的"择胜地，立精舍"的恋山情结得到根本扭转，从而使书院文化重心向都市转移。这在福州书院发展中表现得尤为明显。一是全省四大书院鳌峰、凤池、正谊和致用书院均集中在福州；二是从数量来说，清代福州新建书院 36 所，比闽北延平、邵武、建宁三府新创书院的总和还多出三所。①这说明，清代的福州已经后来居上，成为全省书院文化的中心。

鳌峰书院始创于康熙四十六年（1707），创建者为其时官福建巡抚的仪封（今河南兰考）张伯行。他是清初著名的理学家和教育家，所创书院以复兴闽学为宗旨。为解决书院膏火，他发动士绅捐资，广置学田；效仿考亭书院崇祀先贤之例，辟五子祠，奉祀理学先贤周敦颐、二程、张载和朱熹，以明学统；以朱熹《四书章句集注》《近思录》等为教材；编《学规类编》二十七卷，将朱熹《白鹿洞书院揭示》列在首卷，作为学规。继承书院藏书和刻书的传统，在院内"建藏书楼，先后积数万卷"②。由他主持编纂、刊刻的《正谊堂全书》广泛搜集朱熹、杨时、罗从彦、李侗、真德秀等闽学先贤的著作，是一部集大成的闽学文献丛书。

为保证教学质量，经多方挑选，得漳浦籍名儒蔡壁为首任山长。后任历届山长诸如蔡世远（壁子）、陈正朔、林枝春、朱仕琇、孟超然、陈寿祺、张甄陶、林春溥等也多为硕学之士。先生为百里挑一，学生也是择优录取。雍正十一年（1733），清世宗下谕令督抚在各省"省城设立书院，各赐帑千两为营建之费"。其中福建唯一得此殊荣的书院就是鳌峰书院。谕文还规定：

> 建立书院，择一省文行兼优之士读书其中，使之朝夕讲诵，整躬励行，有所成就，俾远近士子观感奋发，亦兴贤育才之一道也。③

---

① 参拙文《闽学与福州书院考述》，载福建省炎黄文化研究会、中共福州市委宣传部编：《闽都文化研究（上）》，海峡文艺出版社 2006 年版，第 195 页。

② 陈衍等：民国《福建通志·名宦传》卷二十六《张伯行传》，1949 年印本。

③ 〔清〕张廷玉等：《清朝文献通考》卷七十《学校考》，浙江古籍出版社 1988 年版，第 5504 页。

清世宗的谕文，使鳌峰书院在福建官学中的地位得以迅速提高，成为当时省内的最高学府。

由此可知，在书院由私学向官学转化的同时，以山林文化为特色的书院文化，其重心也在向都市文化转移。鳌峰书院的崛起及其在全省最高学府地位的确立，既是福建书院文化的重心向都市转移得以确立的标志，也是历代闽学重镇均在闽北，至清初终于向省会福州转移的标志。

三、跨海而"东"的代表——以台南海东书院为中心

清廷统一台湾后，为福建书院的发展拓展了新的空间，古老的书院又跨越海峡，由"海西"向"海东"挺进。康熙二十二年（1683）六月，施琅平定台湾，当年即创西定坊书院，拉开了台湾兴建书院的序幕。此后，台湾兴建的60多所书院中，康熙五十九年（1720）分巡道梁文煊创建的海东书院，是台湾历史上最著名的书院。乾隆年间，已有"全台文教领袖"[①] 之誉。海东书院之所以能在台湾众多书院中胜出，与其时全闽书院"领袖"鳌峰书院有密切的关系。

因台湾是福建的一个府，与其他各府一样，都有一个选拔优秀学员到全省最高学府——福州鳌峰书院深造的问题。此举对其他府州而言，实属平常，而对隔着海峡的台湾来说，"相去榕城，约千余里。诸生一仰止'鳌峰'，且不免望洋而叹也。"[②] 故海东书院之设，其目的之一，就是为台湾学子免除蹈海奔波之劳。这一理念，在书院始建之时并未形成，而是其后随着这一矛盾的凸显，在继任的官员中产生并付诸实施的。连横《台湾通史》说，乾隆五年（1740），"巡台御史杨二酉奏请照福建省直辖之例，以府学教授为师，考取诸生而教之，给以膏火。"[③] 说明海东由全台的府级书院而跃升为与鳌峰

---

① 〔清〕觉罗四明：《改建海东书院记》，《台湾教育碑记》，《台湾文献丛刊》第54种，第20页。

② 〔清〕杨二酉：《海东书院记》，范咸《重修台湾府志》卷二十二《艺文》，《台湾府志三种》本，中华书局1985年版，第2632—2633页。

③ 连横：《台湾通史》卷十一《教育志》，商务印书馆1996年版，第195页。

"并峙"的省级"直辖"书院，始于乾隆五年（1740）。根据台湾的特殊地理条件，杨二酉的这一举措，无疑是明智而十分有意义的。而要取得与鳌峰"并峙"的地位，其首要前提，无疑是要在教学质量上，使台湾学子不必跨海赴学也能取得相同的学习效果。正因如此，鳌峰书院的办学模式和书院教育制度就成了海东书院刻意参照和模仿的对象。

这种参照和模仿，在杨二酉所采取的重振书院的措施中可略见一斑。一是"选内郡"，即选择省内各府的"通经宿儒"即精通朱子闽学的学者来书院担任教师，并扩大书院招生名额；二是申报批准，使书院取得"与鳌峰并峙"的地位；三是由官员"捐俸倡修"，使书院"轩窗爽洁，什器周备"；四是设置学田，由"明经施子士安慨然身任之"，捐"水田千亩"①，从而解决了书院的膏火之资。五是编订学规，"兴文劝士"。知府刘良璧，于乾隆五年（1740）升任台湾道后，带头捐俸修复海东书院，并制定了《海东书院学规》六条。他认为，"读书之士知尊君亲上，则能谨守法度、体国奉公，醇儒名臣由此以出。"② 教导台海学子首先要明大义、识大体，以国家民族利益为重，以此改变原先落后的"顽梗之风"。第六条措施，是远绍朱熹建阳考亭，近仿福州鳌峰崇先贤之例，在书院内辟五子祠，奉祀宋代理学家周、张、二程和朱熹，以明学统。至此，"上溯建阳暨乎濂洛"，③ 几乎成了台湾所有书院的共识。

鳌峰书院以藏书丰富、刻书众多闻名于世，海东书院也是台湾书院中刻书与藏书最多的地方。莆田俞荔，乾隆三年（1738）在海东书院著《复性篇》，以四言韵文的方式阐释朱子理学思想，言简意赅，通俗易懂，对朱子理学在台湾的普及产生了重要作用。浙江钱塘人氏张湄，乾隆六年（1741）任巡台御史。"海东书院月课，亲加校阅。"曾手集先正大家名文三百篇置海东书院。又得海东校士之文数十篇，编辑为《珊枝集》，"付之开雕"，有"脍炙

---

① 〔清〕杨二酉：《海东书院记》，范咸《重修台湾府志》卷二十二《艺文》，《台湾府志三种》本，第 2632－2633 页。

② 〔清〕范咸：《重修台湾府志》卷八《学校》，第 1856 页。

③ 〔清〕邓传安：《蠡测汇钞·附黄南村广文纪后》，《台湾文献丛刊》本第 9 种。

人口，纸贵台阳"① 之誉。他所著的《瀛壖百咏》为绝句百首，由刘良璧跋而行之。嘉庆二十五年（1820）任台湾巡道的叶世倬，"课海东书院，必亲临讲艺。"在书院"重刊朱子《小学》，统郡士而励以必读。见圣庙书籍残缺，购置多部以补之"②。道光十七年（1837），左石侨主海东书院时，将台湾教谕永春郑兼才所著《郑六亭文集》十二卷编辑成书，刻梓以传。③

道光二十七年（1847），任台湾道的徐宗幹，"每夜必至，以与诸生问难。……及门之士，多成材焉。"④ 他曾以《同善录》《孝经》等授漳州诸生，后漳州人士"翻刻印订若干部，附海艘而来，散与台郡海东书院子弟。"⑤ 又将其六世祖徐见行所著《孝经正解》在海东书院"敬谨复校，登之枣梨，付各师生为庠塾读本"。又选录书院诸生课试之文编为《东瀛试牍》，将"说经、论史及古近杂体诗文并肄业及之者，裒辑二卷，曰《校士录》"在书院刊行。⑥ 光绪十一年（1885），受台抚唐景崧之命，山长施士洁"检近年课艺，重为评定"，由施氏作序，"付之手民"刊刻成帙，书名为《台澎海东书院课选》。⑦

经过长期积累，海东书院藏书为全台之冠。原为徐宗幹讲学之所的"榕坛"，藏书万卷。"多官局之版，历任巡道每有购置"，"改隶后，为军队所据，藏书尽毁。"⑧ 台抚唐景崧所建的"万卷堂"，藏书丰富"⑨。

---

① 〔清〕刘良璧：《〈瀛壖百咏〉跋》，《重修台湾县志》卷十三《艺文志》，《台湾文献丛刊》第 113 种，第 453 页。

② 〔清〕陈国瑛：《台湾采访册·叶中丞传》，《台湾文献丛刊》第 55 种，第 109 页。

③ 〔清〕姚莹：《郑六亭文集序》，《中复堂选集·东溟文后集》，《台湾文献丛刊》第 83 种，第 155 页。

④ 连横：《台湾通史》卷十一《教育志》，第 192 页。

⑤ 〔清〕徐宗幹：《斯未信斋文编·恭跋〈孝经正解〉》，《台湾文献丛刊》第 87 种，第 135 页。

⑥ 〔清〕徐宗幹：《斯未信斋文编·瀛洲校士录序》，《台湾文献丛刊》第 87 种，第 121 页。

⑦ 〔清〕施士洁：《台澎海东书院课选序》，《台湾文献丛刊》第 215 种《后苏龛合集》，第 353—355 页。

⑧ 连横：《雅堂笔记》卷六，广西人民出版社 2005 年版，第 175 页。

⑨ 连横：《台湾通史》卷三十六《列传八》，第 727 页。

　　道光七年（1827），台澎督学孔昭虔在《重修海东碑记》中，把振兴台海教育的人士分为"官师"和"乡党"两个阶层。乡党为热心教育事业的乡绅；官师，即地方长官和书院中的专职教师。他认为，"海外督学有功于书院者，杨侍御而外，则有觉罗公四明、奇公宠格、张公志绪、糜公奇瑜。"① 所说几位，均为兼任过台湾学政的官员。

　　康熙六十一年（1722），任台湾道的陈大辇，"校士公慎，拔取单寒。重修海东书院，立课士规程，悉心作养。"② 后因病而卒于任上，被台海学子列入府学名宦祠。乾隆二十六年（1761），任台湾分巡道的觉罗四明，曾先后修复崇文和海东两所书院。又将海东学规加以充实，改定为端士习、重师友、立课程、敦实行等八条，③ 对开创海东书院教育新局面起到了重要的作用。安徽桐城人姚莹，字石甫。道光间任台湾兵备道，"整剔海东书院规约，时与诸生相讨论，考核名实，以是士气丕振。"④

　　除了这些"有功于书院"的官员外，还有一批对书院教育做出杰出贡献的专职教师。在以闽学治台的政策导向下，这些教师大多为硕学名儒，且大多来自福建。

　　闽县薛士中，雍正二年（1724）进士。他曾两度任台湾府学教授，并于乾隆五年（1740）起在海东书院讲学六年。亲定院规，以诚心正意之学训诲诸生。侯官许德树，任台湾府学教授，"以端士习、挽颓风为任。……台湾道刘鸿翔请兼主海东书院讲席，院规久弛，德树创立条约；于文词诗赋，拔其尤者钞粘院壁，俾多士得所观摩。"⑤ 晋江施琼芳，道光二十五（1845）进士。同治六年（1867），任海东书院山长。其子施士洁（1855－1922），字澐舫。光绪三年（1877）进士，不喜仕进。先后掌教台南白沙、崇文、海东三书院，

---

　　① 黄典权：《台湾南部碑文集成》，《台湾文献丛刊》第218种，第237页。
　　② 〔清〕范咸：《重修台湾府志》卷三《职官》，第1574页。
　　③ 连横：《台湾通史》卷十一《教育志》，第192页。
　　④ 连横：《台湾通史》卷三十二《姚、徐列传》，第601页。
　　⑤ 陈衍：《民国福建通志》总卷三十六《循吏传》卷十二《许懿善传》（后附子德树传），1949年印本。

培养的学生有许南英、汪春源等名流。长乐林天龄，咸丰十年（1860）进士，是一位博览先儒之书的学者。论学倡导"必从主敬始，则程、朱之说尤为无弊矣"。曾任海东书院山长两年。"既至，立课程、校文艺；讲求义理、陈说古今，与诸生相勉为根柢之学。……南、北两路彬彬多文学之士矣。"①

综上所述，以海东书院为代表的台湾书院的发展史，实际上就是以传播闽学的福建书院由海西向海东跨越的历史，是福建书院从山林文化向都市文化的转移得以确立之后，在台海的一种延续和发展。这种跨越表现为，跨海而来的福建官员和学者共同努力，成为台湾书院成功办学的关键；福建书院的成功经验和先进的办学模式在台湾书院建设中起到了主导作用；在以闽学治台的政策导向中，以朱熹为代表的闽学始终是台湾书院教育的一面旗帜。

（本文发表于 2008 年 11 月 22 日台湾大学校友馆举行的"第四届海峡两岸朱子学与新儒学论坛"，原题为《朱子学与闽台书院文化教育》；全文刊发于《闽学研究》2015 年第 1 期）

---

① 〔清〕俞樾：《翰林院侍读学士林君墓表》，缪荃孙、闵尔昌《续碑传集》卷十八《翰詹》，《台湾文献丛刊》第 223 种，第 94 页。

安珦与朱子学文献在高丽的传播与刊行

南宋淳熙十六年（1189），朱熹在武夷精舍序定《大学章句》和《中庸章句》，这是《四书章句集注》的最后刊定，为其理学思想体系的架构奠定了坚实的基础。一百年后，即元至元二十六年（1289），高丽学者安珦来到中国，回国后，将朱子学引入朝鲜半岛，成为高丽第一位朱子学传播者。作为中国一衣带水的近邻，何以要经过漫长的一个世纪，朱子学方能传入高丽？为何在安珦的推动下，朱子学又能前缓后疾，短短十几年间就能迅速地在高丽传播？在安珦的推动下，朱子学文献在高丽的传播与刊行之概况如何？

一、百年阻滞的原因何在？

朝鲜李朝著名学者洪奭周（1774—1842）在《晦轩先生实纪重刊序》中说：

> 晦轩文成公之生，去朱夫子仅四十余岁。方是时，女真、蒙古交兵于中国，丽氏之梯航不及于浙闽之间者百年。自王宫以下，家家奉浮屠氏梵呗之声多于弦诵，学士大夫号为博极载籍者，亦未尝识朱子为何如人也。自文成公一入燕都，始手钞其书以归，又购其图像，与孔氏俱奉于座右。又为文告太学诸生，使之一遵朱氏。然后，朱氏之学始稍稍行于东方。至今谈经传者，非朱子之书不敢治，虽俗衰教弛，大儒不作，异端邪诐之说犹不敢公行而无忌。呜呼！是谁之功也？夫孟氏之尊孔在邹鲁之间，而公之尊朱在于海东万里之外；孟氏之尊孔得于曾子、子思传授之余，而公之尊朱得于戎狄浮屠蔽塞之中，使孟氏而见公，亦岂不

许以豪杰之士无所待而兴者哉！①

洪奭周的这段话，可以说正好能回答"朱子学何以要经过百年之久方能传入高丽"这个问题。晦轩安珦的生年为高丽高宗三十年（1243，宋淳祐三年），离朱夫子的卒年（1200，宋庆元六年）仅四十余年。在这个时代，南宋王朝的版图仅限于淮水秦岭以南，而北方大片国土则前为女真所占领，后被蒙古所盘踞，而与朝鲜接壤的北方辽宁丹东一带，正是在女真金国的势力范围之内。而女真作为少数民族，对代表汉民族文化的传统儒学根本不了解，且由于宋金连年交战，这就造成了前后长达近"百年"间，"丽氏之梯航"难以到达南宋所辖的"浙闽之间"。在宋金对峙的年代，诞生于武夷山的朱子学，传播其学说的朱子学著作主要刊刻于闽、浙、赣诸地，根本不可能传到金人统治下的北方，更不可能穿越金国，跨过国界来到高丽！正是由于宋金对峙、南北分裂割据的局面，为朱子学的对外传播间接地造成了人为的地理障碍。

阻滞朱子学及时对外传播的另一障碍是南宋王朝的禁书令。

宋代是我国刻书业公认的黄金时代。尤其是朱熹生活的武夷山近邻建阳，是我国的三大刻书中心之一，书坊刻书业尤其发达，对朱子学的传播曾产生过重大作用。但对"凡议时政得失，边事军机文字"和"本朝会要、实录"的图书，从北宋开始，礼部就有"不得写录传布"和"不得雕印，违者徒二年，告者赏缗钱十万"②的规定。

北宋末，为应对宋金前线的紧张局势，防止国家机密从各种印刷品中泄漏，宋徽宗大观、宣和年间（1107－1125），政府又多次颁布条令，"勘会福建等路，近印造苏轼、司马光文集等，诏令后举人传习元祐学术，以违制论。印造及出卖者与同罪，著为令。见印卖文集，在京令开封府、四川路、福建

---

① （朝鲜李朝）洪奭周：《晦轩先生实纪重刊序》，安克权编《晦轩先生实纪》卷首，朝鲜木活字印本，第1页。

② 〔清〕徐松辑：《宋会要辑稿》165册《刑法》二，中华书局1957年版，第6514页。

路，令诸州军毁板。"① 所谓"印造及出卖"，是从出版和发行流通这两个角度
对各地刻书进行了严格限制。

进入南宋，金人占踞北方，形成南北对峙的局面之后，为防止国家军事
机密的泄漏，南宋政府更进一步在图书出版和流通环节上加强了管理。宋光
宗绍熙四年（1193）六月，臣僚们又进言："朝廷大臣之奏议，台谏之章疏，
内外之封事，士子之程文，机谋密画，不可泄漏。今乃传播街市，书坊刊行，
流布四远，事属未便，乞严切禁止。"②

同样是禁书令，此前的目的是以保守军事机密为主，而"庆元伪学之
禁"，则以思想的禁锢为主要目标。宋宁宗庆元年间（1195－1200），朱子理
学被视为"伪学"，严加禁戢，以朱熹为代表的理学家们的著作也遭到了禁
毁。庆元二年（1196）六月，朝廷颁发禁令，规定全国士子"毋得复传语录，
以滋盗名欺世之伪。所有《进卷》《待遇集》并近时妄传语录之类，并行毁
板。其未尽伪书，并令国子监搜寻名件，具数闻奏"③。文中的《进卷》是叶
适所著，《待遇集》是陈傅良所著，二人都是南宋理学中永嘉学派的代表。
"语录"指的则是《二程语录》《龟山语录》《朱子语类》等一类语录体的著
作。宋王朝所颁布的一系列禁书令，与宋金战争所造成的负面影响一样，客
观上也对朱子学的传播产生了一定的阻碍。

二、朱子学在高丽传播的历史背景

朱子学在高丽的传播，与朱子学在南宋产生，有一个极为相似的背景，
即为了从理论上全面应对佛学的挑战，以便适应和强化以儒治国的需要。

佛教在西汉时期从印度传入中国后，由于历代统治者的大力提倡，对中
国的政治、经济以及社会思想文化方面都产生了重大影响。尤其是禅佛教心
性学说在隋唐时期一度成为思想界的主流思潮，对其时在理论形态上仍显得

---

① 〔清〕徐松辑：《宋会要辑稿》165 册《刑法》二，第 6539 页。
② 〔清〕徐松辑：《宋会要辑稿》165 册《刑法》二，第 6558 页。
③ 〔清〕徐松辑：《宋会要辑稿》165 册《刑法》二，第 6559 页。

十分粗糙的孔孟原始儒学来说，是一个严重的冲击和挑战，对我国的政治、经济以及社会思想文化等各方面都产生了重大影响。隋唐时期，全国各地寺庙林立。据宋梁克家《淳熙三山志》，五代末王审知闽国时，仅福州就建有寺观 267 座，加上此前历朝的积累，福州的寺庙共有 781 座。入宋以后，"颓风弊习，浸入骨髓，富民翁媪倾施赀产，以立院宇者无限。庆历中，通至一千六百二十五所。"① 由此可见，到了南宋时期，佛教已经成功地渗透到了中国社会的各个方面，代表着中华传统文化的儒家思想，正面临着严峻的挑战。

朱熹在《延和奏札七》中指出，"今佛老之宫遍天下，大郡至逾千计，小邑亦或不下数十，而公私益增，其势未已，至于学校，则一郡一邑仅一置焉，而附廓之县或不复有，盛衰多寡之相绝，至于如此，则邪正利害之际，亦已明矣。"②

在中国境内"佛老之宫遍天下"的同时，高丽王朝也面临着同样的情况：

> 自王宫以下，家家奉浮屠氏，梵呗之声多于弦诵，学士大夫号为博极载籍者，亦未尝识朱子为何如人也。③

这种"梵呗之声多于弦诵"，即便是博览群书的学者也不知"朱子为何如人"所产生的原因，与高丽王朝立朝之初，佛教就被立为国教有关。太祖王建（877—943）在临终时，仍念念不忘"国家大业，必资诸佛护卫之力"。《高丽史》载：

> 二十六年（943）夏四月，御内殿召大匡朴述希亲授训要曰：朕闻大舜耕历山，终受尧禅；高帝起沛泽，遂兴汉业。朕亦起自单平，谬膺推

---

① 〔宋〕梁克家纂，陈叔侗校注：《三山志》卷三十三，方志出版社 2003 年版，第 583 页。

② 〔宋〕朱熹：《晦庵先生朱文公文集》卷十三《延和奏札七》，《朱子全书》第 20 册，第 653—654 页。

③ （朝鲜李朝）洪奭周：《晦轩先生实纪重刊序》，安克权编《晦轩先生实纪》卷首，朝鲜木活字印本，第 1 页。

戴。夏不畏热，冬不避寒，焦身劳思，十有九载。统一三韩，叨居大宝二十五年，身已老矣。第恐后嗣纵情肆欲，败乱纲纪，大可忧也。爰述训要以传诸后，庶几朝披夕览，永为龟鉴。其一曰：我国家大业，必资诸佛护卫之力，故创禅教寺院，差遣住持焚修，使各治其业。后世奸臣执政徇僧，请谒各业寺社，争相换夺，切宜禁之。①

在此临终遗嘱的指引下，此后高丽的历朝帝王在很长一段时期都以此"为龟鉴"，崇信佛教。如定宗元年（946），"王备仪仗奉佛舍利，步至十里所开国寺安之。又以谷七万石，纳诸大寺院，各置佛名经宝及广学宝，以劝学法者。"②"在位四年，寿二十七。王性好佛多畏。"③ 光宗二年（950），"创大奉恩寺于城南，为太祖愿堂，又创佛日寺于东郊，为先妣刘氏愿堂。"④ 光宗十九年（967），"创弘化、游岩、三归等寺。以僧惠居为国师，坦文为王师。王信谶，多杀内，自怀疑。欲消罪恶广设斋会，无赖辈诈为出家，以求饱饫者坌至。或以饼饵、米豆、柴炭施与，京外道路不可胜数。列置放生所，就傍近寺院演佛经。禁屠杀，肉膳亦买市廛以进。"⑤

约三百年后，一直到高丽后期安珦（1243—1306）的生活年代，高丽国内各地，仍然是"香灯处处皆祈佛，箫管家家尽祀神。独有数间夫子庙，满庭春草寂无人"⑥。这种处处祈佛家家祀神的情境，与朱子当年所处的"佛老之宫遍天下"的状况，可谓如出一辙。

安珦对此的态度，《年谱》称"先生好儒学，尤憎异端邪说。历试内外，声称赫然"⑦。正是高丽举国上下禅佛学充斥，正学无立足之地的状况，使安

---

① （朝鲜李朝）郑麟趾：《高丽史·太祖世家》，韩国奎章阁藏本，第14—15页。

② （朝鲜李朝）郑麟趾：《高丽史·太祖世家》，第25页A。

③ （朝鲜李朝）郑麟趾：《高丽史·定王世家》，第25页B。

④ （朝鲜李朝）郑麟趾：《高丽史·光宗世家》，第27页A。

⑤ （朝鲜李朝）郑麟趾：《高丽史·太祖世家》，第29—30页。

⑥ （朝鲜李朝）安克权编：《晦轩先生实纪》卷一《题学宫》，第1页。

⑦ （朝鲜李朝）安克权编：《晦轩先生实纪》卷一《年谱》，第11页。

珦对此危害有深切的痛恨和认识。然而，由于此前传入朝鲜半岛的儒学，是以考据、训诂为主的汉唐儒学，在理论创新与思辨性方面，均不足以与其时泛滥的佛学相抗衡。恰在此时，安珦作为新设立的高丽儒学提举司提举，随高丽王出使入元，在那里，读到了朱子学的著作，风云际会，他因此成为历史上第一位将朱子学传入朝鲜半岛的思想家。

三、朱子学在高丽的迅速传播与文献刊行

由于宋金战争，南北阻隔等原因，造成了南宋与高丽王朝的百年隔绝。元朝建立后，南北阻隔的障碍自然消除，由于攘斥异端、排击佛学的客观需要，朱子学在朝鲜半岛高丽时代（938－1392年）得到了迅速传播，其中最重要的媒介就是以图书为载体的朱子学著作。最早将此传入高丽的，是高丽中后期的儒学领袖安珦。

元至元二十六年（1289）九月，元朝在高丽国设儒学提举司①，安珦被任命为儒学提举②。十一月，他随高丽忠烈王入元，在元大都阅读到了一批朱子学著作。由于其时为元朝立朝之初，大都的图书刊刻刚刚起步，南方浙闽所刊图书的流通因地域之限，在大都往往脱销，故安珦借阅了一批朱子学的著作，一边阅读，一边抄录。第二年三月，他返回高丽时，带回国的，就是这样一批珍贵的手抄本。

安珦（1243－1306），初名裕，字士蕴，号晦轩，谥号文成。兴州（今韩国庆尚北道丰基）人，出生于高丽高宗三十年（1243，南宋淳祐三年）。据《晦轩年谱》记载，安珦一生曾两次来到中国。第一次是在高丽忠烈王十五年（1289，元至元二十六年己丑）四十七岁时。《年谱》载：

> 先生笃学力行，德誉远达于元。九月元置高丽儒学提举司，加先生提举。十一月壬子从（忠烈）王如元（出使元朝）。

---

① 〔明〕宋濂等：《元史·世祖本纪》，第325页。
② （朝鲜李朝）安克权编：《晦轩先生实纪》卷一《年谱》，第12页。

　　　　庚寅，先生四十八岁。录晦庵朱夫子书，并画其真像以归。时朱子
　　书新行于燕都，先生始得见之，潜心笃好，知其为孔孟正脉，遂手录其
　　书，又写其真像而归。①

第二次是在高丽忠烈王二十四年（1298，元大德二年戊戌），安珦五十六岁
时。《年谱》载：

　　　　八月，前王复位，从忠宣王如元。……先生谒元文庙，学官问"东
　　国亦有圣庙耶？"先生曰："我国文物祀典一遵华制，岂无圣庙耶？"仍辩
　　论性理，合于朱子说。学官等大加敬叹，曰"此东方朱晦庵也"。遂写真
　　以去。②

　　以上两条有关安珦赴元，搜访并手录晦庵朱夫子书和画像的记载，《高丽
史》均语焉不详，以至今人对其在高丽朱子学传播史上的作用与贡献认识不
足。如韩国学者卢仁淑有"朱子学东传之关系人物，或谓安珦，或谓白颐
正"③之说。实际上，白颐正（号彝斋，1260－1340）、朴忠佐（字子华）、权
溥（1262－1346）等一批学者均为安珦的门人或续传，白颐正在元购买大批
朱子学著作，也是在安珦的影响和授意之下完成的。
　　也许就像弹簧一样被压抑得太久，一旦释放出来，就能产生惊人的能量。
从安珦首次入元，到朱子学在高丽得到政治、文化、教育等社会各界的广泛
认同，其实不过只是短短数年之间！何以前缓后疾？这与安珦所采取的多方
传播措施有关。
　　一是官学与私学并举。构精舍，建书院，广招门人弟子，建构和传播理
学思想，是朱熹与佛学相抗衡的成功经验。从元大都取得朱子学"真经"回

①　（朝鲜李朝）安克权编：《晦轩先生实纪》卷一《年谱》，第 12 页。
②　（朝鲜李朝）安克权编：《晦轩先生实纪》卷一《年谱》，第 14 页 B。
③　（韩）卢仁淑：《朱子家礼与韩国之礼学》，人民文学出版社 2000 年版，第 103 页。

到高丽的安珦，通过阅读和手抄朱熹的著作，对朱子学"发明圣人之道，攘斥禅佛之学"的作用有切身的体会和充分的认识，对其在各地辟精舍、建书院，以书院和官学为阵地"斥佛老，一天人"也有深切体会，因此，他向学者发出倡议："欲学仲尼之道，莫如先学晦庵。"① 如何学？先从有益的效仿开始。

元大德元年（1297），安珦在其居所建起了高丽史上第一所"精舍"，既是其为学之第，也是其与门下弟子讲学场所。《年谱》载："丁酉，先生五十五岁。十二月壬寅拜金议参理，世子二保。筑精舍于居第后，奉安孔朱二夫子真（像）。先生尝曰：'晦庵功足以配仲尼，欲学仲尼，当先学晦庵。'遂精构一堂于居第后，奉孔朱真像，朝夕瞻谒，以寓景慕，仍号晦轩。"② 这所精舍，后人建成了白云洞书院（绍修书院）以祭祀安珦。

安珦最著名的几位弟子，据《门人录》所载，有权溥、禹倬、白颐正、李瑱、李兆年、辛蕆、李晟、尹宣佐、尹安庇、徐諲和许冠等。《白颐正传》载：白氏"与先生（指安珦）之胤竹屋公（安珦之子安于器，号竹屋）及同门菊斋（权溥）、东庵（李瑱，字温古，李齐贤父）诸公校阅训诲。李益斋（齐贤）、朴耻庵忠佐首先师受"③。

李齐贤，号益斋，是权溥的女婿，白颐正的门人，安珦的续传弟子。"延祐元年甲寅，忠肃王元年，先生二十八岁。时程朱之学始行中国，未及东方。白颐正在元得而东还，先生首先师受。"④

针对其时高丽"学校芜废，文教墬地，士大夫不知圣人之学，皆崇尚异教，祈佛祀鬼，污染成俗"的境况，安珦"毅然以辟异端、明圣道、兴学校、育人才为己任"⑤。他在高丽建起了第一座同时祭祀孔圣和朱夫子的圣庙，并亲自带头在庙学中讲学。史载"受业者动以数百计，斋舍殆不能容。皆以通经学古为事。先生每朝退，入馆门，诸生随教官后分庭序立，行礼升堂请学，

---

① （朝鲜李朝）安克权编：《晦轩先生实纪》卷一《谕国子诸生》，第2页B。

② （朝鲜李朝）安克权编：《晦轩先生实纪》卷一《年谱》，第14页A。

③ （朝鲜李朝）安克权编：《晦轩先生实纪》卷四《门人录》，第17页B。

④ （朝鲜李朝）李齐贤：《益斋先生乱稿·年谱》，朝鲜鸡林府1693年刻本。

⑤ （朝鲜李朝）安克权编：《晦轩先生实纪》卷一《年谱》，第16页B。

竟日讨论"①。在安珦的大力推动下，高丽全国上下兴起了以"兴学立教，攘斥异端，慕效朱子"的热潮，并产生了"上下孚应，一世靡然，遂归正道。而授受相传，大儒继作"的巨大效果。②

众所周知，朱熹曾将儒家典籍《孝经》通俗化，把孔子"孝悌也者，其为仁之本"的思想广泛播向民间，并创造性地以儒学的孝道来反击"念佛号经"的佛教。他对南康军穷家子弟多出家，弃父母于不顾，有悖人伦的风俗极为反感，特撰《示俗》一文，广为公示。"若父母生存不能奉养，父母亡殁不能保守，便是不孝。不孝之人，天所不容，地所不载，幽为鬼神所责，明为官法所诛，不可不深戒也。……奉劝民间逐日持诵，依此经解说，早晚思惟，常切遵守，不须更念佛号经，无益于身，枉费力也。"③

安珦对此特别赞同，他对国子监诸生讲学时指出：

> 圣人之道，不过日用伦理。为子当孝，为臣当忠。礼以制家，信以交朋；修己必敬，立事必诚而已。彼佛者弃亲出家，蔑伦悖义，即一夷狄之类。近因兵戈之余，学校颓坏，士不知学。其学者喜读佛书，崇信杳冥空寂之旨。吾尝于中国得见朱晦庵著述，发明圣人之道，攘斥禅佛之学，功足以配仲尼。欲学仲尼之道，莫如先学晦庵。④

为解决庙学资金短缺的困难，他除了捐俸"于国学，以供学徒"⑤ 之外，还倡议"百官各出银布归'养贤库'为教养之资"。

《高丽史》载：

---

① （朝鲜李朝）安克权编：《晦轩先生实纪》卷一《年谱》，第20页，62岁条下。
② （朝鲜李朝）安克权编：《晦轩先生实纪》卷末，安锡儆《晦轩先生实纪跋》，第19页。
③ 〔宋〕朱熹：《晦庵先生朱文公文集》卷九十九《示俗》，《朱子全书》第25册，第4585页。
④ （朝鲜李朝）安克权编：《晦轩先生实纪》卷一《谕国子诸生》，第2页B。
⑤ （朝鲜李朝）安克权编：《晦轩先生实纪》卷一《年谱》，第16页B。

珦忧学校日衰，议两府曰："宰相之职莫先教育人材，今养贤库殚竭，无以养士。请令六品以上各出银一斤，七品以下出布有差，归之库。存本取息为'赡学钱'。"两府从之，以闻。王出内库钱谷助之。密直高世，自以武人不肯出钱，珦谓诸相曰："夫子之道垂宪万世，臣忠于君，子孝于父，弟恭于兄，是谁教耶？若曰：'我武人何苦出钱以养尔生徒。'则是无孔子也而，可乎？"世闻之惭甚，即出钱。[1]

此条内容，《晦轩年谱》系于安珦六十一岁之下[2]，距安珦 1289 年首次入元约 14 年之后。

二是为了搜集更多的朱子学著作，安珦还派遣相关人士赴元朝购买。元大德七年（1303），安珦六十一岁时，"送博士金文鼎于江南，画先圣及七十子像，购祭器、乐器、诸经史以来。先生又以余赀付博士金文鼎等，送江南（原文小字注：《通鉴》作江南，《世家》作中原。《考迹》云：以江南犹存宋室礼物。又多朱子新注书也）画先圣及七十子像，并购祭器、乐器。又忧东方经籍不备，广购六经诸子史、朱子新书，五月还。"[3]

《高丽史》载："（忠烈王）三十年（1303）五月，安珦建议令各品出银布有差，以充国学赡学钱。王亦出内库钱谷以助之。珦以余赀送江南，购六经诸子史以来。于是，愿学之士七管十二徒诸生，横经受业者动以数百计。"[4]

在安珦的影响下，其及门弟子，乃至朝野上至国王，下至民间学者，都对朱子学著作的流传与刊刻有了广泛的认同和参与。如高丽正宗大王在安珦逝世后，在为其御撰的"祠享制"中说："展也文成，素王忠臣。珠衡玉斗，照我东人。燕肆购书，非经则史。惜不遭尔，葳此明龢。"[5] 文中特别提到安

① （朝鲜李朝）郑麟趾：《高丽史·安珦传》，第 26—27 页。

② （朝鲜李朝）安克权编：《晦轩先生实纪》卷一《年谱》，第 17—18 页。

③ （朝鲜李朝）安克权编：《晦轩先生实纪》卷一《年谱》，第 17—18 页。

④ （朝鲜李朝）郑麟趾：《高丽史·学校》，第 31 页。

⑤ （朝鲜李朝）安克权编：《晦轩先生实纪》卷三《祠享制·正宗大王御制》，第 1 页。

珦在"燕肆购书",对其把朱子学文献第一次从中国传入高丽的历史功绩予以充分的肯定。

当从元朝购买不足以解决日益高涨的阅读需求时,翻刻朱子学著作就成为必然。元延祐五年(1318),其门人权溥上奏朝廷,请在高丽刊刻朱熹的《四书集注》,此为《四书集注》在高丽的首次刊刻,对朱熹学说在朝鲜半岛的传播起到了重要作用。权溥,字齐万,号菊斋,安东人。忠烈朝登第,官金议政丞、永嘉府院君,谥文正。性忠孝,嗜读书,至老不辍。①

史载,元延祐元年(1314)六月,高丽赞成事权溥、商议会议都监事李瑱、三司使权汉功、评理赵简、知密直安于器等会集于成均馆,考阅新购进的书籍。这批从元朝南京购进的书籍可谓来之不易。成均提举司遣博士柳衍、学谕俞迪到江南一带购买书籍,途中因故"未达而船败,衍等赤身登岸。判典校寺事洪瀹以太子府参军在南京遗衍宝钞一百五十锭,使购得经籍一万八百卷而还"②。数日之后,洪瀹向元仁宗上奏报告了此事,元仁宗得知高丽购书如此不易,为此下令,赐给高丽忠肃王"书籍四千三百七十一册,共计一万七千卷,皆宋秘阁所藏。因洪瀹之奏也"③。

在安珦及其门人弟子的率先垂范下,此后高丽朝野上下传播和刊刻朱子学文献蔚然成风。即便是安珦去世后,此风仍然延续不辍。

安珦之后,其门人弟子利用一切机会从元朝各地购进朱子学文献,如《晦轩实纪》载:

> 白颐正,字若轩。蓝浦人,号彝斋。……程朱性理之书始行于中国而未及东方,公在元得而东还。④

戊午(1318,元延祐五年,安珦逝世的第二年),先是门人白颐正自

---

① (朝鲜李朝)安克权编:《晦轩先生实纪》卷四,第16页B。
② (朝鲜李朝)郑麟趾:《高丽史·忠肃王世家》,第20页。
③ (朝鲜李朝)郑麟趾:《高丽史·忠肃王世家》,第20页。
④ (朝鲜李朝)安克权编:《晦轩先生实纪·门人录》卷四,第17页B。

元多取程朱性理书以还。李齐贤、朴忠佐首先师受成均馆，又遣人江南购经籍万卷而来。王之元年甲寅六月，命先生子竹屋公及门人赞成事。權溥会议都监事李瑱等会成均馆考阅新书，且试经学。溥又请刊行朱子《四书集注》。①

元代，朱子出生地尤溪的名士郭居敬受朱子孝道思想的影响，编纂了《二十四孝诗选》，辑录古代虞舜、汉文帝、丁兰、孟宗、闵损、曾参、王祥、老莱子、姜诗、黄庭坚、唐夫人、杨香、董永、黄香、王裒、郭巨、朱寿昌、剡子、蔡顺、庾黔娄、吴猛、张孝张礼、田真、陆绩和伯俞二十四人的孝行，其刻本不仅在中国社会广为流传，而且也走出国门流传到高丽。

元至正六年（1346 年），权溥"又与子准裒集历代孝子六十四人，使婿李齐贤著赞，名曰《孝行录》行于世"②。该书分前后二章，前章就是"二十四孝"。李齐贤在该书"序"中说："府院君吉昌权公（权准），尝命工人，画二十四孝图。仆即图为赞，人颇传之。既而院君以画与赞献菊斋国老（权溥），菊斋又手抄三十有八事而以赞见诿。"③

综上所述，安珦将朱子学著作传入高丽，通过在高丽国学、精舍讲学，广招门人弟子，全面推动了朱子学在高丽的传播和朱子学著作在高丽的刊刻，不仅使此前佛学在高丽政界、学界泛滥的状况得到根本扭转，也为朱子学在此后朝鲜李朝的全面发展，出现了李退溪、李栗谷、宋时烈等一大批理学大师奠定了坚实的基础。

（本文系 2015 年 9 月由朱子学会、厦门大学国学院、韩国栗谷学会召开的"百年东亚朱子学国际学术研讨会"参会论文，收入朱人求、乐爱国主编：《百年东亚朱子学》，商务印书馆 2016 年版）

---

① （朝鲜李朝）安克权编：《晦轩先生实纪》卷一《年谱》，第 23 页。
② （朝鲜李朝）郑麟趾：《高丽史·权溥传》，第 15 页。
③ （朝鲜李朝）李齐贤：《益斋先生乱稿·拾遗》，朝鲜鸡林府 1693 年刻本。

朱子学著作在朝鲜李朝的传播

如果说安珦（1243—1306）时代的高丽，是朱子学的"传入与理解"[1] 的时代，那么，朝鲜李朝（1392—1910 年），则是朱子学全面发展，并深入社会各界的时代。促进这一发展的，是朱子学文献在朝鲜的传播与刊刻。

一、朱子学文献在朝鲜李朝的传播

朱子学说在李朝立朝之初就得到最高统治者的高度重视。太祖李成桂（1335—1408）对朱子学者真德秀的《大学衍义》情有独钟。《太祖实录》称：

> 太祖素重儒术，虽在军旅，每投戈之隙，引儒士刘敬等，商确（榷）经史，尤乐观真德秀《大学衍义》，或至夜分不寐，慨然有挽回世道之志。[2]

太祖元年（1392 年，明洪武二十五年）九月二十一日"己亥/上受朝礼毕，命成均大司成刘敬，讲《大学衍义》。"此后，又多次由刘敬在朝讲解真德秀的《大学衍义》。[3] 太宗李芳远（1367—1422）在东宫为太子时，耳濡目

---

① （韩）郑仁在：《朱子学在韩国的展开》，黄俊杰、林维杰编：《东亚朱子学的同调与异趣》，台大出版中心 2006 年版，第 305 页。

② 《李朝实录》第 1 册，《太祖实录》卷一，日本学习院东洋文化研究所昭和二十八年四月影印本，第 41 页。

③ 《李朝实录》第 1 册，太祖卷二，第 117—118 页。

407

染，就受太祖的影响。史载，太宗二年（1402，明建文四年）七月二十日司谏院上时务数条称：

> 惟我殿下，昔在东宫，读《大学衍义》，其于格致诚正修齐治平之学，讲磨切磋之功熟矣。及即宝位，万几之暇，乃能留心经学，时习不已。今又讲《书》，二帝三王治天下之大经大法，靡不精究，盖欲心得而现诸行事也。虽古之明王，其好学之笃，未能或之先也。然圣学贵乎成始而成终，人心戒乎或操而或舍。苟能操此心而不舍，勉其学而有终，则其于治国乎何有！伏望殿下因前日已成之学而益勉，必欲至乎帝尧之克明峻德而后已。此臣等所以深有望于殿下也。自今听政之余，日御经筵，更相问难，明天地性命之理，辨学术邪正之源，至于古今治乱之由，君子小人之分，莫不讲论，无小间断，以成圣学之始终，以基圣治之本源。……①

李朝太宗三年（1403）十月二十七日，明成祖赐给朝鲜一批绫罗绸缎等珍贵物资到达朝鲜，其中还有《元史》《十八史略》《山堂考索》《诸臣奏议》《大学衍义》《春秋会通》《真西山读书记》《朱子成书》等以朱子学为主的一批汉籍。②

为了弥补藏书的不足，朝野上下不断地从明朝购买朱子学和经史著作。太宗二年（1402，明建文四年）七月二十日，"内书舍人李孟畇，进大字蔡传《尚书》。《书》阙《尧、舜典》，上命直艺文馆李担补之。"③ "蔡传尚书"，即朱门弟子蔡沈的《书集传》，《尧典》《舜典》为此书的两个章节，此次购进的是大字本蔡传残本，缺了这两个章节，由此可见其时购书之不易。

此后，购买图书成了出使明朝的使臣正常公务之外的一项自觉行动。如

---

① 《李朝实录》第 2 册，《太宗实录》卷三，第 195—196 页。
② 《李朝实录》第 2 册，《太宗实录》卷六，第 369 页。
③ 《李朝实录》第 2 册，《太宗实录》卷四，第 210 页。

成宗七年（1476，明成化十二年）五月十三日，谢恩使郑孝常、朴良信从明朝京师回朝复命，带回了《朱子语类》《朱子大全》等书，称"此书近来所撰，故进之"①。所谓"近来所撰"应"近来所刊"之误。成宗十二年（1481，明成化十七年）四月二十五日"弘文馆校理金䜣，以质正官赴京而还，进《朱子语类》一件"②。成宗十三年（1482，明成化十八年）三月八日，正朝使汉城府右尹李克基、副使大护军韩忠仁来复命，"仍进《清华集》《刘向新语》《刘向说苑》《朱子语类》《分类杜诗》及《羊角书板》。"③

二、朱子学文献在朝鲜李朝的刊刻

1. 官刻

《朱子家礼》在高丽恭愍朝（1351－1374年）就已传入朝鲜。《高丽史·郑习仁传》载，郑习仁（字显叔），于恭愍朝登第补成均学官，出知荣州。"居父母忧，皆庐墓终制。治丧一用《朱子家礼》。"④ 此后，郑梦周、赵浚等均倡导用《朱子家礼》来立家庙奉先祀。进入李朝，《朱子家礼》率先在士大夫阶层中广泛传播，为解决文本的短缺，太宗三年（1403）八月，朝廷下令在平壤府开印《朱子家礼》150部，分赐给各司。⑤ 此书此后还有朝鲜明宗十八年（1563年）全罗道观察使（长官）金德龙在谷城县刊行的四卷本，名《家礼大全》，韩国国立中央图书馆收藏。此书又有朝鲜芸阁活字印本《家礼》七卷。

朱熹在武夷山所编《小学》一书，朝鲜于世宗十八年（1436）奉世宗之命以铜活字印行，题为《诸儒标题注疏小学集成》十卷《图》一卷。此后还屡经重印。此书还有朝鲜学者朴在馨纂辑的《海东续小学》六卷本，今存高宗二十一年（1884年）刊本。

---

① 《李朝实录》第15册，《成宗实录》卷六十七，第618页。
② 《李朝实录》第16册，《成宗实录》卷一百二十八，第521页。
③ 《李朝实录》第16册，《成宗实录》卷一百三十九，第623页。
④ （朝鲜李朝）郑麟趾：《高丽史·郑习仁传》，韩国奎章阁藏本，第31页。
⑤ 《李朝实录》第2册，《太宗实录》卷六，第342页。

李朝文宗元年（1450，明景泰元年）十一月二十二日，中枢院副使朴堧上言，因朝廷向无宴乐，世宗庚戌（1430 年）秋，曾于朱子《仪礼经传通解》一书中，得宴享雅乐诗章十二篇之谱，表而出之。命铸字所印出传之，但至今 21 年过去了，此书尚未印行，此次旧事重提，希望能予以刊印，从之。①

明万历三年（1575），朝鲜嘉善大夫柳希春奉命校勘并翻刻宋黎靖德编《朱子语类》一百四十卷，此书后又有英祖四十七年（1771 年）重刊本。与此书同时刊行的有《朱子文集大全》一百卷目录二卷续集十一卷别集十卷遗集二卷附录十二卷，明万历三年（1575 年）朝鲜嘉善大夫柳希春序刻大字本。

李朝后期，理学成为一代官学，《朱子大全》等理学家的著作一再刊行，朱熹诗文的各种选本，也屡被刊刻。其中，一些理学名臣编纂的朱子学著作也由官方刊行问世。如宋时烈编《节酌通编》，系取李滉所编《朱书节要》和郑经世所编《朱文酌海》合为一书。《李朝实录》载：

> 肃宗十二年（1686 年）一月十二日（丁卯）："上受灸，药房都提调金寿兴曰：'臣于癸亥年间，请令奉朝贺宋时烈注释《朱子大全》，而时烈未几退归，遂未即成。闻自归乡

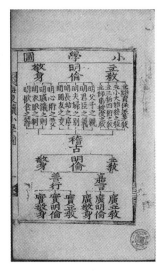

书影 1 《海东续小学·小学图》

书影 2 《朱子大全》（美国哈佛大学藏本）

---

① 《李朝实录》第 12 册，《文宗实录》卷四，第 106 页。

以来，与门弟子取《朱书节要》，及《朱文酌海》合为一书，名曰《节酌通编》，又为加选其见漏于两书者，混为一帙，而仍为注解，其有补于后学大矣。宜自上取入睿览后，下于芸阁精校，令两南刊行．'上可之。仍教曰：'文元公（金长生）文集阅览后，当下于政院，与文正公（即宋浚吉）文集，出付芸阁，一体开刊'．"①

宋时烈编《朱文抄选》，内容以朱熹的奏札为主，于肃宗四十四年（1718年）三月二日（辛亥）因药房提调闵镇厚上言而获肃宗恩准刊印，"以备书筵进讲。"② 在这些由官方编刊的朱子学著作中，以帝王之尊而热衷于编纂、刊行朱子学著作的，是朝鲜第 22 代君主正祖李祘（1752－1800）。这是一位可以和中国南宋时期的宋理宗（《宋史·理宗纪》载云："朕读之书不释手，恨不与同时。"）和清朝康熙皇帝（清康熙《御制朱子全书序》说："朕读其书、察其理……。读书五十载，只认得朱子一生所作何事。"）相提并论的一代明君。他生平"喜读朱子书"，晚年时自述"予之平生，工夫在于一部朱书"。又说：

予年二十时，辑《朱书会选》，又与春桂坊抄定注解，又点写句读于语类。三十时编《朱子会统》，又证定故儒臣韩亿增所编朱书，又编《紫阳会英》及《朱书各体》。四十后编阔朱书者多，而近年又辑《朱书百选》。而昨年夏秋，取《朱子全书》及《大全》《语类》，节略句语，又成

书影 3 《御定朱书百选》（乾隆五十九年朝鲜内阁活字本）

---

① 《李朝实录》第 39 册，肃宗 17 卷，第 563 页。

② 《李朝实录》41 册，肃宗 61 卷，第 525－526 页。

一书，名曰《朱子书节约》。①

正祖对朱子极为推崇，他说："朱夫子即孔子后一人也。尧、舜、禹、汤之道，得孔夫子而明；孔、曾、思、孟之学，得朱夫子而传。朱夫子尊，然后孔夫子始尊。为天地立心，为生民立命，为万世开太平，迪彝教于穷（宇）宙，陈常典于时夏，以之异端熄而民志定，即惟曰明斯道扶正学，而究其本，则尊我朱夫子是耳。"②

理学成为官学，理学家的诗文尤其是朱熹的诗，也成了朝鲜时代士人进德修业的途径之一，正祖大王李祘御选的《雅诵》因此应运而生。此书成书于朝鲜正宗二十三年（1799），现存本年朝鲜铜活字印本。内收朱熹词、赋、诗、铭、箴、赞、文而成八卷。"纸精墨纯，书品宽大"，为高丽精印本。

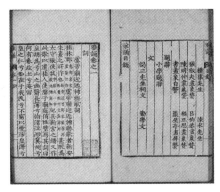

书影4 《雅诵》

《朝鲜李朝实录》正祖二十三年（1799）十月戊子记载：

> 《雅诵》成。上以"虞廷教胄，以乐为先。今之乐教，当求之《诗》，后乎三百篇而得思无邪之旨者，惟朱子之诗。如欲作兴待文之士，莫如教以朱子之诗。"亲选词赋、琴操、古近体诗三百五十九编（篇），末附铭、箴、赞、题、辞文，总四百十五篇，凡八卷，名之曰《雅诵》，雅诵，犹言雅言也。命铸字所印进，命进讲于经筵胄筵，藏之尊经阁，作为儒生月讲之编。③

---

① 《李朝实录》第49册，《正宗大王实录》卷四十八，第403页。
② 《李朝实录》第49册，《正宗大王实录》卷五十二，第522页。
③ 《李朝实录》第49册，《正宗大王实录》卷五十二，第532页。

1800 年，朝鲜正祖大王逝世后，行知中枢府事李晚秀奉命制《正宗文成武烈圣仁庄孝大王行状》，其中引用了正祖本人对即将出使中国使臣说的话：

予于朱子书，苦心诵习，就一部大全，略之为《会英》，类之为《选统》，钞之为《百选》，概之为《节约》，集之为《会选》，而窃又有契于《春秋》之旨，拟成大一统文字。欲以《大全》《语类》《遗书》与二经四书之《传义》《章句》《集注》《或问》及《启蒙》《家礼》《蓍卦》之《考误》《昌黎》之《考异》，以至魏氏之《契》、楚人之《辞》《通书》《西铭》《太极传解》等群书，衷为全书，待编成告于先圣之庙而印行，欲述朱夫子漳州故事。《春秋》之先刊，自有微意于大一统者存焉。但《语类》义例，多龉驳池、饶，两本虽称精善，黄文肃尚不满其意。若其分门分部者，张敬夫之类《言仁》，赵忠定之类《奏议》，盖尝见正于考亭函丈之际，则微言大义，郁而未彰，是岂朱夫子本旨？考定之时，宜加详审，须与眉、徽、建安之本，而见得真面目，可以成书。虽以大全言之，台州奏状，不载于闽板，且如《陆王》之《帖》，《梅花》之《赋》，逸而不列，使行入燕，另购《大全》真本与《语类》各本。若或藉此而杂书又出栅外，王府自有关和，孰敢干之？①

以上这段话，颇似一位对朱子著作有专门研究的学者所言，内容涉及朱子的大部分著作，以及朱子《文集》，《语类》的池州本、饶州本、眉州本、徽州本、建安本和闽版《朱子大全》等，可知这位帝王对朱子学说的痴迷。

2. 私刻

朝鲜李朝前期朱子学的集大成者李退溪（1501－1570），名滉，字季浩，后改景浩，号退溪，一号退陶，其学说被称为退溪学。他的学说主要以朱子

---

① 《李朝实录》第 49 册，《正宗大王实录》卷五十二，第 637 页。

学为宗，有学者称其是"继孔子、朱熹之后儒家思想的代表，其学说是十六世纪后东方文化的体现"。李退溪编纂的《朱子书节要》《朱子行状辑注》《宋元理学通录》等书，对以朱子为代表的宋元时期理学家的事迹和思想进行了全面的研究。

《朱子书节要》是李退溪以《朱文公文集》为底本，以朱熹写给师友门人的书信为专题的选集，也是朝鲜学者的第一部朱熹书札选编。由于《朱文公文集》卷帙庞大，内容浩瀚，"凡百有余卷，众体俱备，宏博无涯涘，学者观之，有惶然骇然之叹。"[①] 李退溪得此书"潜心积久，深会领要，以为夫子平日精思力践之功，后学入头下手之地，尤在于书疏，非他文比，乃手抄其最关于学问而切于日用者，约繁就简，略加订解"[②]，全书"始与延平李先生，终李深子书，凡四百二十一通，十五卷"[③]。此书编成于朝鲜李朝明宗十年（1556），先后有朝鲜黄仲举（俊良）星州本、海州本和平壤本等，皆活字印本，今存明代隆庆元年（1567）丰城柳仲郢定州刻本。

李退溪虽没有到过武夷山，但通过阅读《武夷山志》，阅读《武夷九曲图》，特别是对朱熹《武夷棹歌》的阅读和想象，对武夷美景心驰神往，结下了很深的"神交"之情缘。他常慨叹，不能与朱夫子同时讲学论道于武夷精舍，他说：

> 噫，吾与吾友独不得同其时，买舟慢亭峰下，辍棹于石门坞前，获跻仁智堂，日侍讲道之余，退而与诸门人咏歌周旋于隐求、观善之间，以庶几于万一也。

他认为，"三十六洞天，无则已，有则武夷当为第一，故其中多灵异之迹。天生我朱子不得有为于天下，卒至卷怀栖遁于大隐屏下，使夫灵仙窟宅

---

① （朝鲜李朝）奇大升：《朱子书节要跋》，《高峰先生文集》卷三，第64页。
② （朝鲜李朝）黄俊良跋，《朱子书节要》卷末。
③ （朝鲜李朝）柳仲郢丰城刊本《朱子书节要》卷末识语。

之地，变而为邹鲁道义之乡，……岂不为兹山之幸也耶?"①

在《退溪先生文集》中，我们可以读到不少有关朱熹与武夷山的诗文。如《闲读武夷志次九曲棹歌韵十首》《武夷九曲》《李仲久家藏武夷九曲图跋》等。其中《闲读武夷志次九曲棹歌韵十首》，是在阅读"李仲久家藏武夷九曲图"后，步朱熹《九曲棹歌》十首七绝的原韵而作。其诗云：

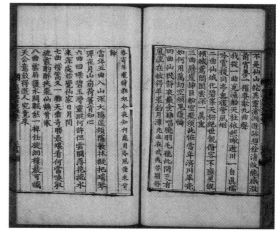

书影 5 　《闲读武夷志次九曲棹歌韵十首》

不是仙山诧异灵，沧洲游迹想余清。故能感激前宵梦，一棹赓歌九曲声。

我从一曲觅渔船，天柱依然瞰逝川。一自真儒吟赏后，同亭无复管风烟。

二曲仙娥化碧峰，天妍绝世靓修容。不应更觊倾城荐，阊阖云深一万重。

三曲悬崖插巨船，空飞须此怪当年。济川毕竟如何用，万劫空烦鬼护怜。

四曲仙机静夜岩，金鸡唱晓羽毛毵。此间更有风流在，披得羊裘钓月潭。

当年五曲入山深，大隐还须隐薮林。拟把瑶琴弹夜月，山前荷篑肯知心。

① （朝鲜李朝）李滉：《退溪先生文集》卷四十三《李仲久家藏武夷九曲图跋》，朝鲜隆庆元年（1567）柳仲郢丰城刊本，第21页。

六曲回环碧玉湾，灵踪何许但云关。落花流水来深处，始觉仙家日月闲。

七曲撑篙又一滩，天壶奇胜最堪看。何当唤取流霞酌，醉夹飞仙鹤背寒。

八曲云屏护水开，飘然一棹任旋洄。楼岩可识天公意，鼓得游人究竟来。

九曲山开只旷然，人烟墟落俯长川。劝君莫道斯游极，妙处犹须别一天。①

李退溪（1501—1570）生活的年代，大约相当于明正德、嘉靖年间（1505—1567）。他所能读到的《武夷山志》，应该是明正德十五年（1519）建安县（治所在今福建省建瓯市）杨亘（字恒叔）与其弟杨易以北宋刘夔所修《山志》为底本重修的《武夷山志》六卷。

据韩国学者郑万祚教授研究，李退溪门人郑逑（1543—1620）也是朝鲜著名的儒学者，他曾以杨亘（恒叔）的《武夷山志》为底本，编纂了朝鲜本《武夷志》六卷。在郑逑所著《寒冈先生文集》卷七中有《书武夷志九曲图后》，卷八有《武夷志跋》。跋文如下：

书影6 郑万祚教授惠赠笔者朝鲜本《武夷志》

武夷为山，奇秀清丽，固已甲于天下矣，而又得托为吾朱夫子道学藏修之所，使万代之下仰之若洙泗泰山然哉！诚为宇宙间不可更有之地也。

吾生偏晚，既不得抠衣函丈之下，亦

---

① （朝鲜李朝）李滉：《退溪先生文集》卷一，第34—35页。

无由濯缨九曲之下流，岂不甚不幸哉？旧有《武夷图》，尝窃摩挲以寓其瞻想之怀。近又得所谓《武夷志》六卷者，披阅吟诵，不觉此身周旋于隐屏、铁笛之间，仰袭道德之余芬，亦不可谓全不幸也。即谋缮写，留置山中，以为床榻展玩之资。第所得者亦写本也，颇有误字处，编首十一图子亦皆阙焉。图则将求画史据旧本而模入，虽不如面对落笔之逼真，而开卷寓目不犹愈于全缺而无所睹乎？见编中朱子武夷诸作，多不见在山川所识，亦与《一统志》互有详略。既曰《武夷志》，岂合如是？彼两杨不知为何如人，朱夫子之诗文而敢有所取舍于兹山之志哉！况于他人之可取者，与夫山川之不可舍者，又安保其不遗乎？

如仰高堂、趋真亭及梅村月山之诗，亦可验矣，乌得为无憾也？余于传写时，就大全诗集全取其及于此山者，以为之主，仍并采《一统志·山川》之见漏者逐篇追入。又以附录简霄、胡琏等诗收入于各类，又所编诗文条界不明，则稍变旧例，列行分书，九曲诸诗亦皆凑聚于逐曲之下。又以吾东方退陶李先生诗跋系于其下，诚知僭率，人或疑讶，而神山好事之书唯在详备明白，初宁有一定难动之嫌哉？为此志而顾不遍于朱夫子者哉？其名胜处已为著闻者，而尚亦不录哉？此余所以不能已焉者也。且地未有远近，道未有内外。退陶先生一生潜心我朱夫子，则其所慕望吟咏之篇，尚不得见班于元明诸子哉！写讫，辄书其由，以为人之见而疑之者，其果不至于甚不题否乎？万历甲辰阳月戊申后学西原郑逑谨跋。①

通过该跋的内容可以知道，郑逑在杨亘、杨易所编《武夷志》的基础上，逐篇补入《朱子大全》和《大明一统志》中有关武夷山的诗和文，并且在后面的诗文中也对旧有的体例略有变更，增辑了九曲诸诗，在卷首还增加了李退溪的诗和跋。"在朝鲜时代，对朱子的《武夷棹歌》和《武夷九曲图》特别

① （朝鲜李朝）郑逑：《寒冈先生文集》卷八，朝鲜崇祯二年（1629）序刊本，第17—18页。

感兴趣的学者，都对朱子诗进行次韵，或者叫画工把九曲图画在屏风上。还有人效仿朱子，遍游朝鲜内的胜地，经营自己的九曲（例如石潭九曲或者华阳九曲等）。"①

这部中国国内已散佚，而经朝鲜郑述重编的"朝鲜本"《武夷志》，卷数也是六卷，其中卷一"九曲溪"中，收录的主要内容就是以朱子为首的宋、明时期的二十几位诗人的"九曲棹歌"。其排列，按照序诗、一曲到九曲的顺序，首为朱子的《武夷棹歌》原诗，之后又依时代先后排录了次韵朱子诗的宋韩元吉、方岳，元林锡翁、张仲信，明刘钺、郑纪、周益中、林诚、萧显、张宪、张稷、刘信、李冕、司马垔、苏钲、林俊、刘玙、杨仕宗、任谷、谢谏、陈锡、顾应祥和简霄，共 24 位宋明诗人的和诗，而以韩国退陶（即李退溪）的诗殿后。其排列方式，与清董天工《武夷山志》最大的不同，董《志》是将朱熹的原诗从序诗、一曲到九曲全诗全部排完，再排列其他诗人的和诗，每位诗人的十首诗作是一个完整的整体（见董《志》卷四）；而朝鲜本则是将这二十几位诗人的作品拆开，以序诗、一曲到九曲为标题依次排列，作者的排序，则是上文所说的首为朱子，最后是退陶（李退溪）。

除了重编杨亘《武夷山志》之外，郑述也据朱熹九曲棹歌原韵撰写了《仰和朱夫子武夷九曲诗韵十首》：

> 天下山谁最著灵？人间无似此幽清。紫阳况复曾栖息，万古长流道德声。
>
> 一曲滩头泛钓船，风丝缭绕夕阳川。谁知捐尽人间念，唯执檀桨拂晚烟。
>
> 二曲佳姝化作峰，春花秋叶靓妆容。当年若使灵均识，添却离骚说一重。
>
> 三曲谁藏此壑船，夜无人负已千年。大川病涉知何限，用济无由只

---

① 方彦寿、郑万祚：《网际飞鸿——中韩学者关于〈武夷志〉的两地书》，《朱子文化》2008 年第 1 期。

有怜。

四曲云收百尺岩，岩头花草带风参。个中谁曾情如许，霁月天心影落潭。

五曲清潭几许深，潭边松竹自成林。幅巾人坐高堂上，讲说人心与道心。

六曲茅茨枕短湾，世纷遮隔几重关。高人一去今何处，风月空余万古闲。

七曲层峦绕石滩，风光又是未曾看。山灵好事惊眠鹤，松露无端落面寒。

八曲披襟眼益开，川流如去复如回。烟云花鸟浑成趣，不管游人来不来。

九曲回头更喟然，我心非为好山川。源头自有难言妙，舍此何须问别天。①

只是，郑逑本人所作的这组诗，并没有收入到他所改编的《武夷志》中，其缘由，盖出于尊重其师李退溪，因为他认为"退陶先生一生潜心我朱夫子，则其所慕望吟咏之篇"才能"见班于元明诸子"，而把自家所作跻身其中，则似有自吹自擂之嫌。

郑逑还模仿朱子的武夷九曲，把他居住的数十里地区也命名为"武夷九曲"。他认为，"在继承并阐发朱子的道学上，中国与其他国家不存在差别。退溪的学问，可与继承朱子学的元明诸儒相媲美，表现出了对师尊强烈的自豪感。这不仅体现在郑逑身上，朝鲜的多数学者，都把朱子不仅仅看成是中国人，也不仅仅把朱子学看成是中国的学问。他们认为朱子学是阐明人类普遍伦理和价值的学问，任何人都可以学习朱子学，可以成为朱子学的继承人。因此，自16世纪后期以后，高山九曲和武屹九曲被栗谷李珥和寒冈郑逑，在

---

① （朝鲜李朝）郑逑：《寒冈先生文集》卷一，朝鲜崇祯二年（1629）序刊本，第3—4页。

朝鲜确立下来。朱子学盛行的 17 世纪以后，华阳九曲、仙游九曲、谷云九曲等山水秀丽之处，都产生了'九曲'。后来，清朝支配中国，朝鲜便继承了以朱子学为中心的中华文化的正统，确立了朝鲜中华主义的独尊意识。所以，郑述对杨恒叔编武夷志的增损及改纂的历史意义，也正在于此。"①

郑述之外，曾师从于李退溪的另一位大儒李珥（1536－1584，字叔献，号栗谷），则模仿朱熹武夷精舍（又名隐屏精舍），在首阳山创建隐屏精舍。《年谱》载：

> 戊寅六年，先生四十三岁，作隐屏精舍。首阳山一支西走为仙迹峰。峰之西数十里有真岩山，有水出两山间，流四十里，九折而入海。每折有潭，深可运舟。偶与武夷九曲相符，故旧名九曲，而高山石潭又适在第五曲，且有石峰拱揖于其前。先生筑精舍于其间，取武夷大隐屏之义扁之，曰"隐屏"，以寓宗仰考亭之意。精舍在溪堂之东。先生作《高山九曲歌》以拟《武夷棹歌》。自是远近学者益进。②

李栗谷撰《高山九曲歌》，其诗云：

> 高山九曲潭，世人未曾知。诛茅来卜居，朋友皆会之。武夷仍想象，所愿学朱子。
> 一曲何处是，冠岩日色照。平芜烟敛后，远山真如画。松间置绿樽，延伫友人来。
> 二曲何处是，花岩春景晚。碧波泛山花，野外流出去。胜地人不知，使人知如何。

---

① （韩）郑万祚：《对朝鲜学者郑述增损的杨恒叔编〈武夷志〉的分析》，《朱子文化》2008 年第 5 期。

② （朝鲜李朝）李珥：《栗谷先生全书》卷三十四，朝鲜木活字印本，第 7－8 页，附录《年谱》。

三曲何处是，翠屏叶已敷。绿树有山鸟，上下其音时。盘松受清风，顿无夏炎热。

四曲何处是，松崖日西沉。潭心岩影倒，色色皆蘸之。林泉深更好，幽兴自难胜。

五曲何处是，隐屏最好看。水边精舍在，潇洒意无极。个中常讲学，咏月且吟风。

六曲何处是，钓溪水边阔。不知人与鱼，其乐孰为多。黄昏荷竹竿，聊且带月归。

七曲何处是，枫岩秋色鲜。清霜薄言打，绝壁真锦绣。寒岩独坐时，聊亦且忘家。

八曲何处是，琴滩月正明。玉轸与金徽，聊奏数三曲。古调无知者，何妨独自乐。

九曲何处是，文山岁暮时。奇岩与怪石，雪里埋其形。游人自不来，漫谓无佳景。

在李退溪、郑述、李栗谷的影响下，李朝一批研究朱子理学的学者视朱子是他们无限尊崇敬仰顶礼膜拜的对象。通过刊行、印刷各种朱子书籍，使李朝学者逐渐对朱子学有了深刻的理解，并通过流传到朝鲜的朱子著作和《武夷山志》中有关武夷九曲的记载，由"人"而及"地"，引发了他们对朱子生活及学习空间的憧憬。图书之外，武夷志书中的《武夷九曲图》也得以广泛临摹和流传，最早也和李退溪的提倡密切相关。他说："世传武夷图多矣，余昔在京师，求得数本，倩名画摹来，由其元本疏略，传亦未尽，吾友李君仲久近寄一本来，满目云烟精妙，曲尽耳边，恍若闻棹歌矣。"[①]

据韩国韩国学中央研究院研究员尹轸暎先生的研究，16 世纪传入朝鲜的武夷九曲图可分为两个主题。

---

① （朝鲜李朝）李滉：《退溪先生文集》卷四十三《李仲久家藏武夷九曲图跋》。

一是描绘武夷九曲的实景，这一主题主要是受李退溪的影响。

如李成吉（1562—1621）的《武夷九曲图》，是以 16 世纪从中国传入的《武夷九曲图》为底本临摹而成的一幅巨幅长卷。宽 33.5 厘米，长近 4 米，将武夷九曲的所有风光尽数摄入卷中。其中，五曲中出现了朱熹的武夷精舍。李退溪认为朱子的九曲诗本来就是描述景致的，并没有后来的注释者穿凿的"学问次第"的意思。

二是反映入道次第的《武夷九曲图》，这一主题主要是受元代福建理学家陈普的影响。

此图为韩国学者尹轸暎先生珍藏。据他的介绍，此图是以入道次第的观点来描摹《武夷九曲图》，已不是自然景观图，而是概念化的表现道学阶段性特性的示意图。"在这幅《武夷九曲图》中，将第一曲到第九曲依路径进行了图式构造。在上段有记录教训内容的《训蒙绝句》，在中段像迷宫一样的图案，是从一曲到九曲以横竖

书影 7　李成吉《武夷九曲图》第五曲武夷精舍（韩国国立中央博物馆存）

勾勒出的三段式图案。进入图案画面，一边节节读阅朱子的武夷棹歌十首，便会被一曲到九曲的美景吸引身临其境。武夷九曲图如果和道学的理解相互结合，比起描绘自然之美则更能很好的表现图式的形式特点。"① 此图的作者，实际上是受了元代朱子学家陈普的影响。陈普有编注《武夷棹歌》一卷（今存《西京清麓丛书续编》本，《丛书集成新编》本）陈普认为，朱熹的《九曲棹歌》，"纯是一条进道次序，其立意固不苟，不但为武夷山水也。"从朱熹诗

---

① （韩）尹轸暎：《16 世纪武夷九曲图的传入和性格》，《朱子文化》2011 年第 2 期。

中，寻找和辨析他的理学思想，是陈普编注此文的主旨。这幅产生于朝鲜的反映入道次第的《武夷九曲图》，把陈普的观点从文字变成了图谱，以此为陈普的观点张目。由此可知，陈普的理学思想对朝鲜朱子学的发展也产生了影响。

在朝鲜民间，刊刻朱子学的著作也蔚然成风。如《近思录》十四卷，是朱子学的入门书，朝鲜朝中宗十四年（1519）有凤城精舍刊本。卷末有"正德己卯夏/凤城精舍刊"牌记。又如《朱子语类》，中宗三十八年（1544）开始出版，其后有宣祖、仁祖、孝宗、英祖等，历朝均有刊本问世。明福建陈炜刊刻《朱子语类》，今存朝

书影8　朝鲜刻本《近思录》

鲜翻刻本。《朱书讲录刊补》，今存清乾隆五十年（1785 年）朝鲜安东虎溪书院刊本。

（本文系 2016 年 12 月朱子学会、厦门大学国学院联合举行的"朱子学的当代传承"学术研讨会参会论文，载《闽学研究》2015 年第 3 期）

和刻本《朱子家训私抄》

　　被称为朱氏族人为人处世"圣经"的《朱子家训》，依朱杰人先生的说法，"按照传统，一般是不对外族和外人展示的，更不能作为对外人的道德伦理要求。但是，时代在进步，人们的观念也应该进步，我们发现了这部家训伟大的现世价值，我们觉得，这么好的东西决不能朱门一家独享，它应该让全中国乃至全世界的人们共享。所以我们把它公之于世，并通过各种途径，利用各种方法予以介绍、讲解、弘扬。"

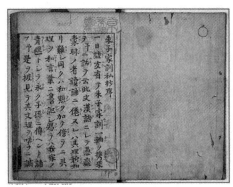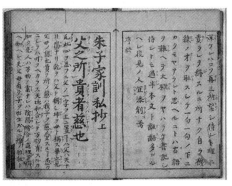

　　的确，在历史上流传的《朱文公文集》中，最早是没有收入《朱子家训》的。这篇家训能够保存并得以流传开来，应该归功于代代相传，并经屡加增补和重修的《紫阳朱氏宗谱》。

　　到了明末，才有朱子后裔朱培把《朱子家训》从《朱氏家谱》中收到《文公大全集补遗》卷八中；清初，又有朱子后裔朱玉将其编入《朱子文集大全类编》第八册卷二十一《庭训》中，这才开始逐渐被后人所知晓。从 2010

年开始,《朱子家训》在朱杰人教授的力推之下,先后被译成英文、德文、日文和韩文,随着时间的推移,今后还会陆续译成更多的外文。

这就出现了一个问题,即《朱子家训》最早传到海外是在什么时候?目前我们所能做出的回答是,大约是在清初。其直接证据是,在日本京都大学附属图书馆,存有一部和汉书《朱子家训私抄》,日本元禄五年(清康熙三十一年,1692)申卯月吉旦川游石汀山口屋刊行,是一部罕为世人所知的日本出版的古籍和刻本。此书据朱熹《朱子家训》释文,并配以插图 16 幅。书分上中下三册。其体例为,《朱子家训》原文为汉文大字,每字占两行四格;每句之后,以日文小字写刻释文,每字占一行一格;释文之后,辅以一到两幅插图,图中的人物均着日本江户时期的服饰;人物形象与点景搭配,恰到好处。简笔线描,写刻精美,须眉毛发,神情毕现。

值得注意的是,《朱子家训私抄》的朱子原文,与现在我们所熟知的通行本文字上在三个方面小有差异。

一是文本顺序上的差异。现行的通行本是以"君之所贵者,仁也"开篇,而此和刻本则与朱玉《朱子文集大全类编》所载相同,是以"父之所贵者,慈也;子之所贵者,孝也"开头,而后的顺序才是君臣、兄弟、夫妇。

二是词句上的差异。如通行本"兄之所贵者,友也;弟之所贵者,恭也",和刻本作"兄之所贵者,爱也;弟之所贵者,敬也","仇者以义解之"为"仇将以义解之";"人有大过,以理而喻之"作"人有大过,以理而责之";"处世无私仇"作"处公无私仇";"遇合理之事则从"作"遇合义之事则从";"勿妒贤而嫉能,勿称忿而报横逆,勿非礼而害物命"作"勿妒贤以嫉能,勿称忿以报横逆,勿非理以害物命";"诗书不可不读"作"诗书不可不学";"童仆不可不恤"作"奴仆不可不恤";"守我之分者,礼也"作"守我之分者,理也";"可不慎哉"作"可不谨哉",等等。

三是和刻本与通行本相比,少了几句,疑为脱文。如在"怨者以直报之"之后,和刻本无"随所遇而安之";"童仆不可不恤"后,脱"斯文不可不敬,患难不可不扶",等等。

以上向读者简略地介绍了和刻本《朱子家训私抄》的基本情况，那么，这部和刻本所据以翻刻的底本是什么？

在此书卷首的序中，可以了解到，该书是据撰序者的一位"益友"携来汉文的《朱子家训》一轴，而后加上日文训释，并配上图训刊刻而成。从时间来看，在此和汉书问世的日本元禄五年（清康熙三十一年，1692），朱玉《朱子文集大全类编》（刊于雍正二至八年，1724－1730）尚未问世，故不可能是朱玉刊本，而只有两种古籍刻本有可能成为此书《朱子家训》的底本。一是明末朱培编刻的《文公大全集补遗》，二是明版收入《朱子家训》的《紫阳朱氏宗谱》。也就是说，这位"携来汉文《朱子家训》一轴"的"益友"是据朱培《文公大全集补遗》或明版《紫阳朱氏宗谱》，抄录其中的《朱子家训》一文，而后以日文加以解说和阐释。

在1692年就东传日本，且作为社会道德启蒙读物刊刻印行的《朱子家训》，对日本社会产生了什么影响？这个问题，可能要留给日本学者来探讨更为合适。笔者在此想说的是，在相当长一段时期以来，许多人都把清初朱柏庐（1627－1698）的《朱子治家格言》称为"朱子家训"，而把朱熹的家训称为"朱文公家训"或"朱熹家训"，以示区别。而日本和刻的《朱子家训私抄》的重新发现，至少说明，早在清初，朱熹的《朱子家训》就已传播海外。

（本文载《朱子文化》2012年第2期，笔名：方征）

前贤论

明万历建阳刻本《孟子全图》说略

孟子是我国古代儒家亚圣，以尊称命名的经典著作《孟子》一书，古往今来，可谓版本众多。自从南宋朱子将《孟子》一书列入"四书"之后，抄本、刻本更是汗牛充栋。然而在历史上，反映孟子生平事迹的专书并不多，而以绘画形式描述其生平事迹的，则更是罕见。

明代，这一现象开始得到改变。万历二十六年（1598），建阳书坊安正书堂刘双松编辑并刊刻出版了《孟子全图》一卷，共二十二叶，图亦二十二幅，以图文贯穿始终，故曰"全图"。版心上方均题《孟子故事》，上下鱼尾，白口。该书一反建本上图下文的惯例，全本始终为左文右图的形式，图为合页连式，文仅占每叶版面约1/5。在明万历建阳刻本中，此版式颇为罕见。

所谓"全图"或"故事"，作者之本意，殆以图绘故事的形式来全面反映亚圣孟子的生平。

全书首页为《孟子总赞》，图绘两位后学作揖状，应是截取祭祀或朝拜孟圣的某一场景。其文曰：

忠信岩岩，泰山巨镇。学本宣思，道宗尧舜。仁义七篇，以承三圣。排斥异端，扩发善性。存理遏欲，拨乱反正。扶植弘毅，功与禹称。配食庙庭，千载垂训。

文中"宣"指宣尼，即孔圣人，思为子思；仁义七篇，即其所著《孟子》

（分别为梁惠王、公孙丑、滕文公、离娄、万章、告子和尽心，共七章，故曰"七篇"）。文中对孟子传承孔子、子思的正统儒学，阐发性善论，斥异端，扬正学，开启后儒存天理遏人欲的学说等方面的功绩做了充分的肯定。

孟子生平事迹中脍炙人口的故事有两则，一是孟母三迁，一是断机教子。第二、三图即表现这两个故事。前一故事讲孟子三岁时丧父，其母有贤德，"始舍墓，次舍市，三迁学官（宫）之傍嬉戏。乃设俎豆，揖让进退，母喜遂居之。"其赞云："贤哉孟母，教子义方。三迁择里，学官之傍。嬉戏礼仪，乃役俎豆。退逊雍容，异乎群流。"

断机教子，此书作"断绩教子"。绩者，织也。"孟子少长，就学而归。孟母方绩，问日学所至矣。曰：自若也。母以刀断绩，勉厉其学。孟子惧，勤学不息，遂成大儒。"其赞云："爱子之心，天地同德。视学元成，以刀断绩。勉之至矣，励之以严。学勤不息，遂成大贤。"（书影1）

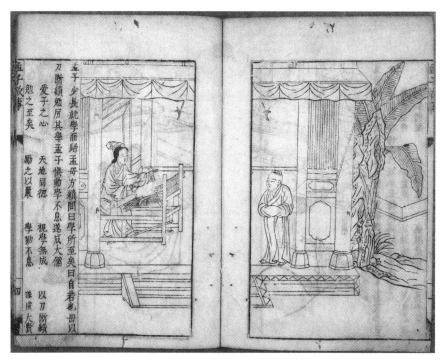

书影1

除了以上两则故事之外，第三则故事讲的是孟子问道于子思。其文曰："孟子问子思牧民之道何先，曰先利之。后对惠王言仁义，而不言利，仁义正所以利之也。推本言之，传自尧舜，至孔子、曾、思、孟子而止焉。"意思是说，所谓"牧民之道"，讲的是如何对待民生问题；所谓"利之"，即让利于民。后来，孟子对梁惠王讲要对民众讲仁义，在精神上与子思所说的"利之"是一脉相承的。从本源上来说，这一思想，上溯至尧舜，下至孔子、曾子、子思，一直到孟子都是这么说的。以故，其赞语曰："尧舜禹汤，文武周孔，曾思孟轲，道传一统。以利牧民，推行仁义。言固殊运，理实一致。"（书影2）

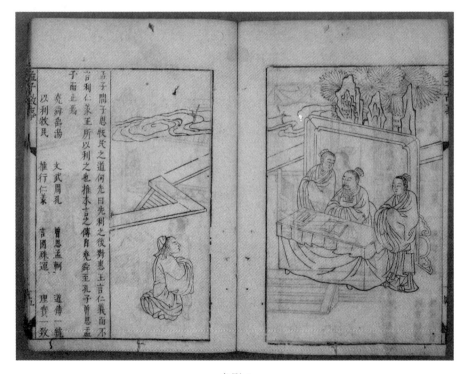

书影 2

除以上几则故事外，下文主要讲孟子见梁惠王、齐宣王、滕文公等，内容大体是从《孟子》一书中寻章摘句找"故事"。最后一章，说孟子葬于邹县四基山，生平史传不详云云，说明此书作者的本意，是要通过绘图和故事，从三岁写到人生终点，以此描述孟子的一生。从最终因"史传不详"，或因作者笔力不逮，所讲故事大多过于平淡，从而使孟子的形象不够丰满。此外，作者对孟子思想精髓的把握也不够全面。诸如开启后儒朱子"正君心"的"格君心之非"，开启中华民族崇高气节之论的"浩然正气"，以及"天下之本在于国，国之本在于家，家之本在于身"，等等，在《全图》中均未提及。

从插图来说，此书一反建阳刻本上图下文的形式，然而其绘图的风格，仍然保持了建本版画古拙而略显粗率的风格。全书末叶有"万历戊戌（戌）岁仲秋月/安正堂刘双松氏梓"上荷叶下莲花龛式牌记。（书影3）

戊戌是万历二十六年（1598），表明此书系明万历间建阳书坊刘双松安正堂所刊。现存日本早稻田大学图书馆、日本蓬佐文库等。据蓬佐文库本，此书全本为《先圣小像》一卷《孟子全图》一卷。由此可知，早稻田存本仅为此书后半部分。

书影3

早稻田大学图书馆另存有日本翻刻刘双松安正堂本《孟子全图》。与刘氏原本相比，图、文和牌记均与刘氏刻本全同。所不同者，前有无名氏《孟子全图序》，当为刘氏原刻本所佚。后有日本菱屋孙兵卫（京都府）等十三家发行书肆列名，可以断定此本系日本书肆翻刻刘双松安正堂本。其序云：

> 孟夫子之道，星炳日悬，岂待图而后传之？所行于世全图，自嬉戏礼容之初，以至齐梁游事之间，具考遍载。一披图始终，右得而悉。至若吾不遇鲁侯，天之一言，可以断夫子一生之遭遇。还辙之日，闻乐正子为政，喜而不寐。记此一事，稍侯慰我道之湮沦。修道之士，时披此卷，则仰英气于万世，庶几焉。（书影4）

据笔者所著《建阳刻书史》，刘氏安正堂是明代建阳的一家著名书肆，所刻印图书贯穿了有明一代数百年，并下延到清初。叶德辉《书林余话》誉其为"书林世业"之家。从明宣德四年（1429）起，一直到清康熙三十八年（1699）还有刻书，营业时间长达 270 年，知名的刻书家有刘宗器、刘仕中、刘双松和刘莲台等。

刘双松，字子明，号朝绾，刻本主要集中在明万历年间。万历七年（1579），刻印明皇甫中撰《明医指掌图》前、后二集各五卷。万历二十二年（1594），曾刻印宋葛长

书影 4

庚撰《新刻琼琯白先生集》十四卷。行款为半叶九行，行十八字，白口，四周单边。有日本元禄十年（1697）洛阳书林据刘氏刻本重刊本。万历二十三年（1595），刻印明李廷机辑《镌玉堂厘正龙头字林备考韵海全书》十六卷首一卷，刻书者是安正堂刘双松。华东师范大学图书馆存。

万历二十五年（1597），刊行明徐春甫撰《医学指南捷径六书》六卷，刊刻者刘双松。

万历二十七年（1599），刻印晋王叔和撰、明王文洁释评《镌王氏秘传叔和图注释义脉诀评林捷径统宗》八卷。同时刊行的，还有明王文洁撰《镌王氏秘传图注八十一难经评林捷径统宗》六卷。同年，还刊刻了明刘伯祥注《镌太上天宝太素张神仙脉诀玄微纲领宗统》七卷。

万历三十五年（1607），刻印宋祝穆辑《新编古今事文类聚》前、后、续、别四集一百六十八卷，元富大用辑新、外二集五十一卷。

万历四十年（1612），刻印《新板全补天下便用文林妙锦万宝全书》三十八卷，哈佛大学汉和图书馆有存本。卷末有落款为"大明万历岁次壬子孟冬

433

之吉，书林安正堂刘氏双松谨识"牌记。卷一次页首行有"建邑双松刘子明编辑"，二行为"书林刘氏安正堂绣梓"，由此可知刘氏名双松，字子明。

安正堂刻本中，阐扬道教学说的著作有宋俞琰撰《周易参同契发挥》三卷、《释疑》一卷。刘双松刻印的题为王文洁编辑的《锲王氏秘传知人风鉴源理相法全书》十卷，则是一部宣扬封建迷信相面之术的图书。

（本文载《朱子文化》2018 年第 5 期）

"道南理窟"与道学南移

　　武夷山晚对峰之麓有一方著名的摩崖石刻，上书"道南理窟"，每字两米见方，远远望去，气势非凡，引人遐思。此石刻镌于清乾隆四十四年（1779），系清中叶高官、名士马负书的手笔。

　　马负书（？—1767），号易斋，镶黄旗人，曾先后历任福建漳州镇总兵、福建陆路提督等职。从其出身和官职来看，马负书乃行伍出身，而且是乾隆元年（1736）武进士第一人，即所谓武状元。但就是这么一介"武功高深"的赳赳武夫，却偏偏喜爱舞文弄墨——对大字书法有强烈的兴趣。更为难得的是，他对朱子理学尤为痴迷。二者相结合，其结果是，在福建各地著名的风景区中，就留下了不少由他书写的，内容与朱子理学有关的大字摩崖石刻。

　　如，他为泉州南安九日山所题的"九日山"大字楷书，据所刻附记文字，是他在阅读泉州的方志时，得知朱文公曾两度畅游于此，并书写"九日山"三字。为了找到朱熹的手迹，他"游历憩览，考之山僧，谓世远湮没无存，良可慨惜！"为"承先哲表彰胜地之至意"，他挥毫泼墨，"重勒三字"，文末落款为"乾隆丁亥二月，提军使者马负书题"[1]。

　　清乾隆三十二年（1767），马负书不幸病逝于泉州官署。他的儿子马应奎、马应壁到泉州奔丧，看到其父遗留的"道南理窟"四个大字，这是马负书原本打算勒刻于武夷山的题字，因病重而未果。马氏兄弟俩认为，这是其

---

①　林振礼：《朱熹新探》，中国广播电视出版社2004年版，第357页。

父的遗愿，"欲以理学之渊薮，发山川之秀灵，非寻常题咏岩泉者"可比，由于当时要处理其父后事，而无暇上武夷山。兄弟俩约定，今后如有机会入闽，"应立完先人未立志"。苍天不负有心人，乾隆四十二年（1777），马应壁有幸被"恩补"授予崇安游击这一官职，终于在乾隆四十四年（1779）春季，将其父遗墨镌刻于五曲溪西晚对峰之麓，并在这四大字之左，小字附刻马应壁写的跋，叙述此事原委。

"道南理窟"四个擘窠大字，笔力雄浑，苍劲古雅，有银钩铁画之观，将武夷山乃"理学渊薮"的深厚历史内涵，以摩崖巨刻的方式，向世人醒目地揭示出来，集观赏性、艺术性和学术性为一体，从而成为历代武夷山摩崖石刻中最具代表性的一幅。

武夷山"道南理窟"摩崖石刻

那么，什么是"道南理窟"？其原始出处何在？其历史内涵又是什么？在中国文化史上，有何重要价值？要了解这一切，我们就必须走进历史，走进宋明理学，走进武夷山，去探寻二程、游酢、杨时和朱熹等先哲的足迹。

北宋由周敦颐创立的濂学，二程创立的洛学，张载创立的关学，奠定了理学（新儒学）的理论基础，也为南宋朱子创立闽学提供了丰厚而坚实的思想理论资源。从濂、洛、关之学到朱熹的闽学，此"道"的发展与传承源流，有一个从"北"到"南"的转移过程。从时代来说，表现为从"北宋"到"南宋"的转移；以空间而论，则是从"北方"中原向"南方"福建武夷山的转移。那么，这个"转移"是如何发生的？又是如何完成的？在中国文化发展史上，有何重要意义？

一、道学南移的历史背景

水是生命之源，作为思想理论的源头活水，古人往往爱用思想家、教育家讲学之地的河流来尊称其学。如孔子讲学所在地有洙、泗两条河流，孔子的学说因此被尊称为"洙泗之学"。北宋理学开山之祖周敦颐，家乡道州营道（地在今湖南省道县）有濂溪，周敦颐又以此为号，故其学说，后人称为"濂学"；北宋程颢与程颐兄弟俩，河南洛阳人氏，长期在洛阳讲学。伊河与洛水，是河南两条河流的名称，也是二程学派的发源地，故二程之学，称为"伊洛之学"，简称"洛学"。朱熹在武夷山撰我国第一部思想史专著，就是以《伊洛渊源录》为名，书中列入北宋周敦颐、程颢、程颐、张载和邵雍五人，史称"北宋五子"，以及他们的门人弟子的言行事迹，来说明他们的学术师承和传授，即所谓"渊源"。

> 大哉伊洛传，正统接洙泗。
> 一源肇南来，九曲清自沘。[①]

这是宋末元初武夷山著名理学家熊禾的诗，赞扬周程濂溪、伊洛之学，是接续洙泗孔孟儒学的正统，而通过游、杨这一脉传承，载道"南来"，引向武夷九曲清溪，孕育朱子"闽学"的九曲溪之水因此而更加清澈明净。

从大历史的视角来说，中华儒学的发展，经历了洙泗孔孟原始儒学和濂洛关闽宋明新儒学（理学）两个大的发展阶段。春秋末年，孔子创立儒家学说，经颜、曾、思、孟等群贤发扬光大。他们所创设的儒学原典，为华夏民族生存和发展的思想理论奠基。两千多年来，以儒学为主体的中国文化，其发展源远流长，既是中国文化的主流，也是朱熹在武夷山构建理学文化的思想理论源头。

---

① 〔元〕熊禾：《重刊熊勿轩先生文集》卷三《上严廉访十首》其二，《宋集珍本丛刊》本，第301页。

佛教作为外来文化，最早于两汉之际传入中国。中华本土的宗教道教，则在与儒学、佛学的竞争中逐渐壮大。儒、佛、道三家由鼎足而立之势，往往随着历代帝王的个人喜好，屡屡转为佛、道占据上风。为此，唐代儒学的代表人物韩愈倡导儒学复兴，激烈排佛，提出恢复秦汉以来中断了的儒学道统。但下延至北宋王朝，统治者的崇儒立场始终摇摆不定，在崇儒的同时，也崇佛崇道，儒学并未取得明显的优势。以故，元末福建邵武学者黄清老指出：

> 圣人之道，自孟子没，其学不传。历汉、晋、隋、唐，溺于异端邪说，一千五百有余年矣。濂溪周子始倡道于舂陵，子程子廓而大之，振纲挈维，发钥启键。[①]

说的就是北宋思想家周、张、二程等高举儒学复兴的大旗，以"为往圣继绝学"为己任，继续朝着儒学复兴的方向进行研究、探索。由于历史的原因，复兴和发展儒学的任务并未由周、张、二程等最后完成。或者说，并未由北方的学者完成。恰在此时，两位来自南方、来自武夷的学者杨时、游酢投身于二程帐下，潜心问学求道，为道学南移的历史大剧缓缓地拉开了序幕。

以上说的是理学南移的时代背景，从地域背景而言，以理学为主体的武夷文化，作为中华传统文化发展的一个重要阶段，在中国文化发展史上，也有其不容忽视的地位。但从总体来说，中华文明发展的源头应是处于黄河流域的中原、北方一带，而南方则相对开发较晚。这是因为福建僻处东南一隅，远离全国的政治、经济和文化中心，一直到唐代，南方大部分地区仍是人烟稀少，经济、文化落后的地区。北宋末的靖康之难，因出现了中国历史上第二次人口大迁移，中原先进的生产技术、发达的文化随着大批中原人口的南移，与福建本土文化撞击、融合之后，闪射出前所未有的光芒。它使中国历

---

① 〔元〕黄清老：《元鄂刻本伊洛渊源录序》，《朱子全书》第 12 册，第 1114 页。

史上从西晋末年开始的经济重心南移至此最后完成，南方各省由此得到空前的发展，文学、史学、自然科学以及宗教等各方面都赶上并超越全国的总体水平。作为中国传统文化主体的儒学而言，其重心由北方转向南方，由"北孔"而"南朱"，最终出现了理学思想的集大成者——朱熹，也完成于南宋。其发端，则又应追溯至位列程门四大弟子的将乐杨时、建阳游酢，以及崇安胡安国、罗从彦、李侗等一批名儒，他们倡道东南，在武夷山阐扬理学。

由孔子所创立的儒学延至宋代，发展到了一个新的阶段，产生了新儒学，又称理学。理学的先驱，"宋初三先生"孙复、石介、胡瑗，奠基人周敦颐、张载、程颢、程颐，除周敦颐是湖南人外，其余都是北方人。当时，北宋嘉祐年间虽有"古灵四先生"陈襄、郑穆、陈烈和周希孟等倡道于"海滨"，但从全国来看，影响十分有限。就理论水平和所影响的范围来说，北宋时期的闽中儒学落后于北方。到了北宋后期，全国各地的一些有志之士，纷纷到河南洛阳的二程门下求学，仅福建的名儒，先后就有建州瓯宁林志宁，建阳游醇、游酢，将乐杨时、福清王苹、南剑州罗从彦等人。其中理论水平最高，且最具代表性的，是南剑州将乐县的杨时和建州建阳县的游酢。

北宋后期，由于宋、金对峙，在地处金朝统治下的中原、北方，儒学的发展遭受了战火的打击与破坏，南北情势发生了天旋地转的大变局。南方以武夷山为中心，成了新儒学的大本营；而北方，却因处在少数民族金朝统治之下，当政者对以传统儒学为主体的汉民族文化不甚了解，儒学复兴的任务逐渐沉寂了下来。宋末元初理学家熊禾为此有诗云：

河南夫子倡道地，似闻荒草凝凄烟。①

通过对北方、中原古老的中华文明、传统儒学遭受战火吞噬的客观描述，表达一种悲切的心情。

---

① 〔元〕熊禾：《重刊熊勿轩先生文集》卷四《观洛行》，第322页。

439

在此大变局中，幸有游、杨倡道东南，从北方大儒二程手中接过了理学重心南移的第一棒。"程门立雪道南后，幸此一脉犹绵延"，这同样也是武夷著名理学家熊禾的诗，表达他对游、杨传道东南，"一脉"犹存的庆幸和对他们在传统儒学继绝续断方面的历史功绩的充分肯定。

二、"吾道南矣"与"程门立雪"

游酢（1053—1123），字定夫，号鹰山，建州建阳县人，少年时即已文名卓著。熙宁五年（1072），年方二十的游酢以乡荐赴京应试，巧遇河南洛阳的理学大师程颢。程颢对其资质大加赞赏，认为"其资可以进道"（《宋史》卷四百二十八《游酢传》）。"道"是中国古代儒家哲学的一个重要范畴，上指宇宙万物的规律、原理或本原、本体，即所谓"天道"；下指社会道德原则与伦理规范等，即所谓"人道"，故所谓"道学"，指的是探讨天人之道的学说。程颢与其弟程颐都是北宋著名的理学家，世称"二程"，为北宋理学的奠基者。他认为游酢"其资可以进道"，指的是其资质是一位能够传承道学的可造之才，这对青年游酢是一个很高的评价和激励，游酢从此成为程门入室弟子。

杨时（1053—1135），字中立，号龟山，南剑州将乐县人。宋神宗熙宁九年（1076）进士，官至龙图阁直学士。《宋史》载其"幼颖异，能属文，稍长，潜心经史"（《宋史》四百二十八《杨时传》）。元丰四年（1081），游酢又携杨时拜程颢为师。当时，程颢门下弟子众多，游、杨是少数被特别器重者，与程氏的另外两名弟子谢良佐、吕大临并称高弟，有"程门四先生"之誉。清毛念恃编《宋儒龟山杨先生年谱》卷上载：

> 时明道之门皆西北士，最后先生（杨时）与建安游定夫酢往从学焉，于言无所不说，
>
> 明道甚喜。每言杨君最会的容易，独以大宾敬先生。[①]

---

① 〔清〕毛念恃：《宋儒龟山杨先生年谱》，《北京图书馆藏珍本年谱丛刊》第 21 册，北京图书馆出版社 1997 年版，第 14—15 页。

二人学成南归之日，师生依依惜别，程颢目送他们远去，高兴地说："吾道南矣!"意思是说，有了游、杨二君，我的道（理学思想）就可以传播到南方去了。武夷山一带后来被誉为"道南理窟"，其渊源应追溯到游酢、杨时二人载道南归，兴学育人，促使理学思想在南方各省传播，中国文化的重心逐渐从北向南转移。岁月匆匆，数十年后，二程之道，通过游酢、杨时"倡道东南"，将此"道"下传给他们的后学罗从彦、李侗等，一直下延至朱熹，终于"使此道大光，衣被天下"，在福建，在武夷山，在游、杨的家乡生根开花结果。"则大程'道南'目送之语，不可谓非前识也。"①

元祐八年（1093），官太学博士的游酢仍好学不辍。这时，其师程颢已逝世八年，为了进一步钻研理学思想，游酢又偕学友杨时同赴洛阳从学于程颐（1033—1107，字正叔，号伊川，程颢弟）。游、杨两人于这年冬天冒着大雪来到程家，适逢程颐闭目瞑坐，两人不忍惊动先生，恭敬地侍立一旁静候，程颐发觉时，门外已雪深一尺，史称"程门立雪"。

据说，朱熹有一副对联称赞游酢、杨时对理学南传的贡献："道南首豸山，学共龟山同立雪；理窟从洛水，本归濂水引导源。"高令印教授《游酢评传》作"《朱子文集》第344页，台湾德富古籍丛刊2000年版"。然遍查此台版《朱子文集》，并无此文字。程利田《道南首豸山》则作朱熹题写游定夫书院的柱联。② 而此书院，乃当代重修，故此说尚有值得斟酌之处。其实，这副对联现存可考的最早出处，极有可能是在《广平游氏族谱》卷首《圣迹》。其文曰："道南首豸山，学共龟山同立雪；理窟从洛水，本归濂水引寻源。"③ 此文与通行本有一字不同，即"引导"作"引寻"。虽一字之差，但与上联的"同立"从平仄、词性以及内涵这三个层面比较来看，都应以"引寻"为佳。由此可以推断，可能是最早把此联题写到定夫书院柱子上的某位人士，一时眼拙，错认一字，造成以讹传讹。

---

① 〔清〕黄宗羲原著、全祖望补修：《宋元学案》卷二十五《龟山学案》，第947页。
② 程利田：《道南首鹰山》，台北中国翰林出版公司2002年版，第19页。
③ 《广平游氏族谱》卷首《圣迹》，清东兴堂刻本，叶21A。观书堂家谱数据库存。

把朱熹此联上、下联的开头二字合起来，当可视作"道南理窟"一词最早的出处，或可谓，早在南宋时期，朱熹就已把武夷山一带视为"道南理窟"了。

三、杨时、游酢在武夷传道

杨时、游酢学成返闽后，都曾在武夷山传道讲学。杨时讲学的书院很多，他曾先后在福建的武夷山、建阳、将乐，以及外地的萧山、无锡、慈溪和常州等书院传播理学。

清董天工《武夷山志》记杨时"过武夷，与胡、刘诸贤游"①。北宋政和五年（1115），杨时在《武夷建峰詹氏宗谱序》中说："予生长剑津，游览玉华，赏胜犹未若武夷奇峰之巨观也。自顾野王创学以来，簪缨阀阅，甲于八闽。"② 因此，他在武夷山"流连弥月，不忍遽离"。其《游武夷》七言古诗云：

> 武夷山深水清泚，避世合有高人踪。龙泓东注海波涌，玉女翠拥秋云松。……
>
> 掀蓬进棹穷异境，注目想见流残红。回船杖履蹑幽径，松竹窈窕环琳宫。③

据说，杨时此诗，是武夷山历史上最早描写玉女峰的诗作。诗中表明了他要在武夷山探访传统儒学的"幽径"，开辟理学"异境"的决心。

朱熹在武夷精舍讲学时，曾对他的门人说起杨时在武夷山讲学的故事："龟山过黄亭詹季鲁家。季鲁问《易》，龟山取一张纸画个圈子，用墨涂其半，

---

① 〔清〕董天工：《武夷山志》卷十六，清道光五夫极峰罗良嵩尺木轩刻本，叶1B。

② 〔宋〕杨时：《武夷建峰詹氏宗谱序》，崇安《詹氏统修宗谱》卷一，清咸丰六年（1856）印本。

③ 〔宋〕杨时：《杨时集》卷三十九，林海权点校，福建人民出版社1993年版，第860页。

云：'这便是《易》'。此说极好。《易》只是一阴一阳，做出许多般样。"① 这里的黄亭，就是武夷山一个村庄的地名。陆游有诗云"黄亭一夜风吹雨，似为游人洗俗尘"②，描写的就是这里的景致。为了纪念杨时传播理学的功绩，后人在将乐龟山建有龟山书院。

杨时"倡道东南"，在各地讲学，及门弟子遍及东南各地，被后人尊为"闽学鼻祖"。他的哲学思想继承了二程的思想体系，被后人称之为"程氏正宗"。《宋史·杨时传》称："朱熹、张栻之学得程氏之正，其源委脉络皆出于时。"他的哲学思想对后来的罗从彦、李侗、朱熹等人产生了深刻的影响，也对我国的古代哲学，特别是思辨哲学方面产生了重大影响。

刊行于明万历四十七年（1619），由武夷徐表然撰、孙世昌刻印的《武夷志略》四卷，是现存较早的武夷山志。此书首开《武夷山志》人物插图的先河。在《寓贤志》中，作者精心创作了十几幅与此山有关的理学先贤的版画，其中第一位就是杨时，其次是游酢，此外，还有胡安国、胡宏、刘子翚、朱熹、蔡元定、蔡沈和真德秀等，表现他们"或乐聚而阐明圣学，或假馆而寄迹云林，或歌韵而以畅其真适"的情怀，"使周孔之道焕然闽海，而世之缙绅先辈莫不睬夷山曲水为洙泗，为濂洛者，皆诸先生之力也。"③

徐表然之后，还有清乾隆十六年（1751）问世，道光九年（1829）由绩溪罗氏尺木轩重刊的董天工《武夷山志》。此志书人物画像分为贤、儒、仙三类，共32幅图，杨时画像列在第一幅，体现了道学南传，杨时作为"道南第一人"的历史地位。

程门高弟中的另一位学者建阳人游酢（1053－1123），学成南归，元符元年（1098）曾在家乡建阳麻沙长坪富垅村鳌山之麓建鳌山草堂。次年，又在

---

① 〔宋〕黎靖德编：《朱子语类》卷六十五，《朱子全书》第16册，第2161页。

② 〔宋〕陆游：《剑南诗稿》卷十一《黄亭夜雨》，《陆游集》第1册，中华书局1976年版，第319页。

③ 〔明〕徐表然：《武夷志略》信集《寓贤》，明万历四十七年（1619）孙世昌刻本，叶2A。

武夷山五曲隐屏峰下建水云寮，在此读书讲学，教授生徒，并在此撰有《易说》《诗二南义》等著作。

北宋元祐年间（1086－1093），朝中洛、蜀党争暴发，二程洛学屡遭朝廷明令禁止，在此逆境中，游、杨二人仍坚持抢救、整理师说，为二程遗著流传于后世立下汗马功劳。如杨时有《校正伊川易传》和《二程粹言》二书。《二程粹言》内容为二程语录精选，后被采入《钦定四库全书》子部儒家类。上卷为《论道篇》《论学篇》《论书篇》《论政篇》和《论事篇》，下卷为《天地篇》《圣贤篇》《君臣篇》《心性篇》和《人物篇》。清四库馆臣认为，"南渡以后，朱子及张栻等皆诵说程氏，屹然自辟一门户。其源委脉络实出于（杨）时。是书乃其自洛归闽时以二程子门人所记师说，采撮编次，分为十篇。"①

游酢从学程门之时，也曾记录了二程的语录，学成回建阳后，把二先生语录整理成《二程外书》，流传后世，被《四库全书总目》称为"游酢家本"②。

总之，杨时、游酢撰写的许多研究理学的著作，丰富和发展了二程的洛学，从理论上为其后学朱熹创立闽学奠定了深厚的基础。

（本文载《朱子文化》2020 年第 3 期）

---

① 〔清〕永瑢等：《四库全书总目》卷九十二，第 778 页。
② 〔清〕永瑢等：《四库全书总目》卷九十二，第 778 页。

游酢"三答"的文献考辨

《宋·游酢文集》^① 卷六有游酢的三封答书，即《答谢显道论学书》《答胡康侯借佛书〈周易〉》和《答吕居仁辟佛说》。然而，查阅清四库全书本《游廌山集》、同治六年（1867）游氏和州官舍本《游定夫先生集》和宋集珍本丛刊本《游廌山先生集》，均无此三书。这一现象，不得不让人疑虑丛生，从而对此三通答书的真伪产生怀疑。

一、答谢显道论学书

此书原文如下：

> 承谕进学加功处，甚善，甚善。若欲少立得住，做自家物，须著如此。迩来学者何足道，能言真如鹦鹉也。富贵利达，今人少见出脱得者，所以全看不得，难以好事期待也。非是小事，切须勉之。透得名利关，便是小歇处。然须藉穷理工夫，至此方可望有入圣域之理，不然休说。^②

然而，查阅宋人文籍，此文作者实为书题中的"谢显道"而非游酢。谢

---

① 〔宋〕游酢：《游酢文集》，福建省姓氏源流研究会游氏分会、闽台文化交流协会南平分会编，延边大学出版社1998年版。
② 〔宋〕游酢：《游酢文集》卷六，第174页。

显道即谢良佐（1050－1103），字显道，号上蔡。从程颢、程颐学，与游酢、吕大临和杨时号称"程门四先生"。

最先曾在各种场合引用谢良佐这封书信的是朱熹。他在《答任伯起》书中说："详观来谕，似有仰人鼻息以为惨舒之意，若方寸之间日日如此，则与长戚戚者无以异矣。若欲学道，要须先去此心，然后可以语上。上蔡先生言'透得名利关，方是小歇处。今之士大夫何足道？能言真如鹦鹉也。'不知曾见此书否？"① 在他所编的《上蔡语录》卷下中收录了谢氏给胡康侯的小简，其中就有如下内容：

> 承谕进学加功处，甚善甚善。若欲少立得住，做自家物，须著如此。迩来学者何足道，能言真如鹦鹉也。富贵利达，今人少见出脱得者，所以全看不得，难以好事期待。他非是小事，切须勉之。透得名利关，便是小歇处。然须藉穷理工夫，至此方可望有入圣域之理，不然休说。②

对照以上《宋·游酢文集》，除有个别字有小异外，内容几乎全同。

朱熹的弟子祝穆编纂的《古今事文类聚》后集卷四十三、南宋无名氏所编《群书会元截江网》卷三十一，此书信也被全文收入。《古今事文类聚》题目作《答胡康侯书》，作者为"谢显道"，③《群书会元截江网》题目作《答胡康侯简》，列于谢上蔡名下。④ 在宋人李幼武编纂的《宋名臣言行录》中，也选录了谢良佐的这段话。⑤

① 〔宋〕朱熹：《晦庵先生朱文公文集》卷四十四，《朱子全书》第 22 册，第 2030 页。
② 朱杰人等主编：《朱子全书外编》第 3 册，华东师范大学出版社 2010 年版，第 38 页。
③ 〔宋〕祝穆：《古今事文类聚》后集卷四十三，《景印文渊阁四库全书》第 926 册，台湾商务印书馆 1986 年版，第 674 页。
④ 〔宋〕无名氏编：《群书会元截江网》卷三十一，《景印文渊阁四库全书》第 934 册，第 444－445 页。
⑤ 〔宋〕李幼武：《宋名臣言行录》外集卷七，《景印文渊阁四库全书》第 449 册，第 719－720 页。

通过以上宋人文籍的著录，可知这封书信作者应为谢良佐，书题应为《答胡康侯书》，而非"答谢显道论学书"。

二、答胡康侯借佛书《周易》

此书全文如下：

> 《易》书非佛书也。佛自立一说，使人割其所亲，独立于空寂之地。爻象彖系，何尝无人伦哉！某欲拜孔氏庙，不宜以佛书加之于《易》。①

与上封书信相同，此信亦不见于四库全书本《游廌山集》、同治六年（1867）游氏和州官舍本《游定夫先生集》和宋集珍本丛刊本《游廌山先生集》，在《游酢文集》中亦无出处，可以说是来路不明。

胡康侯即胡安国（1074－1138），字康侯，谥文定，后人称武夷先生，建州崇安（治所在今福建省武夷山市）人。胡安国是一位研治《春秋》学的大家，代表作《春秋传》，从元皇庆二年（1313）开始，就与朱熹的《周易本义》《诗集传》等成为科举考试的法定经本。朱熹评价他的《春秋传》成书说："准则之以《语》《孟》，权衡之以《五经》，证据之以历代之史，穷研玩味，游泳沉酣者三十年。"② 朱熹认为，作为程门的私淑弟子，胡安国虽"不及二程之门，而三君子皆以斯文之任期公"。三君子，指谢良佐、游酢和杨时。③ 当今学者甚至认为，胡安国"上承二程，下接谢良佐、杨时、游酢，在理学发展史上处承上启下地位"。

从上文的书信内容看，是胡安国要向游酢借《周易》，并称《周易》为佛书，于是游酢写了这通短札。信中答复说《周易》不是佛书，而是儒学著作。探究"爻象彖系"的《周易》，与"割其所亲""无人伦"不讲尊祖敬宗的佛

---

① 〔宋〕游酢：《游酢文集》卷六，175 页。
② 〔宋〕朱熹：《伊洛渊源录》卷十三，《朱子全书》第 12 册，第 1099 页。
③ 〔宋〕朱熹：《伊洛渊源录》卷十三，《朱子全书》第 12 册，1102 页。

教断然不同，不宜将《周易》视为佛书。从内容来看，这些说法并没有错，问题在于，以胡安国这样一位大学者，居然会把传统的儒学五经之一的《易经》误为佛书，这可能吗？如果真是这样，朱熹评价《春秋传》，称胡安国曾"权衡之以《五经》"，岂非虚妄之言？

三、答吕居仁辟佛说

此书原文如下：

> 儒者守父子、君臣、夫妇、兄弟、朋友，各尽其分，固有不合道者。释氏谓世间虚幻，要人反常合道，旨殊用异，而声可入，心可通。此其说之谬妄矣。吾道岂若是哉！敢以管见陈白。①

吕居仁（1084—1145），名本中，居仁为其字。寿州（治所在今安徽省寿县）人，吕好问之子。朱熹在《伊洛渊源录》中，录有游酢答吕本中的另一封答书。其文如下：

> 游定夫后更为禅学。大观间本中尝以书问之云："儒者之道以为父子、君臣、夫妇、朋友、兄弟，顺此五者，则可以至于圣人。佛者之道去此然后可以至于圣人。吾丈既从二程先生学，后又从诸禅老游，则二者之间，必无滞阂，敢问所以不同何也？"游丈答书云："佛书所说，世儒亦未深考。往年尝见伊川先生云：'吾之所攻者迹也。'然迹安所从出哉？要之，此事须亲到此地，方能辨其同异。不然，难以口舌争也。"游定夫尝言："前辈先生往往不曾看佛书故诋之如此之甚。其所以破佛者，乃佛书自不以为然者也。"②

---

① 〔宋〕游酢：《游酢文集》卷六，第175页。
② 〔宋〕朱熹：《伊洛渊源录》卷九，《朱子全书》第12册，第1046—1047页。

以朱熹《伊洛渊源录》所录对照《宋·游酢文集》,除了第一句"儒者守父子、君臣、夫妇、兄弟、朋友"几乎全同之外,其余均大不相同,但在文意上,这两封书信并不矛盾。认为是否坚守五伦之道,是儒与佛的根本区别,表述得明白无误。由此推断,可能当年游酢写给吕氏的书信是前后相衔的两段,《伊洛渊源录》为第一段,《宋·游酢文集》所录为第二段。

四、小结

通过以上考证,被收入《宋·游酢文集》的三封答书,至少有两封并非游酢所撰。我们知道,历史文献是思想史研究的基础,建立在错误的文献基础上的研究,其结论难免就会让人不能信服。如高令印先生的《游酢评传》在评价游酢的政治思想时,就引用了上述第一封书信,将本应是谢上蔡所说的"透得名利关,方是小歇处"作为游酢思想的佐证;[1] 在评介游酢的儒佛之辨时,又引第二书,即《答胡康侯借佛书〈周易〉》。同样的问题,也出现在程利田的《道南首鹰山》一书中。[2]

须知,历史文献准确与否,会直接影响到对历史人物的价值判断。所以,对前人所遗留的历史文献作一些考辨,有时还是很有必要的,我认为。

（本文载《朱子文化》2015 年第 5 期）

---

[1] 高令印:《游酢评传》,台北中国翰林出版公司 2002 年版,第 191 页。

[2] 程利田:《道南首鹰山》,台北中国翰林出版公司 2002 年版,第 157 页。

杨时画像考述

大儒杨时的画像，可追溯的最早史料，是在其在世之时。

《宋元学案》卷二十五《龟山学案》载，杨时"知萧山，邑人重其名，多画像事之"[①]。是说杨时于政和二年（1112）约六十岁任萧山知县时，邑中有学者景仰其文名卓著，描绘其像而师从于他。

另有一说，见于明刘釪《德惠祠记》：

> 宋大儒龟山杨文靖公政和间为萧山令，多惠政，而其大者水利焉。盖民尝苦旱，公相邑西南多山，地势高亢平旷，乃筑堤延袤八十余里潴水，曰"湘湖"，利及九乡。民感其惠，立祠湖上，曰"杨长官祠"，又加图其像祀之。[②]

所记为杨时在萧山，因水利惠政利及九乡，当地民众建生祠绘其像而祀之。

宋黄去疾《龟山先生文靖杨公年谱》载：

> 政和二年壬辰，公年六十。四月，赴萧山知县，县有湘湖，久淹塞。

---

① 〔清〕黄宗羲原著、全祖望补修：《宋元学案》卷二十五《龟山学案》，第945页。
② 〔清〕嵇曾筠、沈翼机等：《浙江通志》卷二百二十一《祠祀志》，《景印文渊阁四库全书》第525册，第97页。

公劝民浚治，溉田数千顷。先是连年苦旱，是岁大熟，邑民感德，为公立祠，至今有杨长官庙犹存。

在浙江萧山，至今还流传着"杨时与湘湖"的故事。说"湘湖建成后，周边九乡146000多亩农田有了保障，百姓对此感恩不尽，便在湘湖边为杨时建了一座生祠，许多人还在家里供奉着杨时的画像。杨时去世后，人们继续在湘湖边为杨时修建祠庙，时时祭祀。明朝成化年间，魏骥等人扩建重修杨时祠，明宪宗赐额'德惠'，故名'德惠祠'"①。

宋南渡后，因其学生建安②（治所在今福建省建瓯市）章才邵之故，杨时的画像也流传到了湖南浏阳县。

清毛念恃修订的《宋儒龟山杨先生年谱》载，绍兴三年（1133）冬十月，章才邵来将乐问学，当时杨时已八十一岁高龄。数十年后，章氏亦官浏阳县令，距杨时于元祐八年（1093）官浏阳已"六十六年矣。县遭兵火，遗迹靡存。先生昔所作归鸿阁，亦已颓废，惟石刻尚在。章公就废址，复创小阁，绘先生之像于其上。因取胡文定公所作《墓志铭》，撮其事之大者，刻于石，并其昔日所闻于先生者附焉"③。

画像之外，与此有关的，则是南宋人氏为其书写的像赞。据清光绪九年（1883）张国正重刊本《宋儒杨文靖公全集》卷首载《宋先儒杨文靖公画像赞》，南宋时期，为杨时画像写赞的学者先后有李纲、胡安国、李侗、朱熹、梁克家、魏了翁、真德秀、冯梦得、文天祥等。像赞是为人物画像或人的相貌所作的赞辞，这九位学者中，除生活年代与杨时相近的李纲（1083－1140）、胡安国（1074－1138）之外，其余均为后学，与杨时（1053－1135）

---

① 蔡堂根：《杨时与湘湖》，《萧山日报》2011年6月18日。
② 一作崇安人。清李清馥《闽中理学渊源考》卷一："章才邵，字希古，崇安人。以父荫补官。少时谒杨龟山先生，先生教以熟读《论语》。才邵玩味躬行，世目为笃实君子，历典贺辰二州，改荆湖北路参议官。"
③ 〔清〕毛念恃：《宋儒龟山杨先生年谱》，《北京图书馆藏珍本年谱丛刊》第21册，第84页。

无面见之缘，所以他们撰写的杨时像赞，应据杨时的画像，而不是据本人的像貌所作；据此可以推论，在李侗、朱熹等后学生活的南宋时期，杨时作为道南学脉的开创者，他的画像，应已在各地的学校、书院、祠堂等处广泛流传，故有数量如此众多的像赞产生。

也正是在此背景下，崇祀杨时的专祠和书院也在其故里将乐出现。南宋咸淳三年（1267），礼部尚书冯梦得上《奏立龟山书院疏》，经宋度宗准奏，并御笔赐"龟山书院"匾额。咸淳四年（1268）十一月由将乐县令黄去疾主持兴建，次年仲春落成。此后，又多次重建和修葺。明正统十四年（1449），迁建于县城城隍庙之右，改名"道南书院"，又称道南祠。

应该说，有宋一代杨时画像在各地的流传，更多的凭借的是来自民间的力量，如"画像事之"的萧山学者和"图其像祀之"的民众，以及"绘先生之像"于浏阳归鸿阁的杨门弟子章才邵，等等。而借助官方力量，在各地建祠崇祀先贤，使杨时的画像在各地得到广泛流传，应是在明清两代。最早见于记载的，是在明成化元年（1465）。明将乐杨氏《时公年谱》和《杨龟山先生集·年谱》均载：

> 明成化元年，敕建延平道南祠，像祀先生，以罗豫章、李延平配享。弘治八年，追封将乐伯，从祀孔庙。[1]

所谓"敕建"，是指朝廷下旨修建；"像祀先生"，则是将先生的画像请入祠中朝夕供奉。负责此事者，是当时的延平知府苏章。"苏章，字文简，余干人。成化进士，授兵部主事。……后知延平府，案上大书忍字以自警。又建宝章阁，创道南祠合祀杨、罗、李三大儒。"[2] 闻风而动，与延平道南祠同时重修的还有地处省城福州光禄坊的道南祠。清郝玉麟《福建通志》卷十五载：

① 清康熙四十六年刻光绪五年重修《杨龟山先生集》卷首，收入《北京图书馆藏珍本年谱丛刊》第20册，第714页。
② 〔清〕谢旻等：《江西通志》卷九十，《景印文渊阁四库全书》第516册，第73页。

道南祠在郡城光禄坊，祀宋儒杨时。宋宝祐六年建。明成化元年督学使者游明重建，并祀罗从彦、李侗、朱熹。有司春秋致祭。①

明弘治八年（1495），杨时被追封为将乐伯，从祀孔庙，其牌位列东庑贤儒第 53 位。此后，在诸多的圣贤画册中，出现了杨时的画像。

图 1　　　　　　　　　　　图 2

明嘉靖间，史馆编修孙承恩，撰有《历代圣贤像赞》六卷。孙承恩（1485－1565），字贞甫，号毅斋，南直隶松江府华亭（今上海松江）人。正德六年（1511）进士。授编修，官至礼部尚书。其文章深厚古雅，工书善画，尤善绘人物。所撰《历代圣贤像赞》六卷，见于《明史·艺文志二》著录。今北京大学图书馆存有《历代君臣图像》，明嘉靖刻本。日本有和刻本《历代君臣图像》上、下两册，明高宗哲辑。书中有《杨龟山像》，为半身像（图1），头戴学士帽，脸朝右侧。其背面文字为：

杨龟山名时，字中立，号象（龟）山先生。初与游定夫、谢显道俱游明道之门。学有本源，行无玷缺，而为一世之儒宗。徽宗朝为国子祭酒。且与定夫见伊川，瞑目而坐，二子侍立，既觉，顾谓曰尔辈尚在此

---

① 〔清〕郝玉麟：《福建通志》，《景印文渊阁四库全书》第 527 册，第 584－585 页。

乎？日既晚，且休矣，及出门雪深三尺。谥文靖。赞曰：人亡教驰，斯道陵迟。两程之后，夫子承之。豁然之归，理一分殊。晚居言责，谠言忠谟。黎民怀惠，海外知名。邪说不作，圣言益明。（图2）

图3

上海图书馆存清影明本《集古像赞》一卷，日本内阁文库则存有日本抄本。其中有《杨文靖公庵像》，亦半身像，头向左侧（图3）。图上方为像赞：

晚年立雪，早坐春风。天理人欲，蝉蜕冰融。纯粹和平，朴实简易。出处之迹，下惠或似。

以此对照光绪九年（1883）张国正刻本《杨龟山先生全集》卷首所载《宋先儒杨文靖公画像赞》，知此像赞为引用南宋梁克家所撰而逸其名。

成书于明崇祯年间的《圣贤像赞》四卷，吕维祺撰。所收人物始于孔子，迄于明吕兆祥，每人皆绘图像，并附小传、历代御制赞及名人题赞。原本刊于明崇祯五年（1632），前有吕维祺序，传至今日，已是极为罕见的善本。

吕维祺（1587－1641），字介孺，号豫石，新安（今属河南）人。万历四十一年（1613）进士，授兖州推官，擢吏部主事，累迁至南京兵部尚书。著有《孝经本义》二卷、《孝经大全》二十八卷、《孝经或问》，编《节孝义忠集》四卷，另有诗文集二十卷。《圣贤像赞》以孔庙位次为序，首孔子，次四配，次先贤，次先儒。始于孔子，终于王守仁。每人皆先绘像，次列历代赞颂之语。对被赞者姓名、生平事迹、历代封赠、崇祀大略均有所考述。图绘精细，文字简

图4

洁。杨时的画像见载于卷三，为杨时画像现存最早的立式像（图4）。图右文字为"先儒杨子，名时，字中立，福建延平府将乐县人"，左为明吕潚赞语"学喜雍熙，仕悲乱世。向立程门，何如谏议；雪深尺处，胡尘千里；龟山片青，照人不已"。

其背面文字为：

> 宋杨时，神宗熙宁九年登进士第。河南程颢与弟颐讲孔孟绝学于熙丰之际，时以师礼见颢于颍，又见颐于洛。一日见颐，颐偶瞑坐，时与游酢侍立不去，颐既觉，则门外雪深一尺矣。历知浏阳、余杭、萧山三县。迁荆州教授，号曰龟山先生。徽宗重和元年召为秘书郎迁著作郎。钦宗靖康元年除右谏议大夫兼侍讲，迁国子祭酒转工部侍郎，以龙图阁直学士致仕。绍兴五年卒，年八十三，谥文靖。明孝宗弘治九年追封将乐伯，从祀孔庙。嘉靖九年改称先儒杨子。[①]

《历代君臣图鉴》与《历代君臣图像》虽仅一字之别，但应属于两个不同的版本系列。此书现存清拓本，是从石刻像上拓印，而后装订成册，美国哈佛大学图书馆有存本。全书共三册，第一册为君，从炎帝神农氏、黄帝有熊氏至闽王王审知42人；第二册为臣，从后稷至陆宣公（赞）共49人；第三册亦为臣，从柳柳州（宗元）至吴临川公（澄）共44人。此书的特点是有图有文，每位人物的画像列为书的正面，生平介绍的文字则列在背面。从内容看，杨时的事迹是从《宋史·杨时传》节取和归纳而成。其文曰：

> 按本传，公姓杨名时，字中立。杨时字中立，南剑将乐人。幼颖异，能属文，稍长，潜心经史。熙宁九年，中进士第。时河南二程讲孔、孟绝学于熙、丰之际，河、洛之士翕然师之。时调官不赴，以师礼见程颢

---

① 〔明〕吕维祺等：《圣贤像赞·孔子七十二贤画传》，山东友谊书社1989年版，第308页。

于颍昌，相得甚欢。其归也，颢目送之曰："吾道南矣。"四年而颢卒，时闻之，设位哭寝门。又见程颐于洛，时盖年四十矣。一日，颐偶瞑坐，时与游酢侍立不去，颐既觉，门外雪深一尺矣。时杜门不仕者十年，久之，历知浏阳、余杭、萧山三县，皆有惠政，民思之不忘。张舜民在谏垣荐之。时安于州县，未尝求闻达，而德望日重，四方之士不远千里从之游，号曰龟山先生。会有使高丽者，国主问龟山安在？使回以闻。

召为秘书郎，累官工部侍郎。兼龙图阁直学士。已而告老，以本官致仕，优游林泉，以著书讲学为事。卒年八十三，谥文靖。

其在东郡，所交皆天下士，皆以师礼事时。暨渡江，东南学者咸推重焉。时浮沉州县四十有七年，晚居谏省，仅九十日，凡所论列皆切于世道，而其大者，则辟王氏经学，排靖康和议，使邪说不作。而朱、张之学得程氏之正，其源委脉络皆出于时云。（图5）

图5   图6

杨时拓像收入第三册，图名"杨文靖"，左下方有"臣八十一"，是说此图排在"臣"的第八十一位。（图6）其图像样式与上引日本和刻本《杨龟山》半身像相似，应出自同一祖本。明潘峦编《古先君臣图鉴》，与《历代君臣图鉴》内容大同小异。区别在于，《古先君臣图鉴》系阳刻，而非阴刻，其中"杨文靖"（图7）一图除背面的生平介绍个别字有误之外，绝大部分内容与

《历代君臣图鉴》相同。

故宫南熏殿始建于明，位于武英殿的南面。清乾隆十四年（1749），清高宗弘历巡阅内府所藏，发现库存历代帝王后妃、圣贤名臣肖像有斑驳脱蚀、逐渐坏损之虞，乃命工部将内府所藏画像重新装裱，并将这些图像改贮于南熏殿中，因此这批图像也被称作"南熏殿图像"。嘉庆二十年（1815），清仁宗下令将南熏殿图像收入《石渠宝笈三编》。受命编纂的胡敬又另编《南熏殿图像考》二卷，对这批画像的流传、收存和画中人物一一进行了考证记述。南熏殿图像历经宋、元、明三代累积而成，凡卷、册、

图 7

轴 100 多件，图像 580 多帧。这些珍贵的画像，由于时代的变迁和人所共知的原因，其中有一部分，包括杨时画像在内的"宝笈"，在 20 世纪 40 年代末，从北平故宫被转徙到台湾，现珍藏在台北故宫博物院。这就形成了这些珍贵的历史画像被分储于两岸博物院的格局。

南熏殿图像分别有《圣君贤臣像》《历代圣贤名人像》《历代圣贤像》和《至圣先贤像》等画册，在《历代圣贤像》画册中有一幅"杨龟山名时字中立"像。据胡敬《南熏殿画像考》卷下著录：

> 《历代圣贤像》一册。纸本三十一对幅，每幅纵一尺三寸五分，横一尺二分。设色画冠服半身像，各像题识一。①

此册收上起仓颉，下迄许衡共 62 位名贤。其中，两宋理学名贤有周敦颐、邵雍、二程、张载、杨时、朱熹、张栻、吕祖谦、蔡元定、蔡沈和真德

① 〔清〕英和等：《石渠宝笈三编·南熏殿藏一》，《续修四库全书》子部第 1077 册，第 325 页。

秀等，杨时名列第 54 位。① 此画像现存台北故宫博物院，人物形象在画面左下角，约占画面四分之一，右上半部分为文字，因像素太低不能完全分辨。其形像，衣帽和服饰，均与《历代君臣图鉴》略似，而感觉更为丰满（图 8）②。

图 8

明王圻（1530－1615）编纂的《三才图会》，是一部专书性质的类书，书中汇辑前人和同时代人的诸家图谱中有关天、地、人（即所谓三才）三个部分的图像，内容分为 14 门，共 106 卷。在《人物门》卷七中，有蔡元定、蔡沈、黄榦、朱松、杨时、张载、邵雍、程颢、程颐、周敦颐和朱晦庵像。人物的排列不能以生活年代先后为序，由此可知此书编者对历史并不熟悉，故有此错乱的随意排列。《杨龟山像》后有文字介绍说：

> 杨龟山名时，字中立，号龟山先生。南剑州将乐人。初与游定夫、谢显道俱游明道之门。尝同定夫见伊川，瞑目而坐，二子侍立，既觉，出门外雪深三尺。初举进士，仕至龙图阁直学士，卒谥文靖。③

画面中的龟山先生，是一位胡须满面、笑容可掬的老者（图 9）。从其衣帽服饰来考量，感觉人物形象模仿《历代君臣图鉴》、南熏殿《历代圣贤像》中的杨龟山而略有走样。

① 〔清〕胡敬：《南熏殿画像考》卷下，清嘉庆刻本，第 16－18 页。

② 《数位典藏与数位学习》，http://catalog. digitalarchives. tw/item/00/60/6c/ea. html

③ 〔明〕王圻、王思义：《三才图会》，上海古籍出版社 1988 年版，第 671 页。

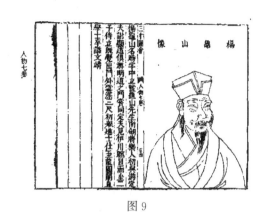

图9　　　　　　　　　　　　　　　图10

刊于清乾隆八年（1743），由福建长汀画家上官周创作的《晚笑堂画传》，为中国古代120多位历史人物绣像，每幅图像皆附有像赞文字。此书不是严格意义上的圣贤画册，儒学圣贤人物的画像只占全书很少的一部分，但对后来的圣贤画作却产生了很大的影响。其图绘制细致生动，人物表情细腻传神，堪称版画中之精品。尤其是艺术上的成就，曾得到鲁迅和郑振铎先生的高度评价。上官周（1665－?），字文佐，号竹庄，清代著名画家，终生布衣。自幼勤奋好学，博览群书，学识渊博，擅长诗文、书法、篆刻，尤精绘画，善画山水和人物，是清朝著名的民间画家。上官周笔下的"杨龟山"，为立式图像，形象生动传神，眉目之间洋溢着一股喜气，衣着线条自然流畅，与面部表情相互衬托，浑然一体（图10）。图题之左有"先生造养深远，烛理甚明，混迹同尘，知之者鲜。行年八十，志气未衰，精力少年殆不能及"一段赞语。

刊行于明万历四十七年（1619），由武夷徐表然撰、孙世昌刻印的《武夷志略》四卷，是现存较早的武夷山志。此书首开《武夷山志》人物插图的先河。在《寓贤志》中，作者精心创作了十几幅与此山有关的理学先贤的版画，如杨时、游酢、胡安国、胡宏、刘子翚、朱熹、蔡元定、蔡沈和真德秀等人物形象，表现他们"或乐聚而阐明圣学，或假馆而寄迹云林，或歌韵而以畅其真适"① 的情怀。

此书插图有两个特点，一是与传统的单纯描绘人物肖像的写真不同，此图更讲究描绘人物的动作和行为；二是与传统的建本图书上图下文不同，此书的插图是全页大图，右半页是图画，左半页是文字。杨时的画像，表现的是他从外地归来，沿着山路拾级而上，赴武夷山传道讲学的情景。一书童挑着行李紧随其后。道旁山崖耸立，古树婆娑，彰显了武夷特色（图11）。

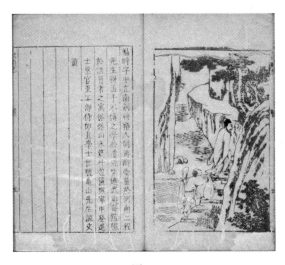

图 11

配图文字为：

> 杨时，名中立。南剑将乐人。同游酢受业于河南二程先生，得孟子不传之学于遗经。常过武夷，每馆憩于诸贤者之寓，惓惓山水，篇什盈奁。熙宁中，登进士，累官至工部侍郎、直学士。世号龟山先生，谥文肃。②

---

① 〔明〕徐表然：《武夷志略·寓贤志》，明万历四十七年（1619）孙世昌刊本。
② 〔明〕徐表然：《武夷志略·寓贤志》，《四库全书存目丛书·史部》第 230 册，第 351 页。

徐表然之后，有杨时画像的志书，还有清乾隆十六年（1751）问世，道光九年（1829）由绩溪罗氏尺木轩重刊的董天工《武夷山志》。此志书人物画像分为贤、儒、仙三类，共32幅图，杨时画像列在第一幅，体现了道学南传，杨时作为道南第一人的历史地位。

图左的文字分为两个部分，一是生平简介：

> 杨文肃公，讳时，字中立，号龟山。将乐人，宋熙宁进士。

二是真德秀撰写的像赞：

> 充养有道，德器早成。诸所建白，深切著明。
> 岑岑龟山，渊源伊洛。如星之升，以表后学。
> 真文忠公赞（图12）

图12

徐表然的《武夷志略》介绍杨时生平有一明显的失误，即杨时的谥号为"文靖"而非"文肃"，董天工志沿袭了此误，乃至今人亦每每引用而不知其误，可谓谬种流传。

图 13

图 14

古往今来，杨时的文集、年谱数量众多。其中，有杨时画像的，有清张夏撰《宋杨文靖公龟山先生年谱》，清康熙间刻本卷首的《文靖公像》（图 13），和清光绪九年（1883）张国正重刊本《宋儒杨文靖公全集》卷首冠图（图14），均半身像，与传统的杨时半身像多朝右侧不同，此二图均为朝左侧。光绪本《宋儒杨文靖公全集》冠图还有"宋少师谥文靖龟山杨先生像"大字篆书（图15），颇具特色。

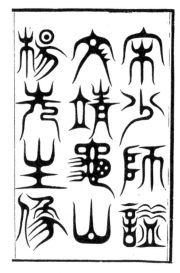

图 15

杨时的学说在其在世时已传入东亚各国，宋吕本中《杨龟山先生行状》载："会路君允迪使高丽，国王问：'龟山先生安在？'乃召为秘书郎。"① 清毛念恃《龟山先生文靖杨公年谱》将此事系于宣和五年（1124）②，也就是说，从 12 世纪初已传入东亚国家。杨时的画像也理应随着

---

① 〔宋〕杨时：《杨时集》，第 1030 页。

② 〔清〕毛念恃：《龟山先生文靖杨公年谱》，《北京图书馆藏珍本年谱丛刊》第 21 册，第 50 页。

他的著作传入这些国家。在尊崇杨时的学者和画家笔下，开始出现了描绘杨时的画像。

在高丽本典籍中是否有杨时的画像，因文献缺征，目前暂时还不得而知。

现存于日本东京博物馆的《贤哲肖像》分为东卷和西卷两卷，收孔门弟子和汉唐儒者，下及宋明理学家共 95 人，其中，宋明理学家有杨时、胡安国、吕祖谦、张栻、陆九渊、蔡沈、真德秀、许衡、胡居仁、陈献章、王守仁等，是日本著名画家狩野常信的作品。

狩野常信（1636－1713），狩野尚信之子，号养朴、古川叟、潜屋等。初从父学，后得伯父狩野探幽教益。善临摹，精鉴定，山水、人物、花鸟、

图 16

禽兽等，无不精妙。他所创作的杨时像（图16），为彩色立式画像。画中的杨时，端然拱手，怀抱典籍，目光深邃而略带忧郁，衣袖宽大而直线下垂，与下身的裳相衔。深色的头巾，与略为浅色的服饰形成层次不同的色彩效果。与中国国内流传的杨时像对比，体现出不同的异域特色。

（本文载《朱子文化》2014 年第 3 期）

李侗画像考述

一、宋明时期的李侗画像

两宋以降，历代圣贤画像流传于世，大多通过两个渠道，一是书院，二是祠堂。延平先生李侗也不例外。从文献来考察，最早有此记载的，是地处九峰山的延平书院。

宋嘉定间，朱门弟子、南剑知州陈宓在九峰山模仿白鹿洞书院的规制，创建了延平书院。他在《申请延平书院敕额札》中说：

> 自汉唐以来，几二千年而未有与道统之传者，今（南剑）以斗大之州，不数十年之内，出而宗主斯文者有四，岂惟一邦之创见，实皇朝之盛美也。至今文献典刑，犹有存者，士大夫过其境，慨叹兴慕而祠像弗立，诚为阙典……①

所谓"祠像弗立"，是说在此之前，奉祀延平四贤的祠堂未立，四贤的画像当然也无处安放。于是，身为州守，"职在宣化……创延平书院一所，授白鹿洞比建立礼殿，旁祀杨时师生遗像，以慰往来士君子之思"②，就成了陈宓

---

① 〔宋〕陈宓：《复斋先生龙图陈公文集》卷六，《续修四库全书》第 1319 册，第 327 页。

② 〔宋〕陈宓：《复斋先生龙图陈公文集》卷六，第 327 页。

在南剑的重要政事之一。

延平书院建于嘉定十五年（1222），这是我们所能知道的，"延平四贤"当然其中也包括李侗的画像，同时进入延平书院的确切年代。对此画像的具体描述，明宣德九年（1434）南平县儒学训导萧山徐海撰《重建延平书院记》说：

> 陈复斋来守是邦，仰慕先生道德文章温和纯粹，仿汉白鹿观（按，应为宋白鹿洞），建书院于刹溪南九峰之下，以奉祀焉。殿塑圣像，庑绘从祀，祀堂绘四贤。①

由此可知，书院建筑有殿、堂之分。所谓"殿塑圣像"，是说在正殿中塑孔圣之像；所谓"堂绘四贤"，是指大堂之上绘有杨时、罗从彦、李侗和朱熹四位先贤的画像。

淳祐元年（1241），徐元杰任南剑知州，执政之余，每月一次亲赴延平书院讲学。他在两篇文章中都提到了四贤与李侗像。一是《延平书院仲丁祭先儒文》，"以四先生之像，与夫子序列于书堂之祠，岁率二祀，而申讲夫仲丁之彝。"② 二是《延平郡学及书院诸学榜》："此邦先贤余化，久而愈新。延平书院儒先之像在焉……"③

书院之外，祠堂也是张挂先贤画像的场所。元石善才撰《延平四贤像记》说："凡郡县学宫，各祠乡之先贤，以昭德厉后，俾有所法而进于道。"（嘉靖《延平府志》卷十九）书法名家邓康庄（文原，1258－1328）官江浙儒学提举时，在延平建四贤堂，大书其匾曰"道南师友之堂"，又塑四贤之像于祠堂，以激励后学。

---

① 清顺治李孔文刻本《李延平文集》卷五，《四库全书存目丛书》集部第 15 册，第 507 页。

② 〔宋〕徐元杰：《楳埜集》卷十一，《景印文渊阁四库全书》第 1181 册，第 774 页。

③ 〔宋〕徐元杰：《楳埜集》卷十一，第 774 页。

林兴祖撰《延平李先生赞》，可能是现存最早的为李侗书写的像赞。其文曰："洒然洒然，知在何处。问之双流，双流长去。问之九峰，九峰无语。天地万物，各得其所。"① 考林兴祖，字宗起，号木轩，罗源人。至治二年（1322）进士，历官黄岩州同知，三迁而知铅山州（治所在今江西省铅山县）。故此赞文，应系其赴任铅山，赴次延平之时所撰。南平市李侗文化研究会编《李侗文化研究》（第一辑，2009 年铅印本，第 234 页）有署名为"元林之蕃"所撰《延平李先生像赞》，内容与林光祖所撰全同，据编者称系"选自古田县城南巷侗公祠"。考林之蕃，字孔硕，号涵斋，明末清初闽县（治所在福建省福州市）人，而非元代人，故此像赞的作者是元林兴祖，而非林之蕃甚明。

明宣德九年（1434），延平书院历久重建，南平儒学训导徐海撰《重建延平书院记》说：

> 宣德戊申（1428），丰城雷侯诚来守是郡，叹其荒秽，遂割俸敦工修葺，率尔一新。庚戌冬，判府玉山程侯钫以为当时得传吾先世道于杨罗之门者，独先生也。又捐赀塑像，增构礼亭于祠前，凡大夫士来参谒者莫不睹先生仪形于仿佛。②

此"独先生也"，指的是李侗，故"捐赀塑像"，指的是塑李侗一人之像。这一点，在明成化二十二年（1488）奉政大夫经筵官兼修国史洛阳刘健撰《延平书院记》中也有相似的描述。其文曰："出郡城南，九峰山下，有延平书院，故为宋李先生侗讲道地。……久而圮。今澶渊王公范守郡，重修之。起其仆，易其敝，而饰其漫漶者。中为祠，祀先生像。"③

李侗的画像在明代不少诗人的作品中也得到反映。如魏瀚《延平书院》

---

① 嘉靖《延平府志》卷十九《艺文志》，《天一阁藏明代方志选刊》本。
② 清顺治李孔文刻本《李延平文集》卷五，《四库全书存目丛书》集部第 15 册，第 508 页。
③ 清李孔文刻本《李延平文集》卷五，《四库全书存目丛书》集部第 15 册，第 508 页。

七律描绘了南平九峰山和延平书院的景观，"百年兴废祠堂在，千古仪型绘像存。"罗璟则有"像设俨然如静坐，心传卓尔见深期"（《延平书院》）之句；周孟中《延平书院横翠楼》一诗有"道南师友真三杰，人物乾坤第一流。授受已知穷画像，行藏何用喻牺牛"的吟咏。苏章《道南祀》称"北山绝顶悬祠庙，遗像堂堂肃典型"。①

通过以上宋明时期诸多文献中对李侗画像一鳞半爪的描述，大体知道了宋明时期李侗画像在民间的流传。正如清初南平人氏林润芝所说："幸生大贤之里，得从先生长者之后，拜其遗像，瞻其仪型而嘉谟懿行。"② 说的是瞻仰遗像，思其言行，在学者心中树立见贤思齐的榜样。

问题是，以上这些在当时习以为常，为当时人所熟知的画像，却没有一幅流传下来。更有甚者，甚至没有人对这些画像作一番文字上的描述，以至李侗究竟长得什么样，只能凭借后来人各自的想象。

二、清代李侗画像遗存

以现存而论，李侗的画像遗存不会早于清初。明孙承恩编纂《集古像赞》一书，虽然问世于明嘉靖间，但上海图书馆所存为清影抄明本，日本内阁文库所存则是日本抄本。此书中有《李延平愿中》半身像，头向左侧（图1）。因系抄本之影印件，画面不够清晰，面目模糊。图上方为像赞：

濂洛正传　考亭雅范　表里莹然　冰壶秋月　永壶秋月　涵养亦至　造诣既深　中更纯粹　早岁豪迈　李延平愿中

图1

　　早岁豪迈，中更纯粹。造诣既深，涵养亦至。

　　冰壶秋月，表里莹然。考亭雅范，濂洛正传。

①　嘉靖《延平府志》卷十九《艺文志》。

②　〔清〕林润芝：《重辑李延平先生文集小引》，清李孔文刻本《李延平文集》卷首，《四库全书存目丛书》集部第15册，第433页。

　　既然上海和日本所存均为抄本，何以判断此书最早系出自明嘉靖？除了此书卷首《集古像序》系孙承恩撰于嘉靖十五年（1536）之外，图像上方的"赞"也全部出于明嘉靖间史馆编修孙承恩之手。在孙承恩的文集中，有《集古像赞》一书所有的赞文，名为《古像赞》。内容从盘古、伏羲、神农、黄帝，一直下延至元代的许衡、虞集共 205 人，人各一篇，共 205 篇。其中就有《李延平愿中像赞》："早岁豪迈，中更纯粹。造诣既深，涵养亦至。冰壶秋月，表里莹然。考亭雅范，濂洛正传。"①

　　孙承恩（1485—1565），字贞甫，号毅斋，南直隶松江府华亭（治所在今上海市松江区）人。正德六年（1511）进士。授编修，官至礼部尚书。其文章深厚古雅，工书善画，尤善绘人物。据其自序，这 205 篇四言八句像赞，系模拟朱熹"赞六君子"，"取文公之意，或摘用其语之他见者缀辑成章。"所谓"赞六君子"，即《六先生画像赞》（《朱文公文集》卷八十五，六先生系周濂溪、程明道、程伊川、邵康节、张横渠和司马光）。由此可知，孙承恩撰此像赞，写作态度极为认真。他所写的李延平像赞之四言八句，将李侗的生平及其历史地位概括得十分准确。与元林兴祖内容空泛的像赞相比，可谓天壤之别！此书之外，孙氏还撰《历代圣贤像赞》六卷。

　　在李侗本人的著作刻本中出现李侗的画像，最早的可能是清顺治十一年（1654）李孔文在延平刊刻的五卷本《李延平先生文集》。此书卷首有题为"追赠太师越国公谥文靖延平李愿中先生遗像"的文字。左为题后学元三山林兴祖撰《延平李先生赞》：

　　　　洒然洒然，知在何处。问之双流，双流长去。

　　　　问之九峰，九峰无语。天地万物，各得其所。（图 2）

---

① 〔明〕孙承恩：《文简集》卷四十一《古像赞》，《景印文渊阁四库全书》第 1271 册，第 523 页。

图 2

此图系李侗后裔根据"追赠太师越国公谥文靖"这一封赠地位想象而创作的，画面中的李侗身着朝服，手捧朝笏，头戴王侯之冠，俨然一幅民间素王的气派。与朱子笔下的"退而屏居山田，结茅水竹之间，谢绝世故余四十年"的隐者形象大相径庭。

清康熙四十五年（1706）延平府府署刻印的《延平李先生师弟子答问》一卷《延平答问补录》一卷，卷首也有李侗的人物画像和插图，内封面镌"紫阳朱子辑，延平李先生答问，杨罗李朱四先生年谱附，李先生特祠后御书阁藏版"。画像题为"文靖先生遗像"（图3）。与顺治刻本画像略有不同，此图中

图 3

的李侗，已从右倾转为正面居中的标准相。

这一部由延平府府署刻印的《延平答问》，后历经乾隆、光绪多次重修重印，此李侗的画像基本保留，一直到光绪五年（1879）延平知府张国正刻本为止。

刊于清乾隆八年（1743），由福建长汀画家上官周创作的《晚笑堂画传》，为中国古代120多位历史人物绣像，每幅图像皆附有像赞文字。此书不是严格意义上的圣贤画册，儒学圣贤人物的画像只占全书很少的一部分，但对后来的圣贤画作却产生了很大的影响。其图绘制细致生动，人物表情细腻传神，堪称版画中之精品。尤其是艺术上的成就，曾得到鲁迅和郑振铎先生的高度评价。

上官周（1665－?），字文佐，号竹庄，清代著名画家，终生布衣。自幼勤奋好学，博览群书，学识渊博，擅长诗文、书法、篆刻，尤精绘画，善画山水和人物，是清朝著名的民间画家。上官周笔下的"李延平"（图4），为立式图像，形象生动传神，眉目之间洋溢着一股喜气，衣着线条自然流畅，与面部表情相互衬托，浑然一体。图题下左有一段赞语：

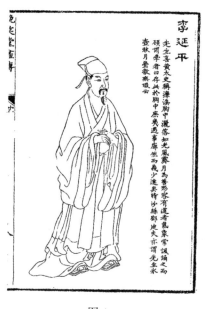

图 4

> 先生喜黄太史，称濂溪胸中洒落，如光风霁月为善形容有道者气象，常讽诵之而顾谓学者曰：存此于

胸中，庶几遇事廓然而义少进矣。时沙县邓迪夫亦谓先生冰壶秋月，莹彻无暇云。①

背面有一段文字，介绍其生平事迹，大体节选自朱熹撰《延平先生李公行状》："先生讳侗，字愿中，号延平先生。剑浦人。朱子师事之。于祭先生文中述其从游十年，诱掖谆至。又尝曰先生少游乡校有声，已而闻郡人罗仲

---

① 郭磬、廖东编：《中国历代人物像传·晚笑堂画传》，齐鲁书社2002年版，第593页。

素得河洛之学于龟山之门遂往学焉。罗公清介绝俗，里人鲜克知之，见先生从游受业，或颇非笑。先生若不闻，从之累年，受《春秋》《中庸》《语》《孟》之说，从容潜玩，有得于心，尽得其所传之奥。罗公少然可，亟称许焉。于是退而屏居山田，结茅水竹之间，谢绝世故余四十年，箪瓢陋巷，怡然自适。中间郡将学官闻其名而招致之，或遣子弟从游受学，州郡士子有以矜式焉。"（图5）

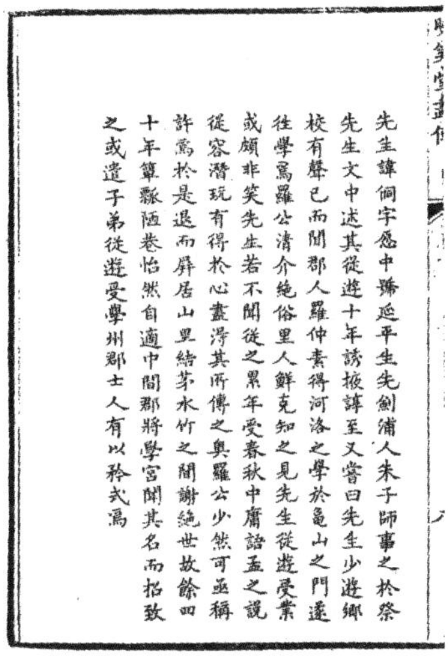

先生讳侗字愿中，剑浦人，朱子师事之於祭先生文中述其从进十年，誃掖諄耳又尝曰先生少游乡校有声已而闻郡人罗仲素得河洛之学於龟山之门遂往学焉，罗公清介绝俗里人鲜克知之见先生从游受业，或颇非笑先生若不闻从之累年受春秋中庸语孟之说从容潜玩有得於心尽得其所传之奥罗公少然可，亟称许焉於是退而屏居山田里结茅水竹之间谢绝世故余四十年算瓢陋巷怡然自適中间郡将学宫闻其名而招致之或遣子弟从游受学粤州郡士人有以矜式焉

图5

上官周创作的这幅李延平像，可能是李侗画像中流传最广的一幅，早在清道光年间，就已被长洲顾沅收入《圣庙祀典图考》一书中，改其名为"先儒李子侗像"（图6）。背面也有一段文字，介绍其生平事迹：

> 李子侗，字愿中。南剑剑浦人。少游乡校有声，年二十四闻郡人罗从彦得河洛之学，遂往从焉。累年，受《春秋》《中庸》《语》《孟》之说，从容潜玩，久之，尽得其奥。于是退居山田，谢绝世故余四十年，饮食或不充而怡然自适。
>
> 时，新安朱松与侗为同门友，雅重侗，遣子熹从学。熹卒得其传。卒年七十一。学者称延平先生。熹尝称侗资禀劲特，气节豪迈而充养完粹，无复圭角，色温言厉，神定气和，平日恂恂于事若无甚可否。及酬酢事变，断以义理，截然不可犯。早岁闻道，即弃场屋，若无意于当世。然忧时论事，感激

图6

动人。其语治，必以明天理、正人心、崇节义、厉廉耻为先。本末备具，可举而行，非特空言而已。又谓自从侗学，辞去复来，则所闻益超绝，其上达不已，日新如此。明万历四十七年从祀称先儒李子。西庑第五十一位。①

近代知名画家王云（1887—1938），字梦白，江西丰城人，曾将《晚笑堂画传》中的李侗画像为底本，在二十世纪三十年代创作了"延平先生李侗"扇面画。（图7）

图 7

在当代人所编的不少图籍中，此图先后又被黄全信主编的《中国五百名人图典》，② 郭磬、廖东编《中国历代人物像传》，③ 李典编《中国历代名人图典》、④ 王军文编《中国历代名人图谱图文经典》⑤ 所收。（图8）

在南平李侗文化研究会修建的"宋儒亭"中，这幅画像被刻石立碑，并且印在小册子、宣传片中，等等。由此可见，这幅画像，早已得到延平先生后裔的认同。

---

① 〔清〕顾沅：《圣庙祀典图考》卷三，上海同文书局光绪石印本。
② 黄全信：《中国五百名人图典》，北京燕山出版社 1997 年版。
③ 郭磬、廖东编：《中国历代人物像传》，齐鲁书社 2002 年。
④ 李典编《中国历代名人图典》，京华出版社 2006 年。
⑤ 王军文编：《中国历代名人图谱图文经典》，中国华侨出版社 2007 年。

图 8

最后，向大家介绍一张诞生于晚清的李侗画像。这是一部题目为"孔圣宝卷"，扉页又题"圣像全图十忠十孝经"的图书。出版于清光绪辛丑年（1901），现存 1927 年石印本。李侗画像为坐式，图左上方题"宋儒李侗字延平朱子师"数字。图后有一版文字介绍李侗的思想，称其"侗公李夫子曰，世人多有求道问德者，岂知道德之缘非易也。有志之人诚求则易，不诚求者则不易。孰能比上古圣人好道尊德"（图 9）云云。

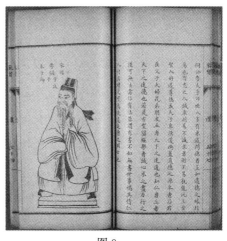

图 9

宝卷是由唐代寺院中的"俗讲"演变而来的一种说唱文学形式，作者大都是出家的僧尼。内容以佛经故事、劝事文、神道故事和民间故事为主，而以历代儒者为主角，则甚为罕见。

（本文载《朱子文化》2014 年第 2 期，收入姚进生主编：《道南学派研究》，厦门大学出版社 2015 年版）